KIELER GEOGRAPHISCHE SCHRIFTEN

Begründet von Oskar Schmieder

Herausgegeben vom Geographischen Institut der Universität Kiel
durch J. Bähr, H. Klug und R. Stewig

Schriftleitung: G. Kortum

Band 65

REINHARD STEWIG

BURSA, NORDWESTANATOLIEN

Auswirkungen der Industrialisierung auf die Bevölkerungs- und Sozialstruktur einer Industriegroßstadt im Orient. Teil 2

KIEL 1986

IM SELBSTVERLAG DES GEOGRAPHISCHEN INSTITUTS
DER UNIVERSITÄT KIEL

ISSN 0723 - 9874
ISBN 3 - 923887 - 07 - 8

CIP-Kurztitelaufnahme der Deutschen Bibliothek

Bursa, Nordwestanatolien. Auswirkungen der Industrialisierung auf die Bevölkerungs- und Sozialstruktur einer Industriegroßstadt im Orient. Teil 2. Von Reinhard Stewig. Geogr. Inst. d. Univ. Kiel, 1986
    (Kieler Geographische Schriften, Bd. 65)
    ISBN 3-923887-07-8
NE: Stewig, Reinhard; Geogr. Inst. <Kiel>; GT

Gedruckt mit Unterstützung des
Kultusministeriums des Landes Schleswig-Holstein
und der Stiftung Volkswagenwerk

©

Alle Rechte vorbehalten

Vorwort und Einleitung

Mit der vorliegenden "Kieler Geographischen Schrift" wird der Abschlußbericht über ein Forschungsprojekt publiziert, das in seinen ersten Anfängen der Antragstellung bis auf das Jahr 1973 zurückreicht. Damals hatte die Stiftung Volkswagenwerk ein Programm zur Förderung der "Gegenwartsbezogenen Forschung in der Region Vorderer und Mittlerer Orient" eingerichtet und mit der Bewilligung des gestellten Antrages die finanzielle Grundlage zur Durchführung des Forschungsprojektes gelegt. Im Vorwort zum Teil 1 wurde der Dank an die Stiftung Volkswagenwerk für die vielfältige und umfangreiche finanzielle Unterstützung ausgesprochen, der hier gern erneut zum Ausdruck gebracht wird.

Das Forschungsprojekt verfolgte das Ziel, am Beispiel einer türkischen Großstadt, die für den Orient langfristig - seit der Mitte des 19. Jahrhunderts - und kontinuierlich von der Industrialisierung im engeren Sinne, d.h. der Entstehung und Entwicklung des modernen, industriell-sekundären Sektors, geprägt ist, exemplarisch die Auswirkungen auf die sozialen Verhältnisse der Bevölkerung zu ermitteln. Es ging darum, in einem Entwicklungsland islamischen Milieus die Bevölkerung einer Großstadt einer genaueren Untersuchung unter sozialem Aspekt zu unterziehen, um Regelhaftigkeiten ihrer Strukturierung - sachlich und räumlich - unter den Bedingungen des Industrialisierungsprozesses auch im weiteren Sinn, d.h. der Entstehung und Entwicklung der Industriegesellschaft, zu erkennen.

Da sozialstatistische Daten der amtlichen türkischen Statistik nicht vorlagen und auch heute noch weitgehend fehlen, war es notwendig, durch eine umfassende Befragung der Stadtbevölkerung die Datengrundlage zur Durchführung des Forschungsprojektes erst zu schaffen.

In diesem Zusammenhang erfolgte eine Kooperation mit dem Geographischen Institut der Universität Istanbul. In den Monaten Februar und März 1974 fand unter Mitarbeit zahlreicher - über vierzig - deutscher und türkischer Wissenschafler und Studenten der Geographischen Institute in Kiel und Istanbul eine Befragung von rund 1400 Haushalten mit je rund 200 Fragen in der damals etwa 300 000 Einwohner zählenden Stadt Bursa in Nordwestanatolien, 250 km von Istanbul entfernt, statt. Im Vorwort zum Teil 1 wurde - unter namentlicher Nennung - allen wissenschaftlichen Mitarbeitern am Bursa-Projekt gedankt; hier wird die Gelegenheit genutzt, den Dank zu erneuern.

Im Band 51 der Kieler Geographischen Schriften, Kiel 1980, liegt - im Umfang von 350 Seiten mit 253 Tabellen und 19 Abbildungen - die Publikation der ersten Auswertungsergebnisse der 1974 in Bursa erhobenen Daten vor (Teil 1 der zweiteiligen Publikation "Bursa, Nordwestanatolien"). Darüber hinaus wurden - in einiger Ausführlichkeit - die technisch-methodischen und die theoretisch-konzeptionellen Bedingungen des Bursa-Projektes dargelegt, das seine sieben Hauptfragenkomplexe (Familien- und Haushaltsstruktur, horizontale Mobilität, vertikale Mobilität, Arbeitsverhältnisse, Wohnverhältnisse, räumliche Bevölkerungs- und Sozialstruktur, Freizeit) vom Konzept des Industrialismus ableitete. Darüber hinaus konnte dort, durch Dietrich WIEBE, die Auswertung der Personallisten des größten Industriebetriebes der Stadt Bursa (der Merinos-Werke mit über 3000 Beschäftigten) unter sozialem Aspekt veröffentlicht werden - für den Orient eine seltene Möglichkeit, eine derartige Quelle zu erschließen. Außerdem wurde dort ein Überblick über die Entwicklung der Stadt Bursa von der Antike bis an die Gegenwart heran unter besonderer Berücksichtigung der Industrialisierung im engeren Sinne auf der Grundlage der Literatur und der zuvor (von R. STEWIG, Schriften des Geographischen Instituts der Universität Kiel, Bd. 32, Kiel 1970) ermittelten Industriestruktur - sachlich und räumlich - gegeben.

Die erste Auswertung der 1974 erhobenen Daten über die Bevölkerung der Stadt Bursa verlief (im Teil 1) in zwei Richtungen. Einmal wurden über die Gesamtbevölkerung der Stadt Bursa - noch ohne weitergehende Untergliederung, im Sinne einfacher Häufigkeitsverteilungen - Aussagen über ihre soziale Struktur unter den sieben genannten Hauptgesichtspunkten gemacht. Diese Richtung diente nicht nur der ersten, allgemeinen, groben Orientierung angesichts der fehlenden sozialstatistischen Daten der amtlichen türkischen Statistik, sondern auch der Ermittlung eines Maßstabes der Beurteilung für die weitergehende Untersuchung der Bevölkerung sowohl in sachlicher als auch in räumlicher Hinsicht.

Zum anderen wurde (im Teil 1) bei der weitergehenden Untersuchung dem Aspekt der räumlichen Untergliederung der Bevölkerung breiter Raum gegeben, in dem die in den sieben Hauptfragenkomplexen angeschnittenen Sachverhalte, nach 15 Teilräumen in der Stadt Bursa unterteilt, ermittelt wurden. Für die zusammenfassende Beurteilung der (sozial-)räumlichen Verhältnisse in der Stadt Bursa diente der zuvor gewonnene Durchschnitt der Gesamtbevölkerung der Stadt als Maßstab.

Inhaltlich ergaben sich zu den sieben Hauptfragenkomplexen folgende, wesentliche Erkenntnisse:

- die Familien- und Haushaltsstruktur in der Stadt Bursa ist - verglichen mit entsprechenden Verhältnissen in den Städten hochentwickelter Industrieländer - durch große Haushalte mit einer großen Zahl von Kindern gekennzeichnet, die - was die Personen- und Kinderzahl angeht - nur im ländlichen Raum der Türkei noch übertroffen wird

- die Bevölkerung der Stadt Bursa setzt sich in hohem Maße, und zwar zu 2/3, aus Zuwanderern zusammen, wie das in den Städten der hochentwickelten Industrieländer heute nicht (mehr) der Fall ist

- die Zuwanderer unter der Bevölkerung der Stadt Bursa haben bei ihrem (endgültigen) Wohnplatzwechsel vom ländlichen in den städtischen Raum einen Wechsel des Arbeitsplatzes vom primären zum sekundären und tertiären Sektor vollzogen

- die einheimische Bevölkerung der Stadt Bursa und zum Teil auch die Zuwanderer lassen im Rahmen ihrer Tätigkeiten im sekundären und tertiären Sektor in der Stadt eine Verbesserung ihrer Einkommensverhältnisse erkennen, die zu der Auffassung berechtigt, daß sich in der Stadt Bursa eine Mittelschicht herausbildet

- die Wohngebiete der Zuwanderer in der Stadt Bursa unterscheiden sich in ihrer Aussattung sehr deutlich von den Mittelschichtwohngebieten in den Städten der heute hochentwickelten Industrieländer zum Negativen hin; in der Stadt Bursa ist jedoch die Ausstattung der Wohngebiete der Zuwanderer besser als die ihrer Herkunftsgebiete im ländlichen Raum der Türkei

- die Zuwanderer nach Bursa lassen sich überwiegend in den peripheren Gebieten der Stadt nieder; die einheimische Stadtbevölkerung, die in erster Linie die Angehörigen der sich herausbildenden Mittelschicht stellt, wohnt in der Innenstadt

- soweit in der Stadt Bursa die räumliche Trennung von Wohn- und Arbeitsstätte und, damit verknüpft, die organisierte Trennung von Arbeits- und Freizeit vollzogen ist, läßt sich eine beginnende Institutionalisierung von Freizeit beobachten, wenn auch noch nicht in einem, den Verhältnissen in den Städten der hochentwickelten Industrieländer entsprechenden Umfang.

Insgesamt befindet sich - und das ist das Hauptergebnis von Teil 1 - die Bevölkerung der Stadt Bursa als Auswirkung der Industrialisierung im engeren Sinne der Entstehung und Entwicklung des sekundären Sektors in der Stadt und im weiteren Sinne der gesamtgesellschaftlichen Entwicklung in der Türkei sozialstrukturell - sachlich wie räumlich - in einem Zustand des Übergangs, der Transition: sie ist nicht (mehr) so strukturiert, wie die Bevölkerung im ländlichen Raum der Türkei und (noch) nicht so, wie die Bevölkerung in den Städten der hochentwickelten Industrieländer.

Damit sind die Ergebnisse der ersten Publikation über das Bursa-Projekt von 1980 hier in einer kurzen Zusammenfassung inhaltlich referiert, wie sie dort nicht enthalten ist und nun als Ausgangsbasis für die zweite, abschließende Publikation über das Bursa-Projekt dienen kann.

Es soll hier nicht unerwähnt bleiben, daß die im Jahre 1974 in der Stadt Bursa erhobenen Daten über die Auswertung im Teil 1 hinaus eine weitergehende Bedeutungszuweisung durch Hineinstellen in noch größere Zusammenhänge erfahren haben (R. STEWIG: Die Stadt in Industrie- und Entwicklungsländern; Uni-Taschenbuch 1247; Paderborn, München, Wien, Zürich 1983; 346 Seiten, 30 Abb., 61 Tab.).

Das langjährige Studium, die Beobachtung und Erforschung der Stadtentwicklung in heute hochentwickelten Industrieländern, in dem Prototyp-Raum der Herausbildung der Industriegesellschaft, auf den Britischen Inseln, und in anderen Industrieländern in Europa und in Nordamerika, läßt folgende Regelhaftigkeiten der Stadtentwicklung im Verlauf des Industrialisierungsprozesses erkennen:

- die Etablierung des modernen, industriell-sekundären Sektors in Städten in vielen Erscheinungsformen und Standortmustern

- den Ausbau des modernen tertiären Sektors in Abhängigkeit von den Notwendigkeiten des sekundären Sektors und der deutlich zunehmenden Bevölkerungszahl in den (Industrie-)Städten, ebenfalls in vielen Erscheinungsformen und Standortmustern

- die Zuwanderung sehr zahlreicher, zunächst relativ armer Arbeitskräfte und ihrer Familien aus dem näheren oder ferneren umgebenden, ländlichen Raum, um die Arbeitsplatzangebote in den (Industrie-)Städten wahrzunehmen und ihren Lebensstandard zu verbessern

- die Niederlassung der Zuwanderer in zunächst schnell und billig errichteten Wohnquartieren - in England den berüchtigten back-to-back-houses -, so daß - angesichts der Massenzuwanderung - wenigstens Notunterkünfte zur Verfügung stehen

- die räumliche Trennung von Wohnstätte und Arbeitsstätte in spezifischen räumlichen Mustern der Anordnung von Arbeits- und Wohnstätten und damit die Bildung von Funktionsvierteln in den (Industrie-)Städten

- die außerordentliche Bevölkerungszunahme besonders der von der Industrialisierung im engeren Sinne geprägten Städte, verbunden mit starkem, flächenhaftem, zunächst ungeordnetem und ungeplantem Wachstum

- die verkehrsmäßige Neustrukturierung innerhalb der Städte und in ihrem Umkreis (Pendlerwanderung) im weiteren Verlauf des Industrialisierungsprozesses
- die Herausbildung einer Mittelschicht zuerst in den Städten und - in einer fortgeschrittenen Entwicklungsphase der Industriegesellschaft - die standortmäßige Neuorientierung dieser Mittel- und der Oberschicht im Suburbanisierungsprozeß
- nicht nur die Institutionalisierung der Freizeit, sondern auch die Entstehung des Massentourismus in der hochentwickelten Industriegesellschaft, wodurch die Städte zu Quellgebieten des Fremden- und Freizeitverkehrs werden.

Alle genannten Erscheinungsformen der Stadtentwicklung im Zuge der Entstehung und Entwicklung von Industriegesellschaften ließen sich zum Teil in vollem Umfang, zum Teil deutlich erkennbar, zum Teil in allerersten Ansätzen in der Stadt Bursa beobachten und sind durch die Ausführungen im Teil 1 belegt.

Was liegt in dieser, auch in den Städten anderer Länder der Dritten Welt beobachtbaren Situation näher, als die Stadt Bursa in ihrer im Bursa-Projekt ermittelten Wirtschafts- und Sozialstruktur als exemplarischen Fall der Stadtentwicklung in Entwicklungsländern und als (Industrie-)Stadt anzusehen, die nachvollzieht, was sich in den (Industrie-)Städten der heute hochentwickelten Industrieländer bereits vollzogen hat? Aus diesen Feststellungen folgt zwangsläufig eine Sicht bzw. Theorie der Stadt (in Industrie- und Entwicklungsländern) als Funktion gesellschaftlicher Entwicklung. Diese Theorie ist der gemeinsame Nenner, auf den sich die unterschiedlichen Phänomene der heutigen Städte in den Industrie- und den Entwicklungsländern in ihrer historischen Bedingtheit reduzieren lassen.

Die bisherigen, bereits publizierten Ergebnisse des Bursa-Projektes und die Kenntnis der Stadtentwicklung in den Industrieländern waren der Anstoß zu dieser Theorie der Stadt als Funktion gesellschaftlicher Entwicklung, die wiederum die Grundlage für die weitergehende Auswertung der 1974 in Bursa erhobenen Daten ist, worüber die nachfolgenden Abschnitte handeln.

Es soll nicht verschwiegen werden, daß die weitreichende Verallgemeinerung der im Teil 1 publizierten Ergebnisse des Bursa-Projektes zum exemplarischen Fall der Stadtentwicklung in Entwicklungsländern nicht unkritisiert geblieben ist (z.B. in B. HOFMEISTERs Rezension von R. STEWIG: Die Stadt in Industrie- und Entwicklungsländern; UTB 1247; Paderborn 1983, in: Erdkunde, Bd. 38; Bonn 1984, S. 315).

Wenn die ermittelte Wirtschafts- und Sozialstruktur der Stadt Bursa bereits in übergreifende, große Zusammenhänge hineingestellt wurde, ergibt sich die Frage, in welche Richtung dann die hier vorgelegte, weitergehende Auswertung der 1974 in der Stadt erhobenen Daten angelegt ist.

Sieht man von den theoretischen Ausführungen und dem Überblick über die Entwicklung der Stadt Bursa seit 1970 ab, dann bringen die folgenden Abschnitte eine weitergehende sachliche Untergliederung der Bevölkerung der Stadt Bursa in zwei große Gruppen. Etwa 2/3 der Bevölkerung sind Zuwanderer, überwiegend aus dem ländlichen Raum, nur etwa 1/3 einheimische Städter. Damit sind signifikant unterschiedliche Bevölkerungsgruppen in der Stadt Bursa anwesend, von denen sich die eine, die der Zuwanderer, nach unterschiedlich langem Stadtaufenthalt, weiter differenziert.

Nachfolgend wird die weitergehende sachliche Untergliederung der Bevölkerung der Stadt Bursa nach einheimischen Städtern und nach, zu verschiedenen Zeiten, zugewanderter Stadtbevölkerung zur Richtschnur der Anwendung der eingangs genannten sieben Forschungsfragenkomplexe gemacht.

Für die Auswertung der Daten von 1974 in diese Richtung stand von der Stiftung Volkswagenwerk im Rahmen des inzwischen ausgelaufenen Förderungsprogrammes für die "Gegenwartsbezogene Forschung in der Region Vorderer und Mittlerer Orient" keine finanzielle Unterstützung mehr zur Verfügung. Eine erste EDV-Bearbeitung der Daten in entsprechender Richtung war zuvor bereits erfolgt.

Hilfe bei der Arbeit erfuhr ich von seiten des Geographischen Instituts der Universität Kiel:

Frau Ing. (grad.) Doris BUSCH danke ich für die Fertigstellung der Korrekturen und Verbesserungen an den zuvor bereits reingezeichneten Karten. Für die Umsetzung der Computerausdrucke in Tabellen danke ich cand. rer. nat. Gilbert STRICKER, der diese Arbeit begann, dann vor allem cand. rer. nat. Michael NEUMEYER, der sie übernahm, unermüdlich und mit großer Genauigkeit weiter und zu ihrem guten Ende führte und dazu noch das Gesamtliteraturverzeichnis erstellte. Frau Ingrid TOLKMITT und Frau Sabine BELEA danke ich für ihren ausdauernden und gewissenhaften Einsatz nicht nur bei der Reinschrift der Tabellen, sondern der ganzen vorliegenden Publikation.

Vor allem aber gilt mein Dank meinem Schwager Werner KELTING in Hamburg, der - nach der für den Teil 1 erfolgten und abgeschlossenen EDV-Bearbeitung der Bursa-Daten - in einer Zeit hoher seelischer Belastung, in der seine Frau an Hautkrebs erkrankte und nach mehrjährigem Leiden im März 1985 starb, sich trotzdem und immer wieder der Mühe der wiederholt notwendigen, umfangreichen Fehlersuche und Fehlerverbesserung der für den Teil 2 benötigten Bursa-Daten mit erneutem EDV-Einsatz unterzog und die berichtigten und verbesserten Computerausdrucke lieferte, die danach in Tabellen umgesetzt wurden.

Frau Annick TAKE danke ich für die Übersetzung der Zusammenfassung in die französische, Herrn Ahmet und Frau Ursula KARADENIZ in die türkische Sprache.

Es hat einer langen Zeit bedurft, um das Bursa-Projekt seit der Datenerhebung in der Stadt Bursa im Jahre 1974 mit der vorliegenden Veröffentlichung 1986 zum Abschluß zu führen. Diese lange Zeit hat sicherlich auch zur gegenseitigen Befruchtung der empirischen und der theoretischen Betrachtungsebenen im Rahmen der Auswertung und Darstellung der Ergebnisse des Bursa-Projektes und zur weitreichenden Verallgemeinerung der Aussagen beigetragen.

Diese lange Zeit ist aber auch auf eine überaus hohe Belastung durch Lehr- und Prüfungsverpflichtungen zurückzuführen. Allein für das Sommersemester 1986 waren Examensarbeiten und Klausurtexte im Umfang von über 2000 Seiten durchzuarbeiten und zu begutachten. Die lange Dauer derartiger Belastungen kommt in der Tatsache zum Ausdruck, daß in das Sommersemester 1986 die 250. Staatsexamensprüfung fiel, die ich abzunehmen hatte. Es war ein den hauptamtlichen Professoren der Universität Kiel nach je sieben Semestern Lehre in gutgemeinter, forschungsfördernder Absicht vom Land Schleswig-Holstein gewährtes - man muß schon schreiben: sogenanntes - Forschungsfreisemester.

Kiel, im August 1986

Reinhard Stewig

Inhaltsverzeichnis

	Seite
Vorwort und Einleitung	III
Inhaltsverzeichnis	IX
Verzeichnis der Tabellen	X
Verzeichnis der Abbildungen (Karten)	XIV
Verzeichnis der Photos	XV

A.	Vom Konzept des Industrialismus zur Theorie der gesellschaftlichen Entwicklung und zur Theorie der Stadt als Funktion gesellschaftlicher Entwicklung	1
B.	Die Entwicklung der Stadt Bursa seit 1970	19
C.	Die Bevölkerungs- und Sozialstruktur der Stadt Bursa, 1974, unter besonderer Berücksichtigung der Bevölkerungszusammensetzung nach Einheimischen (Nichtzugewanderten) und Zuwanderern: Theorie und Entwicklung	32
	1. Familien- und Haushaltsgröße und -struktur	35
	2. Horizontale Mobilität	50
	3. Vertikale Mobilität	66
	4. Arbeitsverhältnisse	86
	5. Wohnverhältnisse	99
	6. Freizeit	115
	7. Räumliche Bevölkerungs- und Sozialstruktur	129
D.	Ergebnis: Beurteilung des Entwicklungsstandes der Stadt Bursa: Theorie und Praxis	143
E.	Zusammenfassung der Teile 1 und 2	153
F.	1. ve 2. Bölümlerin Özeti Übersetzung: Ahmet KARADENIZ, Ursula KARADENIZ	159
G.	Summary of parts 1 and 2	164
H.	Résumé des parties 1 et 2 Übersetzung: Annick TAKE	170
I.	Gesamtliteraturverzeichnis Zusammenstellung: Michael NEUMEYER	176

		Seite
J.	Abbildungen (Karten): Aspekte der sozialräumlichen Struktur der Stadt Bursa, 1974	201
K.	Photos: Die Wohnhaustypen der Stadt Bursa und ihre Varianten	211

Verzeichnis der Tabellen

		Seite
Tab. 1:	Die Entwicklung der Einwohnerzahlen der Stadt Bursa seit Beginn der Volkszählungen in der Türkei (1927)	22
Tab. 2:	Die Bevölkerung der Provinz Bursa, nach Geburtsorten, 1970 und 1980	24
Tab. 3:	Die Bevölkerung der Provinz Bursa, nach Geburtsorten, 1980 (ausführlich)	25
Tab. 4:	Die Entwicklung der Wirtschaftsbetriebe im industrial park (Organize Sanayi Bölgesi) der Stadt Bursa	26
Tab. 5:	Anteile der Wirtschaftszweige im industrial park (Organize Sanayi Bölgesi) der Stadt Bursa, 1984	26
Tab. 6:	Die Entwicklung der Automobilproduktion/-montage (Pkw) der Stadt Bursa	27
Tab. 7:	Beschäftigte in der Stadt Bursa, nach wirtschaftlicher Tätigkeit, 1970 (15 und mehr Jahre alt)	28
Tab. 8:	Beschäftigte in der Stadt Bursa, nach wirtschaftlicher Tätigkeit, 1982 (12 und mehr Jahre alt)	29
Tab. 9:	Beschäftigte in der Türkei und in der Provinz Bursa, nach wirtschaftlicher Tätigkeit, 1980 (12 und mehr Jahre alt)	30
Tab. 10:	Entwicklung der durchschnittlichen Haushaltsgröße und der Anteile der Einpersonenhaushalte an den Privathaushalten in Deutschland, 1871-1971	38
Tab. 11:	Haushaltsgrößen in der Türkei und in der Provinz Bursa, 1980	39
Tab. 12:	Haushaltsgrößen bei Nichtzuwanderern und Zuwanderern in der Stadt Bursa, 1974	40
Tab. 13:	Haushaltsgrößen bei den Zuwanderern, zeitlich gestaffelt, in der Stadt Bursa, 1974	41
Tab. 14:	Haushaltsgrößen in der Stadt Bursa, 1970	42
Tab. 15:	Größen der (Privat-)Haushalte in der Bundesrepublik Deutschland in Siedlungen mit 100 000 und mehr Einwohnern, 1974, und Haushaltsgrößen in der Stadt Bursa, 1974	43

		Seite
Tab. 16:	Generationenstruktur der Haushalte in der Stadt Bursa, 1974; Haushalte mit Personen der älteren Generation bei Nichtzuwanderern und Zuwanderern	44
Tab. 17:	Generationenstruktur der Haushalte in der Stadt Bursa, 1974; Haushalte mit Personen der älteren Generation, bei den Zuwanderern, zeitlich gestaffelt	45
Tab. 18:	Generationenstruktur der Haushalte in der Stadt Bursa, 1974; Haushalte mit Kindern bei den Nichtzuwanderern und Zuwanderern	47
Tab. 19:	Generationenstruktur der Haushalte in der Stadt Bursa, 1974; Haushalte mit Kindern bei den Zuwanderern, zeitlich gestaffelt	48
Tab. 20:	Anteile der Haushalte mit Kindern in der Stadt Bursa und in der Bundesrepublik Deutschland, 1974 bzw. 1976, insgesamt und nach der Kinderzahl	49
Tab. 21:	Räumliche Herkunft der Zuwanderer in der Stadt Bursa nach den Kreisen der Provinz Bursa, 1974, zeitlich gestaffelt	54
Tab. 22:	Räumliche Herkunft der Zuwanderer in der Stadt Bursa nach den Provinzen der Türkei, 1974, zeitlich gestaffelt	55
Tab. 23:	Räumliche Herkunft der Zuwanderer in der Stadt Bursa nach Ländern außerhalb der Türkei, 1974, zeitlich gestaffelt	56
Tab. 24:	Bevölkerungszusammensetzung deutscher Städte, 1907, nach Zuwandereranteilen	58
Tab. 25:	Anteil der Direktzuwanderung nach Bursa, 1974, zeitlich gestaffelt	59
Tab. 26:	Familienstand bei der Zuwanderung nach Bursa, 1974, zeitlich gestaffelt	61
Tab. 27:	Ausstattung bei der Zuwanderung nach Bursa, 1974, zeitlich gestaffelt	62
Tab. 28:	Motive der Abwanderung aus den Herkunftsgebieten, 1974, zeitlich gestaffelt	63
Tab. 29:	Motive der Zuwanderung nach Bursa, 1974, zeitlich gestaffelt	64
Tab. 30:	Tätigkeitsbereiche der Betriebe, in denen die Hauptverdiener der Nichtzuwanderer und Zuwanderer in der Stadt Bursa, 1974, zeitlich gestaffelt, beschäftigt waren	71
Tab. 31:	Tätigkeitsbereiche der Hauptverdiener der Zuwanderer und Nichtzuwanderer in der Stadt Bursa nach Wirtschaftssektoren, 1974	72
Tab. 32:	Stellung und Beruf vor der Zuwanderung in der Stadt Bursa, 1974, zeitlich gestaffelt	73

		Seite
Tab. 33:	Stellung und Beruf nach der Zuwanderung in der Stadt Bursa, 1974, zeitlich gestaffelt	74
Tab. 34:	Haushaltseinkommen in der Bundesrepublik Deutschland, 1980	76
Tab. 35:	Verteilung der deutschen Bevölkerung der Bundesrepublik nach der Zugehörigkeit zu Prestigeschichten, 1962-1974, in %	77
Tab. 36:	Soziale Schichtung der 16-65jährigen westdeutschen Bevölkerung nach Status- oder Prestigemobilität und Wohnortgröße, 1974, in %	78
Tab. 37:	Monatliches Einkommen der Hauptverdiener in T.L. bei Nichtzuwanderern und Zuwanderern in der Stadt Bursa, 1974, zeitlich gestaffelt	79
Tab. 38:	Monatliches Haushaltseinkommen in T.L. bei Nichtzuwanderern und Zuwanderern in der Stadt Bursa, 1974, zeitlich gestaffelt	80
Tab. 39:	Zusammenfassung der Tabellen 37 und 38	81
Tab. 40:	Haushalte mit weiteren Berufstätigen (zusätzlich zum Hauptverdiener) in der Stadt Bursa, 1974	83
Tab. 41:	Bewertung der Einkommen des Hauptverdieners der Zuwandererhaushalte in der Stadt Bursa, 1974, zeitlich gestaffelt	84
Tab. 42:	Bewertung der Haushaltseinkommen der Zuwandererhaushalte in der Stadt Bursa, 1974, zeitlich gestaffelt	85
Tab. 43:	Arbeitszeiten in Deutschland (durchschnittliche effektive Wochenarbeitszeit der abhängig Beschäftigten in der Industrie), 1830-1975	89
Tab. 44:	Effektive Arbeitszeit pro Woche im Jahr (Durchschnitt der Industriearbeiter) in den U.S.A. und in Deutschland, 1850-1975	90
Tab. 45:	Nichtzuwanderer und Zuwanderer in der Stadt Bursa, 1974, nach der Größe der Betriebe, in denen sie beschäftigt sind	91
Tab. 46:	Arbeitszeit der Nichtzuwanderer und Zuwanderer in der Stadt Bursa, 1974, in Stunden pro Tag	93
Tab. 47:	Arbeitszeit der Nichtzuwanderer und Zuwanderer in der Stadt Bursa, 1974, in Arbeitstagen pro Woche	94
Tab. 48:	Arbeitszeit der Nichtzuwanderer und Zuwanderer in der Stadt Bursa, 1974, in Arbeitsmonaten pro Jahr	95
Tab. 49:	Schwere der Arbeit - Bewertung der Tätigkeiten vor und seit der Zuwanderung in die Stadt Bursa, 1974, zeitlich gestaffelt	97

		Seite
Tab. 50:	Gefallen an der Arbeit - Bewertung der Tätigkeit vor und seit der Zuwanderung in die Stadt Bursa, 1974, zeitlich gestaffelt	98
Tab. 51:	Wohnverhältnisse in der Stadt Bursa, 1960, nach einer türkischen Statistik	104
Tab. 52:	Wohnhaustypen der Nichtzuwanderer und Zuwanderer in der Stadt Bursa, 1974, zeitlich gestaffelt	105
Tab. 53:	Wohnhaustyp und monatliches Einkommen der Hauptverdiener in T.L. in der Stadt Bursa, 1974	107
Tab. 54:	Wohnhaustyp und monatliches Haushaltseinkommen in T.L. in der Stadt Bursa, 1974	108
Tab. 55:	Ausstattung der Wohnungen der Nichtzuwanderer und Zuwanderer in der Stadt Bursa, 1974, zeitlich gestaffelt	109
Tab. 56:	Ausstattung der Wohnungen der Nichtzuwanderer und Zuwanderer in der Stadt Bursa, 1974, zeitlich gestaffelt	110
Tab. 57:	Wohnungswechsel innerhalb der Stadt bei Nichtzuwanderern und Zuwanderern in der Stadt Bursa, 1974, zeitlich gestaffelt	112
Tab. 58:	Wohnverhältnisse - Bewertung der Wohnverhältnisse seit der Zuwanderung in die Stadt Bursa, 1974, zeitlich gestaffelt	113
Tab. 59:	Häufigkeit des Besuches von Moscheen durch Nichtzuwanderer und Zuwanderer in der Stadt Bursa, 1974, zeitlich gestaffelt	119
Tab. 60:	Häufigkeit des Besuches des Kulturparks durch Nichtzuwanderer und Zuwanderer in der Stadt Bursa, 1974, zeitlich gestaffelt	120
Tab. 61:	Häufigkeit des Kinobesuches durch Nichtzuwanderer und Zuwanderer in der Stadt Bursa, 1974, zeitlich gestaffelt	121
Tab. 62:	Häufigkeit des Besuches des Fußballstadions durch Nichtzuwanderer und Zuwanderer in der Stadt Bursa, 1974, zeitlich gestaffelt	122
Tab. 63:	Freizeitverhalten am Feierabend der Nichtzuwanderer und Zuwanderer in der Stadt Bursa, 1974, zeitlich gestaffelt	124
Tab. 64:	Freizeitverhalten am Wochenende der Nichtzuwanderer und Zuwanderer in der Stadt Bursa, 1974, zeitlich gestaffelt	125
Tab. 65:	Urlaubsart der Nichtzuwanderer und Zuwanderer in der Stadt Bursa, 1974, zeitlich gestaffelt	126

		Seite
Tab. 66:	Umfang des Urlaubs pro Jahr der Nichtzuwanderer und Zuwanderer in der Stadt Bursa, 1974, zeitlich gestaffelt	128
Tab. 67:	Lage der Arbeitsstätten im Verhältnis zu den Wohnstätten in der Stadt Bursa, 1974, bei Nichtzuwanderern und Zuwanderern, zeitlich gestaffelt	135
Tab. 68:	Zeitaufwand für den einfachen Weg zur Arbeitsstätte in der Stadt Bursa, 1974, bei Nichtzuwanderern und Zuwanderern, zeitlich gestaffelt	136
Tab. 69:	Aufenthaltsort während der Mittagszeit in der Stadt Bursa, 1974, bei Nichtzuwanderern und Zuwanderern, zeitlich gestaffelt	137
Tab. 70:	Benutzte Verkehrsmittel auf dem Weg zur Arbeit in der Stadt Bursa, 1974, bei Nichtzuwanderern und Zuwanderern, zeitlich gestaffelt	139
Tab. 71:	Beliebteste Wohnviertel / Einschätzung der Wohnqualität in der Stadt Bursa, 1974, durch Nichtzuwanderer und Zuwanderer, zeitlich gestaffelt	140

Verzeichnis der Karten

Abb. 1:	Die Generationenstruktur der interviewten Haushalte in der Stadt Bursa, 1974 Bearbeiter: W. FEDDERS	203
Abb. 2:	Die räumliche Herkunft (Einheimische - Zuwanderer) der interviewten Haushalte in der Stadt Bursa, 1974 Bearbeiter: F. ZIMMERMANN	204
Abb. 3:	Die Erwerbszweige der Hauptverdiener der interviewten Haushalte in der Stadt Bursa, 1974 Bearbeiter: B. REPPMANN	205
Abb. 4:	Die Einkommensverhältnisse der Hauptverdiener der interviewten Haushalte in der Stadt Bursa, 1974 Bearbeiter: H. OTTE	206
Abb. 5:	Der Zeitaufwand für den einfachen Weg zur Arbeitsstätte und das benutzte Verkehrsmittel der Hauptverdiener der interviewten Haushalte in der Stadt Bursa, 1974 Bearbeiter: J. ANDRESEN	207
Abb. 6:	Die Qualität des Wohnens (nach dem Verhältnis Personenzahl zu Wohnraumzahl) der interviewten Haushalte in der Stadt Bursa, 1974 Bearbeiter: H.-D. LEICHTLE	208
Abb. 7:	Die Verbreitung der Wohnhaustypen in der Stadt Bursa, 1974 Bearbeiter: H. LANZIUS	209

Verzeichnis der Photos

Seite

Photo 1: Villa mit Garten/Park, moderner Typ, Çekirge Cadesi
Aufnahme: R. STEWIG, August 1976 — 213

Photo 2: Villa mit Garten/Park, älterer osmanischer Typ, Çekirge Cadesi
Aufnahme: R. STEWIG, August 1976 — 213

Photo 3: Apartmentwohnhochhäuser mit Geschäften und Büros in den Untergeschossen in der Innenstadt, Altiparmak Cadesi
Aufnahme: R. STEWIG, August 1976 — 214

Photo 4: Apartmentwohnhochhäuser mit Geschäften und Büros in den Untergeschossen in der Innenstadt, Inönü Cadesi
Aufnahme: R. STEWIG, August 1976 — 214

Photo 5: Apartmentwohnhochhaus in der Innenstadt, am Gökdere
Aufnahme: R. STEWIG, August 1976 — 215

Photo 6: Modernes Stadthaus in der Innenstadt
Aufnahme: R. STEWIG, August 1976 — 215

Photo 7: Modernes Stadthaus in der Innenstadt
Aufnahme: R. STEWIG, August 1976 — 216

Photo 8: Moderne Stadthäuser in der Innenstadt
Aufnahme: R. STEWIG, August 1976 — 216

Photo 9: Modernes Stadthaus in vielstöckiger Variante in der Innenstadt
Aufnahme: R. STEWIG, August 1976 — 217

Photo 10: Osmanische Stadthäuser an einer Straßenzeile mit offenem Abfluß, Stadtviertel Emir Sultan
Aufnahme: R. STEWIG, August 1976 — 217

Photo 11: Osmanisches Stadthaus, Stadtviertel Hisar
Aufnahme: R. STEWIG, August 1976 — 218

Photo 12: Osmanisches Stadthaus, Stadtviertel Hisar
Aufnahme: R. STEWIG, August 1976 — 218

Photo 13: Osmanisches Stadthaus, Stadtviertel Hisar
Aufnahme: R. STEWIG, August 1976 — 219

Photo 14: Osmanisches Stadthaus, Stadtviertel Hisar
Aufnahme: R. STEWIG, August 1976 — 219

Photo 15: Einfachhäuser (gecekondu evler) am südlichen, steilen Hang, oberhalb der Stadtmitte
Aufnahme: R. STEWIG, August 1976 — 220

Photo 16: Einfachhaus (gecekondu ev) am nördlichen, flachen Hang, unterhalb der Stadtmitte
Aufnahme: R. STEWIG, August 1976 — 220

Seite

Photo 17: Einfachhaus (gecekondu ev) am nördlichen
Stadtrand
Aufnahme: R. STEWIG, August 1976   221

Photo 18: Zweigeschossige Variante eines Einfachhauses
(gecekondu ev) am nordwestlichen Stadtrand,
an der Straße zum industrial park (Organize
Sanayi Bölgesi)
Aufnahme: R. STEWIG, August 1976   221

Photo 19: Einfachhaus (gecekondu ev) mit traditionellen
Fachwerkbauelementen am nordwestlichen Stadtrand, an der Straße zum industrial park
(Organize Sanayi Bölgesi)
Aufnahme: R. STEWIG, August 1976   222

Photo 20: Mietskasernenwohnhausblock am nordwestlichen
Stadtrand im Bau
Aufnahme: R. STEWIG, August 1976   222

A. Vom Konzept des Industrialismus zur Theorie der gesellschaftlichen Entwicklung und zur Theorie der Stadt als Funktion gesellschaftlicher Entwicklung

In der ersten Veröffentlichung über das Bursa-Projekt wurde - in den dortigen Abschnitten über "Wissenschaftstheoretische Überlegungen" und "Ziele des Bursa-Projektes" - ausgeführt, daß das Konzept vom Industrialismus, den Rahmen für die Untersuchungen darstellt. Wenn nun solche Untersuchungen über einen längeren Zeitraum geführt werden, bleibt es nicht aus, daß die zwischenzeitlichen empirischen Ergebnisse (des Teil 1) zusammen mit weitergehenden theoretischen Überlegungen über die Stadt in Industrie- und Entwicklungsländern (in: R. STEWIG, Paderborn 1983) auch zu einer Veränderung, d.h. einer Verbesserung und Präzisierung, des theoretischen Rahmens führen, wie er in den folgenden Ausführungen im Sinne der Überschrift dieses Kapitels unternommen wird.

Einleitend soll hier an das Konzept vom Industrialismus, das seinen Namen von einer Veröffentlichung der Autoren D. KERR, J.T. DUNLOP, F.H. HARBISON und C.A. MYERS herleitet[1], erinnert und dazu kritisch Stellung genommen werden.

Das Konzept vom Industrialismus unterstellt einen inneren Zusammenhang, im Sinne von Wechselwirkungen, zwischen einer Vielzahl von materiellen und immateriellen Sachverhalten, bei der modernen gesellschaftlichen Entwicklung, d.h. der Entstehung und Weiterentwicklung der Industriegesellschaft.

Zu diesen Sachverhalten und Wechselwirkungen gehören[2]:

- die naturräumliche, physische Ausstattung eines Landes mit mineralischen Lagerstätten, die als Rohstoffe und Energieträger dienen, die aber im weiteren Verlauf eines Industrialisierungsprozesses auch zur Neige gehen können (Kohle auf den Britischen Inseln; Erdöl im Orient)

- die naturräumliche, klimatische Ausstattung eines Landes, die - in Verbindung mit anderen Gegebenheiten - den Rahmen setzt für den Spielraum der landwirtschaftlichen Produktion, die wiederum über die heimische Ernährungsbasis der im Verlauf des Industrialisierungsprozesses zunehmenden Bevölkerung entscheidet, aber auch industriell zu verarbeitende agrare Rohstoffe liefern kann (Humidität und das Problem des Malthusianismus auf den Britischen Inseln; Aridität und das Problem des Neomalthusianismus im Orient)

---

[1] C. KERR, J.T. DUNLOP, F.H. HARBISON, C.A. MYERS: Industrialism and Industrial Man; Cambridge/Mass. 1960

[2] zur Konkretisierung der folgenden Ausführungen am Beispiel der Entstehung und Entwicklung der Industriegesellschaft auf den Britischen Inseln: R. STEWIG: Industrialisierungsprozesse als Forschungs- und Lehrgegenstand der Hochschul- und Schulgeographie; in: Geographische Rundschau, Beiheft, Heft 2; Braunschweig 1974, S. 15-23; zur Konkretisierung am Beispiel des Orients: R. STEWIG: (Stichwort) Industrialisierung; in: K. KREISER, W. DIEM, H.G. MAJER: Lexikon der islamischen Welt, Bd. 2: Gram-Nom; Stuttgart, Berlin, Köln, Mainz 1974, S. 47-52 und R. STEWIG: Der Orient als Geosystem; Schriften des Deutschen Orient-Instituts; Opladen 1977, besonders S. 176 ff; vgl. Teil 1, S. 14-16

- die naturräumliche Vegetationsausstattung eines Landes, Waldreichtum oder Waldarmut, die die Rohstoff-, Energieträger- und Baumaterialiensituation beeinflussen, wobei die durch vorangeschrittene Entwaldung geschaffene Mangelsituation als Herausforderung zu neuen Technologien angesehen werden kann (Eisenverhüttung auf den Britischen Inseln mittels Kohle) - oder auch nicht (Orient)

- die präindustrielle Ausprägung des primären Sektors und der Agrarverfassung als günstige oder als ungünstige Voraussetzung für das Einsetzen des Industrialisierungsprozesses (Kommerzialisierung der Landwirtschaft und frühe Aufhebung der Leibeigenschaft auf den Britischen Inseln; Rentenkapitalismus im Orient)

- die präindustrielle Ausprägung des handwerklich-sekundären Sektors als günstige oder als ungünstige Voraussetzung für das Einsetzen des Industrialisierungsprozesses (hochgradige Spezialisierung und organisatorische Verselbständigung der handwerklichen Arbeitsstufen auf den Britischen Inseln, Vorwegnahme der industriellen Arbeitsteilung)

- die präindustrielle Ausprägung des tertiären Sektors in Gestalt des Handels, speziell des Außenhandels, als günstige oder als ungünstige Voraussetzung für das Einsetzen des Industrialisierungsprozesses (Kapitalakkumulation und Kapitaltransfer in andere Wirtschaftszweige durch Überseehandel auf den Britischen Inseln; auf persönliche Bereicherung angelegter Fernhandel im Orient)

- die demographischen Verhältnisse, die sich im Verlauf eines Industrialisierungsprozesses grundlegend wandeln, und zwar von einer geringen zu einer großen Bevölkerungsmenge, die wiederum - wenn entsprechende ökonomische Entwicklungen hinzukommen - Voraussetzung für die Erscheinung des Massenkonsums auf vielen Ebenen in der fortgeschrittenen Phase der Industriegesellschaft ist (auf den Britischen Inseln und im Orient, wenn auch in unterschiedlich fortgeschrittenen Zuständen)

- die technologischen Verhältnisse, die sich - durch handwerkliches Probieren und anwendungsbezogene Wissenschaft - im Verlauf eines Industrialisierungsprozesses grundlegend wandeln, indem immer neue Produktionstechniken und Produkte entwickelt werden, und zwar von paläo- über meso- zu neotechnischen Industriezweigen, wobei sich "leading sectors" der Wirtschaft abwechseln (die Britischen Inseln als Innovations-, der Orient als Rezeptionsraum von moderner Technologie)

- der Wirtschaftsgeist, der sehr unterschiedliche Voraussetzungen für das Einsetzen des Industrialisierungsprozesses in sich birgt und der sich im Verlauf des Industrialisierungsprozesses deutlich wandeln kann (auf den Britischen Inseln war die Ethik des puritanischen Calvinismus eine außerordentliche Motivation zu wirtschaftlichem Erfolg; im Orient verachtet die traditionelle Werteskala manuelle Tätigkeiten)

- die politischen Verhältnisse, die ebenfalls ungünstige oder günstige Voraussetzungen darstellen und sich im Verlauf eines Industrialisierungsprozesses grundlegend wandeln können (innenpolitisch setzte auf den Britischen Inseln die Aufhebung präindustrieller Reglementierung die wirtschaftlichen Kräfte des Unternehmertums frei, außenpolitisch dienten zahlreiche Kolonien als abhängige Wirtschaftsräume der Rohstoffversorgung und dem Absatz der Industrieprodukte; im Orient behindern innenpolitisch die zahlreichen Umstürze, außenpolitisch die lange koloniale oder quasi-koloniale Abhängigkeit die Wirtschaftsentfaltung)

- die ökonomischen Verhältnisse, die sich - gegenüber den präindustriellen Gegebenheiten - vielfältig wandeln im Verlauf eines Industrialisierungsprozesses, und zwar was den Wechsel der Arbeitsplätze der Bevölkerung vom primären in den sekundären und tertiären Sektor angeht, was das wirtschaftliche Wachstum, die bedeutende Zunahme des Bruttosozialproduktes selbst pro Kopf der Bevölkerung trotz beträchtlich steigender Bevölkerungsmenge angeht, und was - bei der Berufstätigkeit - die außerordentliche Spezialisierung und Arbeitsteilung betrifft (dies gilt sowohl für die Britischen Inseln als auch den Orient, wenn auch nicht in gleichem Maße im faktisch Erreichten, so doch prinzipiell für den Verlauf des Prozesses)
- die infrastrukturellen Verhältnisse, deren Ausbau, besonders auf dem Gebiet der Verkehrsinfrastruktur, angesichts der hochgradigen Spezialisierung der Standorte und ihrer Dispersität, eine Grundbedingung des Funktionierens der Industriegesellschaft ist (im frühen Ausbau vielfältiger Verkehrswege und der Schaffung neuer Verkehrsmittel unterscheiden sich die Britischen Inseln bedeutsam vom Orient)
- die sozialstrukturellen Verhältnisse in mehrfacher Hinsicht: einmal, was das Vorhandensein ethnisch-religiöser Sondergruppen angeht, die als Katalysatoren im Wirtschaftsprozeß fungieren können (Nonkonformisten auf den Britischen Inseln; Juden und Christen im Orient), zum anderen was den grundlegenden Wandel der Sozialstruktur betrifft, von der präindustriellen, dichotomischen, zweischichtigen Sozialstruktur zu einer Sozialstruktur, in der die Mittelschicht im fortgeschrittenen Industrialisierungsprozeß dominiert (worin sich die Britischen Inseln und der Orient kontemporär faktisch, aber nicht im Prinzip der Entwicklung unterscheiden)
- die Wohnverhältnisse, die sich im Verlauf eines Industrialisierungsprozesses gegenüber der präindustriellen Zeit grundlegend wandeln, und zwar von dominant ländlichen Wohnverhältnissen in präindustrieller Zeit zu städtischen Wohnverhältnissen in der Industriegesellschaft, dann im Sinne der Entstehung der räumlichen Trennung von Wohnstätte und Arbeitsstätte in den Städten der Industriegesellschaft, weiter von Notunterkünften der sich in die (Industrie-)Städte verlagernden ländlichen Unterschichten zu Mittelstandsquartieren in der fortgeschrittenen Industriegesellschaft (auch hierin unterscheiden sich die Britischen Inseln und der Orient zwar kontemporär faktisch, aber nicht hinsichtlich des Prinzips der Entwicklung)
- die raumstrukturellen Verhältnisse, die sich ebenfalls - in der Erscheinungsform der Verstädterung der Gesellschaft - grundlegend wandeln, und zwar dadurch, daß die zuerst im ländlichen Raum einsetzende Bevölkerungszunahme unter dem Druck der ländlichen Überbevölkerung zur Abwanderung, hin zu den in den Städten der Industriegesellschaft entstehenden neuen Arbeitsplätzen des sekundären und tertiären Sektors führt (auch hierin unterscheiden sich die Britischen Inseln und der Orient zwar kontemporär faktisch, aber nicht hinsichtlich des Prinzips der Entwicklung zur Industriegesellschaft).

Diese lange Liste von Sachverhalten, die beim Industrialisierungsprozeß wichtige Funktionen bekleiden, könnte mit einiger Beliebigkeit noch sehr viel weiter fortgesetzt werden. Lediglich die Rolle der Ausbildung und differenzierter Ausbildungsstätten, zum Zwecke des Erreichens eines über die Alphabetisierung hinausgehenden Niveaus[1], und die Rolle der Freizeit, im Sinne der allmählichen Her-

---

[1] für den Orient vgl. D. LERNER: The Passing of Traditional Society. Modernizing the Middle East; Glencoe, Ill. 1958

ausbildung eines Massentourismus in der hochentwickelten Industriegesellschaft, sollen noch erwähnt sein.

Mit dem Konzept vom Industrialismus, von der Entstehung und Weiterentwicklung der Industriegesellschaft, vom Industrialisierungsprozeß, verbindet sich ein bestimmtes wissenschaftstheoretisches Niveau: die Vertreter verschiedener wissenschaftlicher Disziplinen hatten erkannt, daß es sich bei der Industriegesellschaft um ein übergreifendes Phänomen handelt. Dem suchten sie durch eine Öffnung ihrer Fächer wenigstens gegenüber Nachbarfächern - begrenzt - Rechnung zu tragen.

Bei den Historikern waren das vor allem H.U. WEHLER mit seinem Programm "Geschichte als Historische Sozialwissenschaft"[1], W. FISCHER mit einer Reihe wirtschafts- und sozialgeschichtlicher Publikationen, O. BUSCH, W. CONZE[2] und andere[3].

Bei den Wirtschaftswissenschaftlern war das vor allem S. KLATT mit seiner Theorie der Industrialisierung, der diesen Prozeß nicht nur als durch technischen Fortschritt geprägtes wirtschaftliches Wachstum begriff[4], sondern die Rolle sozialer und kultureller "Prozeßregler" im weitesten Sinne anerkannte[5] und der in seinen "Schlußbemerkungen" zu der Einsicht gelangte, daß zu einem Problemkreis von der Breite der Industrialisierung der einzelne nur "eine Problemübersicht" zu bieten vermag[6].

Bei den Soziologen[7] waren das vor allem W.E. MOORE[8] und B.F. HOSELITZ[9]. Beide sehen den modernen Strukturwandel der Gesellschaft als Industrialisierungsprozeß und W.E. MOORE gibt eine "Problemübersicht" unter Gliederung in "Vorbedingungen", "Begleit- und Folgeerscheinungen der Industrialisierung"[10] ganz im Sinne der Ausführungen am Anfang dieses Kapitels, allerdings unter stärkerer Betonung der soziologischen Aspekte (Werte, Institutionen, Organisationen, Motivierung, Wirtschaftsorganisation, demographische und ökologische Struktur, Gesellschaftsaufbau, Dynamik)[11]. Somit erfolgt bei W.E. MOORE die begrüßenswerte Gleichsetzung von Industrialisierung als moderne gesellschaftliche Entwicklung[12] [13] [14].

---

[1] Frankfurt 1973
[2] W. CONZE (Hrsg.): Sozialgeschichte der Familie in der Neuzeit Europas; Industrielle Welt, Bd. 21; Stuttgart 1976; W. CONZE, U. ENGELHARDT (Hrsg.): Arbeiter im Industrialisierungsprozeß; Industrielle Welt, Bd. 28; Stuttgart 1979
[3] hierzu ausführlich: Teil 1, S. 5f
[4] hierzu ausführlich: Teil 1, S. 7f
[5] S. KLATT: Zur Theorie der Industrialisierung; Köln und Opladen 1959
[6] 1959, S. 424
[7] hierzu ausführlich: Teil 1, S. 9ff
[8] Strukturwandel der Gesellschaft; 3. Auflage München 1973
[9] B.F. HOSELITZ, W.E. MOORE: Industrialization and Society; Den Haag 1963
[10] 1973, S. 148ff
[11] W.E. MOORE: Strukturwandel der Gesellschaft; 3. Auflage München 1973, S. 155-175
[12] W.E. MOORE, 1973, S. 152
[13] zur Modernisierungsforschung: P. FLORA: Modernisierungsforschung. Zur empirischen Analyse der gesellschaftlichen Entwicklung; Opladen 1974
[14] der von E. WIRTH gebrauchte Begriff der "Verwestlichung" zur Bezeichnung des aktuellen Strukturwandels in Ländern des Orients läuft inhaltlich zwar auf die Herausbildung der Industriegesellschaft hinaus, assoziiert aber eine zu

Bedauerlicherweise muß festgestellt werden, daß im Fach Geographie, das ja auf große Breite angelegt ist, eine fachübergreifende Öffnung in Richtung auf das Konzept vom Industrialismus, eine theoretische Orientierung, die von dynamischer gesellschaftlicher Entwicklung als Rahmen ausgeht, von dem allgemeine und fachspezifische Fragestellungen abzuleiten wären, generell nicht zu beobachten ist. In der neueren Übersicht über den Forschungsstand der Industriegeographie von W. MIKUS[1] spielt die (zuvor[2] überwiegend nur physiognomisch erfaßte) Industrielandschaft keine Rolle mehr und ist vom Industrieraum als Hauptforschungsgegenstand der Industriegeographie verdrängt worden, auch scheinen "industriegeographische Prozesse" darunter die Industrialisierung (in sozialistischen und in Entwicklungsländern) auf, aber als grundlegender theoretischer Rahmen wird Industrialisierung nicht gesehen. W.BRÜCHERs Veröffentlichung über Industriegeographie[3] präsentiert immerhin (auf S. 14) das Fließdiagramm "Die Faktoren der industriellen Revolution in Großbritannien und ihre Verflechtungen", das in seinem übergreifenden Charakter als Übersicht im Sinne des Konzeptes vom Industrialismus gewertet werden kann[4]; danach nehmen wieder Standortbetrachtungen der Industriebetriebe, die Hauptindustriezweige, Organisationsformen der Industrie und einige Aspekte der Wechselwirkungen zwischen Mensch und Industrie breiten Raum in seiner Darstellung ein.

Das Konzept vom Industrialismus muß - wissenschaftstheoretisch- als erstes Bemühen gewertet werden, der Erkenntnis vom fachübergreifenden Charakter moderner industriegesellschaftlicher Entwicklung Rechnung zu tragen. Allerdings resultierte dieses Bemühen bislang überwiegend in einer Auflistung wichtiger Sachverhalte des Industrialisierungsprozesses als Vorbedingungen, Verlaufs- und Folgeerscheinungen. Dabei wurden diese Sachverhalte im Rahmen einer gewissen Beliebigkeit erfaßt und meist nur qualitativ gekennzeichnet. Ein Systemzusammenhang wurde mehr unterstellt als aufgezeigt[5]. Die Darstellung der Interdependen-

---

    einseitige Verknüpfung des Begriffes mit Entwicklungsländern, von den politischen Assoziationen ganz abzusehen.
[1] W. MIKUS: Industriegeographie. Themen der allgemeinen Industrieraumlehre; Erträge der Forschung, Bd. 104; Darmstadt 1978
[2] hierzu ausführlich: Teil 1, S. 11 ff
[3] W. BRÜCHER: Industriegeographie; Reihe: Das Geographische Seminar; Braunschweig 1982
[4] weitere neuere Veröffentlichungen zur Industriegeographie sind enthalten in: W. GAEBE, K. HOTTES (Hrsg.): Methoden und Feldforschung in der Industriegeographie; Mannheimer Geographische Arbeiten, Heft 7; Mannheim 1980; vgl. G. HEINZMANN: Entwicklung, gegenwärtiger Stand und Perspektive der Industriegeographie; in: Die Teildisziplinen der ökonomischen Geographie in der DDR: Entwicklung, Stand, Perspektive; Gotha 1985, S. 41-53
[5] formal ist es zwar möglich, einen entsprechenden Systemzusammenhang zu konstruieren (vgl. W. BRÜCHER, 1982, S. 14), inhaltlich dürfte es aber vorläufig kaum möglich sein, einen solchen Zusammenhang - wegen der übergroßen Fülle von Sachverhalten - zu ermitteln.

zen beschränkte sich weitgehend auf eine lose Verknüpfung einer jeweils begrenzten Zahl von Sachverhalten im Sinne der Öffnung einiger weniger wissenschaftlicher Disziplinen zu ihren Nachbarfächern. Das Konzept ist für die Ebene der Länder bzw. Staaten bei der Erfassung und Darstellung der Industrialisierung (im weitesten Sinne) gedacht. Immerhin wird von einem prozeßhaften Zusammenspiel sehr vieler Sachverhalte ausgegangen und grundsätzlich die Dimension der Zeit in historischer Größenordnung berücksichtigt. Die eingangs dieses Kapitels aufgelisteten, wichtigen Sachverhalte im Zusammenhang mit der Herausbildung und Weiterentwicklung von Industriegesellschaften lassen erkennen, daß es einen weiten Spielraum der Vorbedingungen, Verlaufs- und Folgeerscheinungen gibt; dabei treten - wenn man an das Einsetzen und den Verlauf der Industrialisierungsprozesse auf den Britischen Inseln und im Orient denkt - sowohl jeweils nur einem Raum zuzuordnende Sachverhalte und Faktorenkombinationen auf, also individuelle Züge, als auch übereinstimmende, d.h. allgemeine Regelhaftigkeiten. Immerhin trägt das Konzept vom Industrialismus bei der vergleichenden Anwendung auf Industrialisierungsprozesse in verschiedenen Ländern zur Abstraktion von historischen, einmaligen Bedingungen und zur Erkenntnis allgemeiner Regelhaftigkeiten bei. In diesem Rahmen ist auch der Versuch zu verstehen, die unabdingbaren (wirtschaftlichen) Voraussetzungen des Einsetzens eines Industrialisierungsprozesses zu bestimmen[1]. Eine Theorie im strengen Sinne, wenn man darunter die Setzung einer begrenzten Zahl von Annahmen und die Ableitung einer begrenzten Zahl von Aussagen aus dem Zusammenspiel der Annahmen versteht, wie beispielsweise bei der Theorie der Zentralität und zentralen Orte von W. CHRISTALLER oder der Theorie der landwirtschaftlichen Nutzungsabfolge um ein Marktzentrum von J.H. von THÜNEN - beides statisch angelegte Theorien ohne prozeßhafte Aspekte -, ist das Konzept vom Industrialismus nicht, höchstens eine beschreibende Theorie als begrenzte Verallgemeinerung historischer Situationsabfolgen. Auch ist es ein großer Sprung von der räumlichen Länder- bzw. Staatenebene aus im Rahmen des Konzeptes vom Industrialismus direkt Fragestellungen für die Untersuchung der lokalen Ebene der Stadt eines Landes oder Staates im Industrialisierungsprozeß abzuleiten.

Nach dieser kritischen Stellungnahme zum Konzept des Industrialismus stellt sich die Frage, wie ein verbesserter theoretischer Rahmen, eine Theorie der gesellschaftlichen Entwicklung, die in eine Theorie der Stadt als Funktion gesellschaftlicher Entwicklung mündet, aussehen könnte. Dabei wird es sich, um den Bezug zur Realität nicht zu verlieren, um beschreibende Theorien handeln müssen, die - unter Berücksichtigung der Dimension der Zeit, d.h. prozeßhafter Evolution - von den Singularitäten, den individuellen Zügen der Industrialisierungsprozesse in den einzelnen Ländern und Staaten, abstrahieren und die Vielfalt der historischen Situationen mit ihren Einzigartigkeiten zu allgemeinen Regelhaftigkeiten reduzieren; damit wird auch die Fülle der divergierenden Sachverhalte vermindert.

Wenn man zunächst, auf der Suche nach Theorien gesellschaftlicher Entwicklung, noch nicht das Ziel aufgibt, Theorien im strengsten Sinne, also deduktive Aussagesysteme, zu finden, kann man derartige Konstruktionen in relativ großer Zahl bei den Wirtschaftswissenschaftlern in Gestalt volkswirtschaftlicher Wachstumstheorien entdecken[2]. Bei ihnen werden verschiedene Annahmen über die Rollen

---

[1] S. KUZNETS: Die wirtschaftlichen Vorbedingungen der Industrialisierung; in: R. BRAUN, W. FISCHER, H. GROßKREUTZ, H. VOLKMANN: Industrielle Revolution. Wirtschaftliche Aspekte; Köln, Berlin 1972, S. 17-34
[2] ein Überblick: H. KÖNIG (Hrsg.): Wachstum und Entwicklung der Wirtschaft; Köln, Berlin 1970

von Außenhandel, Staat, Sparraten, Bevölkerungsentwicklung, technischen Fortschritt, Lernprozesse etc. gemacht und unterschiedliche Aussagen abgeleitet. Diese Theorien im strengen Sinne beschränken sich jeweils auf einen kleinen Teilaspekt gesellschaftlicher Entwicklung, klammern Zeit und Raum so gut wie ganz aus[1] und bewegen sich auf der Ebene mathematisierter Modelle. Selbst wenn in volkswirtschaftliche Wachstumstheorien der räumliche Aspekt bewußt aufgenommen wurde - wie bei den regionalen Wachstumstheorien[2] - wird die Ebene der mathematisierten Gedankenspiele mit geringem und problematischem Bezug zur Realität nicht verlassen. Demgegenüber steht bei Wirtschaftshistorikern die empirische Ebene der Darstellung wirtschaftlichen Wachstums in vielen konkreten Erscheinungsformen im zeitlichen Ablauf in zahlreichen Ländern im Vordergrund[3], wobei Ansätze zur Quantifizierung[4] und (beschreibenden) Theoretisierung erkennbar sind.

Bei den Soziologen verheißt der gängige Begriff "Theorien des sozialen Wandels" bei wörtlicher Betrachtung zunächst Fündigkeit auf der Suche nach Theorien gesellschaftlicher Entwicklung und läßt auf Theorien im strengen Sinne hoffen. Betrachtet man jedoch den Überblick, den W. ZAPF über Theorien des sozialen Wandels zusammengestellt hat[5], so wird deutlich, daß es sich auch hier wiederum nur um Teilaspekte gesellschaftlicher Entwicklung handelt und daß das Niveau der Theorien sich - bewußt - nicht auf der Ebene deduktiver Aussagesysteme (und Gedankenspiele) bewegt, sondern im Sinne beschreibender Theorien mit Bezug zur Realität zu verstehen ist. Das bestätigt auch der neuere Überblick zum Thema "Wirtschaftliche Entwicklung und sozialer Wandel" mit einzelnen Theorienansätzen von H. WINKEL[6]. Die soziologische Art der Beschäftigung mit sozialem Wandel[7] steht der empirischen Vorgehensweise der Wirtschaftshistoriker näher als den abstrakten Modellkonstruktionen der Wirtschaftstheoretiker; mit dem beschreibenden Charakter der soziologischen Theorien des sozialen Wandels nehmen sie eine mittlere Stellung zwischen reiner Empirik und reiner Theorie und damit eine der Realität im Sinne der Berücksichtigung von Raum und Zeit angenäherte Position ein.

Auf der Suche nach weit ausgreifenden (beschreibenden) Theorien gesellschaftlicher Entwicklung kommt man an Wirtschaftsstufentheorien nicht vorbei[8]. Das Weitausgreifende und Übereinstimmende ihres methodischen Ansatzes der Erfas-

---

[1] H. SIEBERT: Zur Theorie des regionalen Wirtschaftswachstums; Tübingen 1967, S. 1
[2] z.B. H.W. RICHARDSON: Regional Growth Theory; London 1973; H. SIEBERT: Zur Theorie des regionalen Wirtschaftswachstums; Tübingen 1967
[3] H. KELLENBENZ, J. SCHNEIDER, R. GÖMMEL (Hrsg.): Wirtschaftliches Wachstum im Spiegel der Wirtschaftsgeschichte; Wege der Forschung, Bd. 376; Darmstadt 1978
[4] Ökonometrische Geschichte oder Kliometrik als New Economic History in den U.S.A.
[5] W. ZAPF (Hrsg.): Theorien des sozialen Wandels; Köln, Berlin 2. Auflage 1970
[6] H. WINKEL (Hrsg.): Wirtschaftliche Entwicklung und sozialer Wandel; Wege der Forschung, Bd. 493; Darmstadt 1981
[7] vgl. auch: P. FLORA: Modernisierungsforschung. Zur empirischen Analyse gesellschaftlicher Entwicklung; Studien zur Sozialwissenschaft; Opladen 1974
[8] H.G. SCHACHTSCHABEL (Hrsg.): Wirtschaftsstufen und Wirtschaftsordnungen; Wege der Forschung, Bd. 176; Darmstadt 1971

sung gesellschaftlicher Entwicklung besteht darin, daß die Entwicklung der Menschheit von Anbeginn zu erfassen und zu gliedern versucht wird, daß evolutionistisches Denken in Stufenfolgen diese Theorien charakterisiert, daß der Entwicklungsprozeß als vom Einfachen zum Komplexen fortschreitend gesehen wird, daß dieser Vorgang als irreversibel erscheint und daß in der Stufenabfolge, wenn schon nicht Entwicklungsgesetze, so doch Regelhaftigkeiten der Entwicklung zum Ausdruck kommen.

Sicher wurden bei der Schaffung der klassischen Wirtschaftsstufentheorien von Fr. LIST (1789-1846), B. HILDEBRAND (1812-1878) und K. BÜCHER (1847-1930) in erster Linie wirtschaftliche Tatbestände zugrundegelegt, jedoch handelte es sich überwiegend um Tatbestände von gesellschaftlich grundlegender Bedeutung.

Bei Fr. LIST war die zunehmende Komplexität der Gütererzeugung die Basis gesellschaftlicher Entwicklung: vom Agrikulturstand über den Agrikultur-Manufakturstand zum Agrikultur-Manufaktur-Handelsstand.

Bei B. HILDEBRAND allerdings diente ein begrenzter wirtschaftlicher Sachverhalt, die Art des Güteraustausches, worüber man streiten könnte, der Stufeneinteilung in Natural-, Geld- und Kreditwirtschaft, wobei die Naturalwirtschaft durch Tausch Ware gegen Ware, die Geldwirtschaft durch Tausch Ware gegen Geld und die Kreditwirtschaft durch Kauf auf Kredit gekennzeichnet wurden.

Bei K. BÜCHER wiederum war es die Ausweitung des Wirtschaftsgeschehens, eine die gesellschaftliche Entwicklung grundlegend prägende Erscheinung, die zum Gliederungsprinzip erhoben wurde: von der Hauswirtschaft über die Stadtwirtschaft zur Volkswirtschaft. Mit dieser Gliederung sind auch räumliche Aspekte berücksichtigt.

Mehr noch als Fr. LIST, B. HILDEBRAND oder K. BÜCHER geht H. BOBEK mit seiner Theorie der Gesellschafts- und Wirtschaftsentfaltung[1] über wirtschaftliche Sachverhalte hinaus, schließt besonders soziale in seine Stufengliederung ein und berücksichtigt außer der zeitlichen Dimension, den evolutionären Verlauf gesellschaftlicher Entwicklung, auch die räumliche Differenzierung. Seine Gliederung lautet:

- Wildbeuterstufe
- Stufe der spezialisierten Sammler, Jäger und Fischer
- Stufe des Sippenbauerntums mit dem Seitenweg des Hirtennomadismus
- Stufe der herrschaftlich organisierten Agrargesellschaft
- Stufe des älteren Städtewesens mit dem Rentenkapitalismus
- Stufe des produktiven Kapitalismus, der industriellen Gesellschaft und des jüngeren Städtewesens.

Die jeweils dominanten Wirtschaftszweige, Organisationsformen der Wirtschaft und Siedlungsweisen wurden zur Kennzeichnung von Stadien gesellschaftlicher Entwicklung verwendet. In ihrer sachlichen, zeitlichen und räumlichen Differenzierung kann H. BOBEKs Auffassung von gesellschaftlicher Entwicklung als weitester theoretischer Rahmen für das Bursa-Projekt angesehen werden.

---

[1] H. BOBEK: Die Hauptstufen der Gesellschafts- und Wirtschaftsentfaltung in geographischer Sicht; in: Die Erde, 90. Jahrgang; Berlin 1959, S. 259-298

Bei den Untersuchungen des Bursa-Projektes handelt es sich jedoch nicht um gesellschaftliche Entwicklung insgesamt, schon gar nicht um die Ermittlung von Gesetzen gesamtgesellschaftlicher Entwicklung seit den Ursprüngen der Menschheit, sondern um - im Sinne H. BOBEKs - die (vorläufig) letzte Stufe gesellschaftlicher Entwicklung, die Herausbildung der Industriegesellschaft (in einem Entwicklungsland). Es ist deshalb sinnvoll, diese Phase gesellschaftlicher Entwicklung einer genaueren, differenzierteren Gliederung zu unterziehen, als das bei H. BOBEK der Fall ist.

Hierzu bietet sich W.W. ROSTOWs[1] Stadienlehre an. Sie kann als Detaillierung der von H. BOBEK im größeren zeitlichen Zusammenhang gesellschaftlicher Entwicklung pauschal gekennzeichneten letzten Phase industriegesellschaftlicher Entwicklung angesehen werden.

Bei W.W. ROSTOW werden die bei H. BOBEK unterschiedenen Stufen gesellschaftlicher Entwicklung vor Einsetzen der Herausbildung der Industriegesellschaft zum Stadium der traditional society zusammengezogen, die also Ausgangssituation industriegesellschaftlicher Entwicklung ist. Die industriegesellschaftliche Entwicklung selbst wird dann unterteilt in folgende Stufen:

- preconditions for take-off
- take-off (into self-sustained growth)
- drive to maturity
- high mass-consumption.

Bereits zur Kennzeichnung der Stufe der traditional society verwendet W.W. ROSTOW außerökonomische Sachverhalte, darunter besonders den der Prä-Newton'schen Technologie. Die Stufe der preconditions for take-off besteht vor allem im Abbau von Restriktionen auf allen Gebieten. Der take-off - die Metapher des startenden Flugzeuges steht für diese Stufe - ist durch beschleunigtes Wirtschaftswachstum auf der Grundlage einer erhöhten Investitionsrate charakterisiert und die Entstehung erster, weniger Industriezweige. Wachstum in vielfacher Hinsicht, nicht nur wirtschaftlich, wird ein Kennzeichen der Entwicklung der Industriegesellschaft. In der Stufe des drive to maturity verbreitet sich das Wachstum über die Wirtschaft hinaus. Schließlich wird in der vorläufig letzten Phase industriegesellschaftlicher Entwicklung - der Stufe der high mass-consumption - die ökonomisch gut ausgestattete, große Bevölkerungsmenge zur biologischen und ökonomischen Voraussetzung für eine breite Konsumindustrie und im nicht-ökonomischen Bereich für zahlreiche Phänomene der Massengesellschaft.

Der Titel der W.W. ROSTOW'schen Veröffentlichung deutet zwar an, daß zunächst an wirtschaftliches Wachstum gedacht ist, tatsächlich aber - und das wird aus der inhaltlichen Kennzeichnung seiner Stadien industriegesellschaftlicher Entwicklung deutlich[2] - werden außerökonomische Komponenten gesellschaftlicher Entwicklung - technologische, soziologische, politische, kulturelle - im großen Umfang in die Gliederung einbezogen[3]. Auch für W.W. ROSTOWs Stadienlehre gilt, daß es sich um die Darstellung irreversibler gesellschaftlicher Evolution vom Einfachen zum Komplexen auf der Grundlage menschlicher Verhaltensweisen handelt.

---

[1] W.W. ROSTOW: The Stages of Economic Growth; 2. Auflage Cambridge 1971
[2] W.W. ROSTOW; 1971, S. 4 ff (Kurzkennzeichnung)
[3] W.W. ROSTOW, 1971, S. 17 ff (ausführliche Kennzeichnung)

W.W. ROSTOWs Konzept kann gerade für die im Rahmen des Bursa-Projektes besonders interessierende Phase der Herausbildung der Industriegesellschaft als - gegenüber H. BOBEK engerer - theoretischer Rahmen aufgefaßt werden, der eventuell eine Positionsbestimmung untersuchter Fälle von Industrialisierungsprozessen, sei es auf Länder- oder Städteebene, also eine Kennzeichnung des Entwicklungsstandes innerhalb industriegesellschaftlicher Entwicklung, erlaubt[1].

Im Rahmen der Stadienlehre industriegesellschaftlicher Entwicklung von W.W. ROSTOW stehen für wichtige Teilsachverhalte dieser Entwicklung, die demographischen, die ökonomischen, die sozialen Verhältnisse und einige weitere Gegebenheiten, eine Reihe von, wiederum (beschreibenden) Theorien bereit, die es erlauben, den theoretischen Rahmen, hierarchisch gestuft, unter voller Berücksichtigung der Dimension der Zeit, aber noch immer auf Länder- bzw. Staatenebene, enger zu ziehen[2].

Zu den bekanntesten und anerkanntesten Theorien dieser Art gehört die Theorie der demographischen Transformation, auch Modell vom demographischen Übergang genannt. Die dazugehörenden Sachverhalte sind bereits von G. MACKENROTH - noch ohne Verwendung der Bezeichnungen Theorie oder Modell - in seinem Lehrbuch der Bevölkerungslehre[3] für (Industrie-)Länder als Regelhaftigkeit dargestellt worden und haben seitdem zahlreiche Neudarstellungen erfahren[4]. Der Gewinn dieses theoretischen Ansatzes besteht nicht nur in der Erkenntnis der Regelhaftigkeiten der Entwicklung der Relation von Geburten- und Sterberate im Verlauf industriegesellschaftlicher Entwicklung, sondern in der Bereitstellung eines Beurteilungsmaßstabes des (Bevölkerungs-)Entwicklungsstandes, wozu die Quantifizierbarkeit der Aussagen deutlich beiträgt.

Während in der traditionellen, präindustriellen Gesellschaft sowohl Sterbe- als auch Geburtenrate auf ähnlich hohem Niveau liegen, öffnet sich die Schere zwischen Geburten- und Sterberate auf dem Wege der demographischen Transformation der Gesellschaft durch beträchtliches Absinken der Sterberate am Beginn eines Industrialisierungsprozesses, woraus ein außerordentliches Bevölkerungswachstum resultiert, das altersstrukturmäßig zu einer beträchtlichen Erhöhung des Anteils der Jugendlichen an der Bevölkerung führt. Erst mit dem Sinken auch der Geburtenrate als Folge veränderten generativen Verhaltens im weiteren Verlauf des Industrialisierungsprozesses schließt sich die Schere zwischen Geburten-

---
[1] vgl. W.W. ROSTOW, 1971, Diagramm S. XX
[2] ausführlicher und mit Belegen: R. STEWIG: Die Stadt in Industrie- und Entwicklungsländern; Paderborn 1983, S. 72 ff
[3] G. MACKENROTH: Bevölkerungslehre. Theorie, Soziologie und Statistik der Bevölkerung; Berlin, Göttingen, Heidelberg 1953
[4] J. LEIB, G. MERTINS: Bevölkerungsgeographie; Reihe: Das Geographische Seminar; Braunschweig 1983, S. 76 ff; W. KULS: Bevölkerungsgeographie; Heidelberg 1980, S. 137 ff; J. SCHMID: Einführung in die Bevölkerungssoziologie; Reinbek 1976, S. 277 ff; J.A. HAUSER: Bevölkerungsprobleme der Dritten Welt; Bern und Stuttgart 1974; S. 130 ff; P. BUSCH: Bevölkerungswachstum und Nahrungsspielraum auf der Erde; Reihe: Fragenkreise; Paderborn 1971, S. 8 f; R. MACKENSEN: Zur Vielgestaltigkeit der "Demographischen Übergangs"; in: W. KÖLLMANN, P. MARSCHALCK (Hrsg.): Bevölkerungsgeschichte; Köln 1972, S. 76-83; J. BÄHR: Bevölkerungswachstum in Industrie- und Entwicklungsländern; in: Geographische Rundschau, Jahrgang 36; Braunschweig 1984, S. 544-551

und Sterberate wieder auf niedrigem Niveau bei ausgeprägter Tendenz zur Erhöhung des Anteils der älteren Menschen an der Bevölkerung. Ob man diese demographische Transformation der Gesellschaft in vier oder fünf Phasen einteilt[1], zu beobachten ist sie sowohl in Industrie- als auch in Entwicklungsländern[2]. Sie stellt die biologische Voraussetzung für die Phänomene der vollentwickelten Industriegesellschaft als Massengesellschaft dar.

Weniger bekannt, aber der Theorie der demographischen Transformation an die Seite zu stellen, ist die hier, um der Parallelität willen, so benannte Theorie der Mobilitätstransformation, von ihrem Schöpfer, W. ZELINSKY, als hypothesis of the mobility transition bezeichnet[3]. Dabei handelt es sich um "Beweglichkeit" im weitesten Sinne, physisch wie geistig, von (Einzel-)Personen, Gruppen wie Gesellschaften. Von W. ZELINSKY berücksichtigte Erscheinungsformen der Mobilität sind: Binnenkolonisation (Land-Landwanderung), Auswanderung, Land-Stadtwanderung, Stadt-Stadtwanderung, innerstädtische Wanderung, Pendlerwanderung, Verkehrs- und Kommunikationsmittelmobilität[4], die sich nach W. ZELINSKY, im Verlauf industriegesellschaftlicher Entwicklung phasenbildend - in Parallelität zu den Phasen der demographischen Transformation -, ablösen[5].

Wenn auch diese Theorie noch einer weiteren Ausarbeitung, besonders hinsichtlich der jüngeren Phasen der Transformation bedarf, so liegen andererseits - als Subtheorien - wiederum kleinere theoretische Rahmen zum Phänomen der horizontalen Mobilität, insbesondere der Migrationserscheinungen, vor[6]. Von den "Gesetzen der Wanderung" des E.G. RAVENSTEIN[7] über Distanz- und Gravitationsmodelle[8] bis zur Unterscheidung differenzierter Motivation (push-pull) bei Wanderungen im Sinne von E.S. LEE[9] steht somit gerade für das am Beginn des Industrialisierungsprozesses so wichtige Phänomen der Migration, insbesondere die Land-Stadtwanderung, ein differenzierter Fragenkatalog zur Verfügung[10].

---

[1] vgl. J.A. HAUSER, 1974, S. 131, und P. BUSCH, 1971, S. 8
[2] J. BÄHR, 1984; J. LEIB, G. MERTINS, 1983, S. 81 f
[3] W. ZELINSKY: The Hypothesis of the Mobility Transition; in: The Geographical Review, Bd. 61; New York 1971, S. 219-249; vgl. W. KULS, 1980, S. 175 ff
[4] W. ZELINSKY, 1971, S. 230 f und S. 233; vgl. R. STEWIG: Die Stadt in Industrie- und Entwicklungsländern; Paderborn 1983, S. 93 ff
[5] Diagramm bei W. KULS, 1980, S. 177; W. ZELINSKY, 1971, S. 228, S. 233
[6] als Literaturhinweise: G. ALBRECHT: Soziologie der geographischen Mobilität; Stuttgart 1972; G. SZELL (Hrsg.): Regionale Mobilität; München 1972; P. WHITE, R. WOODS: The Geographical Impact of Migration; London 1980; W. KÖLLMANN, P. MARSCHALCK (Hrsg.): Bevölkerungsgeschichte; Köln 1972; J. BÄHR: Bevölkerungsgeographie; Stuttgart 1983
[7] E.G. RAVENSTEIN: The Laws of Migration; in: Journal of the Statistical Society, Bd. 48; London 1985, S. 167-227 bzw. in: Journal of the Royal Statistical Society, Bd. 52; London 1981, S. 241-301
[8] J. BÄHR, 1983, S. 296 ff
[9] E.S. LEE: A Theory of Migration; in: Demography, Bd. 3; Chicago 1966, S. 47-57
[10] ausführlicher und mit Belegen: R. STEWIG: Die Stadt in Industrie- und Entwicklungsländern; Paderborn 1983, S. 93 ff

Wenn die demographische Transformation im Verlauf industriegesellschaftlicher Entwicklung die Bevölkerungsmenge und die Altersstruktur der Bevölkerung grundlegend umgestaltet, so verändert die Mobilitätstransformation durch den mit ihr verknüpften Vorgang der Verstädterung[1], der Umwandlung der ländlichen zur städtischen Lebensweise der Bevölkerung, die Gesellschaft raumstrukturell ebenso grundlegend.

Der demographischen und der Mobilitätstransformation kann die nicht weniger tiefgreifende ökonomische Transformation während des Industrialisierungsprozesses an die Seite gestellt werden. Sie äußert sich vielfältig: da ist einmal die Entstehung des industriell-sekundären Sektors mit einer gegenüber der handwerklichen Produktion der traditionellen Gesellschaft veränderten Produktionstechnologie; da ist zum anderen die Entstehung moderner Industriezweige in der Stufenfolge: paläo-, meso- und neotechnisch (von der Eisen- und Stahlindustrie und dem Bergbau zur Raumfahrt- und Kommunikationsmittelindustrie); da ist weiter langfristig - nach gewissen Einbrüchen zu Beginn der Entwicklung - die bedeutende Zunahme des Bruttosozialproduktes und die - trotz der außerordentlich gestiegenen Bevölkerungsmenge - ebenso bedeutende Zunahme des Bruttosozialproduktes pro Kopf der Bevölkerung[2]. Sie ist eine wichtige Voraussetzung für die - noch zu behandelnde - soziale Transformation der Gesellschaft.

Deutlicher noch äußert sich die ökonomische Transformation der Gesellschaft in der grundlegenden Veränderung der Relation der Anteile der im primären, sekundären und tertiären Sektor Beschäftigten im Verlauf industriegesellschaftlicher Entwicklung wie sie in der Theorie des französischen Wirtschaftswissenschaftlers und -historikers J. FOURASTIÉ zum Ausdruck kommt[3]: während in der traditionellen Gesellschaft die Masse der Bevölkerung noch im primären Sektor, in der Landwirtschaft, arbeitet, steigt im Industrialisierungsprozeß der Anteil der Beschäftigten im industriell-sekundären Sektor zunächst an, um im fortgeschrittenen Industrialisierungsprozeß, in einer Phase der Automatisation der Produktion, wieder abzusinken, während der Anteil der im tertiären Sektor, im Dienstleistungsbereich, Beschäftigten kontinuierlich und beträchtlich weiter ansteigt. Wiederum handelt es sich um langfristige Regelhaftigkeiten, die - weil es um die in den Wirtschaftssektoren beschäftigten Menschen geht - über den wirtschaftlichen Bereich hinaus in den sozialen hinüberweisen. Wiederum sind die Aussagen quantifizierbar und als Beurteilungsmaßstab zur Messung des Standes gesellschaftlicher Entwicklung benutzbar. Wiederum handelt es sich - mit der Berücksichtigung der Relationen aller Wirtschaftsbereiche - um grundsätzlich charakterisierende Verhältnisse in der Dimension der Zeit auf Länder- bzw. Staatenebene.

Im Verlauf des Industrialisierungsprozesses wandeln sich auch die sozialen Verhältnisse auf vielen Teilgebieten einschneidend. Eines dieser Teilgebiete sind die Arbeitsplatzverhältnisse, die sich nicht nur wegen des Aufkommens des sekundären Sektors und der späteren Dominanz des tertiären Sektors grundlegend verändern (W. ZELINSKY: occupational transition)[4], sondern auch wegen der neuen

---

[1] B.M. DUTOIT, H.I. SAFA (Hrsg.): Migration and Urbanization; Den Haag 1975
[2] ausführlicher und mit Belegen: R. STEWIG: Die Stadt in Industrie- und Entwicklungsländern; Paderborn 1983, S. 118 ff; vgl. auch: K.M. BOLTE, St. HRADIL: Soziale Ungleichheit in der Bundesrepublik Deutschland; Opladen 1984, S. 115 f
[3] J. FOURASTIÉ: Le Grand Espoir du XX° Siècle; Paris 1949; J. FOURASTIÉ: Gesetze der Wirtschaft von morgen; 2. Auflage Düsseldorf, Wien 1963
[4] vgl. W. ZELINSKY, 1971, S. 227

und steigenden Ansprüche, die am Arbeitsplatz gestellt werden[1]. Gleichzeitig verändert sich - das ist ein anderes soziales Teilgebiet - die Ausbildungssituation, um den - nicht nur am Arbeitsplatz - gestiegenen Ansprüchen des Lebens in der Industriegesellschaft zu genügen (W. ZELINSKY: educational transition)[2]. Dabei geht es nicht nur um die Alphabetisierung im engeren Sinne, die Erhöhung des Anteils der Lese- und Schreibkundigen seit der präindustriellen Zeit, sondern den umfassenden Ausbau von Wissenschaft als Voraussetzung moderner technologischer Entwicklung.

Mit der Demokratisierung der Ausbildung, der zunehmenden Teilnahme immer größerer Bevölkerungsteile an höherrangiger Ausbildung und mit dem Abbau ständischer Restriktionen erhöht sich - das ist ein anderer sozialer Teilbereich - die Durchlässigkeit der Gesellschaft: die soziale, vertikale Mobilität[3] gesellt sich vielfältig zur horizontalen Mobilität hinzu.

Mit der steigenden Arbeitsteilung im Industrialisierungsprozeß und dem politischen Ausbau der Staaten wird das nation building und die Bürokratisierung zu einem sozialen Teilphänomen des Industrialisierungsprozesses[4]. Auf einem anderen sozialen Gebiet, der Familien und Haushalte und ihrer Größe und Struktur, treten ebenfalls einschneidende Veränderungen im Laufe des Industrialisierungsprozesses ein (W. ZELINSKY würde formulieren: familial transition)[5], die Beachtung auf dem Niveau von Subtheorien gefunden haben ("Kontraktionsgesetz")[6].

Erstrebenswert ist eine den Theorien der demographischen, der Mobilitäts- und der ökonomischen Transformation an die Seite zu stellende Theorie der sozialen Transformation, die sich nicht mit Teilerscheinungen des Modernisierungsprozesses begnügt, sondern - wie die anderen Theorien auf ihren Gebieten auch - die gesamte Bevölkerung zu erfassen sucht. Dabei kann es sich nur um die Veränderung der sozialen Schichtung der Gesellschaft handeln[7].

Wenn man nicht die K. MARX'sche Theorie der Entstehung von zwei Klassen, Bourgoisie und Proletariat, im Laufe des Industrialisierungsprozesses hinzuziehen will, weil sie die Verhältnisse, die sich tatsächlich herausgebildet haben, inkorrekt beschreibt, dann kann man Bruchstücke, Ansätze der Soziologen zu einer Theorie der sozialen (sozialstrukturellen) Transformation auf empirisch-statistischer Beobachtungsgrundlage der sozialen Schichtung verschiedener Gesellschaften zu verschiedenen Zeitpunkten, verwenden[8]. Eine Stufen- oder Phaseneintei-

---

[1] H. SCHNEIDER (Hrsg.): Geschichte der Arbeit; Köln 1980
[2] W. ZELINSKY, 1971, S. 227
[3] H. KAELBLE (Hrsg.): Geschichte der sozialen Mobilität seit der industriellen Revolution; Königstein/Taunus 1978; H. KAELBLE: Historische Mobilitätsforschung; Erträge der Forschung, Bd. 85; Darmstadt 1978
[4] P. FLORA: Modernisierungsforschung; Opladen 1974, S. 140 ff
[5] W. ZELINSKY, 1971, S. 227
[6] R. KÖNIG: Soziologie der Familie; in: R. KÖNIG (Hrsg.): Handbuch der empirischen Sozialforschung, Bd. 7: Familie. Alter; 2. Auflage Stuttgart 1976, S. 60 ff; F. FILSER: Einführung in die Familiensoziologie; Paderborn, München, Wien, Zürich 1978
[7] ausführlicher und mit Belegen: R. STEWIG: Die Stadt in Industrie- und Entwicklungsländern; Paderborn 1983, S. 171 ff
[8] Gegenüberstellung von Abb. 1, S. 84, und Abb. 18, S. 220, bei K.M. BOLTE, St. HRADIL: Soziale Ungleichheit in der Bundesrepublik Deutschland; Opladen 1984

lung der Entwicklung ist dabei schwierig, letztlich ergibt sich eine Gegenüberstellung der für die traditionelle Gesellschaft typischen, dichotomischen Zweischichtensozialstruktur (Ober- und Unterschicht), bei der eine Mittelschicht so gut wie fehlt, mit einer die vollentwickelte Industriegesellschaft kennzeichnenden Sozialstruktur, in der die in sich differenzierte Mittelschicht dominiert[1].

Nun ist es eine Frage, ob man den genannten Teiltheorien gesellschaftlicher Entwicklung noch weitere an die Seite stellen kann und soll. Zu denken wäre an das Phänomen der Institutionalisierung und Demokratisierung der Freizeit (W. ZELINSKY würde formulieren: recreational transition) - wenn es sich dabei nicht um einen sozialen Teilinhalt handeln würde, der allerdings stark in den wirtschaftlichen und psychologischen Bereich übergreift[2]. Gemeint ist nicht nur die Zunahme der Freizeit im Laufe des Industrialisierungsprozesses - nach einer vorübergehend ungünstigeren Situation am Beginn -, sondern die Ausweitung der Teilhabe an Freizeit allmählich, mit der industriegesellschaftlichen Entwicklung, auf alle sozialen Schichten. In der präindustriellen Phase ist es nur die Elite/Oberschicht, die in den Genuß von Muße bzw. Freizeit kommt, dann nimmt zusätzlich die obere Mittelschicht daran teil, schließlich, in der vollentwickelten Industriegesellschaft, sind es alle sozialen Schichten - wenn auch mit unterschiedlichen Erscheinungsformen. Wiederum handelt es sich um die Regelhaftigkeit der Ausweitung eines Phänomens, das sich mit den W.W. ROSTOW'schen Stufen der Entwicklung gut parallelisieren läßt[3].

Ein weiterer Ausbau des theoretischen Rahmens birgt allerdings nicht nur die Gefahr der Verzettelung und Additivität, sondern vor allem die Gefahr, gerade das Ziel, die Reduzierung industriegesellschaftlicher Entwicklung auf wenige grundlegende Sachverhalte, die in übergreifender Wechselwirkung zueinander stehen, aus den Augen zu verlieren. Anzustrebendes Ziel, das hier allerdings nicht erreicht werden kann, sollte der Ausbau der Teiltheorien und ihrer Subtheorien zu einer mehr oder weniger geschlossenen, übergreifenden Gesamttheorie gesellschaftlicher Entwicklung sein, und zwar durch

- Abstimmung bzw. Teilabstimmung der Teiltheorien und ihrer Subtheorien
- Parallelisierung und Präzisierung der Teilphänomene
- Synchronisierung der Stufen- bzw. Phaseneinteilung
- Systematisierung der Querbezüge und damit der Interdependenzen
- Kombination diagrammatischer Darstellungen der Kurvenverläufe.

Auch bei einer solchen (beschreibenden) Theorie gesellschaftlicher Entwicklung - wenn sie einmal erreicht wird - handelt es sich um Länder und Staaten als räumliche Bezugsebene, noch nicht um Regionen oder kleinere Teilräume wie Städte. Da es aber beim Bursa-Projekt um eine (Groß-)Stadt im Industrialisierungsprozeß geht, ist es jetzt an der Zeit, aus der skizzierten Theorie gesellschaftlicher Entwicklung und ihren Teilen eine Theorie der Stadt als Funktion gesellschaftlicher Entwicklung abzuleiten. Zu diesem Zweck wird wiederum auf die Publikation "Die Stadt in Industrie- und Entwicklungsländern"[4] zurückgegriffen, in der eine entsprechende Ableitung erfolgt ist.

---

[1] ausführlicher und mit Belegen: R. STEWIG: Die Stadt in Industrie- und Entwicklungsländern; Paderborn 1983; S. 172 ff
[2] U. SCHLENKE, R. STEWIG: Endogener Tourismus als Gradmesser des Industrialisierungsprozesses in Industrie- und Entwicklungsländern; in: Erdkunde, Bd. 37; Bonn 1983, S. 137-145
[3] U. SCHLENKE, R. STEWIG, 1983, S. 144
[4] R. STEWIG, Paderborn 1983

Daß Stadtentstehung und -entwicklung - allgemein und grundsätzlich - eine Funktion gesellschaftlicher Entwicklung ist, wird bereits aus der in der H. BOBEK'-schen Theorie der Wirtschafts- und Gesellschaftsentfaltung enthaltenen Tatsache ersichtlich, wonach es am Beginn gesellschaftlicher Entwicklung der Menschheit noch keine Städte gab, diese erst im Laufe der folgenden Entwicklungsstufen, die von W.W. ROSTOW zusammenfassend als traditional society bezeichnet wurden, entstanden sind[1].

Mit G. SJOBERGs Modell der präindustriellen Stadt, die bewußt als Spiegel gesellschaftlicher Verhältnisse konzipiert ist[2], wird der Ansatz zu einer Theorie der Stadt als Funktion gesellschaftlicher Entwicklung geliefert: die präindustrielle Stadt der traditionellen Gesellschaft ist die Ausgangsbasis moderner Stadtentwicklung im industriegesellschaftlichen Rahmen.

Auf folgende Sachverhalte der präindustriellen Gesellschaft und der präindustriellen Stadt geht G. SJOBERG ein: Sozialstruktur, Familie und Ehe, ökonomische, politische, religiöse Verhältnisse, Kommunikation und Entwicklung, ein wenig auch auf die demographischen Verhältnisse und die räumliche Struktur.

Wenn man über die von G. SJOBERG wenig oder gar nicht beachteten Aspekte hinausgeht und in Frageform formuliert, ergibt sich folgende Skizze einer Theorie der Stadt als Funktion gesellschaftlicher Entwicklung, zunächst für die präindustrielle Phase/Stufe:

- wie weit ist das für die gesamtgesellschaftlichen präindustriellen Verhältnisse angenommene Vorhandensein von Großfamilien und Mehrgenerationenhaushalten (extended families)[3] auf die Verhältnisse der präindustriellen Stadt übertragbar?

- wie weit weicht die für die gesamtgesellschaftlichen präindustriellen Verhältnisse angenommene, hohe Lage von sowohl Sterbe- als auch Geburtenrate in der präindustriellen Stadt ab? Liegt die Sterberate in der präindustriellen Stadt vielleicht höher als im ländlichen Raum, die Geburtenrate niedriger?

- wie weit wird die wahrscheinlich durch eine höhere Sterberate verursachte Bevölkerungsverminderung in der präindustriellen Stadt durch die Erscheinung der Land-Stadtwanderung auf der Stufe präindustriellen Entwicklungsstandes kompensiert?

- wie weit ist die für die gesamtgesellschaftlichen präindustriellen Verhältnisse angenommene wirtschaftliche Dominanz des primären Sektors und die Nachrangigkeit des handwerklich-sekundären und des tertiären Sektors auf die Verhältnisse der präindustriellen Stadt übertragbar?

- wie weit ist die für die gesamtgesellschaftlichen präindustriellen Verhältnisse angenommene dichotomische Sozialstruktur auf die Verhältnisse der präindustriellen Stadt übertragbar?

- wie weit kommt die für die gesamtgesellschaftlichen präindustriellen Verhältnisse angenommene typische Infrastruktur, insbesondere die Verkehrsinfrastruktur, in den Verhältnissen der präindustriellen Stadt zum Ausdruck (pedestrian city)[4]?

---
[1] R. STEWIG, 1983, S. 60 ff
[2] G. SJOBERG: The Preindustrial City. Past and Present; New York 1960; vgl. auch P. CLARK (Hrsg.): The Early Modern Town. A Reader; New York 1976
[3] G. SJOBERG, 1960, S. 324
[4] R. STEWIG, 1983, S. 222 f

Leitlinie der Vorgehensweise ist also das Prinzip der Aufdeckung von Übereinstimmungen bzw. Abweichungen zwischen gesamtgesellschaftlichen und städtischen Strukturen, hier auf dem präindustriellen Niveau der traditionellen Gesellschaft[1]. Aus dem wie auch immer gearteten Zusammenspiel der Abweichungen oder Übereinstimmungen ergibt sich der raumstrukturelle Niederschlag bzw. die Frage nach der Raumstruktur der präindustriellen Stadt, auf die G. SJOBERG auch eingegangen ist[2].

Entsprechend kann natürlich auch bei der Verfolgung gesamtgesellschaftlicher Entwicklung und Stadtentwicklung im Rahmen industriegesellschaftlicher Entwicklung vorgegangen werden. Dabei ist grundsätzlich zu berücksichtigen, daß mit dem Prozeß der Verstädterung, d.h. der außerordentlichen Zunahme des Anteils der in Städten lebenden Menschen im Verlauf des Industrialisierungsprozesses, die städtischen Verhältnisse immer mehr zum Standard der Gesellschaft werden. Es ergeben sich etwa folgende Fragen:

- wie weit hat sich die Veränderung der Familien- und Haushaltsstruktur und -größe im Sinne des "Kontraktionsgesetzes" im Verlauf industriegesellschaftlicher Entwicklung in der Stadt abgespielt?

- wie weit hat sich die von der Theorie der demographischen Transformation postulierte Entwicklung von Geburten- und Sterberate im Verlauf industriegesellschaftlicher Entwicklung in der Stadt vollzogen? Ist die Stadt in diesem Zusammenhang vielleicht Vorreiter sowohl bei der Senkung der Sterbe- als auch der Geburtenrate?

- wie weit hat die von der Theorie der Mobilitätstransformation beschriebene Veränderung der Wanderungserscheinungen von der Land-Stadtwanderung zur Stadt-Stadtwanderung, zur Pendelwanderung und zur innerstädtischen Wanderung im Verlauf industriegesellschaftlicher Entwicklung stattgefunden?

- wie weit hat sich die von der J. FOURASTIÉ'schen Theorie beschriebene Veränderung der Anteile der im primären, sekundären und tertiären Sektor Beschäftigten im Verlauf industriegesellschaftlicher Entwicklung in der Stadt vollzogen?

- wie weit ist die von der Theorie beschriebene sozialstrukturelle Veränderung von der dichotomischen Sozialstruktur zur dominierenden Mittelschicht im Verlauf industriegesellschaftlicher Entwicklung in der Stadt erfolgt? Hat die Stadt, in Verbindung mit ihren bedeutenden Anteilen der Beschäftigten im sekundären und besonders im tertiären Sektor, dabei eine Vorreiterrolle erfüllt?

- wie weit kommt die im Laufe industriegesellschaftlicher Entwicklung vollzogene Verbesserung der infrastrukturellen Verhältnisse, insbesondere der verkehrsinfrastrukturellen Verhältnisse, in der Stadt zum Ausdruck (von der pedestrian city über die rapid transit city zur automobile city[3])?

Auch hier schlägt sich das Zusammenspiel der Abweichungen und Übereinstimmungen der Stadt mit gesamtgesellschaftlichen Verhältnissen in einer spezifischen Raumstruktur der Stadt und ihrer Entwicklung nieder. Sie ist dargestellt in der Publikation über "Die Stadt in Industrie- und Entwicklungsländern"[4] in den

---

[1] dies ist praktisch natürlich nur bei entsprechender Datenlage möglich
[2] G. SJOBERG, 1960, S. 323 ff; vgl. R. STEWIG, 1983, Abb. 4, S. 70 ("Die idealtypische Struktur der traditionellen, islamisch-orientalischen Stadt")
[3] R. STEWIG, 1983, S. 222 ff
[4] R. STEWIG, 1983

Strukturmodellen der traditionellen islamisch-orientalischen Stadt (Abb. 4, S. 70), der heutigen islamisch-orientalischen Stadt (Abb. 27, S. 242), der heutigen lateinamerikanischen Stadt (Abb. 28, S. 244), der heutigen westeuropäischen Stadt (Abb. 25), S. 239) und der heutigen nordamerikanischen Stadt (Abb. 26, S. 241). Um Mißverständnissen vorzubeugen: es handelt sich dabei nicht um die Zuordnung verschiedener Stadtstrukturen zu Kulturerdteilen im Sinne der Stadtkonzeption von B. HOFMEISTER[1], sondern eine Abfolge von Stufen/Phasen der Stadtentwicklung als Funktion gesellschaftlicher Entwicklung.

Diese Sichtweise führt zu dem Problem der Beurteilung von Entwicklungsständen. Auf Länderebene liegt in diesem Zusammenhang bereits einige Literatur vor[2]. Mit diesem Problem verbindet sich die Problematik der Erfassung und Messung von (gesellschaftlichen) Entwicklungsständen überhaupt, mit Hilfe von Indikatoren, Indices etc.[3]. Für kleinere Räume wie Städte ist die Beurteilung von Entwicklungsständen noch nicht in Angriff genommen worden, weil die Voraussetzung dazu, die Sicht der Stadt als Funktion gesellschaftlicher Entwicklung, bisher fehlte. Mit der vorausgegangenen Auflistung einer Reihe von, für typische Entwicklungsstände kennzeichnenden Stadtstrukturen, ist ein erster Ansatz erfolgt, der auf den optischen Vergleich von Stadtstrukturen untereinander hinausläuft. Ein Vergleich typischer Stadtstrukturen mit gesellschaftlichen Entwicklungsständen, wie er ja schon durch G. SJOBERG erfolgte, wäre ebenfalls denkbar, in Parallelisierung von Stadtentwicklung mit industriegesellschaftlicher Entwicklung im Sinne der Gliederung von W.W. ROSTOW.

In einem von H.J. TEUTEBERG herausgegebenen Sammelband über "Urbanisierung im 19. und 20. Jahrhundert" beklagt P. SCHÖLLER folgenden Zustand: "Die Erforschung der Urbanisierung, ihrer Prozesse, Formen und Konsequenzen in vergleichender weltweiter Sicht kann noch nicht auf genügend theoretischen Grundlagen, Generalisierungen und angemessenen empirischen Untersuchungen aufbauen"[5]. P. SCHÖLLER hält es für schwierig, "zu Vergleichen und allgemeineren Aussagen zu kommen. Von besonderer Problematik und hoher Relativität sind alle Aussagen und Urteile, wenn man über unseren europäischen Kulturkreis hinausblickt. Vor allem fehlen quantitative Indikatoren und klare wissenschaftliche Methoden zum Vergleich"[6].

---

[1] B. HOFMEISTER: Die Stadtstruktur. Ihre Ausprägung in den verschiedenen Kulturräumen der Erde; Erträge der Forschung, Bd. 132; Darmstadt 1980

[2] P. BRATZEL, H. MÜLLER: Regionalisierung der Erde nach dem Entwicklungsstand der Länder; in: Geographische Rundschau, Jahrgang 31; Braunschweig 1979, S. 131-137; F.A. HADI, P. PIETSCH, C. von ROTHKIRCH, H. SANGMEISTER: Ein Beitrag zur Klassifikation von Ländern nach ihrem Entwicklungsstand; in: Statistische Hefte, 21. Jahrgang; Köln, Opladen 1980, S. 30-48, 75-109; E. GIESE; Klassifikation der Länder der Erde nach ihrem Entwicklungsstand; in: Geographische Rundschau, Jahrgang 37; Braunschweig 1985, S. 164-175

[3] vgl. D. NOHLEN; F. NUSCHELER (Hrsg.): Handbuch der Dritten Welt, Bd. 1: Theorien und Indikatoren von Unterentwicklung und Entwicklung; Hamburg 1974

[4] H.J. TEUTEBERG (Hrsg.): Urbanisierung im 19. und 20. Jahrhundert. Historische und geographische Aspekte; Städteforschung. Veröffentlichung des Instituts für vergleichende Stadtgeschichte in Münster, Reihe A: Darstellungen, Bd. 16; Köln, Wien 1983

[5] P. SCHÖLLER: Einige Erfahrungen mit Problemen aus der Sicht weltweiter Urbanisierungsforschung; in: H.J. TEUTEBERG (Hrsg.), 1983, S. 591

[6] P. SCHÖLLER, 1983, S. 591

Das Bursa-Projekt und die skizzierte, in eine übergreifende Theorie gesellschaftlicher Entwicklung eingebettete Theorie der Stadt als Funktion gesellschaftlicher Entwicklung sollte zumindest als ein Beitrag auf dem Wege zur Behebung des nicht nur von P. SCHÖLLER beklagten Zustandes angesehen werden.

B. Die Entwicklung der Stadt Bursa seit 1970

Zunächst soll an die Entstehung und Entwicklung der Stadt Bursa bis an die 70er Jahre heran erinnert werden[1].

Viele heutige Städte Westanatoliens gehen in ihren Anfängen auf die Antike zurück, in der zwischen 1200 und 800 vor Christus die erste altgriechische Kolonisationswelle, zwischen 800 und 600 vor Christus die zweite und nach 334 vor Christus die dritte, hellenistische Kolonisationswelle eine Vielzahl von Stadtanlagen (poleis) an der Ägäisküste Westanatoliens, an den Küsten des Marmara-Meeres und des Schwarzen Meeres und im Innern des Landes entstehen ließen. Bursa gehört nicht dazu. Zwar ist der Vorläufer des heutigen Bursa, Prusa, in antiker Zeit entstanden, aber als Siedlung der Einheimischen, nicht der in das Land einfallenden und siedelnden (Alt-)Griechen.

Prusa/Bursa, auf der Südseite eines der drei großen Grabenbrüche Nordwestanatolien, am Fuße des Bergmassivs des Ulu-Dağ, des höchsten Berges Nordwestanatoliens (2500 m), am Rande einer 250 m über die Sohle des Grabenbruches aufragenden Travertinterrasse gelegen, führt seine Entstehung wahrscheinlich auf das Vorhandensein heißer, zu Heilzwecken auch heute noch genutzter Quellen zurück, die - am Rande des Grabenbruches - auch in der Umgebung auftreten.

In der Antike war Prusa ein Landstädtchen eines Königreiches (Bithynien). Die Funktionen als Badeort und Landstadt behielt Prusa lange Zeit im Laufe der Geschichte, auch nachdem Bithynien (Nordwestanatolien) eine römische Provinz, später eine Provinz des Byzantinischen Reiches geworden war.

Erst mit der Einwanderung des Turkstammes der Osmanen nach Nordwestanatolien, ihrer Ausbreitung über ganz Anatolien und darüber hinaus auf der Balkanhalbinsel, also der Entstehung des Osmanischen Reiches aus dem nordwestanatolischen Raum heraus, erhielt Prusa, von nun an Bursa, vorübergehend eine führende Position und Funktion als Hauptstadt des jungen Osmanischen Reiches von 1326 bis 1363. Nach der Eroberung von Adrianopel (1363) und Konstantinopel (1453) verlor Bursa allerdings diese Funktion wieder an Edirne bzw. Istanbul, blieb aber Nekropolstadt der frühen osmanischen Sultane.

Als Untersuchungsobjekt im Zusammenhang mit Industrialisierungsprozessen wurde Bursa von der Mitte des 19. Jahrhunderts an interessant. Die seit byzantinischer Zeit in Nordwestanatolien vorhandene, handwerkliche Seidenstoffproduktion, auf der Grundlage des regionalen Anbaus von Maulbeerbäumen und der Seidenraupenhaltung, erlebte zwar in der zweiten Hälfte des 19. Jahrhunderts eine tiefgreifende, für Entwicklungsländer typische Umwandlung, die zum Niedergang des einheimischen Handwerks führte, aber es entstand auch eine moderne Textilindustrie, die - in der Zwischenkriegszeit und nach dem Zweiten Weltkrieg kontinuierlich ausgebaut - zu einem der beiden (heutigen) Hauptindustriezweige Bursas wurde.

---
[1] ausführlich: R. STEWIG, E. TÜMERTEKIN, B. TOLUN, R. TURFAN, D. WIEBE und Mitarbeiter: Bursa, Nordwestanatolien. Auswirkungen der Industrialisierung auf die Bevölkerungs- und Sozialstruktur einer Industriegroßstadt im Orient. Teil 1; Kieler Geographische Schriften, Bd. 51; Kiel 1980, S. 46-60; R. STEWIG: Bursa, Nordwestanatolien. Strukturwandel einer orientalischen Stadt unter dem Einfluß der Industrialisierung; Schriften des Geographischen Instituts der Universität Kiel, Bd. 32; Kiel 1970

Im Rahmen privatwirtschaftlichen Unternehmertums und auf ausländische Initiative gründete man in der zweiten Hälfte des 19. Jahrhunderts eine Reihe von Seidenhaspeleien in Bursa, die auf dem weitergehenden regionalen Anbau von Maulbeerbäumen und der Seidenraupenhaltung basierten, deren Produkte, die Seiden(roh)garne, aber nicht mehr in Bursa oder im Osmanischen Reich verarbeitet wurden, sondern der oberitalienischen und südfranzösischen Seidenindustrie als (Garn-)Rohstoffe dienten.

Im Zuge der autarkistischen wirtschaftspolitischen Zielsetzungen des Staatsgründers der Republik Türkei, Atatürk, nach dem Ersten Weltkrieg, erhielt Bursa unter staatlicher Regie eine riesige Wolltextilfabrik, die noch heute mit etwa 3000 Beschäftigten den größten Industriebetrieb der Stadt (Merinos-Werke) darstellt[1]. Der Rohstoff Wolle konnte zwar in ausreichendem Umfang und mit angemessener Qualität nicht heimisch erzeugt werden, aber zu der Seidenindustrie Bursas gesellte sich - auf Dauer - eine neue Produktionsausrichtung hinzu.

Eine nochmalige Erweiterung der Textilindustrie Bursas erfolgte nach dem Zweiten Weltkrieg, nun wiederum durch privatwirtschaftliche Initiative (im Rahmen einer entsprechenden Änderung der Wirtschaftspolitik des Staates). Eine Vielzahl (- annähernd 800 -) von sehr kleinen Webereibetrieben entstand, die verschiedene Rohgarne verarbeiten: Baumwollgarne, Synthetikgarne, auch gemischt, weniger Seide und Wolle. In diesem Zusammenhang etablierten sich in Bursa eine Reihe von mittelgroßen Färbereien und Stoffdruckereien zur Weiterverarbeitung der (Roh-)Tuche und einige große Kunstfaserfabriken zur Belieferung der Webereien mit (Roh-)Garn ("Türlon").

Mit dieser Entwicklung ist die Stadt Bursa nach dem Zweiten Weltkrieg zu einem Hauptzentrum der Textilindustrie in der Türkei geworden, das sich durch eine Vielzahl von Produktionsausrichtungen, Produktionsstufen und Betriebsgrößen auszeichnet, während andere Städte mit Textilindustrie in der Türkei allein in Richtung Baumwolle spezialisiert sind und überwiegend durch große Betriebe geprägt werden.

Nach dem Zweiten Weltkrieg erfuhr auch ein anderer, alter, handwerklich angelegter Industriezweig, die Metallindustrie der Stadt Bursa, einen großartigen Ausbau. Möglicherweise im Zusammenhang mit der Funktion Bursas als zeitweilige Hauptstadt des Osmanischen Reiches (1326-1363) steht die Entstehung eines Schneidwarenhandwerks (vgl. Damaskus: Damaszener Klingen), dem sich im 19. Jahrhundert eine Wagenbaubranche hinzugesellte, die sich nach dem Zweiten Weltkrieg in Richtung auf Karosseriebau, zunächst für Omnibusse, erweiterte. Der tiefgreifende Ausbau erfolgte 1971, als die Stadt Bursa zum Standort des Fiatautomobilmontagewerkes für die Türkei (Tofaş-Fiat) und 1972 zum Standort des Renaultautomobilmontagewerkes für die Türkei (Oyak-Renault) erkoren wurde; so kam es auch zur Niederlassung von türkischen Zulieferfabriken in der Stadt Bursa. Mit je etwa 2000 Beschäftigten sind die beiden Automobilfabriken nach den Merinos-Werken heute die größten Industriebetriebe der Stadt.

Auch die reiche ackerbauliche, zum Teil gartenbauliche Produktion in der bewässerten Ebene (Getreide, Früchte und Gemüse) wird industriell durch eine Reihe von Mehl- und Konservenfabriken genutzt.

---

[1] hierzu: D. WIEBE: Untersuchung der Sozialstruktur der Beschäftigten der Merinos-Werke der Stadt Bursa, 1974; in: R. STEWIG u.a., 1980, S. 317-336

Bursa hat also seit der Mitte des 19. Jahrhunderts kontinuierlich einen immer umfangreicheren Ausbau seines sekundären Sektors erfahren, so daß die Stadt heute mit Fug und Recht als Industriestadt bezeichnet werden kann, die nach der Anzahl der Industriebeschäftigten, ihrem Branchenspektrum und der Betriebsgrößendifferenzierung manche Industriestadt der Industrieländer hinsichtlich der Ausbildung ihres sekundären Sektors übertrifft.

Die Industrialisierung (im engeren Sinne) ist natürlich nicht ohne Einfluß auf die Entwicklung der Raumstruktur[1] der Stadt Bursa geblieben. In osmanischer Zeit - aus der Antike wissen wir wenig - bestand die Siedlung aus einer Reihe von Kernen: außer dem Kern des Stadtzentrums mit den strategischen Anlagen auf der Travertinterrasse und Hauptmoschee mit Basar zu ihrem Fuße, gab es mehrere nekropole Kerne, in denen die frühosmanischen Sultane beigesetzt worden waren, und noch balneologische Kerne, die - alle zusammen - das kleine Stadtgebiet der präindustriellen Zeit strukturierten.

Naturräumlich setzte die topographische Lage der Stadt am unteren Hang des Ulu-Dağ und auf mehreren Schwemmfächern eine weitere Rahmenbedingung der Strukturierung: den Übergang vom Gebirge zur Ebene. Die ersten Industriebetriebe, die Seidenhaspeleien, ließen sich in der zweiten Hälfte des 19. Jahrhunderts am Außenrand der damaligen Stadt, zu beiden Seiten der Travertinterrasse nieder, wo zwei Gebirgsbäche die Wasserversorgung erleichterten.

Für die Anlage des Großbetriebes der Merinos-Werke nach dem Ersten Weltkrieg mit zwei sehr großen, eingeschossigen Fabrikhallen kam schon wegen des Anspruchs auf ebene Fläche nur der kaum noch geneigte, nördliche Stadtrand in Frage.

Die zahlreichen kleinen Webereien und mittelgroßen Betriebe der neueren Textilindustrie ließen sich nach dem Zweiten Weltkrieg am damaligen Außenrand der Stadt, den steilen Hang des unteren Ulu-Dağ allerdings aussparend, im Westen, Norden und Osten auf den Schwemmfächern, im Norden teils schon in der (landwirtschaftlich genutzten) Ebene, nieder.

So entstand ein nicht ganz geschlossener Ring von Industriebetrieben: die neue Ringstruktur der Stadt Bursa. Mit der Zuwanderung aus dem ländlichen Raum, die seit den 50er Jahren in großem Stil in der Türkei einsetzte, etablierten sich die Zuwanderer in Bursa vor allem an der Außenseite des Industrieringes und schufen somit die Schalenstruktur der neuen Industriestadt Bursa.

Die großen Industriebetriebe der Automobilbranche konnten Sonderstandorte, vom Baukörper der Stadt Bursa räumlich getrennt, in Anspruch nehmen; als Großbetriebe in eingeschossiger Bauweise waren sie auf ebenes Gelände angewiesen. So erhielt die Tofaş-Fiat-Fabrik ein großes Gelände inmitten der Bursaebene an der Ausfallstraße nach Norden, nach Gemlik, Yalova und weiter nach Istanbul, die Oyak-Renault-Fabrik ein ähnlich großes Gelände inmitten der Bursaebene an der Ausfallstraße nach Mudanya, dem etwa 30 km von Bursa entfernten Hafen der Stadt am Marmarameer. An dieser Straße war schon seit 1963, ebenfalls vom Baukörper der Stadt Bursa räumlich getrennt, planmäßig ein industrial park (Sanayi Bölgesi; heute: Organize Sanayi Bölgesi - Geplantes Industriegebiet) in Anlage begriffen.

---

[1] ausführlich: R. STEWIG: Bursa, Nordwestanatolien. Strukturwandel einer orientalischen Stadt unter dem Einfluß der Industrialisierung; Schriften des Geographischen Instituts der Universität Kiel, Bd. 32; Kiel 1970

Es stellt sich nun die Frage, wie die Entwicklung der Stadt Bursa seit Anfang der 70er Jahre weitergegangen ist. Die folgenden Aussagen stützen sich auf die seitdem erschienenen und erreichbaren türkischen Statistiken, auf Gespräche, die mit verschiedenen Institutionen in der Stadt Bursa geführt, und Beobachtungen, die bei mehreren weiteren Aufenthalten in der Stadt Bursa, zuletzt im Juli/ August 1985, gemacht wurden.

Die außerordentliche, langfristige, industriewirtschaftliche Entwicklung der Stadt Bursa äußert sich - in Verbindung mit der seit den 50er Jahren ebenfalls außerordentlichen Zuwanderung - in einer bedeutsamen Steigerung der Einwohnerzahl. Zu fragen ist also, ob die Zunahme der Stadtbevölkerung in den 70er und 80er Jahren weitergegangen ist.

Auf dem Ortsschild wurden 1985 für die Stadt Bursa 512 000 Einwohner angegeben.

Tab. 1: Die Entwicklung der Einwohnerzahl der Stadt Bursa seit Beginn der türkischen Volkszählungen (1927)

Jahr	Stadt Bursa	Land-(Zentral-)kreis Bursa	Stadt und Landkreis Bursa zusammen	Provinz Bursa
1927	61 690			
1935	72 180			
1940	77 590			
1945	85 910			
1950	103 810			
1955	128 870			
1960	153 860			
1965	210 501			
1970	275 950	103 530	379 480	847 880
1975	346 100	119 550	465 650	961 630
1980	445 110	162 100	607 210	1148 490
1985	512 000	236 630	748 630	1327 760

Nach: Türkiye Istatistik Yıllıgı 1979 / Statistical Yearbook of Turkey 1979; Ankara 1979, S. 32; Genel Nüfus Sayımı. Idari Bölünüş. Il, Ilce, Bucak ve Köy (Muhtarlık) Nüfuslari. 26.10.1975 / Census of Population by Administrative Division. Province, District, Sub-district and Village (Muhtarlık) Population; Ankara 1977, S. 4, 5, 14; Genel Nüfus Sayımı. Nüfusun Sosyal ve Ekonomik Nitelikleri, 12.10. 1980 / Census of Population. Social and Economic Characteristics of Population; Ankara 1983, S. 5, 6, 11; Genel Nüfus Sayımı, 20.10.1985 / Census of Population. Telgrafla Alinan Geçici Sonuçlar / Preliminary Cable Results; Ankara 1985, S. 2, 13; Ortsschild der Stadt Bursa 1985

Die Tab. 1 läßt zunächst erkennen, daß in der Türkei seit 1927 regelmäßig im Abstand von fünf Jahren Volkszählungen durchgeführt wurden, ein Vorgang, den man nur begrüßen kann, wenn man an die ausgebliebenen Volkszählungen in dem Industrieland Bundesrepublik Deutschland denkt. Für 1985 liegen erst die telegraphisch ermittelten Ergebnisse vor, die für die Stadt Bursa (- ohne Landkreis -) noch keine Werte enthalten.

Die Tab. 1 zeigt, daß seit den 20er Jahren die Einwohnerzahl Bursas von unterhalb der Großstadtgrenze auf über 1/2 Million angestiegen ist. Nach Überschreiten der Großstadtgrenze um 1950 setzte ein rasanter Zuwachs ein. Seit 1970 hat sich die Bevölkerungszahl beinahe verdoppelt. Ohne Zweifel ist also die deutliche Bevölkerungszunahme nach 1970 weitergegangen, hat sogar volumenmäßig an Bedeutung gewonnen: in den 20 Jahren von 1950 bis 1970 trat etwas mehr als eine Verdoppelung ein, in den nur 15 Jahren seit 1970 erneut fast eine Verdoppelung.

Interessant ist - und diese Entwicklung läßt sich auch bei anderen großen türkischen Städten wie Istanbul, Ankara und Izmir beobachten -, daß sich ein Teil der zunehmenden Stadtbevölkerung jenseits der Stadtgrenzen, aber in Stadtnähe, niederläßt. Es beginnt die Einbeziehung der umliegenden Dörfer in die Verstädterung/Urbanisierung[1], worauf noch zurückzukommen sein wird: in dem an die Stadt Bursa angrenzenden Landkreis (Zentralkreis) ist in den 15 Jahren seit 1970 mehr als eine Verdoppelung der Einwohnerzahl eingetreten.

Die jüngste Bevölkerungsentwicklung der Stadt Bursa ist ein aussagekräftiges Indiz dafür, daß die alten Auftriebskräfte der 50er und 60er Jahre in den 70er und 80er Jahren in keiner Weise erlahmt sind.

Bei den in Frage kommenden Auftriebskräften gehen wirtschaftliche Entwicklung und Zuwanderung Hand in Hand.

Sicherlich spielt bei der jüngsten Zunahme der Stadtbevölkerung eine vergleichsweise hohe Geburtenrate der zugewanderten Bevölkerung und auch der einheimischen Städter eine Rolle. Aber über Geburten- und auch Sterberaten der Bevölkerung dürfte in islamischen Ländern, wegen der völlig unzulänglichen Erhebungen - Geburtenregister werden in der Türkei nicht geführt -, nur in Ausnahmefällen Genaueres zu erfahren sein.

Auch über die ohne Zweifel anhaltende Zuwanderung in die Stadt Bursa liegen keine genauen Statistiken vor. Entsprechende Daten können nur für die Provinz Bursa, in der die Stadt zusammen mit der unmittelbaren Umgebung 1985 etwa die Hälfte der Einwohner aufwies, beigebracht werden. Die Stadt Bursa absorbiert allerdings den größten Teil der Zuwanderung.

Immerhin läßt die Tab. 2 erkennen, daß im Vergleich der Jahre 1970 und 1980 der Anteil der in der Provinz Bursa Geborenen von 77,4 % auf 70,7 % zurückgegangen ist, was deutlich für eine Ausweitung der Einzugsgebiete der Zuwanderung spricht. Die Tab. 3 gibt einen Überblick über die Herkunftsgebiete der Zuwanderer nach Bursa nach dem Stande von 1980; danach liegen Schwerpunkte außer in den die Provinz Bursa umgebenden türkischen Provinzen vor allem in den

---

[1] vgl. R. DOH: Urbanisierung und Bevölkerungsentwicklung in den türkischen Regionen; in: Orient, 24. Jahrgang; Opladen 1983, S. 486-500; zum Begrifflichen (Verstädterung - Urbanisierung): R. STEWIG: Die Stadt in Industrie- und Entwicklungsländern; Paderborn 1983, S. 114 ff

Tab. 2: Die Bevölkerung der Provinz Bursa, nach Geburtsorten 1970 und 1980

Provinz Bursa 1970	davon in der Provinz Bursa geboren	in %	davon in anderen Provinzen geboren	in %	davon in anderen Ländern geboren	in %
847 880	656 550	77,4	110 000	11,9	90 300	10,6

Nach: Türkiye Istatistik Yıllıgı 1979 / Statistical Yearbook of Turkey 1979; Ankara 1979, S. 37

Provinz Bursa 1980	davon in der Provinz Bursa geboren	in %	davon in anderen Provinzen geboren	in %	davon in anderen Ländern geboren	in %
1 148 492	813 003	70,7	222 261	19,3	113 228	9,8

Nach: Genel Nüfus Sayımı. Nüfusun Sosyal ve Ekonomik Nitelikleri. 12.10.1980 / Census of Population. Social and Economic Characteristics of Population, Ili, Province - 16 - Bursa; Ankara 1983, S. 16

ostanatolischen und Schwarzmeer-Küstenprovinzen, aber auch eine nicht unbedeutende Stadt-Stadtwanderung, vor allem von Istanbul, sehr viel weniger von Ankara und Izmir, nach Bursa ist festzustellen.

Eine hier nicht wiedergegebene, neueste türkische Statistik[1] spricht ebenfalls für die anhaltende Zuwanderung nach Bursa.

Auch für die anhaltende Bedeutung der industriewirtschaftlichen Auftriebskräfte spricht Einiges. Die Tab. 4 läßt erkennen, daß nicht nur die Zahl der Firmen in dem auf 300 ha ausgelegten industrial park (Organize Sanayi Bölgesi) der Stadt Bursa zugenommen hat, sondern - dies zeigen die Verbrauchswerte für elektrischen Strom und Wasser - auch die tatsächliche Produktion, wenn auch mit einigen Schwankungen. Allerdings dürfte die beträchtliche Zunahme der Betriebe nicht ganz auf Neuansiedlungen zurückgehen, sondern - in einem unbekannten Umfang - auf die Hinausverlagerung von Wirtschaftsbetrieben aus der Stadt zurückzuführen sein.

---

[1] Population by the Place of the Permanent Residence in 1975 and 1980 Population Censuses. Bursa; in: Genel Nüfus Sayimi / Census of Population 12.10. 1980. Daimi Ikametgaha Göre Iç Göçler / Domestic Migration by Permanent Residence; Ankara 1985, S. 87-102

Tab. 3: Die Bevölkerung der Provinz Bursa, nach Geburtsorten, 1980 (ausführlich)

Provinz		Provinz		Provinz	
Adana	2 378	Erzincan	2 700	Mardin	826
Adıyaman	316	Erzurum	14 274	Muğla	504
Afyonkarahisar	1 981	Eskişehir	4 663	Muş	4 446
Ağrı	2 306	Gaziantep	1 472	Nevşehir	537
Amasya	1 355	Giresun	4 310	Niğde	2 587
Ankara	6 733	Gümüşhane	3 388	Ordu	1 474
Antalya	1 105	Hakkari	75	Rize	3 791
Artvin	15 081	Hatay	760	Sakarya	3 048
Aydın	793	Isparta	766	Samsun	8 341
Balıkesir	13 449	İçel	799	Siirt	788
Bilecik	14 509	Istanbul	12 019	Sinop	1 074
Bingöl	853	Izmir	2 743	Sivas	4 129
Bitlis	1 321	Kars	8 147	Tekirdağ	3 911
Bolu	1 553	Kastamonu	1 322	Tokat	2 536
Burdur	603	Kayseri	1 636	Trabzon	9 949
Bursa	813 003	Kırklareli	3 432	Tunceli	3 470
Çanakkale	5 948	Kırşehir	646	Urfa	1 193
Çankırı	706	Kocaeli	2 935	Uşak	481
Çorum	2 359	Konya	4 650	Van	1 379
Denizli	759	Kütahya	2 216	Yozgat	3 280
Diyarbakır	3 111	Malatya	1 564	Zonguldak	1 075
Edirne	4 678	Manisa	2 087	Ausland	113 080
Elazığ	3 915	K. Maraş	1 026	Insgesamt	1 148 492

Nach: Genel Nüfus Sayımı. Nüfusun Sosyal ve Ekonomik Nitelikleri, 12.10.1980 / Census of Population. Social and Economic Characteristics of Population, Ili, Province - 16 - Bursa; Ankara 1983, S. 16

Tab. 4: Die Entwicklung der Wirtschaftsbetriebe im industrial park (Organize Sanayi Bölgesi) der Stadt Bursa

Jahr	Anzahl der Firmen	Elektrizitäts-verbrauch in Kwh	Wasserverbrauch in t
1964	1		
1966		3 090 000	50 850
1968	11		
1970	18	33 600 000	1 185 300
1972	30		
1974		100 600 000	3 348 000
1976	51		
1978		182 000 000	5 154 000
1980	69	148 300 000	4 154 000
1982	75	214 426 000	6 060 100
1983	86	236 755 750	7 008 539
1985	95		

Nach: Bursa Ticaret ve Sanayi Odası (Industrie- und Handelskammer der Stadt Bursa): Bursanın Ekonomik Yapısına Toplu Bir Bakış; Etüd ve Araştırma Uzmanlığı, Yayın No 19; Bursa 1984, S. 117; Bursa Ekonomi. Bursa Ticaret ve Sanayi Odası Aylık Yayın Organı, Yıl 1984, Sayı 6; Bursa 1984, S. 18

Tab. 5: Anteil der Wirtschaftszweige im industrial park (Organize Sanayi Bölgesi) der Stadt Bursa, 1984

Textilindustrie	35 %
Automobilindustrie	30 %
Metallindustrie und Maschinenbau	15 %
verschiedene Zweige	20 %

Nach: Bursa Ticaret ve Sanayi Odası (Industrie- und Handelskammer der Stadt Bursa): Bursanın Ekonomik Yapısına Toplu Bir Bakış; Etüd ve Araştırma Uzmanlığı, Yayın No 19, Bursa 1984, S. 117 (ohne Hinweis, ob sich die Prozentwerte auf die Betriebsfläche, die Beschäftigten, den Umsatz oder andere Sachverhalte beziehen)

Die Tab. 5 zeigt, daß im industrial park (Organize Sanayi Bölgesi) der Stadt Bursa die (neue) Metallindustrie bereits die Oberhand gewonnen hat, während die älter angelegte Textilindustrie noch in den anderen Teilen der Stadt verbleibt.

Tab. 6: Die Entwicklung der Automobilproduktion/-montage (Pkw) in der Stadt Bursa

Jahr	Tofaş-Fiat	Oyak-Renault
1971	7 700	
1972	17 500	
1973	17 500	
1974	8 031	
1975	6 889	
1976	25 923	29 890
1977		
1978		
1979		
1980	1 300	17 680
1981	9 143	12 700
1982	15 248	15 540
1983	4 662	
1984		
1985		

Nach: Automodelle, Katalog 1972/73; Stuttgart 1972, S. 169; Automodelle, Katalog 1974, Stuttgart 1973, S. 284; Autokatalog 1975, Stuttgart 1974, S. 181; Autokatalog 1976, Stuttgart 1975, S. 173; Autokatalog 1977, Stuttgart 1976, S. 213; Autokatalog 1978, Stuttgart 1977, S. 222; Autokatalog 1983, Stuttgart 1982, S. 243; Autokatalog 1984, Stuttgart 1983, S. 244; Autokatalog 1985, Stuttgart 1984, S. 252

Die Tab. 6 gibt ein unvollkommenes Bild von der offenbar stark schwankenden Automobilproduktion der beiden, auf eine Jahreskapazität von je etwa 22 000 Personenkraftwagen ausgelegten Werke von Fiat und Renault[1].

Auch der tertiäre Wirtschaftssektor der Stadt Bursa befindet sich weiter im Ausbau, und zwar einmal in Abhängigkeit von der weiter zunehmenden Bevölkerungszahl, zum anderen aber auch, was spezielle Einrichtungen angeht. Anfang der 70er Jahre bestand bereits eine medizinische Akademie, die geschaffen worden war, weil sich in der Stadt Bursa relativ viele Krankenhäuser befinden - darunter auch Militärkrankenhäuser -, die wieder auf das Vorhandensein der Heilquellen zurückgehen[2]. Auf der Grundlage der medizinischen Akademie ist derzeit eine Universität in der Stadt Bursa im Aufbau (Ulu-Dağ-Universität).

[1] Bursa Ekonomi, Bursa Ticaret ve Sanayi Odası Aylık Yayın Organı, Yıl 1984, Sayı 6; Bursa 1984, S. 29
[2] L. NESTMANN: Türkische Heil- und Thermalbäder; in: Mitteilungen. Deutsch-Türkische Gesellschaft e.V., Heft 43; Bonn 1961, S. 1-4

Tab. 7: Beschäftigte in der Stadt Bursa, nach wirtschaftlicher Tätigkeit, 1970 (15 und mehr Jahre alt)

Wirtschaftsbereich	Stadt Bursa	in %	nach Wirtschaftssektoren
Landwirtschaft	16 659	17,7	} I. Sektor 17,8 % (!)
Bergbau	120	0,1	
Industrie	29 983	32,0	
Elektrizität, Gas, Wasser	94	0,1	} II. Sektor 39,5 %
Bau	7 010	7,4	
Großhandel, Einzelhandel Restaurants, Hotels	12 707	13,5	
Transport, Kommunikation	4 482	4,7	
Banken, Versicherungen	2 791	2,9	} III. Sektor 28,6 %
Sozialleistungen	18 213	19,4	
unbestimmt	1 588	1,6	
insgesamt	93 647	100,0	

Nach: 25 Ekim 1970 Genel Nüfus Sayımı. Örnekleme Sonuçları / Census of Population 25 October 1970. Sampling Results; Ankara 1972, S. 210-211

Versucht man eine Abschätzung der relativen Bedeutung des sekundären und des tertiären Wirtschaftssektors der Stadt Bursa in den 70er und 80er Jahren (Tab. 7, 8, 9), so gibt die Statistik für 1970 (Tab. 7) einen - erwarteten - hohen Wert für den sekundären Sektor (39,5 %), der den Wert für den tertiären Sektor (28,6 %) weit übertrifft. Aber der für den primären Sektor der Stadt Bursa angegebene Wert (17,8 %) kann einfach nicht zutreffen; diese amtliche türkische Statistik basiert offenbar auf einer dem Umfang nach zu geringen Stichprobe. Im Teil 1 der Veröffentlichungen über das Bursa-Projekt in der Kieler Schriftenreihe war eine Relation von 42,3 % sekundärer Sektor zu 56,3 % tertiärer Sektor für 1974 ermittelt worden[1]. Grob läßt sich eine solche Relation auch in der amtlichen türkischen Statistik für 1982, die offenbar auf einer umfangreicheren Stichprobe beruht, in der Stadt Bursa erkennen (sekundärer Sektor 46,6 %; tertiärer Sektor 51,6 % - Tab. 8). Wenn man dieser Tabelle Glauben schenken darf, dann hat sich die Relation der Wirtschaftssektoren Anfang der 80er Jahre zugunsten des sekundären Sektors sogar noch leicht verbessert, was ein Beleg für das Anhalten der industriewirtschaftlichen Auftriebskräfte in der Stadt Bursa bedeuten würde. Welche überragende Bedeutung der Industriewirtschaft Bursas im regionalen und nationalen Rahmen der Türkei zukommt, wird deutlich, wenn man den in der Tab. 8 angegebenen Wert des sekundären Sektors der Stadt Bursa (46,6 % der Beschäftigten) mit den in der Tab. 9 angegebenen Werten des sekundären Sektors der Provinz Bursa (22,6 %) und der Türkei (12,2 %) vergleicht.

[1] R. STEWIG u.a., 1980, S. 84 f

Tab. 8: Beschäftigte in der Stadt Bursa, nach wirtschaftlicher Tätigkeit, 1982 (12 und mehr Jahre alt)

Wirtschaftsbereich	Stadt Bursa	in %	nach Wirtschaftssektoren
Landwirtschaft	888	0,6	I. Sektor 1,2 %
Bergbau	890	0,6	
Industrie	50 894	38,6	II. Sektor 46,6 %
Elektrizität, Gas, Wasser	888	0,6	
Bau	9 778	7,4	
Großhandel, Einzelhandel, Restaurants, Hotels	28 891	21,9	III. Sektor 51,6 %
Transport, Kommunikation	4 446	3,3	
Banken, Versicherungen	4 223	3,2	
Sozialleistungen	30 667	23,2	
unbestimmt	222	0,1	
insgesamt	131 787	100,0	

Nach: Kentsel Yerler Hanehalkı İşgücü Anket Sonuçları, 1982, Bursa / Urban Places Household Labour Force Survey Results; Ankara 1984, S. 18-19

Die räumliche Struktur der Stadt Bursa hat sich seit Anfang der 70er Jahre nicht grundlegend verändert.

Wohl ist die Autobahn, die die nördliche Peripherie der Stadt Bursa von West nach Ost durchschneidet, fertiggestellt, wohl ist auch die Straße nach Mudanya, am industrial park (Organize Sanayi Bölgesi) vorbei und über das niedrigere Küstengebirge hinweg, zum Hafen Bursas autobahnähnlich ausgebaut worden, auch erfolgte mit der Zunahme der Firmen im industrial park (Organize Sanayi Bölgesi) der Stadt Bursa eine Schwerpunktsetzung des Wachstums der Stadt in nordwestliche Richtung, aber noch immer und weiterhin läßt sich die zuwandernde Bevölkerung überwiegend in der Peripherie der Stadt Bursa nieder.

In den vorrangegangenen Untersuchungen[1] war eine deutliche räumliche Sortierung der Zuwanderer bei ihrer Niederlassung am Rande der Stadt Bursa festgestellt worden: die ärmeren Zuwanderer - überwiegend aus dem ländlichen Gebirgsraum der südlichen Umgebung - siedelten sich am steilen Hang oberhalb des Stadtzentrums an, wo kein Geld für den Grunderwerb ausgegeben werden mußte; die ökonomisch besser ausgestatteten Zuwanderer, die in der Lage waren, Geld für den Grunderwerb auszugeben, siedelten sich am nördlichen, westlichen und

---

[1] R. STEWIG u.a., 1980, S. 255-294

Tab. 9: Beschäftigte in der Türkei und in der Provinz Bursa, nach wirtschaftlicher Tätigkeit, 1980 (12 und mehr Jahre alt)

Wirtschaftsbereich	Türkei	in %	nach Wirtschaftssektoren	Provinz Bursa	in %	nach Wirtschaftssektoren
Landwirtschaft	11 104 501	62,1	I. Sektor 62,8 %	257 699	52,0	I. Sektor 52,6 %
Bergbau	132 186	0,7		2 991	0,6	
Industrie	1 375 596	7,7	II. Sektor 12,2 %	87 943	17,7	II. Sektor 22,6 %
Elektrizität, Gas, Wasser	33 105	0,2		652	0,1	
Bau	765 072	4,3		23 744	4,8	
Großhandel, Einzelhandel, Restaurants, Hotels	1 084 378	6,0	III. Sektor 24,1	38 755	7,8	III. Sektor 23,4 %
Transport, Kommunikation	531 278	2,9		15 408	3,1	
Banken, Versicherungen	285 373	1,6		8 244	1,7	
Sozialdienste	2 425 201	13,6		53 667	10,8	
unbestimmt	158 632	0,9		6 704	1,4	
insgesamt	17 895 322	100,0		495 807	100,0	

Nach: Genel Nüfus Sayımı, 12.10.1980 / Census of Population. Sosyal ve Ekonomik Nitelikler / Social and Economic Characteristics; Ankara 1984, S. 128-129

östlichen Stadtrand, zum Teil auf Schwemmfächergelände, zum Teil auf (ehemals) landwirtschaftlich intensiv genutztem Gelände an, wo auch die infrastrukturelle Ausstattung der Wohngebiete besser als am steilen südlichen Hang ist[1].

Die erneuten Aufenthalte in der Stadt Bursa - zuletzt 1985 - haben zu dem Eindruck geführt, daß die Besiedlung des steilen, südlichen Hanges oberhalb der Stadtmitte nicht weitergegangen ist. Möglicherweise ist dies ein Indiz dafür, daß das Abwanderungspotential in dem ärmeren, gebirgigen, ländlichen Raum der näheren Umgebung der Stadt Bursa erschöpft ist; dafür spricht auch die Ausweitung der Herkunftsgebiete der Zuwanderer (Tab. 2).

Man gewinnt bei erneuten Besuchen Bursas den optischen Eindruck, daß die bebaute Fläche der Stadt Bursa, gemessen an der seit Anfang der 70er Jahre weiter stark gestiegenen Einwohnerzahl, sich nicht entsprechend ausgeweitet hat. Dies mag an zweierlei liegen.

Während in den 50er und 60er Jahren und auch Anfang der 70er Jahre die Zuwanderer nach Bursa als squatter sich äußerst vielgestaltige Unterkünfte (gecekondu evler) selbst bauten, scheint diese Tendenz mit dem Fortgang der Zuwanderung nicht Schritt gehalten zu haben. Dafür entstehen - in den letzten Jahren in zunehmendem Maße - nicht nur in der Innenstadt, sondern auch in der Peripherie Bursas vielgeschossige Wohnhausblocks im Kasernenhausstil (Photo 20), die - zum Teil auf genossenschaftlicher Basis - an Zuwanderer vermietet werden. Sie beanspruchen naturgemäß weniger Grundfläche als die meist eingeschossigen gecekondu evler, die zur Ausuferung der Siedlungsfläche der Stadt Bursa besonders beitrugen.

Zum anderen setzt die Besiedlung an dörflichen Kernen außerhalb der Stadt Bursa an. Während es Anfang der 70er Jahre in unmittelbarer Nähe des in landwirtschaftlicher Umgebung, an der Straße nach Mudanya neugeschaffenen industrial park (Organize Sanayi Bölgesi) keine Wohnsiedlung gab und die Beschäftigten mit Werksbussen aus der Stadt Bursa heraus täglich dorthin gefahren wurden, begann seitdem eine Bebauung in der Umgebung, und zwar sowohl in Gestalt der gecekondu evler als auch Mietskasernenwohnblocks. So ist als besonders interessantes Beispiel der Verstädterung und wohl auch Urbanisierung des ländlichen Raumes der Türkei in Stadtnähe die Umwandlung des Dorfes Hamitler, unweit der Straße nach Mudanya, zu beobachten; von dem Minarett seiner Moschee wurde ehemals das Photo gemacht, das - im Bd. 32, S. 224, der Kieler Schriftenreihe[2] wiedergegeben - die Lage der Stadt Bursa am unteren Hang des Ulu-Dağ in völlig ländlicher Umgebung zeigt. Heute wird das Minarett bereits von einigen vielgeschossigen Wohnhausblocks an der dem industrial park der Stadt Bursa zugewandten Seite überragt.

Bei der Entstehung von Wohnsiedlungen außerhalb der Stadt Bursa, jedoch in Stadtnähe, handelt es sich aber noch nicht um den für hochentwickelte Industrieländer typischen Prozeß der Wohnsuburbanisierung (der Mittelschicht), der Hinausverlagerung des Wohnstandortes aus der Innenstadt an den Stadtrand, der allerdings bei der größten Stadt der Türkei, Istanbul, in Teilen der Umgebung bereits deutlich zu beobachten ist.

---

[1] R. STEWIG u.a., 1980, S. 255-294
[2] R. STEWIG: Bursa, Nordwestanatolien. Strukturwandel einer orientalischen Stadt unter dem Einfluß der Industrialisierung; Schriften des Geographischen Instituts der Universität Kiel, Bd. 32; Kiel 1970

C. Die Bevölkerungs- und Sozialstruktur der Stadt Bursa, 1974, unter besonderer Berücksichtigung der Bevölkerungszusammensetzung nach Einheimischen (Nichtzugewanderten) und Zuwanderen: Theorie und Entwicklung

Zunächst sei an einige Rahmenbedingungen des Bursa-Projektes erinnert, die nicht ohne Einfluß auf die bereits im Teil 1 publizierten Ergebnisse, wie auch auf die hier vorgelegten Ergebnisse des Teil 2 waren.

Sozialstatistische Daten über die Bevölkerung der Stadt Bursa gibt es in der amtlichen türkischen Statistik nur wenige bzw. sie fehlen ganz, wenn es sich um eine weitergehende Untergliederung der Stadtbevölkerung auf sachlicher und räumlicher Ebene handelt. Um diese Schwierigkeiten zu überwinden, wurde 1974 mit einigem Aufwand eine Befragung von 1356 Haushalten der damals etwa 50 000 Haushalte der Stadt Bursa durchgeführt. Selbst die Gesamteinwohnerzahl der Stadt Bursa war im Jahr 1974 nicht genau bekannt; sie wurde damals als vorsichtige Hochrechnung des Census von 1970 (275 950) mit rund 300 000 angenommen, etwas zu niedrig, wie sich nach dem Census von 1975 (346 100) herausstellte.

Eine Einwohnermeldekartei, die eine repräsentative Auswahl von zu befragenden Haushalten erlaubt hätte, gibt es für die Stadt Bursa nicht. So wurde die Befragung als räumlich geschichtete Stichprobe durchgeführt; die Verteilung der Haushalte in der Stadt Bursa wurde als topographische Einwohnermeldekartei aufgefaßt. Den Umfang der Stichprobe (- jeder 30. bis 33. Haushalt in allen 15 Teilgebieten der Stadt -) bestimmte die anzustrebende Repräsentativität der Ergebnisse (- etwa 3 % aller Haushalte der Stadt wurden interviewt -), aber ihr Umfang wurde auch von dem finanziellen, zeitlichen und personellen Rahmen bestimmt, der in deutsch-türkischer Zusammenarbeit von Wissenschaftlern und Studenten der Geographischen Institute der Universitäten in Kiel und Istanbul und der Stiftung Volkswagenwerk mit dem Förderungsprogramm Gegenwartsbezogene Orientforschung gesetzt wurde.

Die soziokulturellen Verhältnisse in einer Stadt wie Bursa, in der die Religion des Islam dominiert, legten weitere menschliche Rahmenbedingungen des Bursa-Projektes fest. So wünschenswert es vom wissenschaftlichen Standpunkt aus erschien, daß jeder 30. bis 33. Haushalt in der Stadt Bursa befragt wurde, konnte doch nicht immer die Bedingung eingehalten werden, wenn etwa - bei traditionell eingestellten türkischen Haushalten - kein Mann zur Zeit der Befragung im Haushalt anwesend war: der Haushalt verschloß sich dann den (männlichen) Interviewern und diese Bedingung mußte akzeptiert werden.

Was eine andere soziokulturelle Rahmenbedingung in der Stadt Bursa zur Zeit der Befragung betrifft, nämlich daß zumindest ein Teil der aus dem ländlichen Raum zugewanderten Stadtbewohner Analphabeten waren - in der Technik der Beantwortung von Fragen unerfahren und ungeübt im Formulieren -, so wurde diesen Umständen dadurch Rechnung getragen, daß keine schriftliche, sondern nur eine mündliche Befragung durchgeführt wurde, daß die Befragten nur einfache Antworten aus sich heraus, ohne Antwortauswahlangebot[1], zu geben hatten, und daß Fragen, zu deren Beantwortung eine Beurteilung notwendig wurde, sich auf wesentliche, zentrale Lebensfragen beschränkten.

---

[1] dies erschwerte die spätere Auswertung der gegebenen Antworten nicht unwesentlich

Aus diesen Rahmenbedingungen und noch weiteren[1] ergibt sich, daß es sich bei allen ermittelten Werten nur um Größenordnungen handeln kann; insbesondere haben - bis auf Ausnahmen - bei den Zahlenwerten die Stellen hinter dem Komma, zum Teil auch davor, nur rechnerische Bedeutung; sie spiegeln eine Exaktheit vor, die der Wirklichkeit nicht annähernd entspricht. Selbst bei den ermittelten Größenordnungen können bedeutsame Fehler auftreten, wie die amtliche türkische Statistik des Census von 1970 im Wert für die in der Stadt Bursa damals im primären Sektor Beschäftigten (17,8 %) erkennen läßt[2]. Aber angesichts der Feststellung von R. KÖNIG, einen Altmeister der empirischen Sozialforschung, daß noch elementarste Informationen über soziale Verhältnisse fehlen[3] - und das gilt nicht nur für den Sachbereich der Familiensoziologie, auf den die Aussage gemünzt ist -, müssen alle Anstrengungen unternommen werden, die Informationslücken zu verkleinern, auch wenn es sich nur um grobe Größenordnungen der ermittelten Werte - Fehlermittlungen nicht ausgeschlossen - handeln kann[4].

In den nachfolgenden Abschnitten geht es wiederum um die sieben Hauptfragenkomplexe des Bursa-Projektes (Familien- und Haushaltsgröße und -struktur, Horizontale Mobilität, Vertikale Mobilität, Arbeitsverhältnisse, Wohnverhältnisse, Freizeit, Räumliche Bevölkerungs- und Sozialstruktur). Dabei steht die Untergliederung der Bevölkerung der Stadt Bursa nach Einheimischen, d.h. Nichtzugewanderten (467 interviewte Haushalte) und Zuwanderern (889 interviewte Haushalte) im Mittelpunkt. Die Zuwanderer, die praktisch 2/3 der Bevölkerung Bursas (im Jahre 1974) stellten[5], lassen sich wiederum nach dem Zeitpunkt der Zuwanderung in vier Gruppen unterteilen (1898-1949: 167 interviewte Haushalte; 1950-1959: 270 interviewte Haushalte; 1960-1969: 264 interviewte Haushalte; 1970-1974: 169 interviewte Haushalte). Mit diesen Angaben wird eine weitere Rahmenbedingung des Bursa-Projektes deutlich, nämlich daß trotz der relativ umfangreichen Befragung - insbesondere bei der noch weitergehenden Untergliederung der Stadtbevölkerung in kleine und kleinste Gruppen - die Repräsentativität und Aussagekraft der ermittelten Werte gefährdet ist.

Bei allen aufgezählten sieben Großsachverhalten/Fragenkomplexen des Bursa-Projektes, die in den folgenden Ausführungen im Lichte der Unterscheidung nach Einheimischen und Zuwanderern gesehen werden sollen, kann es nicht darum gehen, die genannten Sachverhalte am Beispiel der Stadt Bursa allgemeingültig und grundsätzlich zu klären. Vielmehr geht es darum, innerhalb der Großsachverhalte eine jeweils begrenzte Anzahl von Teilsachverhalten beschreibend und im Ansatz quantifizierend zu erfassen. Die Ebene der Erklärung der Teilsachverhalte wird nicht ausgespart. Da aber meist eine übergroße Fülle von Einfluß nehmenden Faktoren bedeutsame Rollen spielen, die wegen der Begrenztheit der Untersuchung nicht systematisch verfolgt werden können, muß sich die erklärende Interpretation der ermittelten Fakten und Werte auf der Ebene von Vermutungen bewegen.

---

[1] ausführlicher: Teil 1, S. 36, Abschnitt: Technik des Vorgehens
[2] 25 Ekim 1970 Genel Nüfus Sayimi. Örnekleme Sonuçlari / Census of Population 25 October 1970. Sampling Results; Ankara 1972, S. 210-211
[3] R. KÖNIG: Soziologie der Familie; in: R. KÖNIG (Hrsg.): Handbuch zur empirischen Sozialforschung, Bd. 7; Stuttgart 1976, S. 51
[4] vgl. für die Bundesrepublik Deutschland: B. SCHÄFERS: Sozialstruktur und Wandel der Bundesrepublik Deutschland; 4. Auflage Stuttgart 1985, S. 199 ff: Struktur und Wandel der Familie
[5] Teil 1, Tab. 3, S. 64

Mit den Bezeichnungen Theorie und Entwicklung im Titel des Hauptkapitels der vorliegenden Veröffentlichung soll ausgedrückt werden, was angestrebt wird: unter theoretischem Aspekt die Einordnung der im Ansatz quantifizierend erfaßten Teilsachverhalte in größere Zusammenhänge der gesellschaftlichen Entwicklung, großräumlich und langfristig, in Stadt und Land, in Industrie- und Entwicklungsländern. Es geht also um die Erfassung von Teilphänomenen des Industrialisierungsprozesses (im weitesten Sinne) am Beispiel der Bevölkerung der Stadt Bursa und ihre harmonische oder disharmonische, synchrone oder asynchrone Einordnung bzw. Parallelisierung mit gesellschaftlicher Entwicklung im Zuge der Herausbildung und Weiterentwicklung der Industriegesellschaft.

Der Entwicklungsaspekt spielt eine wichtige Rolle; er ist neben dem theoretischen Ansatz der Einordnung in größere Zusammenhänge der andere wichtige Aspekt. In diesem Zusammenhang muß wiederum an eine Rahmenbedingung des Bursa-Projektes erinnert werden: die Befragung, auf der das Bursa-Projekt aufbaut, konnte zu nur einem Zeitpunkt (Februar-März 1974) durchgeführt werden. Auch in der amtlichen türkischen Statistik stehen der Berücksichtigung der Dimension der Zeit im sachlichen Vergleich große Schwierigkeiten entgegen, da selbst in kürzeren Abständen, von Census zu Census, manche Erfassungsmodalitäten und die Methoden der Datenaggregation geändert wurden. Dennoch aber erlaubt gerade die Untergliederung der Bevölkerung Bursas nach Einheimischen und Zugewanderten, speziell die Untergliederung der Zugewanderten nach dem sehr unterschiedlichen Zeitpunkt der Zuwanderung, die Berücksichtigung der Dimension der Zeit und damit des Entwicklungsaspektes.

Der Entwicklungsaspekt wiederum führt - in Verbindung mit dem Thema Stadt - zu einem neuen Beurteilungsansatz, in den das Ergebnis der Untersuchungen abschließend einmündet. Auf der Ebene von Ländern ist die Beurteilung des Entwicklungsstandes nichts Neues; zahlreiche Veröffentlichungen liegen - vor allem im Weltvergleich - dazu vor[1]. Wenn man aber die Stadt ganz allgemein und natürlich auch die Stadt Bursa - wie im theoretischen Teil der vorliegenden Veröffentlichung geschehen - als Funktion gesellschaftlicher Entwicklung ansieht, dann ergibt sich daraus der - doch neue - Aspekt einer Beurteilung auch des (gesellschaftlichen) Entwicklungsstandes einer Stadt - eine Aufgabe, die die Untersuchungen des Bursa-Projektes im Abschnitt D zum Abschluß führen soll.

---

[1] P. BRATZEL, H. MÜLLER: Regionalisierung der Erde nach dem Entwicklungsstand der Länder; in: Geographische Rundschau, Jahrgang 31; Braunschweig 1979, S. 131-137; P. BRATZEL, H. MÜLLER: Armut und Reichtum. Eine Karte des Entwicklungsstandes der Länder der Erde; in: Geographische Rundschau, Jahrgang 31; Braunschweig 1979, S. 145-148; F.H. HADI, P. PIETSCH, C. v. ROTHKIRCH, H. SANGMEISTER: Ein Beitrag zur Klassifikation von Ländern nach ihrem Entwicklungsstand; in: Statistische Hefte, 21. Jahrgang; Opladen 1980, S. 30-48, 75-109; E. GIESE: Klassifikation der Länder der Erde nach ihrem Entwicklungsstand; in: Geographische Rundschau, Jahrgang 37; Braunschweig 1985, S. 164-175

1. Familien- und Haushaltsgröße und -struktur

Unter den Teildisziplinen des Faches Soziologie nimmt die Familiensoziologie[1] eine wichtige Stellung ein, zumal man sich in der letzten Zeit in der Soziologie von großen Gesellschaftsentwürfen ab- und dem Alltäglichen mehr zuwendet[2].

In der Familiensoziologie sind eine Reihe Aspekte bedeutsam; dazu gehören[3]: Wesen und Aufgaben der Familie, insbesondere die Funktion der Familie im Rahmen der Sozialisation; die dichten, weniger dichten oder wie auch immer gearteten Beziehungen der Familienmitglieder untereinander; die Einbettung der Familie in den umgebenden Siedlungsraum[4]; die Entstehung der modernen Familie[5]; der Wandel und Funktionsverlust der Familie in neuerer Zeit; die Beziehungen zwischen Familie und Gesellschaft[6], um nur einige Aspekte aufzuzählen. Mit der neueren Hinwendung der Historiker zur Sozialgeschichte hat auch bei ihnen die Familie als historischer Forschungsgegenstand zunehmend Beachtung erfahren[7].

Von all diesen Aspekten kann hier, im Zusammenhang mit der Bevölkerung der Stadt Bursa, nur ein kleiner Ausschnitt, der der Familien- bzw. Haushaltsgröße und -zusammensetzung, berücksichtigt werden, und zwar unter der Fragestellung der Beziehungen zwischen deren Entwicklung und der gesellschaftlichen Entwicklung im Sinne einer möglichen Parallelisierung, unter besonderer Berücksichtigung der Stadtbevölkerung.

Unter Familie wird "eine in der Regel durch Zeugung sich selbst ergänzende, auf eine überschaubare Personenzahl begrenzte Primärgruppe" verstanden, "deren Mitglieder, verbunden durch Gefühlsintimität, Wertungssolidarität und ausgeprägtes Wir-Bewußtsein, in einem gefügehaften Ordnungs- und Funktionszusammenhang miteinander leben"[8]. Der Haushalt ist die Betriebsgemeinschaft der Familie, zu der auch Personen gehören können, die in keiner verwandtschaftlichen Beziehung zu den Familienmitgliedern stehen.

---

[1] R. KÖNIG: Soziologie der Familie; in: R. KÖNIG (Hrsg.): Handbuch der empirischen Sozialforschung, Bd. 7; 2. Auflage Stuttgart 1976, S. 1-217; F. FILSER: Einführung in die Familiensoziologie; Paderborn, München, Wien, Zürich 1978
[2] M. BAETHGE, E. EßBACH (Hrsg.): Soziologie: Entdeckungen im Alltäglichen. Hans Paul BAHRDT Festschrift zu seinem 65. Geburtstag; Frankfurt, New York 1983; vgl. auch: Soziologentag in Hamburg, 1986
[3] vgl. dazu E.M. WALLNER: Soziologie. Einführung in Grundbegriffe und Probleme; 2. Auflage Heidelberg 1972, S. 155 ff
[4] E. PFEIL: Die Familie im Gefüge der Großstadt. Zur Sozialtopographie der Stadt; Hamburg 1965
[5] R. VOLLBRECHT: Die Entstehung der modernen Familie. Umrisse einer Theorie der Privatheit; München 1983
[6] H. ROSENBAUM (Hrsg.): Familie und Gesellschaftsstruktur. Materialien zu den sozioökonomischen Bedingungen von Familienformen; Frankfurt am Main 1978
[7] W. CONZE (Hrsg.): Sozialgeschichte der Familie in der Neuzeit Europas; Industrielle Welt Bd. 21; Stuttgart 1976; M. MITTERAUER, R. SIEDER (Hrsg.): Historische Familienforschung; Frankfurt am Main 1981
[8] E.M. WALLNER, 1972, S. 156

Angesichts der in der Literatur verwendeten Begriffe wie Kernfamilie, Kleinfamilie, Großfamilie, extended family, nuclear family, famille souche und anderer bedarf es einer weitergehenden Begriffsklärung.

Zur Kernfamilie zählen nach R. KÖNIG (1976, S. 55): Mann und Frau sowie die unverheirateten (und unmündigen) Kinder. Diesem Sachverhalt entspricht die englische Bezeichnung nuclear family. Ist die Kinderzahl gering, dann ist die Kernfamilie eine Kleinfamilie; wenn die Kinderzahl hoch ist, kann die Kernfamilie eine Großfamilie sein. In den Begriff der Großfamilie, englisch: extended family, mischt sich die nicht seltene Möglichkeit, daß weitere Familienmitglieder, Angehörige der älteren Generation und auch andere nähere Verwandte dazugehören, so daß die Großfamilie in der Regel einen großen Haushalt darstellt.

Im Zusammenhang der vorliegenden Veröffentlichung ist die Frage nach den Beziehungen zwischen der Entwicklung der Familien- bzw. Haushaltsgröße und -zusammensetzung und der gesellschaftlichen Entwicklung von besonderem Interesse. Zu den Einflußfaktoren, die dabei eine Rolle spielen, gehören: die Stellung der Familie im Lebenszyklus, in einer Expansions- oder Kontraktionsphase, die ökonomischen Verhältnisse, die große oder kleine Familien bzw. Haushalte erlauben oder notwendig machen; die demographischen Verhältnisse der Gesellschaft, die über eine hohe oder niedrige Sterbe- und Geburtenrate Einfluß nehmen, und zwar über die technologisch-hygienischen Verhältnisse und das generative Verhalten; der zivilisatorische Stand und die soziokulturellen Normen der Gesellschaft, die über die Stellung der Frau, insbesondere ihre (außerhäusliche) Arbeitstätigkeit, bestimmen; der "Industrialismus" und die Verstädterung[1], d.h. das gesellschaftliche Milieu und die städtische oder ländliche Lebensform. Die Auflistung der zahlreichen Einflußfaktoren macht deutlich, daß es einer Spezialuntersuchung bedarf, um die Einflußfaktoren auch nur annähernd zu klären - einer Spezialuntersuchung, wie sie im Rahmen des Bursa-Projektes nicht geleistet werden kann.

Im Zusammenhang mit der Untersuchung der Bevölkerung der Stadt Bursa stellt sich die Frage nach der allgemeinen Ausgangssituation und der allgemeinen Entwicklung der Familien- und Haushaltsgröße und -zusammensetzung auf gesamtgesellschaftlicher und (groß-)städtischer Ebene im Verlauf des Industrialisierungsprozesses. Dazu liegt die grundsätzliche Aussage von E. DURKHEIM, das sogenannte Kontraktionsgesetz, vor, "wonach die Familie nach und nach das Eingebettetsein in Sippe und Großverwandtschaft abstreift und sich schließlich auf eine reine Gattenfamilie konzentriert"[2]. Das Kontraktionsgesetz unterstellt die Großfamilie als präindustrielle gesamtgesellschaftliche Ausgangssituation und Lebensform - eine Unterstellung, die zum Klischee geworden ist[3]. Doch ist die beträchtliche Zunahme der Einpersonenhaushalte in den Industrieländern besonders in neuerer Zeit eine unleugbare Tatsache. In dem Zeitraum zwischen 1960 und 1980 ist die Anzahl der Einpersonenhaushalte in Kanada um 295 %, in der Schweiz um 217 %, in Schweden um 108 %, in der Bundesrepublik Deutschland

---

[1] R. KÖNIG, 1976, S. 66 ff
[2] E.M. WALLNER, 1972, S. 155; vgl. R. KÖNIG, 1976, S. 60 ff
[3] vgl. M. MITTERAUER: Der Mythos von der vorindustriellen Großfamilie; in: M. MITTERAUER, R. SIEDER (Hrsg.): Vom Patriarchat zur Partnerschaft. Zum Strukturwandel der Familie; München 1977, S. 38-65

und in Norwegen um 107 % angewachsen[1]. Auch die Zahl der Familien, die überhaupt Kinder haben, ist in neuerer Zeit deutlich gegenüber den präindustriellen Verhältnissen zurückgegangen.

R. KÖNIG warnt ausdrücklich vor der Annahme zu allgemeiner und einfacher Familien- und Haushaltsstrukturen in präindustrieller Zeit und bezeichnet die Entwicklung unter dem Einfluß des Industrialismus als letztlich ungeklärt[2]. Zu allen Zeiten habe es, nach seiner Auffassung, - gleichzeitig - mehrere Familien- und Haushaltsformen und -größen gegeben. So sei die Großfamilie, der Sippenhaushalt, in vorindustrieller Zeit vor allem bei der Elite, der Oberschicht, anzutreffen gewesen, die über die entsprechenden Mittel des Unterhalts verfügte; die Angehörigen der zahlenmäßig dominanten Unterschicht dagegen seien in präindustrieller Zeit gar nicht in der ökonomischen Lage gewesen, Großfamilienhaushalte zu unterhalten. Für die städtischen Gegebenheiten nimmt G. SJOBERG[3] an, daß in präindustrieller Zeit die extended family nur bei den Haushalten, die Träger der politischen Macht waren, also der Oberschicht, vorkamen, während die große Masse der präindustriellen städtischen Bevölkerung, die der Unterschicht zuzurechnen ist, in Form der famille souche, der erweiterten Kernfamilie, organisiert war.

Was die Bevölkerung der Stadt Bursa betrifft, speziell die 1356 interviewten Haushalte, so ließ sich die durchschnittliche Haushaltsgröße, die Haushaltsgröße nach der Anzahl der Personen im Haushalt und die Haushaltszusammensetzung nach Personen der älteren Generation und nach Kindern ermitteln, und zwar sowohl für die Haushalte insgesamt, als auch untergliedert nach Einheimischen und Zuwanderern, die wiederum in vier Gruppen unterteilt.

Was die durchschnittliche Haushaltsgröße angeht, so sei - um einen Beurteilungsmaßstab, zumindest eine Vergleichsbasis zu erhalten - zunächst die Entwicklung der durchschnittlichen Haushaltsgröße in Deutschland von 1871 bis 1971 mitgeteilt (Tab. 10).

Der Zeitraum von 100 Jahren umfaßt die Hauptphasen der Entstehung und Entwicklung der Industriegesellschaft in Deutschland und läßt das Absinken der durchschnittlichen Haushaltsgröße von 4,63 Personen pro Haushalt im Jahre 1871 auf 2,66 Personen pro Haushalt im Jahre 1971 deutlich erkennen. Allerdings muß - im Hinblick auf den Vergleich mit der Stadt Bursa - hinzugefügt werden, daß die Tabelle 10 für den Durchschnitt aus Stadt und Land in Deutschland Gültigkeit hat, während im Falle Bursa die städtischen Verhältnisse gegenüber gestellt werden.

---

[1] nach: Population, Zeitschrift des französischen Instituts für demographische Studien; zitiert nach: Frankfurter Allgemeine Zeitung für Deutschland; 27. Februar 1984; S. 7; weitere statistische Überblicke in F. FILSER: Einführung in die Familiensoziologie; Paderborn, München, Wien, Zürich 1978, S. 13 ff (Bundesrepublik Deutschland); vgl. auch: M. MIEGEL: Die verkannte Revolution (1). Einkommen und Vermögen der privaten Haushalte; Schriften des Instituts für Wirtschafts- und Gesellschaftspolitik; Stuttgart 1983; S. 62: Die mittel- und langfristige Entwicklung der Haushalte
[2] R. KÖNIG: 1976, S. 62 ff
[3] G. SJOBERG: The Preindustrial City. Past and Present; New York 1960, S. 157 ff

Tab.10: Entwicklung der durchschnittlichen Haushaltsgröße und der Anteile der Einpersonenhaushalte an den Privathaushalten in Deutschland, 1871-1971

Jahr	Personen je Haushalt	Anteil der Einpersonenhaushalte an den Privathaushalten in %
Reichsgebiet		
1871	4,63	6,2
1880	4,60	6,3
1890	4,55	7,1
1900	4,49	7,2
1910	4,40	7,3
1925	3,98	6,7
1933	3,61	8,4
1939	3,27	9,8
Bundesgebiet		
1950	2,99	19,4
1961	2,88	20,6
1971	2,66	26,7

Nach: R. ERMRICH: Basisdaten. Zahlen zur sozioökonomischen Entwicklung in der Bundesrepublik Deutschland; Bonn-Bad Godesberg 1974, S. 31

Der bereits im Teil 1 (S. 61) errechnete und mitgeteilte Wert von 4,94 Personen pro interviewtem Haushalt in der Stadt Bursa 1974 läßt erkennen, daß sich die durchschnittliche Haushaltsgröße in Bursa von der in der Bundesrepublik Deutschland deutlich unterscheidet. Greift man für die Bundesrepublik die durchschnittliche Haushaltsgröße in Städten mit 100 000 und mehr Einwohnern heraus, so lag sie 1976 bei nur 2,22 Personen pro Haushalt[1]. Danach sind die Haushalte in der Stadt Bursa im Durchschnitt mehr als doppelt so groß wie in den Großstädten der Bundesrepublik Deutschland.

Eine angemessene Wertung kann aber erst erfolgen, wenn man entsprechende Vergleichswerte der Haushaltsgrößen auch für den Durchschnitt der Provinz Bursa und den Durchschnitt der Türkei heranzieht. Aus Tab. 11 ergibt sich, daß die durchschnittliche Haushaltsgröße in der Türkei 1980 bei 5,08 Personen, in der Provinz Bursa bei 4,44 Personen pro Haushalt lag[2]. Der Wert für die Türkei übersteigt den entsprechenden Wert für das Deutsche Reich im Jahre 1871 deut-

---

[1] F. FILSER: Einführung in die Familiensoziologie; Paderborn, München, Wien, Zürich 1978, S. 13
[2] angesichts der - wegen unterschiedlicher Gruppenbildung in der amtlichen türkischen Statistik - erfassungsmäßig nicht völligen Vergleichbarkeit, dürften beide Werte tatsächlich eher höher als niedriger liegen.

Tab. 11: Haushaltsgrößen in der Türkei und in der Provinz Bursa, 1980

Anzahl der Personen im Haushalt	Türkei Haushalte		Provinz Bursa Haushalte	
	abs.	S%	abs.	S%
1	549 958	6,5	22 416	8,9
2	964 833	11,3	34 631	13,7
3	1 086 336	12,7	38 423	15,2
4	1 379 410	16,2	49 233	19,5
5	1 209 667	14,2	37 761	14,9
6	939 233	11,0	24 486	9,7
7	690 953	8,1	15 590	6,2
8	515 712	6,1	10 511	4,2
9	387 015	4,5	6 977	2,7
10 und mehr	799 382	9,4	12 681	5,0
zusammen	8 522 499	100,0	252 709	100,0

Nach: Genel Nüfus Sayımı 12.10.1980 / Census of Population. Sosyal ve Ekonomik Nitelikler / Social and Economic Characteristics; Ankara 1983, S. 154-155

lich. Die Zahlen sprechen für die derzeitige außerordentliche Bevölkerungszunahme in der Türkei im Zuge der geöffneten Schere zwischen sinkender Sterberate und noch traditionell hoher Geburtenrate im Verlauf der demographischen Transformation zur Industriegesellschaft. Dieses Bevölkerungswachstum schlägt sich eben, verglichen mit den Industrieländern, in durchschnittlich sehr großen Haushalten nieder.

Der Wert für die durchschnittliche Haushaltsgröße in der Provinz Bursa liegt, mit 4,44 Personen pro Haushalt, unter dem für die Stadt Bursa ermittelten Wert (4,94 Personen pro Haushalt)[1]. Diese Differenz sollte als ein Hinweis darauf interpretiert werden, daß - im Vergleich mit der Türkei, wo die durchschnittliche Haushaltsgröße deutlich höher liegt als in der Stadt Bursa - aufgrund der seit den 50er Jahren anhaltenden Land-Stadtwanderung, nicht zuletzt nach Bursa - auch in der Stadt die dorthin gewanderte Bevölkerung der jüngeren und mittleren Jahrgänge zu großen Haushalten gelangt.

Es stellt sich also die Frage, ob bei den Zuwandererhaushalten in der Stadt Bursa, die durchschnittliche Haushaltsgröße über dem Durchschnitt der Stadt Bursa liegt.

---

[1] vgl. auch Tab. 14, wonach sich ein durchschnittlicher Wert von 4,48 Personen pro Haushalt in der Stadt Bursa 1970 nach der amtlichen türkischen Statistik ergibt.

Tab. 12: Haushaltsgrößen bei Nichtzuwanderern und Zuwanderern in der Stadt Bursa, 1974

Anzahl der Personen im Haushalt	Nichtzuwandererhaushalte			Zuwandererhaushalte			Haushalte insgesamt		
	abs.	S%	Z%	abs.	S%	Z%	abs.	S%	Z%
1	4	0,8	28,6	10	1,1	71,4	14	1,0	100,0
2	54	11,5	45,8	64	7,2	54,2	118	8,7	100,0
3	62	13,3	37,3	104	11,7	62,7	166	12,2	100,0
4	110	23,6	37,3	185	20,8	62,7	295	21,7	100,0
5	119	25,5	37,1	202	22,7	62,9	321	23,6	100,0
6	61	13,1	30,2	141	15,9	69,8	202	14,8	100,0
7	29	6,2	26,4	81	9,1	73,6	110	8,1	100,0
8	12	2,6	20,0	48	5,4	80,0	60	4,4	100,0
9	9	1,9	27,3	24	2,7	72,7	33	2,4	100,0
10	5	1,1	31,3	11	1,2	68,7	16	1,1	100,0
11	0	0,0	0,0	8	0,9	100,0	8	0,5	100,0
12	1	0,2	16,7	5	0,6	83,3	6	0,4	100,0
13	0	0,0	0,0	4	0,5	100,0	4	0,2	100,0
14	1	0,2	50,0	1	0,1	50,0	2	0,1	100,0
15	0	0,0	0,0	1	0,1	100,0	1	0,07	100,0
zusammen	467	100,0	34,4	889	100,0	65,6	1356	100,0	100,0

Tab. 13: Haushaltsgrößen bei den Zuwanderern, zeitlich gestaffelt, in der Stadt Bursa, 1974

Anzahl der Personen im Haushalt	zugewandert 1898-1949			zugewandert 1950-1959			zugewandert 1960-1969			zugewandert 1970-1974			Zuwandererhaushalte insgesamt		
	abs.	S%	Z%	abs.	S%	Z%	abs.	S%	Z%	abs.	S%	Z%	abs.	S%	Z%
1	3	1,8	30,0	2	0,7	20,0	3	1,1	30,0	2	1,2	20,0	10	1,1	100,0
2	25	15,0	39,1	11	4,1	17,2	9	3,4	14,1	19	11,2	29,6	64	7,3	100,0
3	21	12,5	20,8	26	9,6	25,7	24	9,1	23,8	30	17,8	29,7	101	11,6	100,0
4	38	22,7	21,3	45	16,7	25,4	57	21,6	32,0	38	22,5	21,3	178	20,4	100,0
5	27	16,2	13,4	75	27,8	37,3	59	22,3	29,4	40	23,7	19,9	201	23,1	100,0
6	25	15,0	18,5	44	16,3	32,6	47	17,8	34,8	19	11,2	14,1	135	15,5	100,0
7	12	7,2	15,0	28	10,4	35,0	29	11,0	36,3	11	6,5	13,7	80	9,1	100,0
8	8	4,8	16,7	18	6,7	37,5	17	6,4	35,4	5	2,9	10,4	48	5,5	100,0
9	4	2,4	16,7	10	3,7	41,7	7	2,7	29,1	3	1,8	12,5	24	2,7	100,0
10	3	1,8	30,0	2	0,7	20,0	4	1,5	40,0	1	0,6	10,0	10	1,1	100,0
11	1	0,6	12,5	3	1,1	37,5	4	1,5	50,0	0	0,0	0,0	8	0,9	100,0
12	0	0,0	0,0	2	0,7	40,0	2	0,8	40,0	1	0,6	20,0	5	0,5	100,0
13	0	0,0	0,0	3	1,1	75,0	1	0,4	25,0	0	0,0	0,0	4	0,4	100,0
14	0	0,0	0,0	1	0,4	100,0	0	0,0	0,0	0	0,0	0,0	1	0,1	100,0
15	0	0,0	0,0	0	0,0	0,0	1	0,4	100,0	0	0,0	0,0	1	0,1	100,0
zusammen	167	100,0	19,2	270	100,0	31,0	264	100,0	30,4	169	100,0	19,4	870	100,0	100,0

Aus den Tabellen 12 und 13 errechnet sich die durchschnittliche Haushaltsgröße der einheimischen Haushalte mit 4,61 Personen pro Haushalt, die der Zuwandererhaushalte mit 5,12 Personen pro Haushalt. Eine weitere Untergliederung der Zuwandererhaushalte, zeitlich gestaffelt, ergibt (- errechnet nach Tab. 13 -) folgendes Bild:

1898-1949 zugewandert: durchschnittl. Haushaltsgröße: 4,65 Pers. pro Haushalt
1950-1959   "   "   "   : 5,48 "   "   "
1960-1969   "   "   "   : 4,53 "   "   "
1970-1974   "   "   "   : 4,44 "   "   "

Es liegt die Interpretation nahe, daß die frühen Zuwanderer, die schon einen Stadtaufenthalt von mehr als 25 Jahren (zum Zeitpunkt der Befragung 1974) hinter sich hatten, sich in der Haushaltsgröße den nichtzugewanderten Haushalten angeglichen haben, in dieser Hinsicht quasi einheimische Städter geworden sind; das ist auf die Kontraktionsphase im Lebenszyklus zurückzuführen, in der sie sich befanden. Der Wert für die durchschnittliche Haushaltsgröße liegt auch bei den ganz jungen Zuwandererhaushalten (1970-1974) unter dem Durchschnitt der Stadt Bursa; die Vermutung ergibt sich, daß unter ihnen viele Zuwanderer waren, die im Lebenszyklus noch nicht die Familiengründungsphase erreicht hatten.

Dagegen hatten sich die Zuwanderer der 50er und 60er Jahre bereits in der Stadt Bursa etabliert und Familien gegründet, was zu deutlich über dem Durchschnitt der Stadt Bursa liegenden Werten der durchschnittlichen Haushaltsgröße führte. Das Bild der durchschnittlichen Haushaltsgröße bei den Zuwanderern ist also nicht einheitlich, kann es nicht sein.

Die Tabellen 11 - 15 enthalten Angaben über die Haushaltsgrößen nach der Anzahl der Personen im Haushalt in der Stadt Bursa, in der Provinz Bursa, in der Türkei und in der Bundesrepublik Deutschland, für die Stadt Bursa nach Einheimischen und Zuwanderern (Tab. 12) - die Zuwanderer zeitlich gestaffelt (Tab. 13) - weiter untergliedert. Auch die Tabelle 10, die über die Entwicklung der Anteile der Einpersonenhaushalte in Deutschland über 100 Jahre informiert, ist hinzuzuziehen.

Tab. 14: Haushaltsgrößen in der Stadt Bursa, 1970

Anzahl der Personen im Haushalt	Haushalte abs.	S%
1	1 937	3,8
2	5 984	11,8
3	7 539	14,9
4	9 864	19,5
5	9 398	18,6
6	6 906	13,7
7 und mehr	8 885	17,6
zusammen	50 513	100,0

Nach: 25 Ekim 1970 Genel Nüfus Sayımı Örnekleme Sonuçları / Census of Population 25. October 1970. Sampling Results; Ankara 1972, S. 228

Tab. 15: Größen der (Privat-)Haushalte in der Bundesrepublik Deutschland 1974 (in Siedlungen mit 100 000 und mehr Einwohnern) und Haushaltsgrößen in der Stadt Bursa, 1974

Anzahl der Personen im Haushalt	%Anteile in der Bundesrepublik	%Anteile in Bursa
1	35,0	1,0
2	30,9	8,7
3	17,0	12,2
4	11,2	21,7
5		23,6 ⎫
6		14,8 ⎪
7		8,1 ⎪
8		4,4 ⎪
9		2,4 ⎪
10	5,5	1,1 ⎬ 55,6
11		0,5 ⎪
12		0,4 ⎪
13		0,2 ⎪
14		0,1 ⎪
15		0,07 ⎭

Nach: Statistisches Bundesamt: Statistisches Jahrbuch 1975 für die Bundesrepublik Deutschland; Stuttgart und Mainz 1975, S. 63; R. STEWIG u.a. 1980, S. 62

Die Tabelle 10 zeigt, was die Anteile der Einpersonenhaushalte angeht, ein der Abnahme der durchschnittlichen Haushaltsgröße komplementäres Bild: der Anteil der Einpersonenhaushalte stieg im Industrieland Deutschland im Laufe des Industrialisierungsprozesses beträchtlich, von 6,2 % im Jahre 1871 auf 26,7 % im Jahre 1971, an. Für die Stadt Bursa, die Provinz Bursa und die Türkei kann kein Entwicklungsbild der Anteile der Einpersonenhaushalte gezeichnet werden; es können nur einige - unsichere - Daten für einige Zeitpunkte beigebracht werden.

Der für die im Jahre 1974 interviewten Haushalte der Stadt Bursa ermittelte Anteil der Einpersonenhaushalte liegt mit 1,0 % erstaunlich niedrig (Tab. 12). Aber der in der amtlichen türkischen Statistik für 1970 angegebene Wert für die Stadt Bursa, 3,8 % (Tabelle 14), liegt auch nicht wesentlich höher, besonders, wenn man diese Werte mit den entsprechenden für die Provinz Bursa 1980, 8,8 % (Tab. 11), und die Türkei 1980, 6,4 % (Tab. 11) vergleicht[1].

Angesichts des niedrigen Wertes von 1,0 %, der absolut nur 14 Haushalten entspricht (Tab. 12), ist eine weitergehende Untergliederung dieser Haushalte nach Einheimischen und Zuwanderern, die Zuwanderer noch zeitlich gestaffelt, und insbesondere eine darauf aufbauende Interpretation, nicht ratsam.

---

[1] jener amtlichen türkischen Statistik, auf der der Wert für 1970 beruht, wurde bereits ein unglaublich hoher Wert für die 1970 in der Stadt Bursa im primären Sektor Beschäftigten (17,8 %) nachgewiesen (Tab. 7).

Dem sehr geringen Anteil der Einpersonenhaushalte an der Gesamtzahl der Haushalte der Stadt Bursa 1974 von vielleicht 1,0 bis vielleicht 3,8 %, steht ein Anteil von 35,0 % der Einpersonenhaushalte in den Großstädten der Bundesrepublik Deutschland 1974 gegenüber (Tab. 15).

Bei den großen Haushalten, mit 7 und mehr Personen, wurde für die Stadt Bursa nach der Befragung von 1974 ein Anteil von 17,2 % ermittelt (Tab. 12), von der amtlichen türkischen Statistik ein Wert von 17,5 % für 1970 (Tab. 14). Gliedert man den in der Befragung ermittelten Wert nach Einheimischen und Zuwanderern weiter auf, so liegt der Anteil der großen Haushalte (mit 7 und mehr Personen) bei den Zuwanderern mit 20,6 % über, bei den Einheimischen mit 12,4 % unter dem Durchschnitt der Stadt Bursa (Tab. 12). Um den Vergleich mit einem Industrieland (Bundesrepublik Deutschland) zu ermöglichen, ist es ratsam, den Begriff "großer Haushalt" enger zu fassen, zu großen Haushalten nur solche mit 5 und mehr Personen zu zählen. Diese großen Haushalte kommen in der Stadt Bursa 1974 auf einen Anteil von 55,6 %, in nach der Einwohnerzahl (annähernd) vergleichbaren Großstädten in der Bundesrepublik Deutschland auf 5,5 % (Tab. 15). In der Provinz Bursa betrugen die entsprechenden Anteile 1980 42,4 %, in der Türkei 53,0 % (Tab. 11). Gliedert man den Wert der Stadt Bursa von 1974 weiter auf, dann ergibt sich für die Einheimischenhaushalte (mit 5 und mehr Personen) ein Anteil von 51,0 %, für die Zuwandererhaushalte von 59,2 % (Tab. 12). Danach erscheinen die Zuwandererhaushalte in der Stadt Bursa als die im Durchschnitt etwas größeren Haushalte.

Nach der Untersuchung der Haushaltsgröße ergibt sich die Frage nach der Zusammensetzung der Haushalte, insbesondere nach dem Anteil der Haushalte mit Personen der älteren Generation und dem Anteil der Haushalte mit Kindern. Eine Entwicklung ist in diesem Zusammenhang nicht aufzeigbar, bedingt ein Vergleich mit Industrieländern.

Tab. 16: Generationenstruktur der Haushalte in der Stadt Bursa, 1974; Haushalte mit Personen der älteren Generation bei Nichtzuwanderern und Zuwanderern

Anzahl der Personen der älteren Generation im Haushalt	Nichtzuwandererhaushalte			Zuwandererhaushalte			Haushalte insgesamt		
	abs.	S%	Z%	abs.	S%	Z%	abs.	S%	Z%
1	94	61,8	41,5	132	55,4	58,4	226	57,9	100,0
2	55	36,1	35,2	101	42,4	64,7	156	40,0	100,0
3	3	1,9	42,8	4	1,6	57,1	7	1,7	100,0
4	0	0,0	0,0	1	0,4	100,0	1	0,2	100,0
zusammen	152	100,0	38,9	238	100,0	61,0	390	100,0	100,0

Tab. 17: Generationenstruktur der Haushalte in der Stadt Bursa, 1974; Haushalte mit Personen der älteren Generation, bei den Zuwanderern, zeitlich gestaffelt

Anzahl der Personen der älteren Generation im Haushalt	zugewandert 1898-1949			zugewandert 1950-1959			zugewandert 1960-1969			zugewandert 1970-1974			Zuwandererhaushalte insgesamt		
	abs.	S%	Z%	abs.	S%	Z%	abs.	S%	Z%	abs.	S%	Z%	abs.	S%	Z%
1	32	60,4	24,2	42	47,2	31,8	37	52,1	28,0	21	84,0	16,0	132	55,4	100,0
2	20	37,7	19,8	43	48,3	42,6	34	47,9	33,7	4	16,0	3,9	101	42,4	100,0
3	0	0,0	0,0	4	4,5	100,0	0	0,0	0,0	0	0,0	0,0	4	1,6	100,0
4	1	1,9	100,0	0	0,0	0,0	0	0,0	0,0	0	0,0	0,0	1	0,4	100,0
zusammen	53	100,0	22,3	89	100,0	37,4	71	100,0	29,8	25	100,0	10,5	238	100,0	100,0

Die Tab. 16 zeigt, daß 28,7 % der Haushalte der Stadt Bursa 1974 Personen der älteren Generation aufwiesen. Angesichts des Fehlens eines Beurteilungsmaßstabes, ist kaum zu sagen, ob dies viel oder wenig ist im Vergleich mit Industrieländern oder Großstädten der Industrieländer. Es ist aber zu vermuten, daß es sich - angesichts der relativ geringen Zahl von Einpersonenhaushalten in der Stadt Bursa und der hohen Zahl von Einpersonenhaushalten in den Industrieländern, speziell in ihren Städten - um einen hohen Wert handelt.

Der durchschnittliche Anteil der Haushalte mit Personen der älteren Generation im Haushalt wird in der Stadt Bursa von den Nichtzuwandererhaushalten übertroffen (32,5 %), von den Zuwandererhaushalten nicht erreicht (26,3 %) (Tab. 16). Untergliedert man die Zuwandererhaushalte noch weitergehend (Tab. 17), so liegen die vor 1950 und die in den 50er Jahren zugewanderten Haushalte, die die älteren Haushalte stellen, mit 31,7 % bzw. 32,9 %, über dem Durchschnitt der Stadt. Dagegen bleiben die in den 60er Jahren zugewanderten Haushalte mit 26,8 % und besonders deutlich die Anfang der 70er Jahre zugewanderten Haushalte mit nur 14,7 % hinter dem Durchschnitt der Stadt Bursa zurück. Die Abstufung der Anteile der Haushalte mit Personen der älteren Generation bei den Zuwanderern (31,7 % - 32,9 % - 26,8 % - 14,7 %) nach dem Zeitpunkt der Zuwanderung (vor 1950, 1950-1960, 1960-1970, 1970-1974) läßt sich dahingehend interpretieren, daß bei den älteren Haushalten, und zwar der Einheimischen wie der Zuwanderer, durch den Ablauf des Lebenszyklus, der Anteil der Haushalte mit Personen der älteren Generation im Haushalt auf natürliche Weise zugenommen hat; bei den jüngsten Zuwandererhaushalten dagegen ist der Anteil der Haushalte mit Personen der älteren Generation im Haushalt niedrig, weil sie bei der Zuwanderung in die Stadt die ältere Generation, die im ländlichen Raum verbleibt[1], selten mitnehmen.

Zu den Haushalten mit Kindern.

Im Vergleich der Nichtzuwandererhaushalte mit den Zuwandererhaushalten (Tab. 18) ergibt sich, daß - wenn man nach Haushalten mit 1-3 und mit 4 und mehr Kindern gruppiert - die Zuwandererhaushalte auf einen höheren Anteil mit mehr Kindern (4 und mehr) kommen: 28,4 %, gegenüber den Nichtzuwandererhaushalten mit mehr Kindern (4 und mehr) mit nur 14,4 % (Tab. 18); entsprechend fallen auf die Zuwandererhaushalte mit 1-3 Kindern nur 71,6 %, während die Nichtzuwandererhaushalte 85,6 % erreichen (Tab. 18).

Die Tab. 19 gibt darüber Auskunft, daß es wiederum die in den 50er und 60er Jahren zugewanderten Haushalte sind, - die sich zur Zeit der Befragung 1974 in der (Familien-)Expansionsphase des Lebenszyklus befanden - die die größeren Kinderzahlen aufzuweisen haben, während die Zuwandererhaushalte aus der Zeit vor 1950 sich in der (Familien-)Kontraktionsphase des Lebenszyklus befanden und deshalb durchschnittlich geringe Kinderzahlen aufzuweisen hatten, die Zuwanderer der 70er Jahre zum Teil noch nicht in die Familiengründungsphase eingetreten waren (Tab. 19).

---

[1] vgl. E. STRUCK: Landflucht in der Türkei. Die Auswirkungen im Herkunftsgebiet - dargestellt an einem Beispiel aus dem Übergangsraum von Inner- zu Ostanatolien (Provinz Sivas); Passauer Schriften zur Geographie, Heft 1; Passau 1984; U. PLANCK: Die ländliche Türkei. Soziologie und Entwicklungstendenzen; Zeitschrift für ausländische Landwirtschaft, Materialsammlung Heft 19; Frankfurt am Main 1972

Tab. 18: Generationenstruktur der Haushalte in der Stadt Bursa, 1974; Haushalte mit Kindern bei Nichtzuwanderern und Zuwanderern

Anzahl der Kinder im Haushalt	Nichtzuwanderer-haushalte abs.	S%	Z%	Zuwanderer-haushalte abs.	S%	Z%	Haushalte insgesamt abs.	S%	Z%
1	86	21,7	39,8	130	16,9	60,2	216	18,5	100,0
2	139	35,1	38,0	227	29,4	62,0	366	31,3	100,0
3	114	28,8	36,9	195	25,3	63,1	309	26,5	100,0
4	36	9,1	24,5	111	14,4	75,5	147	12,6	100,0
5	5	1,3	7,6	61	7,9	92,4	66	5,7	100,0
6	12	3,0	25,0	36	4,7	75,0	48	4,1	100,0
7	3	0,8	42,9	4	0,5	57,1	7	0,6	100,0
8	1	0,3	16,7	5	0,6	83,3	6	0,5	100,0
9	0	0,0	0,0	1	0,1	100,0	1	0,1	100,0
10	0	0,0	0,0	0	0,0	0,0	0	0,0	100,0
11	0	0,0	0,0	1	0,1	100,0	1	0,1	100,0
zusammen	396	100,0	33,9	771	100,0	66,1	1167	100,0	100,0
zusammen	396	84,8	33,9	771	88,4	66,1	1167	87,2	100,0
keine Angaben	71	15,2	41,3	101	11,6	58,7	172	12,8	100,0
insgesamt	467	100,0	34,9	872	100,0	65,1	1339	100,0	100,0

Vergleicht man den Anteil der Familien mit Kindern in der Stadt Bursa 1974 mit dem Anteil der Familien mit Kindern in der Bundesrepublik Deutschland, 1974 bzw. 1976, dann wird deutlich (Tab. 20), daß der entsprechende Anteil in der Bundesrepublik Deutschland (49,3 %) wesentlich geringer ist als in der Stadt Bursa (87,3 %) - und dies, obwohl im Falle der Bundesrepublik Deutschland der Durchschnitt des ganzen Landes dem der Stadt Bursa gegenübersteht; bezogen nur auf Großstädte in der Bundesrepublik Deutschland dürfte der Anteil der Familien mit Kindern noch niedriger liegen.

Wenn Familien Kinder haben, so sind es - nach Tab. 20 - in der Bundesrepublik zu 79,5 % 1-2 Kinder, zu 20,3 % 3 und mehr Kinder, während die entsprechenden Zahlen für die Stadt Bursa 49,8 % bzw. 50,3 % lauten.

Tab. 19: Generationenstruktur der Haushalte in der Stadt Bursa, 1974; Haushalte mit Kindern bei den Zuwanderern, zeitlich gestaffelt

Anzahl der Kinder im Haushalt	zugewandert 1898-1949			zugewandert 1950-1959			zugewandert 1960-1969			zugewandert 1970-1974			Zuwandererhaushalte insgesamt		
	abs.	S%	Z%	abs.	S%	Z%	abs.	S%	Z%	abs.	S%	Z%	abs.	S%	Z%
1	30	21,6	23,1	38	15,2	29,2	26	10,9	20,0	36	25,0	27,7	130	16,9	100,0
2	47	33,8	20,7	69	27,6	30,4	67	28,2	29,5	44	30,6	19,4	227	29,4	100,0
3	31	22,3	15,9	66	26,4	33,8	65	27,3	33,3	33	22,9	16,9	195	25,3	100,0
4	17	12,2	15,3	38	15,2	34,2	40	16,8	36,0	16	11,1	14,4	111	14,4	100,0
5	5	3,6	8,2	23	9,2	37,7	25	10,5	41,0	8	5,6	13,1	61	7,9	100,0
6	6	4,3	16,7	12	4,8	33,3	12	5,0	33,3	6	4,2	16,7	36	4,7	100,0
7	1	0,7	25,0	1	0,4	25,0	2	0,8	50,0	0	0,0	0,0	4	0,5	100,0
8	2	1,4	40,0	1	0,4	20,0	1	0,4	20,0	1	0,7	20,0	5	0,6	100,0
9	0	0,0	0,0	1	0,4	100,0	0	0,0	0,0	0	0,0	0,0	1	0,1	100,0
10	0	0,0	0,0	0	0,0	0,0	0	0,0	0,0	0	0,0	0,0	0	0,0	100,0
11	0	0,0	0,0	1	0,4	100,0	0	0,0	0,0	0	0,0	0,0	1	0,1	100,0
zusammen	139	100,0	18,0	250	100,0	32,4	238	100,0	30,9	144	100,0	18,7	771	100,0	100,0
zusammen	139	82,2	18,0	250	92,6	32,4	238	90,2	30,9	144	85,2	18,7	771	88,4	100,0
keine Angabe	30	17,8	29,7	20	7,4	19,8	26	9,8	25,7	25	14,8	24,8	101	11,6	100,0
insgesamt	169	100,0	19,4	270	100,0	31,0	264	100,0	30,3	169	100,0	19,4	872	100,0	100,0

Tab. 20: Anteile der Haushalte mit Kindern in der Stadt Bursa und in der Bundesrepublik Deutschland, 1974 bzw. 1976, insgesamt und nach der Kinderzahl

	Stadt Bursa, 1974		Bundesrepublik Deutschland, 1974	
	abs.	%	abs.	%
interviewte Haushalte insgesamt	1 356	100,0	Familien insgesamt	22 764 000	100,0
davon Haushalte mit Kindern	1 184	87,3	davon Familien mit Kindern (ohne Altersbegrenzung)	11 205 000	49,3

Nach: Statistisches Bundesamt: Statistisches Jahrbuch 1975 für die Bundesrepublik Deutschland, Stuttgart und Mainz 1975, S. 64

	Stadt Bursa, 1974		Bundesrepublik Deutschland, 1976		
Anzahl der Kinder im Haushalt	Anzahl der Haushalte	%	Anzahl der Kinder in den Familien	Anzahl der Familien	%
1	218	18,4	1	4 938 000	45,3
2	371	31,4	2	3 731 000	34,2
3	312	26,6	3	1 444 000	13,2
4 und mehr	282	23,9	4 u.m.	776 000	7,1

Nach: F. FILSER: Einführung in die Familiensoziologie; Paderborn, München, Wien, Zürich 1978, S. 15

Ausgehend - als Fragestellung - von dem E. DURKHEIM'schen Kontraktionsgesetz und den - unzureichenden - empirischen Befunden, nicht zuletzt in der Stadt Bursa, führt die in diesem Abschnitt über Familien- und Haushaltsgröße und -struktur dargelegte Betrachtungsrichtung zu einer Theorie der familiaren Transformation, die sich in den großen, übergeordneten Zusammenhang der Entstehung und Entwicklung der Industriegesellschaft einordnet.

Dabei besteht die familiare Transformation nicht einfach nur aus der Reduktion der Haushaltsgröße, sondern auch aus der Zunahme der Einpersonenhaushalte, der Abnahme des Anteils der Haushalte mit Kindern und der Abnahme des Anteils der Haushalte mit Personen der älteren Generation im Haushalt.

Die Bevölkerung der Stadt Bursa nimmt in dieser familiaren Transformation - verglichen mit den heute hochentwickelten Industrieländern und speziell den Verhältnissen in ihren Städten - soweit Vergleichszahlen eine Beurteilung erlauben - eine frühindustriell zu nennende Position ein.

2. Horizontale Mobilität

Der zentrale Begriff dieses und des nachfolgenden Abschnittes ist der der Mobilität. Es handelt sich um einen sehr weiten und vagen Begriff, der zunächst mit Beweglichkeit im weitesten Sinne - gemeint ist physische wie geistige Beweglichkeit - wiedergegeben werden kann. Ein so umfassender Ansatz ist sinnvoll, weil mit der Entstehung und Entwicklung der Industriegesellschaft eine Vielfalt von Erscheinungsformen der Mobilität verbunden ist. Zu diesen Erscheinungsformen gehören: die Auswanderung, die Gastarbeiterwanderung, die Land-Landwanderung, die Land-Stadtwanderung, die Stadt-Stadtwanderung, die Stadt-Landwanderung, die Pendelwanderung, der Tourismus, Geschäftsreisen, der Einsatz von modernsten Kommunikationsmitteln und Datenspeicher- sowie -verarbeitungsanlagen zur weltweiten Präsention bzw. zum Abruf von Daten, aber auch sozialer Auf- und Abstieg.

Zu unterscheiden ist die geographische, räumliche oder horizontale Mobilität[1] von der sozialen oder vertikalen Mobilität. In beiden Fällen handelt es sich um temporäre oder permanente Positionsveränderungen, und zwar als Bewegung im physischen Raum oder als Veränderung in der sozialen Rangordnung, wobei die eine Art des Positionswechsels die andere nicht ausschließt; häufig sind beide Arten miteinander gekoppelt.

Wenn man zunächst die im nachfolgenden Abschnitt zu behandelnde vertikale Mobilität ausgliedert, so bleibt noch eine Vielzahl von Erscheinungsformen der horizontalen Mobilität übrig, die alle im Verlauf des Industrialisierungsprozesses auftreten können.

Die Theorie der Mobilitätstransformation von W. ZELINSKY[2] beruht darauf, die verschiedenen Erscheinungsformen der Mobilität, die im Verlauf der Entstehung und Entwicklung der Industriegesellschaft möglich sind, in ablösender und überlappender Weise einander zuzuordnen[3]. Nach W. ZELINSKY gibt es am Anfang

---

[1] G. ALBRECHT: Soziologie der geographischen Mobilität; Stuttgart 1972, besonders S. 23 ff
[2] W. ZELINSKY: The Hypothesis of the Mobility Transition; in: Geographical Review, Bd. 61; New York 1971, S. 19-249
[3] vgl. dazu das Diagramm bei W. KULS: Bevölkerungsgeographie; Heidelberg 1980, S. 177

des Prozesses die Auswanderung, die binnenkolonisatorische Land-Landwanderung und die Land-Stadtwanderung, die später abgelöst werden von der Stadt-Stadtwanderung, der Pendelwanderung und der modernsten Kommunikationsmittelmobilität[1], wobei W. ZELINSKY das Phänomen des Tourismus ausklammert, andere Erscheinungsformen ohne permanenten Wohnplatzwechsel, wie die Kommunikationsmittelmobilität, jedoch berücksichtigt. Es muß gleich vermerkt werden, daß diese Theorie - wenn es eine ist -, sich allein auf der qualitativen Ebene der Kennzeichnung von Phänomenen bewegt, noch keinen quantitativen Ansatz der Erfassung des Sachverhalts entwickelt hat. Da einige Teilphänomene der Mobilität nur zu Beginn des Industrialisierungsprozesses auftreten, andere nur im weit fortgeschrittenen Verlauf, ist ein durchgehender Maßstab der Beurteilung, außer dem qualitativen, nicht anwendbar. Im Zusammenhang mit der Stadt Bursa treten eine Reihe von Sachverhalten, vor allem Wanderungsphänomene auf, andere nicht, wie z.B. die Pendelwanderung und die Kommunikationsmittelmobilität, weil die gesellschaftliche Entwicklung der Stadt Bursa und der Türkei noch nicht so weit vorangeschritten ist.

So wird es sich im Zusammenhang mit der Konstruktion eines theoretischen Rahmens mehr um migrationstheoretische Ansätze[2], insbesondere von E.G. RAVENSTEIN und E.S. LEE, und ihre Anwendung als um (übergreifende) mobilitätstheoretische, von W. ZELINSKY, handeln[3].

Mit den sogenannten "Wanderungsgesetzen" des E.G. RAVENSTEIN[4] liegt seit Ende des 19. Jahrhunderts ein Theorieansatz eingeschränkten Umfangs vor, der als Fragenkatalog zur Untersuchung von Wanderungsphänomenen angesehen werden kann. Er läßt sich auf zehn Punkte, nach P.E. WHITE und R.I. WOODS[5], reduzieren, die - wenn sie Aussagekraft haben - vor allem für die Zeit des Beginns des Industrialisierungsprozesses gültig sind:

- Migrationen finden über geringe Entfernungen statt

- der Umfang der Migrationen nimmt mit der Entwicklung von Industrie und Handel zu

- Migrationen vollziehen sich hauptsächlich von landwirtschaftlichen zu industriellen Gebieten

- Migrationen über große Entfernungen sind auf größere industrielle und kommerzielle Zentren gerichtet

---

[1] W. ZELINSKY, 1971, S. 230 f und S. 233
[2] vgl. K. HORSTMANN: Zur Soziologie der Wanderungen; in: R. KÖNIG (Hrsg.): Handbuch der empirischen Sozialforschung, Bd. 5; 2. Auflage Stuttgart 1976, S. 104-186
[3] vgl. G. KORTUM: Räumliche Aspekte ausgewählter Theorieansätze zur regionalen Mobilität und Möglichkeiten ihrer Anwendung in der wirtschafts- und sozialhistorischen Forschung; in: J. BROCKSTEDT (Hrsg.): Regionale Mobilität in Schleswig-Holstein 1600-1900; Studien zur Wirtschafts- und Sozialgeschichte Schleswig-Holsteins, Bd. 1; Neumünster 1979, S. 13-62
[4] siehe R. STEWIG: Die Stadt in Industrie- und Entwicklungsländern; Paderborn 1983, S. 23 ff; J. BÄHR: Bevölkerungsgeographie; Stuttgart 1983, S. 294 ff; J. LEIB, G. MERTINS: Bevölkerungsgeographie; Braunschweig 1983, S. 99 ff; W. KULS: Bevölkerungsgeographie; Stuttgart 1980, S. 158 ff
[5] P.E. WHITE, R.I. WOODS: Spatial Patterns of Migration Flows; in: P. WHITE, R. WOODS (Hrsg.): The Geographical Impact of Migration; London, New York 1980, S. 21-56, speziell S. 34

- Migrationen gehen in Etappen vor sich
- jede Migration hat ihre Gegenbewegung
- Migranten sind in der Regel Erwachsene; Familien sind selten an Fernwanderungen beteiligt
- ein guter Teil der Migranten sind weiblichen Geschlechts; aber Männer stellen die Mehrheit der Auswanderer
- Migranten kommen in der Regel aus ländlichen Gebieten, nicht Städten
- Hauptursache für Migration sind die ökonomischen Verhältnisse.

Diese, auf der Auswertung englischer Statistiken des 19. Jahrhunderts basierende Zusammenstellung von Aussagen zum Thema (Binnen-)Wanderung kann auch heute noch als Fragenkatalog im Zusammenhang mit dem Thema (Binnen-)Wanderung in Entwicklungsländern benutzt werden, wenn man auch die inzwischen - 1966 - von E.S. LEE[1] entwickelte Systematik mit berücksichtigt. Der weiterführende Ansatz von E.S. LEE besteht einerseits in der Systematisierung der Sachverhalte, vor allem ihrer räumlichen Aufgliederung in solche, die mit den Herkunftsgebieten, in solche, die mit den Zielgebieten, und in solche, die mit den dazwischenliegenden, zu überwindenden Gebieten zu tun haben, andererseits in der Hinzufügung des sozialpsychologischen Aspektes in Gestalt des komplementären push-pull Begriffspaares, das wieder mit der räumlichen Untersuchung von Herkunfts- und Zielgebieten im Zusammenhang steht[2]. Mit diesem Ansatz verbinden sich Fragen nach den Motiven der Abwanderung aus den Herkunftsgebieten und Fragen nach den Motiven der Zuwanderung in die Zielgebiete.

Was das Phänomen der (Binnen-)Wanderung in der Türkei angeht, die als Entwicklungsland im fortgeschrittenen Beginn des Industrialisierungsprozesses umfassende Migrationsbewegungen aufzuweisen hat, so gibt es von wissenschaftlicher Seite unter mehreren Aspekten einige Untersuchungen. Besonders die Gastarbeiterwanderung ist dabei berücksichtigt worden[3], aber auch die überblicksmäßige Erfassung der Binnenwanderung[4] und ihre Auswirkungen im ländlichen Raum (an

---

[1] G. SZELL (Hrsg.): Regionale Mobilität; München 1972, S. 115 ff; G. KORTUM, 2979, S. 36 ff
[2] siehe P.E. WHITE, R.I. WOODS; in: P. WHITE, R. WOODS (Hrsg.), 1980, S. 44
[3] S. PAINE: Exporting Works: The Turkish Case; University of Cambridge, Department of Applied Economics, Occasional Paper 41; Cambridge 1974; A. AZMAZ: Migration of Turkish "Gastarbeiters" of Rural Origin and the Contribution to Development in Turkey; Sozialökonomische Schriften zur Agrarentwicklung, Bd. 37; Saarbrücken, Fort Lauderdale 1980; B. RALLE: Modernisierung und Migration am Beispiel der Türkei; Sozialwissenschaftliche Studien zu internationalen Problemen, Heft 60; Saarbrücken, Fort Lauderdale 1981; H. TOEPFER: Mobilität und Investitionsverhalten türkischer Gastarbeiter nach der Remigration; in: Erdkunde, Bd. 34; Bonn 1980, S. 206-214; H. TOEPFER: Regionale und sektorale Kapitalströme als Folgeerscheinung der Remigration türkischer Arbeitskräfte aus Westeuropa; in: Erdkunde, Bd. 35; Bonn 1981, S. 194-201
[4] G. RITTER: Landflucht und Städtewachstum in der Türkei; in: Erdkunde, Bd. 26; Bonn 1972, S. 177-196; F. GREIF: Der Wandel der Stadt in der Türkei unter dem Einfluß von Industrialisierung und Landflucht; in: Deutscher Geographentag Erlangen-Nürnberg, Tagungsbericht und wissenschaftliche Abhandlungen; Wiesbaden 1972, S. 407-419; E. TÜMERTEKIN: Türkiye' de Iç Göçler / Internal Migrations in Turkey; Publication of Istanbul University: 1371, Geographical Institute Nr. 54; Istanbul 1968

Beispielen)[1]. Was den Fragenkatalog von E.G. RAVENSTEIN betrifft, ist sogar eine Untersuchung vorgenommen worden, die klären sollte, ob sich die Binnenwanderung in der Türkei als Etappenwanderung abspielt[2]. Am Beispiel der Zuwanderung nach Istanbul weist E. TÜMERTEKIN nach, daß aus dem ländlichen Raum Nord-, Ost-, Süd- und Inneranatoliens zunächst eine Wanderung in kleinere und größere Städte, von dort erst der Sprung nach Istanbul stattfindet[3]. Eine neuere türkische Untersuchung kommt, für den Zeitraum 1965 bis 1970, zu Typen der Binnenwanderung in der Türkei[4]. K. TANFER erkennt ebenfalls Etappenwanderung in der Türkei an. Er stellt - in diesem Zusammenhang - dem Typ der Land-Stadtwanderung, die sich vor allem innerhalb der Provinzen abspielt, den Typ der Stadt-Stadtwanderung gegenüber, die sich interprovinziell vollzieht. An diesen Typen sind unterschiedliche Gruppen von Migranten beteiligt: an der Land-Stadtwanderung die relativ jungen, männlichen, unverheirateten wenig ausgebildeten Migranten, an der Stadt-Stadtwanderung die etwas älteren und besser ausgebildeten Migranten, unter denen aber auch junge, unverheiratete Männer zu finden sind[5].

Was die Bevölkerung der Stadt Bursa betrifft, so kann die grundsätzliche Unterscheidung von Einheimischen und Zuwanderern beim Thema horizontale Mobilität nicht vorgenommen werden; es geht allein um die Zuwanderer, die zeitlich differenziert wurden. Auch der so wünschenswerte Vergleich mit den Industrieländern, der erst die Entwicklungsperspektive und damit vergleichende Beurteilungen eröffnet, ist nur begrenzt möglich, weil sich die heutigen Tatbestände der umfassenden räumlichen Umverteilung der Bevölkerung in den Entwicklungsländern vom Land in die Stadt - so auch in der Türkei - in den Industrieländern vor meist mehr als 100 Jahren abgespielt haben und eine - über die statistische Erfassung von E.G. RAVENSTEIN, W. KÖLLMANN und anderen hinausgehende - sozialwissenschaftliche Untersuchung aufgrund der erst jüngsten Hinwendung der Historiker zur Sozialgeschichte noch weitgehend aussteht, besonders beim Sachverhalt Migration - trotz einiger Veröffentlichungen - im argen liegt[6].

---

[1] E. STRUCK: Landflucht in der Türkei. Die Auswirkungen im Herkunftsgebiet - dargestellt an einem Beispiel aus dem Übergangsraum von Inner- zu Ostanatolien (Provinz Sivas); Passauer Schriften zur Geographie, Heft 1; Passau 1984

[2] E. TÜMERTEKIN: Gradual Internal Migration in Turkey. A Test of RAVENSTEIN's Hypothesis; in: Geographie et Perspective a Long Terme. Geography and Long Term Prospects; Rennes 1971, S. 415-424

[3] siehe E. TÜMERTEKIN, 1971, Karten S. 422-423

[4] K. TANFER: Internal Migration in Turkey: Socioeconomic Characteristics by Destination and Type of Move, 1965-70; in: Studies in Comparative International Development, Bd. 18; Atlanta 1983, S. 76-111

[5] K. TANFER, 1983, S. 104-105

[6] W. KÖLLMANN, P. MARSCHALCK (Hrsg.): Bevölkerungsgeschichte; Köln 1972; W. KÖLLMANN: Bevölkerung in der industriellen Revolution. Studien zur Bevölkerungsgeschichte Deutschlands; Kritische Studien zur Geschichtswissenschaft, Bd. 12; Göttingen 1974; P. MARSCHALCK: Bevölkerungsgeschichte Deutschlands im 19. und 20. Jahrhundert; Frankfurt am Main 1984; R. HEBERLE, F. MEYER: Die Großstädte im Strome der Binnenwanderung. Wirtschafts- und bevölkerungswissenschaftliche Untersuchungen über Wanderung und Mobilität in deutschen Städten; Leipzig 1937; D. LANGEWIESCHE: Wanderungsbewegungen in der Hochindustrialisierungsperiode. Regionale, interstädtische und innerstädtische Mobilität in Deutschland 1880-1914; in: Vierteljahrsschrift für Sozial- und Wirtschaftsgeschichte, Bd. 64; Wiesbaden 1977, S. 1-40; D. LANGEWIESCHE: Mobilität in deutschen Mittel- und Großstädten. Aspekte der Binnenwanderung im 19. und 20. Jahrhundert; in: W. CONZE, U. ENGELHARDT (Hrsg.): Arbeiter im Industrialisierungsprozeß; Industrielle Welt, Bd. 28; Stuttgart 1979, S. 70-93

Tab. 21: Räumliche Herkunft der Zuwanderer in der Stadt Bursa nach den Kreisen der Provinz Bursa, 1974, zeitlich gestaffelt

Kreise der Provinz Bursa	zugewandert 1898-1949			zugewandert 1950-1959			zugewandert 1960-1969			zugewandert 1970-1974			Zuwanderer insgesamt		
	abs.	S%	Z%	abs.	S%	Z%	abs.	S%	Z%	abs.	S%	Z%	abs.	S%	Z%
(Zentral-)Kreis Bursa	5	26,3	9,6	18	38,3	34,6	25	39,1	48,1	4	14,8	7,7	52	33,1	100,0
Gemlik	1	5,3	25,0	1	2,1	25,0	2	3,1	50,0	0	0,0	0,0	4	2,5	100,0
Inegöl	4	21,1	13,8	11	23,4	37,9	8	12,5	27,6	6	22,2	20,7	29	18,5	100,0
Iznik	0	0,0	0,0	1	2,1	100,0	0	0,0	0,0	0	0,0	0,0	1	0,6	100,0
Karacabey	1	5,3	16,7	1	2,1	16,7	3	4,7	50,0	1	3,7	16,7	6	3,8	100,0
Keles	1	5,3	11,1	2	4,3	22,2	4	6,3	44,4	2	7,4	22,2	9	5,7	100,0
Mudanya	1	5,3	7,7	3	6,4	23,1	7	10,9	53,9	2	7,4	15,4	13	8,3	100,0
Mustafa Kemal Paşa	3	15,8	20,0	3	6,4	20,0	5	7,8	33,3	4	14,8	26,7	15	9,6	100,0
Orhaneli	1	5,3	12,5	2	4,3	25,0	4	6,3	50,0	1	3,7	12,5	8	5,1	100,0
Orhangazi	1	5,3	20,0	0	0,0	0,0	1	1,6	20,0	3	11,1	60,0	5	3,2	100,0
Yenişehir	1	5,3	6,7	5	10,6	33,3	5	7,8	33,3	4	14,8	26,7	15	9,6	100,0
zusammen	19	100,0	12,1	47	100,0	29,9	64	100,0	40,8	27	100,0	17,2	157	100,0	100,0

Tab. 22: Räumliche Herkunft der Zuwanderer in der Stadt Bursa nach den Provinzen der Türkei, 1974, zeitlich gestaffelt

Provinzen der Türkei	zugewandert 1898-1949			zugewandert 1950-1959			zugewandert 1960-1969			zugewandert 1970-1974			Zuwanderer insgesamt		
	abs.	S%	Z%	abs.	S%	Z%	abs.	S%	Z%	abs.	S%	Z%	abs.	S%	Z%
Adana	0	0,0	0,0	1	1,7	20,0	2	1,2	40,0	2	1,7	40,0	5	1,3	100,0
Adıyaman	0	0,0	0,0	0	0,0	0,0	0	0,0	0,0	0	0,0	0,0	0	0,0	100,0
Afyonkarahisar	0	0,0	0,0	1	1,7	100,0	0	0,0	0,0	0	0,0	0,0	1	0,3	100,0
Ağrı (Karaköse)	0	0,0	0,0	0	0,0	0,0	0	0,0	0,0	0	0,0	0,0	0	0,0	100,0
Amasya	0	0,0	0,0	0	0,0	0,0	3	1,8	60,0	2	1,7	40,0	5	1,3	100,0
Ankara	0	0,0	0,0	0	0,0	0,0	5	3,1	50,0	5	4,2	50,0	10	2,6	100,0
Antalya	2	4,4	40,0	2	3,4	40,0	1	0,6	20,0	0	0,0	0,0	5	1,3	100,0
Artvin	3	6,6	12,5	2	3,4	8,3	14	8,8	58,3	5	4,2	20,8	24	6,3	100,0
Aydın	0	0,0	0,0	1	1,7	25,0	0	0,0	0,0	3	2,5	75,0	4	1,1	100,0
Balıkesir	3	6,6	18,7	3	5,1	18,7	8	5,0	50,0	2	1,7	12,5	16	4,2	100,0
Bilecik	1	2,2	11,1	2	3,4	22,2	4	2,5	44,4	2	1,7	22,2	9	2,4	100,0
Bingöl	0	0,0	0,0	0	0,0	0,0	0	0,0	0,0	0	0,0	0,0	0	0,0	100,0
Bitlis	0	0,0	0,0	2	3,4	100,0	0	0,0	0,0	0	0,0	0,0	2	0,5	100,0
Bolu	1	2,2	100,0	0	0,0	0,0	0	0,0	0,0	0	0,0	0,0	1	0,3	100,0
Burdur	0	0,0	0,0	0	0,0	0,0	2	1,2	66,6	1	0,8	33,3	3	0,8	100,0
Bursa	1	2,2	100,0	0	0,0	0,0	0	0,0	0,0	0	0,0	0,0	1	0,3	100,0
Çanakkale	0	0,0	0,0	3	5,1	60,0	2	1,2	40,0	0	0,0	0,0	5	1,3	100,0
Çankırı	0	0,0	0,0	0	0,0	0,0	0	0,0	0,0	0	0,0	0,0	0	0,0	100,0
Çorum	0	0,0	0,0	0	0,0	0,0	2	1,2	66,6	1	0,8	33,3	3	0,8	100,0
Denizli	0	0,0	0,0	0	0,0	0,0	1	0,6	33,3	2	1,7	66,6	3	0,8	100,0
Diyarbakır	0	0,0	0,0	0	0,0	0,0	1	0,6	33,3	2	1,7	66,6	3	0,8	100,0
Edirne	6	13,3	40,0	2	3,4	13,3	7	4,4	46,6	0	0,0	0,0	15	3,9	100,0
Elazığ	0	0,0	0,0	1	1,7	16,6	3	1,8	50,0	2	1,7	33,3	6	1,6	100,0
Erzincan	1	2,2	33,3	0	0,0	0,0	1	0,6	33,3	1	0,8	33,3	3	0,8	100,0
Erzurum	1	2,2	5,2	2	3,4	10,5	13	8,1	68,4	3	2,5	15,7	19	5,0	100,0
Eskişehir	1	2,2	7,6	4	6,7	30,7	2	1,2	15,3	6	5,0	46,1	13	3,4	100,0
Gaziantep	0	0,0	0,0	0	0,0	0,0	0	0,0	0,0	2	1,7	100,0	2	0,5	100,0
Giresun	0	0,0	0,0	0	0,0	0,0	1	0,6	25,0	3	2,5	75,0	4	1,0	100,0
Gümüşhane	1	2,2	14,2	0	0,0	0,0	6	3,7	85,7	0	0,0	0,0	7	1,8	100,0
Hakkari (Çölemerik)	0	0,0	0,0	0	0,0	0,0	0	0,0	0,0	0	0,0	0,0	0	0,0	100,0
Hatay (Antakya)	0	0,0	0,0	0	0,0	0,0	0	0,0	0,0	0	0,0	0,0	0	0,0	100,0
Isparta	0	0,0	0,0	0	0,0	0,0	1	0,6	50,0	1	0,8	50,0	2	0,5	100,0
Içel (Mersin)	0	0,0	0,0	0	0,0	0,0	0	0,0	0,0	0	0,0	0,0	0	0,0	100,0
Istanbul	3	6,6	7,7	8	13,7	20,5	11	6,9	28,2	17	14,4	43,5	39	10,3	100,0
Izmir	0	0,0	0,0	3	5,1	42,8	1	0,6	14,2	3	2,5	42,8	7	1,8	100,0
Kars	1	2,2	20,0	1	1,7	20,0	0	0,0	0,0	3	2,5	60,0	5	1,3	100,0
Kastamonu	0	0,0	0,0	1	1,7	50,0	0	0,0	0,0	1	0,8	50,0	2	0,5	100,0
Kayseri	0	0,0	0,0	0	0,0	0,0	4	2,5	80,0	1	0,8	20,0	5	1,3	100,0
Kırklareli	1	2,2	9,0	3	5,1	27,2	6	3,7	54,5	1	0,8	9,0	11	2,9	100,0
Kırşehir	0	0,0	0,0	0	0,0	0,0	0	0,0	0,0	0	0,0	0,0	0	0,0	100,0
Kocaeli (Izmit)	2	4,4	33,3	1	1,7	16,6	2	1,2	33,3	1	0,8	16,6	6	1,6	100,0
Konya	0	0,0	0,0	0	0,0	0,0	4	2,5	50,0	4	3,3	50,0	8	2,1	100,0
Kütahya	2	4,4	33,3	1	1,7	16,6	1	0,6	16,6	2	1,7	33,3	6	1,6	100,0
Malatya	0	0,0	0,0	1	1,7	33,3	0	0,0	0,0	2	1,7	66,6	3	0,8	100,0
Manisa	0	0,0	0,0	0	0,0	0,0	1	0,6	20,0	4	3,3	80,0	5	1,3	100,0
Maraş	0	0,0	0,0	0	0,0	0,0	1	0,6	100,0	0	0,0	0,0	1	0,3	100,0
Mardin	0	0,0	0,0	0	0,0	0,0	0	0,0	0,0	0	0,0	0,0	0	0,0	100,0
Muğla	0	0,0	0,0	0	0,0	0,0	1	0,6	100,0	0	0,0	0,0	1	0,3	100,0
Muş	0	0,0	0,0	0	0,0	0,0	0	0,0	0,0	0	0,0	0,0	0	0,0	100,0
Nevşehir	0	0,0	0,0	0	0,0	0,0	1	0,6	100,0	0	0,0	0,0	1	0,3	100,0
Niğde	2	4,4	40,0	0	0,0	0,0	1	0,6	20,0	2	1,7	40,0	5	1,3	100,0
Ordu	0	0,0	0,0	0	0,0	0,0	1	0,6	50,0	1	0,8	50,0	2	0,5	100,0
Rize	0	0,0	0,0	1	1,7	16,6	4	2,5	66,6	1	0,8	16,6	6	1,6	100,0
Sakarya (Adapazarı)	0	0,0	0,0	0	0,0	0,0	4	2,5	66,6	2	1,7	33,3	6	1,6	100,0
Samsun	0	0,0	0,0	1	1,7	3,0	16	10,0	48,4	16	13,5	48,4	33	8,7	100,0
Siirt	0	0,0	0,0	0	0,0	0,0	1	0,6	100,0	0	0,0	0,0	1	0,3	100,0
Sinop	0	0,0	0,0	0	0,0	0,0	1	0,6	100,0	0	0,0	0,0	1	0,3	100,0
Sivas	4	8,8	40,0	2	3,4	20,0	4	2,5	40,0	0	0,0	0,0	10	2,6	100,0
Tekirdağ	4	8,8	44,4	1	1,7	11,1	2	1,2	22,2	2	1,7	22,2	9	2,4	100,0
Tokat	0	0,0	0,0	0	0,0	0,0	1	0,6	33,3	2	1,7	66,6	3	0,8	100,0
Trabzon	5	11,1	25,0	6	10,3	30,0	6	3,7	30,0	3	2,5	15,0	20	5,3	100,0
Tunceli (Kalan)	0	0,0	0,0	0	0,0	0,0	1	0,6	100,0	0	0,0	0,0	1	0,3	100,0
Urfa	0	0,0	0,0	0	0,0	0,0	2	1,2	100,0	0	0,0	0,0	2	0,5	100,0
Uşak	0	0,0	0,0	1	1,7	50,0	0	0,0	0,0	1	0,8	50,0	2	0,5	100,0
Van	0	0,0	0,0	0	0,0	0,0	0	0,0	0,0	1	0,8	100,0	1	0,3	100,0
Yozgat	0	0,0	0,0	1	1,7	16,6	3	1,8	50,0	2	1,7	33,3	6	1,6	100,0
Zonguldak	0	0,0	0,0	0	0,0	0,0	0	0,0	0,0	1	0,8	100,0	1	0,3	100,0
zusammen	45	100,0	11,8	58	100,0	15,2	159	100,0	41,8	118	100,0	31,0	380	100,0	100,0

Tab. 23: Räumliche Herkunft der Zuwanderer in der Stadt Bursa nach Ländern außerhalb der Türkei, 1974, zeitlich gestaffelt

Länder	zugewandert 1898-1949			zugewandert 1950-1959			zugewandert 1960-1969			zugewandert 1970-1974			Zuwanderer insgesamt		
	abs.	S%	Z%	abs.	S%	Z%	abs.	S%	Z%	abs.	S%	Z%	abs.	S%	Z%
Ägypten	1	0,9	100,0	0	0,0	0,0	0	0,0	0,0	0	0,0	0,0	1	0,3	100,0
Bulgarien	54	52,4	32,9	75	46,0	45,7	16	43,2	9,7	19	82,6	11,5	164	50,3	100,0
Deutschland	0	0,0	0,0	0	0,0	0,0	0	0,0	0,0	1	4,3	100,0	1	0,3	100,0
Frankreich	0	0,0	0,0	0	0,0	0,0	0	0,0	0,0	1	4,3	100,0	1	0,3	100,0
Griechenland	20	19,4	45,4	19	11,6	43,1	5	13,5	11,3	0	0,0	0,0	44	13,5	100,0
Jugoslawien	21	20,3	19,8	68	41,7	64,1	16	43,2	15,1	1	4,3	0,9	106	32,5	100,0
Kanada	0	0,0	0,0	0	0,0	0,0	0	0,0	0,0	0	0,0	0,0	0	0,0	100,0
Rumänien	5	4,8	100,0	0	0,0	0,0	0	0,0	0,0	0	0,0	0,0	5	1,5	100,0
Sowjetunion	1	0,9	33,3	1	0,6	33,3	0	0,0	0,0	1	4,3	33,3	3	0,9	100,0
USA	0	0,0	0,0	0	0,0	0,0	0	0,0	0,0	0	0,0	0,0	0	0,0	100,0
sonstige Länder	1	0,9	100,0	0	0,0	0,0	0	0,0	0,0	0	0,0	0,0	1	0,3	100,0
zusammen	103	100,0	31,6	163	100,0	50,0	37	100,0	11,3	23	100,0	7,0	326	100,0	100,0

Die Tabellen 21-23 vermitteln zunächst den Eindruck einer sehr weiten Streuung der Herkunftsgebiete. Sie liegen nicht nur in der näheren Umgebung der Stadt Bursa, sondern auch in der ferneren; aus allen Provinzen der Türkei kamen Zuwanderer nach Bursa, wenn auch in deutlich unterschiedlichem Ausmaß. Auch bestimmte Länder außerhalb der Türkei zählen zu den Herkunftsgebieten.

Die zeitliche Differenzierung der Zuwanderung nach Bursa erlaubt aber eine deutliche Schwerpunktsetzung bei den Wanderungsströmen und damit bei der Entwicklung der Zuwanderung nach Bursa, die als Grundlage für eine Typisierung der Zuwandererhaushalte in der Stadt Bursa dienen kann.

Aus der Tab. 23 ist erkennbar, daß die Zuwanderung aus dem Ausland nach Bursa mit den 50er Jahren weitgehend abgeschlossen war (über 80 % der Zuwanderer aus dem Ausland). Diese Art der Zuwanderung stand im Zusammenhang mit außenpolitischen Zwängen, dem Verlust zahlreicher ehemaliger Teilgebiete des Osmanischen Reiches bis zum Ende des Ersten Weltkrieges und dem Bevölkerungszwangsaustausch mit verschiedenen Ländern nach dem Zweiten Weltkrieg[1]. Die Zuwanderer nach Bursa, die zu diesem Migrationstyp gehören, haben die Stadt meist über Zwischenaufenthalte in Flüchtlingslagern, zum Teil in anderen Städten, erreicht.

In den 50er und 60er Jahren war besonders der Anteil der Zuwanderer, die aus den Kreisen der Provinz Bursa in die Stadt gekommen sind, hoch (über 70 % der Zuwanderer aus der Provinz Bursa insgesamt; Tab. 21). Dagegen haben sich (Tab. 22) in den 60er und 70er Jahren die Einzugsgebiete der Zuwanderer über die Türkei (außerhalb der Provinz Bursa) ausgeweitet (über 70 % der Zuwanderer aus den Provinzen der Türkei insgesamt), mit deutlicher Schwerpunktsetzung in einigen Teilräumen der Türkei, darunter besonders dem Schwarzmeergebiet.

Wie schon aus einer Tabelle im Teil 1 (Tab. 5b, S. 67 f), aber auch aus Tab. 22 hervorgeht, hat die Provinz Istanbul den größten Einzelanteil unter den türkischen Provinzen bei der Zuwanderung nach Bursa. Dabei handelt es sich um eine Stadt-Stadtwanderung, und zwar von der größeren (Istanbul) zur kleineren Stadt (Bursa). Tab. 22 läßt auch erkennen, daß diese Wanderungsbewegung in jüngerer Zeit zugenommen hat. Sie bringt keine bäuerlichen, sondern durch Berufsausbildung qualifizierte Zuwanderer nach Bursa, wo sie im Rahmen des industriewirtschaftlichen, aber auch des mit der Bevölkerungszunahme verbundenen infrastrukturellen Ausbaus der Stadt benötigt werden.

Wenn man von der politisch bedingten Zuwanderung nach Bursa als einem Sonderphänomen absieht, das aber für die Verhältnisse - nicht nur in Entwicklungsländern - durchaus typisch ist, so ist nach den Auswertungen der Tab. 21 und 22 die vorsichtige Schlußfolgerung erlaubt, daß es im Verlauf der Zuwanderung nach Bursa zu einem Übergang von der Nahwanderung zur Fernwanderung gekommen ist. Es liegt nahe, an eine relative Erschöpfung des Zuwandererpotentials der näheren Umgebung zu denken, sowie an eine verbesserte verkehrsinfrastrukturelle Erschließung der ferner liegenden Gebiete und somit der Türkei. Insgesamt zeichnet sich somit ein ähnliches Bild ab, wie es aus der Frühindustrialisierungsphase der Industrieländer bekannt ist[2]. Die Tabelle 24 - in Kurzform bereits in Teil 1, S. 111 enthalten - kann allerdings nur ein Zustandsbild zu einem Zeitpunkt (1907) in Deutschland vermitteln.

---

[1] siehe dazu Teil 1, S. 69 f
[2] vgl. z.B. W. BREPOHL: Der Aufbau des Ruhrvolkes im Zuge der Ost-Westwanderung; Dortmund 1948.

Tab. 24: Bevölkerungszusammensetzung deutscher Städte, 1907, nach Zuwandereranteilen

Städte	Einwohnerzahl	davon Ortsgebürtige in %	Nahwanderer in %	Fernwanderer in %	Ausländer in %	Zuwanderer in %
Königsberg	221 300	40,8	50,6	7,4	1,2	59,2
Danzig	158 000	44,2	35,1	19,8	0,9	55,8
Stettin	223 400	35,9	45,1	18,1	0,9	64,1
Posen	139 500	39,7	43,8	15,5	1,0	60,3
Breslau	472 800	45,2	45,0	8,5	1,3	54,8
Berlin	2 005 100	40,5	18,0	39,1	2,4	59,5
Charlottenburg	246 700	18,6	33,0	44,8	3,5	81,3
Rixdorf (Neukölln)	177 100	21,7	44,0	32,9	1,3	78,2
Schöneberg	147 500	12,7	39,0	45,1	3,1	87,2
Agglomeration Berlin	2 576 400	35,5	22,5	39,6	2,4	64,5
Dresden	512 200	43,0	35,8	16,3	4,8	56,9
Leipzig	505 000	45,2	40,8	10,7	3,3	54,8
Chemnitz	260 800	44,8	45,3	4,9	4,9	55,1
Plauen	108 600	44,4	41,8	8,2	5,6	55,6
Halle/Saale	172 100	40,6	44,1	14,4	1,0	59,5
Mitteldt. Industriegebiet	1 046 500	44,3	42,5	9,6	3,5	55,6
Kiel	175 500	32,2	30,5	35,6	1,8	67,8
Altona	167 600	40,3	31,2	26,5	2,0	59,7
Hamburg	826 700	48,2	22,2	26,4	3,2	51,8
Bremen	221 400	52,0	26,6	17,2	4,2	48,0
Hafenstädte	1 391 200	45,8	25,0	26,1	3,1	59,2
Magdeburg	239 300	44,7	36,6	18,0	0,8	55,4
Braunschweig	136 700	46,2	39,3	12,8	1,7	53,8
Hannover	246 600	38,6	35,2	24,6	1,6	61,4
Erfurt	100 200	46,4	39,9	12,8	0,9	53,6
Kassel	141 200	36,3	36,3	26,0	1,3	63,6
Gelsenkirchen	154 600	38,6	28,5	31,2	1,8	61,4
Dortmund	188 800	41,9	30,7	25,1	2,2	58,0
Bochum	125 900	36,5	39,8	22,2	1,4	63,4
Essen	242 200	46,6	30,8	20,3	2,2	53,3
Duisburg	204 300	48,6	31,1	13,7	6,6	51,4
Ruhrgebiet	915 800	43,3	31,7	22,0	3,0	56,7
Elberfeld	162 500	56,8	28,3	13,4	1,5	43,2
Barmen	158 500	62,3	27,0	9,5	1,2	37,7
Wuppertal	321 000	59,4	27,7	11,5	1,4	40,6
Krefeld	110 600	60,6	31,4	6,1	1,9	39,4
Aachen	150 300	65,4	24,7	5,7	4,1	34,5
Niederrheingebiet	260 900	63,3	27,5	5,9	3,2	36,6
Düsseldorf	262 500	41,6	30,0	25,3	3,1	58,4
Rhein.-Westf. Industriegebiet	1 760 200	49,0	30,1	18,1	2,7	50,9
Köln	436 500	49,7	34,7	14,5	2,1	51,3
Wiesbaden	106 600	34,1	32,2	29,4	4,2	65,8
Frankfurt am Main	341 200	37,6	30,3	29,5	2,6	62,4
Mannheim	171 600	41,8	37,2	18,2	2,3	58,2
Rhein-Main-Gebiet	619 400	38,2	32,7	26,3	2,8	61,8
Karlsruhe	119 700	36,5	39,1	21,3	3,2	63,6
Stuttgart	253 500	41,5	45,3	10,4	2,8	58,5
Nürnberg	301 300	47,0	39,7	11,2	2,2	53,1
München	533 300	40,5	31,6	23,2	4,6	59,4
Straßburg	162 800	41,6	28,6	26,5	3,4	58,5
Großstädte insgesamt	11 792 000	42,4	32,0	22,9	2,7	57,6

Nach: W. KÖLLMANN: Bevölkerung in der industriellen Revolution. Studien zur Bevölkerungsgeschichte Deutschlands; Kritische Studien zur Geschichtswissenschaft, Bd. 12, Göttingen 1974, S. 117-119

Tab. 25: Anteil der Direktzuwanderung nach Bursa, 1974, zeitlich gestaffelt

Direkt zugewandert	zugewandert 1898-1949			zugewandert 1950-1959			zugewandert 1960-1969			zugewandert 1970-1974			Zuwanderer insgesamt		
	abs.	S%	Z%	abs.	S%	Z%	abs.	S%	Z%	abs.	S%	Z%	abs.	S%	Z%
ja	108	65,9	16,2	215	79,6	32,2	210	80,2	31,5	134	79,3	20,1	667	77,1	100,0
nein	56	34,1	28,3	55	20,4	27,8	52	19,8	26,2	35	20,7	17,7	198	22,9	100,0
zusammen	164	100,0	19,0	270	100,0	31,2	262	100,0	30,3	169	100,0	19,5	865	100,0	100,0

Aus der Tab. 24 ergibt sich - innerhalb eines größeren Spielraums - eine im groben vergleichbare Situation, was die Anteile von Zuwanderern und Ortsgebürtigen in deutschen Städten im Vergleich mit der Stadt Bursa angeht (2/3 der Einwohner sind Zuwanderer)[1]. Die im Teil 1, S. 111, erfolgte, pauschale Festlegung der Nahwanderer-Fernwandererrelation in der Stadt Bursa, läßt sich, nach der zeitlichen Differenzierung der Zuwanderung nach Bursa, in der angegebenen Weise entflechten.

Auf die E.G. RAVENSTEIN'sche Frage nach der Rolle der Etappenwanderung im Rahmen der Land-Stadtwanderung haben sowohl E. TÜMERTEKIN als auch K. TANFER positive Antworten gegeben, ohne quantitative Angaben über ihren Umfang machen zu können. Die Tab. 25 zeigt zunächst - wie bereits im Teil 1, Tab. 6, S. 71 -, daß die Etappenwanderung nach Bursa, mit einem Anteil von etwa 23 % eine gewisse Rolle spielt, jedoch die Direktzuwanderung mit etwa 77 % dominiert. Bei der zeitlichen Aufgliederung zeigt sich, daß von den Haushalten, die angaben, direkt nach Bursa zugewandert zu sein, ein Anteil von über 60 % auf die 50er und 60er Jahre entfällt, für die bereits - Tab. 21 - ein hoher Anteil von Zuwanderern aus der Provinz Bursa festgestellt wurde, die sicherlich in einem Zuge ihre Provinzhauptstadt erreichten. Für den hohen Anteil der Direktwanderung nach Bursa mögen auch die unter politischem Zwang vor den 50er Jahren und in den 50er Jahren nach Bursa zugewanderten Haushalte mitverantwortlich zeichnen, die Zwischenaufenthalte in Flüchtlingslagern nicht als Etappen angesehen haben. Mit der Auswertung der Zuwanderereinzugsgebiete der Stadt Bursa in jüngerer Zeit kann durchaus der Anteil der Zuwanderung in Etappen, mit kürzeren oder längeren Zwischenaufenthalten in anderen Städten, zunehmen.

Was die Tab. 26 angeht, so muß zunächst an das erinnert werden, was bereits im Zusammenhang mit der Thematik dieser Tabelle (Familienstand bei der Zuwanderung nach Bursa) schon im Teil 1, S. 71, festgestellt wurde, daß nämlich dem Zuzug mit Frau und eventuell Kindern der höchste Wert zukommt (58 %); erst danach folgen - mit einigem Abstand - die Allein-Zuwandererhaushalte (18 %). Man hat also die von der Bezeichnung "Landflucht" suggerierte, weit verbreitete Vorstellung einer desorganisierten Absetzbewegung aus dem ländlichen Raum zu korrigieren.

Wenn man nach dem Zeitraum der Zuwanderung differenziert, so fallen die Zuwandererhaushalte heraus (60 %: 1898-1949; 28 %: 1949-1950), die heute die älteren Zuwandererhaushalte darstellen, deren Haushaltungsvorstand damals als Kind zugewandert ist, dessen Eltern inzwischen gestorben sind.

Wenn man weiter nach dem Zeitraum der Zuwanderung differenziert, so liegen die höchsten Werte der Allein-Zuwandererhaushalte in den 50er und 60er Jahren (Tab. 26), als besonders aus der näheren Umgebung Bursas (Provinz Bursa) zugewandert wurde. Der Anteil der Zuwandererhaushalte, bei denen mit Frau und eventuell Kindern zugewandert wurde, nimmt seit den 50er Jahren fast kontinuierlich zu (Tab. 26); auch der Anteil der Zuwandererhaushalte, die ihre Eltern bzw. Großeltern zurücklassen, nimmt ebenfalls seit den 50er Jahren fast kontinuierlich zu (Tab. 26). Damit wird deutlich, daß die Kernfamilie, die auch eine Kleinfamilie ist (Mann und Frau mit einer geringen Kinderzahl), die familiare Ausgangssituation der Zuwandererhaushalte nach der Zuwanderung darstellt; daneben gibt es weiter die Einpersonen-Zuwandererhaushalte.

---

[1] siehe auch Tab. 1, S. 110

Tab. 26: Familienstand bei der Zuwanderung nach Bursa, 1974, zeitlich gestaffelt

Familien-stand	zugewandert 1898-1949			zugewandert 1950-1959			zugewandert 1960-1969			zugewandert 1970-1974			Zuwanderer insgesamt		
	abs.	S%	Z%	abs.	S%	Z%	abs.	S%	Z%	abs.	S%	Z%	abs.	S%	Z%
allein zugewandert	22	18,6	17,7	46	21,9	37,1	35	16,1	28,2	21	14,0	17,0	124	17,8	100,0
mit Frau u. evtl. Kindern zugewandert	29	24,6	7,1	103	49,0	25,4	153	70,2	37,7	121	80,6	29,8	406	58,3	100,0
mit Frau, Kindern u. Großeltern zugewandert	9	7,6	11,5	36	17,2	46,2	26	11,9	33,3	7	4,7	9,0	78	11,2	100,0
als Kind zugewandert	58	49,2	65,9	25	11,9	28,4	4	1,8	4,6	1	0,7	1,1	88	12,7	100,0
zusammen	118	100,0	16,9	210	100,0	30,2	218	100,0	31,3	150	100,0	21,6	696	100,0	100,0

Tab. 27: Ausstattung bei der Zuwanderung nach Bursa, 1974, zeitlich gestaffelt

Art der Ausstattung	zugewandert 1898-1949			zugewandert 1950-1959			zugewandert 1960-1969			zugewandert 1970-1974			Zuwanderer insgesamt		
	abs.	S%	Z%	abs.	S%	Z%	abs.	S%	Z%	abs.	S%	Z%	abs.	S%	Z%
mit Hausrat zugewandert	64	38,3	12,5	128	47,4	25,1	185	70,1	36,2	134	79,3	26,2	511	59,9	100,0
mit Geld zugewandert	39	23,3	15,5	64	23,7	25,5	79	29,9	31,5	69	40,8	27,5	251	29,6	100,0
mit Vieh zugewandert	3	1,8	50,0	2	0,7	33,3	0	0,0	0,0	1	0,6	16,7	6	0,7	100,0
mit Berufs- oder Schulbildung zugewandert	14	8,4	8,3	27	10,0	16,0	67	25,4	39,6	61	36,1	36,1	169	19,8	100,0
als Kind zugewandert	48	28,7	60,8	25	9,3	31,6	4	1,5	5,1	2	1,2	2,5	79	9,5	100,0
zusammen	167	100,0	19,2	270	100,0	31,0	264	100,0	30,4	169	100,0	19,4	870	100,0	100,0

Tab. 28: Motive der Abwanderung aus den Herkunftsgebieten, 1974, zeitlich gestaffelt

Motive der Abwanderung aus den Herkunftsgebieten	zugewandert 1898-1949			zugewandert 1950-1959			zugewandert 1960-1969			zugewandert 1970-1974			Zuwanderer insgesamt		
	abs.	S%	Z%	abs.	S%	Z%	abs.	S%	Z%	abs.	S%	Z%	abs.	S%	Z%
familiäre Gründe	20	12,6	32,8	18	6,6	29,5	10	4,0	16,4	13	8,1	21,3	61	7,3	100,0
ökonomische Gründe	37	23,3	11,1	91	33,7	27,3	138	55,2	41,5	67	41,6	20,1	333	39,6	100,0
sozioökon. Gründe	14	8,8	18,4	11	4,1	14,5	31	12,4	40,8	20	12,4	26,3	76	9,1	100,0
politische Gründe	75	47,2	35,2	108	40,0	50,7	21	8,4	9,9	9	5,6	4,2	213	25,4	100,0
ethnische Gründe	5	3,1	9,2	31	11,5	57,4	9	3,6	16,7	9	5,6	16,7	54	6,4	100,0
Versetzung	5	3,1	5,8	11	4,1	12,8	38	15,2	44,2	32	19,9	37,2	86	10,2	100,0
beruflicher Aufstieg	3	1,9	18,8	0	0,0	0,0	2	0,8	12,5	11	6,8	68,7	16	1,9	100,0
Verfremdung	0	0,0	0,0	0	0,0	0,0	1	0,4	100,0	0	0,0	0,0	1	0,1	100,0
zusammen	159	100,0	18,9	270	100,0	32,1	250	100,0	29,8	161	100,0	19,2	840	100,0	100,0

Tab. 29: Motive der Zuwanderung nach Bursa, 1974, zeitlich gestaffelt

Motive der Zuwanderung nach Bursa	zugewandert 1898-1949			zugewandert 1950-1959			zugewandert 1960-1969			zugewandert 1970-1974			Zuwanderer insgesamt		
	abs.	S%	Z%	abs.	S%	Z%	abs.	S%	Z%	abs.	S%	Z%	abs.	S%	Z%
familiäre Gründe	32	19,2	20,5	67	24,8	42,9	33	12,5	21,2	24	14,2	15,4	156	17,9	100,0
ökonomische Gründe	53	31,7	17,9	93	34,5	31,3	86	32,6	21,2	65	38,5	15,4	297	34,1	100,0
sozioökon. Gründe	9	5,4	16,1	9	3,3	16,1	24	9,1	42,8	14	8,3	25,0	56	6,4	100,0
soziokulturelle Gründe	27	16,2	16,5	71	26,3	43,3	47	17,8	28,7	19	12,2	11,5	164	18,9	100,0
kurze Entfernung vom Heimatort	14	8,4	17,7	23	8,5	29,1	32	12,1	40,5	10	5,9	12,7	79	9,1	100,0
Zuweisung	12	7,2	66,7	4	1,5	22,2	2	0,8	11,1	0	0,0	0,0	18	2,1	100,0
Versetzung	5	3,0	5,8	11	4,1	12,8	37	14,0	43,0	33	19,5	38,4	86	9,9	100,0
beruflicher Aufstieg	2	1,2	15,4	0	0,0	0,0	3	1,1	23,1	8	4,7	61,5	13	1,5	100,0
andere Gründe	23	13,8	19,3	37	13,7	31,1	36	13,6	30,3	23	13,6	19,3	119	13,7	100,0
zusammen	167	100,0	19,2	270	100,0	31,0	264	100,0	30,4	169	100,0	19,4	870	100,0	100,0

Anmerkung: Mehrfachnennungen waren möglich

Die Tab. 27 läßt erkennen, daß die Ausstattung der Zuwandererhaushalte, die mit Hausrat und Geld und - besonders bemerkenswert - einer Berufs- bzw. Schulbildung nach Bursa zuwanderten, seit den 50er Jahren ebenfalls fast kontinuierlich zugenommen hat. Dies spricht insgesamt für eine ökonomische und edukative Besserstellung der Zuwandererhaushalte bei anhaltender Zuwanderung (nach Bursa).

Im Zusammenhang mit den Tabellen 28 und 29 sei zunächst daran erinnert, daß die Definitionen über die verschiedenen Gründe, die in den Tabellen genannt sind, bereits im Teil 1, S. 73-74, gegeben wurden und hier nicht wiederholt werden sollen. Es muß auch daran erinnert werden, daß es sich bei den genannten Gründen nicht um Antwortvorgaben handelte, die bei der Befragung anzukreuzen waren, sondern daß offene Fragen gestellt wurden; die aufgezählten Gruppen von Gründen ergaben sich erst im Verlauf der Auswertung der Antworten (was nicht wenig zusätzliche Arbeit bedeutete).

Erwartungsgemäß dominieren bei den älteren und ältesten Zuwandererhaushalten (50er Jahre und davor; Tab. 28) die politischen Gründe der Abwanderung. In jüngster Zeit, in den 60er und 70er Jahren, treten die ökonomischen und die sozioökonomischen Gründe der Abwanderung an die erste Stelle; aber auch die Versetzung nach Bursa bzw. die Zuwanderung nach meist hochrangiger Ausbildung (in Istanbul) nimmt deutlich zu (Tab. 28).

Die Tab. 27 über die Motive der Zuwanderung gerade nach Bursa gibt praktisch ein komplementäres Bild zur Tab. 28 (Motive der Abwanderung aus den Herkunftsgebieten). Die Haushalte, die in der Tab. 28 politische Gründe für die Abwanderung angaben, erscheinen in der Tab. 29 unter der Kategorie Zuweisung wieder auf. Eindrucksvoll ist in der Tab. 29, in welch hohem Anteil (1970-1974: 62 %) die Kategorie (erhoffter) beruflicher Aufstieg als Motiv für die Zuwanderung gerade nach Bursa genannt wurde: es hat sich in der Türkei offenbar herumgesprochen, über welche anhaltenden wirtschaftlichen Auftriebskräfte des sekundären und des tertiären Sektors die Stadt Bursa verfügt.

Es liegt zum Abschluß nahe, den Versuch zu wagen, - nach den vorangegangenen Ausführungen über die Zuwandererhaushalte - zu Typen von Zuwandererhaushalten in der Stadt Bursa - Subsystemen der Zuwanderung -, durch Kombination verschiedener Merkmale, vor allem der Tab. 21-29, zu gelangen.

Da sind zunächst die Flüchtlings-Zuwandererhaushalte, die in den 50er Jahren und davor nach Bursa, meist durch Zuweisung, gekommen sind. Sie stammen meist aus dem ländlichen Raum ihrer Herkunfts- bzw. Ausweisungsländer. Sie gehören zu den älteren und ältesten Haushalten, deren Haushaltungsvorstände als Kind nach Bursa gelangten, zusammen mit ihren Eltern, die inzwischen gestorben sind. Diese Haushalte haben sich - nach einem langen Stadtaufenthalt von über 20 Jahren - auch was die Haushaltsgröße angeht (Tab. 12, 13) - an die Haushalte der Nichtzuwanderer angeglichen.

Dann gibt es die Zuwandererhaushalte, die in den 50er und 60er Jahren aus der Umgebung der Stadt Bursa, der Provinz Bursa, d.h. aus dem ländlichen Raum, gekommen sind; zum Teil waren es Einzelpersonen, zum Teil auch Kernfamilien bei der Zuwanderung. Besonders ökonomische Zwänge, Veränderungen in der Landwirtschaft, führten zur Abwanderung. Bei der Niederlassung in Bursa ergab sich bei dieser Gruppe von Zuwanderern die räumliche Orientierung zum steilen südlichen Hang oberhalb der Stadtmitte für die ärmeren, bzw. zum flachen nördlichen Hang, eventuell sogar in der Ebene unterhalb der Stadtmitte, für die besser ausgestatteten Haushalte.

Eine weitere Gruppe von Zuwandererhaushalten ist die, die in den 60er und 70er Jahren nach Bursa gelangten. Sie kamen aus den Provinzen der Türkei außerhalb der Provinz Bursa, mit deutlicher Schwerpunktsetzung im Schwarzmeerraum als Herkunftsgebiet. Für diese Zuwandererhaushalte kommt zumindest teilweise die Etappenwanderung nach Bursa in Frage; sie können also - bei Zwischenaufenthalten in anderen Städten - zumindest teilweise nicht zu den Land-Stadtwanderern, wie die zuvor erwähnten Gruppen, sondern müssen zu den Stadt-Stadtwanderern gezählt werden. Auch für diese Haushalte, bei denen Einzelpersonen wie Kernfamilien bei der Abwanderung beteiligt waren, kamen hauptsächlich ökonomische Zwänge, vor allem wenn sie aus dem ländlichen Raum stammen, als Motive für die Abwanderung in Frage.

Schließlich gibt es die Gruppe von Zuwandererhaushalten, die fast ausschließlich im Zuge von Stadt-Stadtwanderung, ganz überwiegend aus Istanbul, weniger aus Ankara, kaum aus Izmir, nach Bursa zogen. Dabei handelt es sich wiederum um Einzelpersonen und um Kernfamilien. Die Haushaltungsvorstände haben eine meist hochrangige Ausbildung hinter sich und gelangten zum Teil nach der Ausbildung, zum Teil durch Versetzung im Rahmen staatlicher Stellen oder größerer Wirtschaftsbetriebe nach Bursa. Besonders durch diese Zuwanderer gibt es einkommensmäßig günstig bis sehr günstig ausgestattete Zuwandererhaushalte in der Stadt Bursa.

Die skizzierte Typenbildung von Zuwandererhaushalten (in der Stadt) - Subsysteme der Zuwanderung - geht im Ansatz über die aus der Literatur[1] bekannte Typisierung der Wanderungen und der abstoßenden (push-) bzw. anziehenden (pull-) Kräfte hinaus. Wünschenswert wäre eine Typisierung von Zuwandererhaushalten (in der Stadt), die auch die Veränderungen im Verlauf des Industrialisierungsprozesses berücksichtigt. Bis dahin bedarf es noch vieler empirischer Untersuchungen sowohl in Industrie- als auch in Entwicklungsländern.

Bei der gesellschaftlichen Entwicklung, d.h. der Entstehung und Weiterentwicklung der Industriegesellschaft, ist die Frühphase im Sinne der Theorie der Mobilitätstransformation von W. ZELINSKY in hohem Maße durch die Land-Stadtwanderung gekennzeichnet, die später durch andere Formen der Mobilität abgelöst wird.

In diesem Zusammenhang ist der Entwicklungsstand der Stadt Bursa nach der Zusammensetzung ihrer Bevölkerung hinsichtlich der Relation Einheimische-Zuwanderer, hinsichtlich der Relation Nahwanderung-Fernwanderung und auch was den Übergang von der Nah- zur Fernwanderung angeht, dem frühindustriellen Entwicklungsniveau zuzurechnen.

3. Vertikale Mobilität

Am Beginn des vorangegangenen Abschnitts wurde Mobilität als Oberbegriff definiert, und zwar als Beweglichkeit im Physischen wie im Geistigen. Dort wurde auch eine Differenzierung des Begriffes Mobilität in horizontale und vertikale Mobilität vorgenommen und vertikale Mobilität als soziale Positionsveränderung im Sinne eines sozialen Auf- oder auch Abstiegs festgelegt. Darum soll es nun gehen.

---

[1] siehe J. BÄHR: Bevölkerungsgeographie; Stuttgart 1983, S. 278 ff

Wenn dem Begriff vertikale Mobilität gegenüber dem umfassenderen Begriff Mobilität eingeschränkte Bedeutung zukommt, so sind es doch außerordentlich viele Sachverhalte, die mit vertikaler Mobilität zu tun haben, besonders wenn man an den Bedingungskontext vertikaler Mobilität denkt. Zum sozialen Bereich gehört eben eine sehr große Zahl von Sachverhalten in facettenreichen Erscheinungsformen.

Mit vertikaler Mobilität - synonym wird die Bezeichnung soziale Mobilität gebraucht - haben sich vor allem Soziologen[1] und in historischer Perspektive Sozialhistoriker[2] beschäftigt, allerdings - wenn überhaupt - fast nur in Industrieländern[3].

Die soziale Position eines Menschen wurde und wird in hohem Maße durch seinen Beruf bestimmt. So überrascht es nicht, daß sich die Soziologen in einigem Umfang mit Arbeit und Beruf auseinander gesetzt haben[4]. Dabei handelt es sich vor allem um Themen wie Beruf und Arbeitsmarkt, Beruf und Betrieb, Beruf und Persönlichkeit, Berufswahl, Berufsausbildung und andere. Im Zusammenhang mit vertikaler Mobilität geht es um berufliche Veränderung, und zwar in Gestalt einer Veränderung vom Vater zum Sohn in Form der Intergenerationenmobilität oder um die berufliche Veränderung innerhalb einer Generation, der Intragenerationsmobilität[5]. Zu einer quantitativen Aussage kann man - wenn man über entsprechende Daten verfügt - gelangen, indem man die Häufigkeit von Berufswechseln ermittelt; auf diese Weise gewinnt man einen Eindruck - etwa im Verlauf des Industrialisierungsprozesses - von der unterschiedlichen Dichte oder Stärke der vertikalen Mobilität.

Was die Bewertung von Berufswechseln angeht - im Sinne eines Auf- oder Abstiegs - so ist die Lage schwierig, wenn an die, etwa im außereuropäischen Bereich, wechselnden Maßstäbe der Beurteilung, die Verachtung von Handarbeit, die Hochachtung von geistiger Arbeit, die Hochschätzung des Nichtstun, die wie auch immer geartete Einschätzung schwerer körperlicher Arbeit etc., gedacht wird.

---

[1] K.M. BOLTE, H. RECKER: Vertikale Mobilität; in: R. KÖNIG (Hrsg.): Handbuch der empirischen Sozialforschung, Bd. 5; 2. Auflage Stuttgart 1976, S. 40-103; T.A. HERZ: Klassen, Schichten, Mobilität; Studienskripten zur Soziologie; Heidelberg 1983

[2] H. KAELBLE: Historische Mobilitätsforschung; Erträge der Forschung, Bd. 85; Darmstadt 1978; H. KAELBLE (Hrsg.): Geschichte der sozialen Mobilität seit der industriellen Revolution; Königstein/Taunus 1978

[3] H.H. SAWITZKI: Alte und neue Eliten in einem Entwicklungsland. Die Akademiker in der afghanischen Gesellschaft; in: R. KÖNIG (Hrsg.): Aspekte der Entwicklungssoziologie; Kölner Zeitschrift für Soziologie und Sozialpsychologie, Sonderheft 13; Köln und Opladen 1969, S. 237-256

[4] H. DAHEIM: Berufssoziologie; in: R. KÖNIG (Hrsg.): Handbuch der empirischen Sozialforschung, Bd. 8; 2. Auflage Stuttgart 1977, S. 1-100; U. BECK, M. BRATER, H. DAHEIM: Soziologie der Arbeit und der Berufe. Grundlagen, Problemfelder,Forschungsergebnisse; Reinbek 1980; H. SCHNEIDER (Hrsg.): Geschichte der Arbeit. Vom alten Ägypten bis zur Gegenwart; Köln 1980, Frankfurt am Main 1983

[5] z.B. Veränderungen gegenüber dem erlernten Beruf; vgl. R. ERMRICH: Basisdaten. Zahlen zur sozioökonomischen Entwicklung der Bundesrepublik Deutschland; Bonn - Bad Godesberg 1974, S. 118 ff

Im Verlauf des Industrialisierungsprozesses werden nicht nur Einzelpersonen und Generationen von Veränderungen der beruflichen Position erfaßt, sondern auch größere Gruppen der Gesellschaft. Wenn man sich die J. FOURASTIÉ'sche Theorie zu eigen macht, dann erfolgt mit dem Rückgang der im primären Sektor und der Zunahme der im sekundären und tertiären Sektor Beschäftigten auch eine einschneidende Veränderung der beruflichen Struktur der Gesellschaft, und zwar hin zu einer Dominanz der im tertiären Sektor Beschäftigten im fortgeschrittenen Verlauf des Industrialisierungsprozesses. Mit dieser einschneidenden Veränderung ist - langfristig - meist nicht nur eine Verbesserung des beruflichen Ansehens, vor allem der im tertiären Sektor Beschäftigten, sondern auch des Einkommens - vor allem wiederum der im tertiären Sektor Beschäftigten - verbunden.

Mit der Entstehung des neuen industriell-sekundären Sektors (und der Abnahme der im primären Sektor Beschäftigten) stellen sich im Rahmen aufsteigender oder absteigender vertikaler Mobilität Fragen der Entstehung der Industriearbeiterschaft, denen besonders von Sozialhistorikern nachgegangen wurde[1], allerdings wiederum nur in Industrieländern. Eine andere Frage im Zusammenhang mit dem Berufswandel im Verlauf des Industrialisierungsprozesses, die Soziologen und Sozialhistoriker in gleicher Weise beschäftigt, ist die Frage der Rekrutierung der Eliten, in der Vergangenheit und heute[2].

Natürlich stellt sich im Rahmen des Beziehungsgeflechtes Berufswandel und sozialstruktureller Wandel der Gesellschaft im Verlauf des Industrialisierungsprozesses auch die Frage nach der Weiterentwicklung der alten, präindustriellen Mittelschicht[3] und anschließend die Frage, wie weit die Dominanz der neuen Mittelschicht in der fortgeschrittenen Industriegesellschaft (nach H. SCHELSKY) durch den Berufswandel vom primären und sekundären Sektor zum tertiären Sektor verursacht wurde[4].

Der Verlauf des Industrialisierungsprozesses ist durch eine außerordentliche Zunahme der Arbeitsteilung gekennzeichnet, die bedingt ist und ermöglicht wird durch die im Volumen außerordentlich zunehmende wirtschaftliche Tätigkeit, die wiederum in hohem Maß auf die beträchtliche Bevölkerungszunahme zurückgeführt werden muß. Diese grundsätzliche Entwicklung ermöglicht und erfordert eine hochgradige Spezialisierung: sie ist die Grundlage für die ungeheure Vielzahl und Vielfalt der Berufe in der hochentwickelten Industriegesellschaft. Beginn des Industrialisierungsprozesses bedeutet hinsichtlich der Berufsstruktur einer Gesellschaft: Eintritt in diese Entwicklung.

Dabei erlangt Ausbildung eine regulierende Funktion bei der Zuweisung von beruflichen Chancen und damit auch Positionen des Einkommens und des Ansehens, während in der präindustriellen Gesellschaft Beruf und Ansehen durch Geburt und Standeszugehörigkeit bestimmt wurden[5]. Mit dieser Funktion der Ausbildung ver-

---

[1] W. CONZE, U. ENGELHARDT (Hrsg.): Arbeiter im Industrialisierungsprozeß: Herkunft, Lage und Verhalten; Industrielle Welt Bd. 28; Stuttgart 1979
[2] H. KAELBLE, 1978, S. 107 ff
[3] E.R. WIEHN, K.U. MEYER: Soziale Schichtung und Mobilität. Eine kritische Einführung; München 1975; K.H. HÖRNING: Gesellschaftliche Entwicklung und soziale Schichtung. Vergleichende Analyse gesellschaftlichen Strukturwandels; München 1976
[4] vgl. R. STEWIG: Die Stadt in Industrie- und Entwicklungsländern; Paderborn 1983, S. 175 ff
[5] G. SJOBERG: The Preindustrial City. Part and Present; New York 1960

bindet sich die Problematik der Chancengleichheit, weitergehend die Problematik der sozialen Ungleichheit[1]. Grundsätzlich darf man aber eine gesteigerte Durchlässigkeit der Industriegesellschaft, verglichen mit präindustriellen Gesellschaften, ein höheres Maß an vertikaler Mobilität, annehmen.

Vertikale Mobilität - dies zeigen die vorangegangenen Ausführungen - dokumentiert sich nicht nur in den beruflichen Veränderungen einzelner oder einiger Gruppen der Gesellschaft auf der Grundlage von Ausbildung, sondern überhaupt in den ökonomischen Veränderungen der Gesellschaft und ihren sozialen Auswirkungen, dokumentiert sich in der sozialen Schichtung der Gesellschaft und ihrer Veränderung: von der präindustriellen dichotomen Oberschicht-Unterschichtstruktur zur Struktur der von der Mittelschicht dominierten, fortgeschrittenen Industriegesellschaft (H. SCHELSKY).

In diesem Zusammenhang hat eine Frage die besondere Aufmerksamkeit der Sozialhistoriker, aber auch von Ideologen (K. MARX) erfahren, nämlich die nach den Lebensumständen, dem Lebensstandard, der "Klassenlage" der Industriearbeiterschaft bzw. des Proletariats (K. MARX) am Beginn des Industrialisierungsprozesses. Die Frage lautet: Ist die langfristig unleugbar günstige sozioökonomische Entwicklung der Industriegesellschaften zur Zeit der Entstehung der Industriearbeiterschaft mit einer Verschlechterung der Lebensumstände eingeleitet worden? Dies ist die soziale Frage der Frühindustrialisierung[2]. Dabei geht es um die Entwicklung der Löhne, um die Situation am Arbeitsplatz, die Schwere der Arbeit und die Dauer der Arbeitszeit, Disziplin (und Disziplinierung), aber auch die Wohnverhältnisse der Arbeiter. Trotz zum Teil kontroverser Antworten kann insgesamt eine Verschlechterung der Lohnverhältnisse, besonders der aus dem ländlichen Raum Zugewanderten, die das Heer der frühen Arbeiterschaft stellten, in der Frühphase der Industrialisierung der heute hochentwickelten Industrieländer nicht ausgeschlossen werden[3].

K. MARX hat die von seinem Freund F. ENGELS im 19. Jahrhundert in England gemachten und ihm zugetragenen Beobachtungen[4] über die Lebensumstände der Industriearbeiterschaft in eine Theorie umgesetzt, die in seine spezifische Auffassung von der gesellschaftlichen Entwicklung mündete, der Entstehung von nur zwei Klassen, der Bourgeoisie, die durch den Besitz der Produktionsmittel, und des Proletariats, das durch deren Nichtbesitz gekennzeichnet ist.

---

[1] K.M. BOLTE, St. HRADIL: Soziale Ungleichheit in der Bundesrepublik Deutschland; Opladen 1984

[2] W. FISCHER, G. BAJOR (Hrsg.): Die soziale Frage. Neuere Studien zur Lage der Fabrikarbeiter in der Frühphase der Industrialisierung; Stuttgart 1967; A.J. TAYLOR (Hrsg.): The Standard of Living in Britain in the Industrial Revolution; London 1975; W. CONZE, U. ENGELHARDT (Hrsg.): Arbeiter im Industrialisierungsprozeß. Herkunft, Lage, Verhalten; Industrielle Welt, Bd. 28; Stuttgart 1979; W. FISCHER: Armut in der Geschichte; Göttingen 1982

[3] B. INGLIS: Poverty and the Industrial Revolution; London 1972; E.J. HOBSBAWM: Industrie und Empire. Britische Wirtschaftsgeschichte seit 1750, 2 Bde.; 2. Auflage Frankfurt am Main 1970

[4] F. ENGELS: Die Lage der arbeitenden Klasse in England; Leipzig 1845 bzw. München 1973

Gemeint ist die Verelendungstheorie von K. MARX[1]. Verelendung besteht aus einer Reihe von Teilphänomenen. Der Verlust von Produktionsmitteln, etwa der Zuwanderer, die ihren Besitz an Grund und Boden im ländlichen Raum aufgeben (müssen), ist als Proletarisierung ein Teilphänomen der Verelendung. Die Entfremdung[2], d.h. psychische Verelendung, ist ein weiteres Teilphänomen, das sich aus der Verneinung der ungewohnten, neuen Art von Arbeit für den Industriearbeiter ergibt. Vor allem aber dokumentiert sich Verelendung für Karl MARX - nach den Verhältnissen im frühindustriellen England mit einigem Recht - als Lohnverelendung, als Verschlechterung der Einkommensverhältnisse mit den entsprechenden sozialen Auswirkungen, nicht zuletzt auch auf die Wohnverhältnisse (Verslumung).

Auf K. MARX geht letztlich die grundsätzliche Unterscheidung zwischen einerseits den materiellen Lebensumständen und andererseits ihre Beurteilung durch die Betroffenen zurück. Diese Beurteilung kann so oder so ausfallen: Mißliche Lebensumstände müssen als solche nicht unbedingt angesehen, bzw. können als Durchgangsstufe auf dem Wege des sozialen Aufstiegs eingeschätzt werden. Andererseits braucht eine materielle Angleichung der Lebensumstände der Arbeiterschaft, wie sie in England im Laufe des 20. Jahrhunderts an die Mittelschicht erfolgt ist, nicht unbedingt eine Änderung der Bewußtseinslage nach sich zu ziehen: Auch der wohlhabende Arbeiter versteht sich in England als weiter der "Arbeiterklasse" zugehörig[3], wobei sicherlich noch andere Aspekte, nicht zuletzt solche des Sprachverhaltens, hinzukommen.

Insgesamt ist das so heterogene und weitausgreifende, mit zahlreichen weiteren Sachverhalten verknüpfte Phänomen der vertikalen Mobilität empirisch-wissenschaftlich bisher unzureichend bewältigt worden, weil der notwendige interdisziplinäre Ansatz noch nicht erfolgt ist. So steht letztlich auch eine Theorie der Entwicklung der vertikalen Mobilität im Verlauf des Industrialisierungsprozesses noch aus, wenn auch gewisse Vorarbeiten[4] - für Industrieländer - geleistet worden sind. Auch sind genauere, quantitative Vergleiche zwischen Industrie- und Entwicklungsländern hinsichtlich vertikaler Mobilität von der Datenlage her praktisch nicht möglich.

Was die Bevölkerung der Stadt Bursa im Zusammenhang mit dem vielschichtigen Thema vertikale Mobilität angeht, so können nur wenige Teilaspekte angeschnitten werden.

---

[1] W. HOFFMANN: Verelendung; in: Folgen einer Theorie. Essays über "Das Kapital" von Karl MARX; 4. Auflage, Frankfurt 1979, S. 27-60; G. HERRE: Verelendung und Proletariat bei Karl MARX; Tübinger Schriften zur Sozial- und Zeitgeschichte 2; Düsseldorf 1973; vgl. W. WAGNER: Verelendungstheorie - die hilflose Kapitalismuskritik; Frankfurt am Main 1976; vgl. R. STEWIG: Konzeption, Forschungsziele und erste Ergebnisse des Bursa-Projektes (Nordwestanatolien); in: Die Erde, 108. Jahrgang; Berlin 1977, S. 239-255, speziell S. 247 f

[2] A. SCHAFF: Entfremdung als soziales Phänomen; Wien 1977; A.A. OPOLZER: Entfremdung und Industriearbeit: Die Kategorie der Entfremdung bei Karl MARX; Köln 1974; G. ISRAEL: Der Begriff Entfremdung. Makrosoziologische Untersuchung von MARX bis zur Soziologie der Gegenwart; Reinbek 1972; vgl. H.-H. SCHREY: Entfremdung; Wege der Forschung, Bd. 437; Darmstadt 1975(!)

[3] J.H. GOLDTHORPE, D. LOCKWOOD, F. BECHHOFER, J. PLATT: Der "wohlhabende" Arbeiter in England, 3 Bde; München 1970-71

[4] F.F. MENDELS: Soziale Mobilität und Phasen der Industrialisierung; in: H. KAELBLE (Hrsg.): Geschichte der sozialen Mobilität seit der industriellen Revolution; Königstein/Taunus 1978, S. 13-34

Tab. 30: Tätigkeitsbereiche der Betriebe, in denen die Hauptverdiener der Nichtzuwanderer und Zuwanderer in der Stadt Bursa, 1974, zeitlich gestaffelt, beschäftigt waren

Tätigkeitsbereich der Betriebe	Nichtzuwanderer abs.	S%	zugewandert 1898-1949 abs.	S%	zugewandert 1950-1959 abs.	S%	zugewandert 1960-1969 abs.	S%	zugewandert 1970-1974 abs.	S%	Zuwanderer insgesamt abs.	S%	insgesamt abs.	S%
landwirtschaftlicher Betrieb	6	1,5	1	0,8	0	0,0	1	0,4	2	1,3	4	0,5	10	0,8
Handwerksbetrieb	66	16,6	28	21,9	49	19,5	41	16,9	22	14,8	140	18,1	206	17,6
Industriebetrieb	102	25,6	25	19,5	64	25,5	53	21,8	47	31,3	189	24,4	291	24,8
Einzelhandelsbetrieb	66	16,6	28	21,9	45	17,9	26	10,7	15	10,0	114	14,7	180	15,3
Großhandelsbetrieb/Lager	13	3,3	4	3,1	8	3,2	5	2,1	2	1,3	19	2,4	32	2,7
privater Dienstleistungsbetrieb	95	23,8	26	20,3	56	22,3	52	21,4	15	10,0	149	19,3	244	20,8
staatl./komm. Dienstleistungsbetrieb	50	12,6	16	12,5	29	11,6	65	26,7	47	31,3	157	20,3	207	17,6
zusammen	398	100,0	128	100,0	251	100,0	243	100,0	150	100,0	772	100,0	1170	100,0

Die Tabelle 30 läßt zunächst erkennen, daß die Zuwanderer nach den Tätigkeitsbereichen der Betriebe, in denen sie beschäftigt sind, sich anteilmäßig nicht wesentlich von den Tätigkeitsbereichen der Betriebe unterscheiden, in denen die Nichtzuwanderer beschäftigt sind. Zwar liegt der Anteil der landwirtschaftlichen Betriebe bei den Nichtzuwanderern etwas höher als bei den Zuwanderern, weil die Ortsgebürtigen mehr Grund und Boden besitzen, der am Stadtrand noch landwirtschaftlich genutzt wird, aber in den Handwerksbetrieben, in den Industriebetrieben und auch in den Dienstleistungsbetrieben sind Zuwanderer und Nichtzuwanderer in etwa gleichem Umfang beschäftigt. Nur bei der Gruppe der in den 70er Jahren Zugewanderten ist der Tätigkeitsbereich staatlicher und kommunaler Dienstleistungsbetriebe auffällig hoch. Man kann also nicht behaupten, daß sich mit den Zuwanderern spezifische Tätigkeitsbereiche verbinden. Die Ausgeglichenheit der Tätigkeitsbereiche bei Zuwanderern und Nichtzuwanderern hängt wohl auch mit der schon festgestellten Tatsache zusammen, daß die Zuwanderer keine homogene Gruppe darstellen, die etwa nur aus dem ländlichen Raum stammt, sondern sich aus unterschiedlich qualifizierten Teilgruppen, darunter auch höherrangig ausgebildeten, zusammensetzt, die aus Städten zugewandert sind.

Faßt man die Tätigkeitsbereiche der Betriebe von Zuwanderern und Nichtzuwanderern in den bekannten drei Wirtschaftssektoren zusammen[1], dann ergibt sich wiederum das erwartete, ausgeglichene Bild (Tab. 31), was die Aufteilung der

Tab. 31: Tätigkeitsbereiche der Hauptverdiener der Zuwanderer und Nichtzuwanderer in der Stadt Bursa nach Wirtschaftssektoren, 1974

Sektor	Nichtzuwandererhaushalte abs.	S%	Zuwandererhaushalte abs.	S%	insgesamt abs.	S%
I. Sektor	6	1,5	4	0,5	10	0,8
II. Sektor	168	42,1	329	42,5	497	42,4
III. Sektor	224	56,3	439	56,7	663	56,4
zusammen	398	100,0	772	100,0	1170	100,0

Zuwanderer und Nichtzuwanderer auf die Wirtschaftssektoren angeht. Man kann also auch nicht behaupten, daß es - wie vielleicht in anderen Entwicklungsländern[3] - im Zuge des Anwachsens der Städte gleich zu einer Tertiärisierung der Beschäftigungsstruktur kommt. Das ist in Bursa weder bei den Zuwanderern noch bei den Nichtzuwanderern der Fall. Beide Gruppen sind in beträchtlichem Umfang auch im sekundären Sektor beschäftigt, wobei hier Handwerks- und Industriebetriebe - wegen der Schwierigkeiten ihrer gegenseitigen Abgrenzung - zum sekundären Sektor zusammengefaßt wurden. Der hohe Anteil von 42 % der in der

---

[1] Die so ermittelten Anteile der drei Wirtschaftssektoren in der Stadt Bursa stimmen weitgehend mit denen von der amtlichen türkischen Statistik für das Jahr 1982 ermittelten überein (Tab. 8).

[2] T.G. Mc GEE: The Urbanization Process in the Third World; London 1971, S. 27 f

Tab. 32: Stellung im Beruf vor der Zuwanderung in die Stadt Bursa, 1974, zeitlich gestaffelt

Stellung im Beruf	zugewandert 1898-1949			zugewandert 1950-1959			zugewandert 1960-1969			zugewandert 1970-1974			Zuwanderer insgesamt		
	abs.	S%	Z%	abs.	S%	Z%	abs.	S%	Z%	abs.	S%	Z%	abs.	S%	Z%
Arbeitslose, ungelernte Arbeiter	42	28,6	51,2	30	11,7	36,6	6	2,4	7,4	4	2,4	4,8	82	10,0	100,0
angelernte Arbeiter - betont manuell; kleine, unselbständige Handwerker	27	18,4	13,4	56	21,9	27,7	68	27,0	33,6	51	31,1	25,3	202	24,7	100,0
kleine Angestellte; kleine Beamte; Verkäufer	11	7,5	16,9	7	2,7	10,8	25	9,9	38,4	22	13,4	33,9	65	7,9	100,0
kleine Unternehmer; Händler; Handwerker; Bauern	52	35,4	15,2	141	55,1	41,2	102	40,5	29,8	47	28,7	13,8	342	41,8	100,0
mittlere Angestellte; mittlere Beamte; Techniker	6	4,1	8,7	11	4,3	15,9	32	12,7	46,4	20	12,2	29,0	69	8,4	100,0
höhere Angestellte; höhere Beamte	0	0,0	0,0	1	0,4	11,1	3	1,2	33,3	5	3,0	55,6	9	1,1	100,0
freiberufliche Akademiker; nichtakademische höhere Ränge	3	2,0	16,7	2	0,8	11,1	7	2,8	38,9	6	3,7	33,3	18	2,2	100,0
größere Unternehmer	1	0,7	50,0	1	0,4	50,0	0	0,0	0,0	0	0,0	0,0	2	0,2	100,0
Pensionäre; Rentner; unproduktive Berufe	5	3,4	16,7	7	2,7	23,3	9	3,6	30,0	9	5,5	30,0	30	3,7	100,0
zusammen	147	100,0	17,9	256	100,0	31,3	252	100,0	30,8	164	100,0	20,0	819	100,0	100,0

Tab. 33: Stellung im Beruf <u>nach</u> der Zuwanderung in der Stadt Bursa, 1974, zeitlich gestaffelt

Stellung im Beruf	zugewandert 1898-1949			zugewandert 1950-1959			zugewandert 1960-1969			zugewandert 1970-1974			Zuwanderer insgesamt		
	abs.	S%	Z%	abs.	S%	Z%	abs.	S%	Z%	abs.	S%	Z%	abs.	S%	Z%
Arbeitslose, ungelernte Arbeiter	8	4,8	18,2	11	4,1	25,0	14	5,3	31,8	11	6,5	25,0	44	5,1	100,0
angelernte Arbeiter - betont manuell; kleine, unselbständige Handwerker	61	36,5	14,8	154	57,7	37,3	129	49,0	31,2	69	41,1	16,7	413	47,7	100,0
kleine Angestellte; kleine Beamte; Verkäufer	12	7,2	12,8	27	10,1	28,7	28	10,6	29,8	27	16,1	28,7	94	10,9	100,0
kleine Unternehmer; Händler; Handwerker; Bauern	28	16,8	29,2	33	12,4	34,4	21	8,0	21,9	14	8,3	14,6	96	11,1	100,0
mittlere Angestellte; mittlere Beamte; Techniker	8	4,8	10,4	10	3,7	13,0	35	13,3	45,5	24	14,3	31,2	77	8,9	100,0
höhere Angestellte; höhere Beamte	2	1,2	18,2	1	0,4	9,1	5	1,9	45,5	3	1,8	27,3	11	1,3	100,0
freiberufliche Akademiker; nichtakademische höhere Ränge	6	3,6	24,0	3	1,1	12,0	10	3,8	40,0	6	3,6	24,0	25	2,9	100,0
größere Unternehmer	6	3,6	21,4	12	4,5	42,9	8	3,0	28,6	2	1,2	7,1	28	3,2	100,0
Pensionäre; Rentner; unproduktive Berufe	36	21,6	46,8	16	6,0	20,8	13	4,9	16,9	12	7,1	15,6	77	8,9	100,0
zusammen	167	100,0	19,3	267	100,0	30,9	263	100,0	30,4	168	100,0	19,4	865	100,0	100,0

Stadt Bursa im sekundären Sektor Beschäftigten[1] spricht gegen eine Tertiärisierung, die angesichts der umfangreichen Ausstattung der Stadt Bursa mit Industriebetrieben in mehreren Wellen bis in die jüngste Zeit auch nicht zu erwarten war. Allerdings liegt der Anteil der im tertiären Sektor Beschäftigten - sowohl bei den Zuwanderern als auch bei Nichtzuwanderern - über dem der im sekundären Sektor Beschäftigten (vgl. auch Tab. 8).

Der Vergleich der Tabellen 32 und 33 bringt das erwartete Bild des einschneidenden Berufswechsels bei den Zuwandererhaushalten nach der Zuwanderung (nach Bursa). Vor der Zuwanderung waren die Hauptverdiener und Zuwandererhaushalte in hohem Maße (41,8 %) im bäuerlichen Bereich tätig. Unter ihnen kommen vor allem die in den 50er Jahren Zugewanderten auf einen noch höheren Wert (55,1 %), die - das zeigte sich beim Abschnitt horizontale Mobilität - aus dem ländlichen Raum der näheren Umgebung Bursas (Provinz Bursa) stammen. Dagegen ist der entsprechende Anteil bei den Zuwanderern der 70er Jahre auf unter 30 % (28,7 %) gesunken, die - auch dies zeigte sich beim Thema horizontale Mobilität - zumTeil als Stadt-Stadtwanderer, aus kleineren wie aus größeren Städten, vor allem aus Istanbul, Bursa erreichten.

Die Tab. 33 läßt erkennen, daß nach der Zuwanderung nach Bursa die Gruppe der ungelernten/angelernten Arbeiter den höchsten Anteil (47,7 %) aufweist; auf noch höhere Anteile (57,7 %) kommen wiederum die in den 50er Jahren aus der Umgebung Bursas, aus der Provinz Bursa, Zugewanderten.

Damit wird auch für die Bevölkerung der Stadt Bursa belegt, was zu erwarten war, daß nämlich ein wesentlicher Teil der (Industrie-)Arbeiterschaft sich aus den Zuwanderern des ländlichen Raumes rekrutiert. Man kann hinzufügen, daß die Elite der Bevölkerung Bursas, die Fabrikbesitzer und die hochrangig ausgebildeten Techniker und Manager, zum Teil von den Ortsgebürtigen, zum Teil von den qualifizierten Zuwanderern, besonders aus Istanbul, gestellt wird.

Im Rahmen des Themas vertikale Mobilität sind außer den beruflichen Veränderungen einzelner Personen und kleiner und größerer Gruppen die übergreifenden Veränderungen der sozialen Schichtung der Gesellschaft (darunter die Bevölkerung von Städten) von besonderem Interesse.

Allerdings bestehen große Schwierigkeiten der Ermittlung der sozialen Schichtung, besonders ihrer Entwicklung[2].Es fehlen quantitative Maßstäbe, die langfristig den Vergleich sozialer Schichtung und damit die Erkenntnis der Veränderungen ermöglichen - und dies ist bereits in Industrieländern der Fall, von den Entwicklungsländern ganz zu schweigen. Die sowieso nicht weit zurückreichende Ermittlung sozialer Schichtung durch moderne empirische Sozialforschung verwen-

---

[1] Vgl. E. TÜMERTEKIN: Türkiye'de Şehirleşme ve Şehirsel Fonksiyonlar/Urbanization and Urban Functions in Turkey; Publication of Istanbul University Nr. 1840; Publication of the Geographical Institute Nr. 72; Istanbul 1973; E. TÜMERTEKIN: Türkiyedeki Şehirlerin Fonkssyonel Siniflandirilmasi. A Fundional Classification of Cities in Turkey; in: Publication of the Geographical Institute of the University of Istanbul, Nr. 43; Istanbul 1965, besonders S. 41 (Bursa nimmt unter den Industriestädten einen prominenten Platz ein)

[2] Siehe: R. STEWIG: Die Stadt in Industrie- und Entwicklungsländern; Paderborn 1983, S. 174 ff

Tab. 34: Haushaltseinkommen in der Bundesrepublik Deutschland, 1980

Monatliches Haushaltseinkommen von .... bis unter .... DM	Haushalte in %		
unter 1000	7,3		
1000 - 1250	7,9		22,7
1250 - 1500	7,5	36,4	
1500 - 1750	7,0		
1750 - 2000	6,7		
2000 - 2250	6,4		
2250 - 2500	6,1		
2500 - 2750	5,6		
2750 - 3000	5,4		
3000 - 3250	5,0		68,4
3250 - 3500	4,5	55,1	
3500 - 3750	4,0		
3750 - 4000	3,5		
4000 - 5000	9,5		
5000 - 6000	5,5		
6000 - 7000	3,1		
7000 - 8000	1,7		
8000 - 9000	1,0		7,9
9000 - 10000	0,6	4,8	
10000 und mehr	1,5		

Nach: K.M. BOLTE, St. HRADIL: Soziale Ungleichheit in der Bundesrepublik Deutschland; Opladen 1984, S. 122-123

dete früher andere Begriffe und Sachverhalte als heute[1], so daß langfristig mehr qualitative Unterschiede, nur relativ kurzfristig quantitative Veränderungen festgestellt wurden.

Zur Bestimmung der Rangstufe der Angehörigen einer Gesellschaft (oder Stadt) können objektive, aber auch subjektive Merkmale eingesetzt werden. Zu den objektiven zählen außer dem Beruf, das Einkommensniveau, der Ausbildungsstand, Besitz, eventuell auch die Fremdeinschätzung; zu den subjektiven zählt vor allem die Selbsteinschätzung, die Bewußtseinslage[2].

Angesichts dieser Gegebenheiten können den auf den ermittelten Einkommensverhältnissen der Stadtbevölkerung von Bursa basierenden Aussagen über soziale Schichtung nur einige Maßzahlen der Verhältnisse in der Bundesrepublik Deutschland, überwiegend für den Durchschnitt des Landes, kaum speziell für Städte, gegenübergestellt werden.

Tab. 35: Verteilung der deutschen Bevölkerung der Bundesrepublik nach der Zugehörigkeit zu Prestigeschichten, 1962-1974, in %

Soziale Schicht	1962	1966	1970	1974
Oberschicht/obere Mittelschicht	6	5	9	8
mittlere Mittelschicht	10	10	13	12
untere Mittelschicht	36	38	39	40
obere Unterschicht	29	31	27	27
untere Unterschicht	15	13	10	11
sozial Verachtete	4	3	2	2

Nach: K.M. BOLTE, St. HRADIL: Soziale Ungleichheit in der Bundesrepublik Deutschland; Opladen 1984, S. 219

Die Tabellen 34 und 35 zeigen die soziale Schichtung in der Bundesrepublik Deutschland nach unterschiedlichen Kriterien, Einkommensverhältnissen und Prestige. Der Zusammenfassung der verschiedenen Einkommenskategorien der Tab. 34 und ihrer Zuordnung zu sozialen Schichten ist einiger subjektiver Spielraum geöffnet, doch lassen die Daten für den Durchschnitt der Bundesrepublik eine zahlenmäßige Dominanz der mittleren Einkommensgruppen bzw. der - weitgefächerten - Mittelschicht erkennen.

---

[1] z.B. Th. GEIGER (Die soziale Schichtung des deutschen Volkes; Stuttgart 1932): Kapitalisten, Proletaroide, etc.
[2] J. FRIEDRICHS: Methoden der empirischen Sozialforschung; Reinbek 1973, 1979; E.M. WALLNER: Soziologie. Einführung in Grundbegriffe und Probleme; 2. Auflage, Heidelberg 1972

Tab. 36: Soziale Schichtung der 16-65jährigen westdeutschen Bevölkerung nach Status oder Prestigemobilität und Wohnortgröße, 1974, in %

Soziale Schicht	Bundesrepublik Deutschland	Metropolen	andere Städte	Land
Oberschicht	0,5	1,2	0,4	0,1
obere Mittelschicht	7,4	11,5	8,3	4,0
mittlere Mittelschicht	11,3	14,3	12,8	7,2
untere Mittelschicht, nicht industriell	28,0	32,9	28,3	24,9
untere Mittelschicht, industriell	12,3	10,9	12,9	11,9
obere Unterschicht, nicht industriell	9,2	7,5	8,2	11,9
obere Unterschicht, industriell	18,4	12,5	18,0	22,0
untere Unterschicht	10,7	6,8	9,7	14,5
sozial Verachtete	2,2	2,4	1,4	3,5

Metropolen: Berlin, Hamburg, Bremen, Düsseldorf, Köln, Frankfurt, Stuttgart, München
andere Städte: über 5.000 Einwohner exklusive Metropolen
Land: bis 5.000 Einwohner

Nach: B. SCHÄFERS: Sozialstruktur und Wandel der Bundesrepublik Deutschland. Ein Studienbuch zur Soziologie und Sozialgeschichte; 4. Auflage, Stuttgart 1985, S. 76

Eine gewisse Aufgliederung in Stadt und Land erlaubt die Tab. 36. Danach ist der Anteil der Mittelschicht in den Städten generell größer als auf dem Land[1].

---

[1] Für Euskirchen vgl. R. MAYNTZ: Soziale Schichtung und sozialer Wandel in einer Industriegemeinde; Stuttgart 1958; für Köln vgl. E.K. SCHEUCH: Sozialprestige und soziale Schichtung; in: D.V. GLASS, R. KÖNIG (Hrsg.): Soziale Schichtung und Mobilität; Kölner Zeitschrift für Soziologie und Sozialpsychologie; Sonderheft 5, 2. Auflage Köln, Opladen 1967, S. 65-103; vgl. auch: K.M. BOLTE: Typen sozialer Schichtung in der Bundesrepublik Deutschland; in: Hamburger Jahrbuch für Wirtschafts- und Sozialpolitik, 8. Jahrgang; Tübingen 1963, S. 150-168; vgl. auch: E.R. WIEHN, K.U. MEYER: Soziale Schichtung und Mobilität. Eine kritische Einführung; München 1975

Tab. 37: Monatliches Einkommen der Hauptverdiener in T.L. bei Nichtzuwanderern und Zuwanderern in der Stadt Bursa, 1974, zeitlich gestaffelt

Einkommen in T.L. pro Monat	Nichtzuwanderer		zugewandert 1898-1949			zugewandert 1950-1959			zugewandert 1960-1969			zugewandert 1970-1974			Zuwanderer insgesamt		
	abs.	S%	abs.	S%	Z%	abs.	S%	Z%	abs.	S%	Z%	abs.	S%	Z%	abs.	S%	Z%
≤ - 500	8	2,1	6	4,5	24,0	8	3,3	32,0	9	3,8	36,0	2	1,3	8,0	25	3,3	100,0
501 - 1000	83	21,6	40	29,9	18,1	78	32,0	35,3	65	27,1	29,4	38	25,5	17,2	221	28,8	100,0
1001 - 1500	106	27,5	25	18,7	12,0	78	32,0	37,3	56	23,3	26,8	50	33,6	23,9	209	27,2	100,0
1501 - 2000	84	21,8	20	14,9	15,7	37	15,2	29,1	44	18,3	34,6	26	17,4	20,5	127	16,6	100,0
2001 - 2500	21	5,5	13	9,7	22,8	11	4,5	19,3	26	10,8	45,6	7	4,7	12,3	57	7,4	100,0
2501 - 3000	25	6,5	9	6,7	18,4	14	5,7	28,6	17	7,1	34,7	9	6,0	18,4	49	6,4	100,0
3001 - 4000	20	5,2	6	4,5	20,0	6	2,5	20,0	10	4,2	33,3	8	5,4	26,7	30	3,9	100,0
4001 - 5000	15	3,9	6	4,5	35,3	4	1,6	23,5	4	1,7	23,5	3	2,0	17,6	17	2,2	100,0
5001 - 7500	8	2,1	2	1,5	14,3	4	1,6	28,6	6	2,5	42,9	2	1,3	14,3	14	1,8	100,0
7501 - 10000	7	1,8	3	2,2	33,3	2	0,8	22,2	1	0,4	11,1	3	2,0	33,3	9	1,2	100,0
≥ 10001	8	2,1	4	3,0	44,4	2	0,8	22,2	2	0,8	22,2	1	0,7	11,1	9	1,2	100,0
zusammen	385	100,0	134	100,0	17,5	244	100,0	31,8	240	100,0	31,3	149	100,0	19,4	767	100,0	100,0
zusammen	385	82,4	134	80,2	17,5	244	90,4	31,8	240	90,9	31,3	149	88,2	19,4	767	88,2	100,0
keine Angabe	82	17,6	33	19,8	32,0	26	9,6	25,2	24	9,1	23,3	20	11,8	19,4	103	11,8	100,0
insgesamt	467	100,0	167	100,0	19,2	270	100,0	31,0	264	100,0	30,3	169	100,0	19,4	870	100,0	100,0

Tab. 38: Monatliches Haushaltseinkommen in T.L. bei Nichtzuwanderern und Zuwanderern in der Stadt Bursa, 1974, zeitlich gestaffelt

Einkommen in T.L. pro Monat	Nichtzuwanderer		zugewandert 1898-1949			zugewandert 1950-1959			zugewandert 1960-1969			zugewandert 1970-1974			Zuwanderer insgesamt		
	abs.	S%	abs.	S%	Z%	abs.	S%	Z%	abs.	S%	Z%	abs.	S%	Z%	abs.	S%	Z%
≤ - 500	4	1,0	5	3,3	41,7	2	0,8	16,7	3	1,2	25,0	2	1,3	16,7	12	1,5	100,0
501 - 1000	73	17,9	34	22,5	19,3	61	24,2	34,7	50	19,9	28,4	31	19,7	17,6	176	21,7	100,0
1001 - 1500	99	24,3	27	17,9	15,3	61	24,2	34,7	45	17,9	25,6	43	27,4	24,4	176	21,7	100,0
1501 - 2000	84	20,6	23	15,2	15,5	50	19,8	33,8	43	17,1	29,1	32	20,4	21,6	148	18,2	100,0
2001 - 2500	34	8,4	12	8,0	15,0	23	9,1	28,7	32	12,7	40,0	13	8,3	16,3	80	9,9	100,0
2501 - 3000	37	9,1	15	9,9	19,7	23	9,1	30,3	26	10,4	34,2	12	7,6	15,8	76	9,4	100,0
3001 - 4000	34	8,4	9	6,0	17,3	14	5,6	26,9	19	7,6	36,5	10	6,4	19,2	52	6,4	100,0
4001 - 5000	13	3,2	12	8,0	27,9	9	3,6	20,9	16	6,4	37,2	6	3,8	14,0	43	5,3	100,0
5001 - 7500	12	2,9	6	4,0	26,1	3	1,2	13,0	12	4,8	52,2	2	1,3	8,7	23	2,8	100,0
7501 - 10000	9	2,2	4	2,6	28,6	4	1,6	28,6	2	0,8	14,3	4	2,5	28,6	14	1,7	100,0
≥ 10001	8	2,0	4	2,6	36,4	2	0,8	18,2	3	1,2	27,3	2	1,3	18,2	11	1,4	100,0
zusammen	407	100,0	151	100,0	18,6	252	100,0	31,1	251	100,0	30,9	157	100,0	19,4	811	100,0	100,0
zusammen	407	87,2	151	90,4	18,6	252	93,3	31,1	251	95,1	30,9	157	92,9	19,4	811	93,2	100,0
keine Angabe	60	12,8	16	9,6	27,1	18	6,7	30,5	13	4,9	22,0	12	7,1	20,3	59	6,8	100,0
insgesamt	467	100,0	167	100,0	19,2	270	100,0	31,0	264	100,0	30,3	169	100,0	19,4	870	100,0	100,0

Tab. 39: Zusammenfassung der Tab. 37 und 38

Einkommen in T.L. pro Monat	Nichtzuwanderer		zugewandert 1898-1949		zugewandert 1950-1959		zugewandert 1960-1969		zugewandert 1970-1974		Zuwanderer insgesamt	
	Einkommen der Hauptverdiener in %	Haushaltseinkommen in %	Einkommen der Hauptverdiener in %	Haushaltseinkommen in %	Einkommen der Hauptverdiener in %	Haushaltseinkommen in %	Einkommen der Hauptverdiener in %	Haushaltseinkommen in %	Einkommen der Hauptverdiener in %	Haushaltseinkommen in %	Einkommen der Hauptverdiener in %	Haushaltseinkommen in %
≤ 500- 1500	73,0	63,8	68,0	58,9	82,5	69,0	72,5	56,1	77,8	68,8	75,9	63,1
1501- 7500	18,0	32,0	26,9	35,9	15,9	28,6	26,3	41,9	19,4	27,4	21,7	33,8
7501- ≥ 10000	4,0	4,2	5,2	5,2	1,6	2,4	1,2	2,0	2,7	3,8	2,4	3,1

In den Tabellen 37 und 38 sind die durch Befragung ermittelten Einkommensverhältnisse der Bevölkerung der Stadt Bursa, genauer der interviewten Haushalte, im Jahre 1974 dargelegt, und zwar die monatlichen Einkommen der Hauptverdiener und die monatlichen Haushaltseinkommen, in beiden Fällen nach Nichtzuwanderern und Zuwanderern unterschieden, die Zuwanderer wiederum zeitlich gestaffelt.

Um die in den Tabellen 37 und 38 enthaltenen Aussagen übersichtlicher zu gestalten, wurden beide Tabellen noch einmal zusammengefaßt (Tab. 39).

Natürlich erlauben die Möglichkeiten der Zusammenfassung wiederum einigen Spielraum. Hier wurde die Zusammenfassung so vorgenommen wie bei der Auswertung der entsprechenden Tabellen im Teil 1 (Tab. 19, S. 88; Tab. 21, S. 89), nämlich in Großgruppen von Einkommen bis 2000 TL, von 2000-7500 TL und über 7500 TL pro Monat, und zwar sowohl bei den Einkommen der Hauptverdiener als auch den Haushaltseinkommen. Gleichzeitig erfolgte eine Zuordnung zu sozialen Schichten.

Dabei ergab sich, daß - im Durchschnitt der Bevölkerung der Stadt Bursa - nach den Einkommen der Hauptverdiener- 75,1 % zur Unter-, 22,1 % zur Mittel- und 2,9 % zur Oberschicht zählen, während nach dem Haushaltseinkommen die Werte 63,8 % für die Unter-, 32,6 % für die Mittel- und 3,4 % für die Oberschicht betragen (Teil 1, S. 88 ff)[1].

Die Tabellen 37, 38 bzw. 39 zeigen, daß die Einkommen der Hauptverdiener der befragten Haushalte bei allen Gruppen, den Nichtzuwanderern, den Zuwanderern und allen Untergruppen der Zuwanderer, generell unter denen der Haushaltseinkommen liegen, oder anders ausgedrückt: Die Anteile der unteren Einkommenskategorien sind bei den Einkommen der Hauptverdiener generell höher als bei den Haushaltseinkommen; das ist keine Überraschung.

Bei den in den 50er Jahren Zugewanderten, die ja zum guten Teil aus der ländlichen Umgebung Bursas (Provinz Bursa) stammen, ist der Anteil der unteren Einkommenskategorie besonders hoch (82,5 %) gegenüber dem Durchschnitt der Zuwanderer von 75,9 %. Die Nichtzuwanderer und die vor 1950 Zugewanderten weisen mit 4,2 bzw. 5,2 % die höchsten Werte in der obersten Einkommenskategorie auf; in ihnen verbirgt sich die Gruppe der Fabrikbesitzer und großen Unternehmer. Aber auch die Gruppe der in den 70er Jahren Zugewanderten, unter den hochrangig Ausgebildete sind, erreicht in der höchsten Einkommenskategorie erstaunlich hohe Werte (2,7 %). Daß in der untersten Einkommenskategorie auch die Nichtzuwanderer einen hohen Prozentsatz erreichen (73,0 %) liegt wohl daran, daß es unter ihnen viele ältere Haushalte gibt, die auf ihre - meist wenig günstige - Altersversorgung angewiesen sind.

Was die Relation unterste Einkommenskategorie zu mittlerer Einkommenskategorie angeht, so ändert sich das Bild zum Positiven, d.h. im Sinne der Zunahme der Anteile der mittleren Einkommenskategorie, wenn man die Haushaltseinkommen betrachtet.

Die Tabelle 40 läßt erkennen, daß ein sehr deutlicher Unterschied zwischen Zuwanderer- und Nichtzuwandererhaushalten hinsichtlich eines zusätzlichen Verdie-

---

[1] Vgl. R. STEWIG: Die Stadt in Industrie- und Entwicklungsländern; Paderborn 1983, S. 185

Tab. 40: Haushalte mit weiteren Berufstätigen (zusätzlich zum Hauptverdiener), in der Stadt Bursa, 1974

Haushalte insgesamt		Nichtzuwandererhaushalte		zugewandert 1898-1949		zugewandert 1950-1959		zugewandert 1960-1969		zugewandert 1970-1974		Zuwandererhaushalte insgesamt	
abs.	Z%	abs.	Z%	abs.	Z%	abs.	Z%	abs.	Z%	abs.	Z%	abs.	Z%
408	100,0	120	29,4	57	19,7	92	31,9	95	32,9	44	15,2	288	100,0

ners besteht; die Nichtzuwandererhaushalte kommen dabei nur auf rund 30 %, die Zuwandererhaushalte auf rund 70 %. Durch die hohen Anteile eines zusätzlichen Verdieners bei den Zuwandererhaushalten wird das Einkommensniveau insgesamt auf ein höheres Niveau angehoben, was generell den (höheren) Anteilen der mittleren Einkommenskategorie zugute kommt.

Daß besonders die Zuwandererhaushalte zusätzliche Verdiener aufweisen, hängt nicht nur mit den ungünstigeren Einkommensverhältnissen, zumindest der aus dem ländlichen Raum stammenden Zuwanderer zusammen, sondern ist wohl auch demographisch bedingt: Die Nichtzuwandererhaushalte weisen einen hohen Anteil von Haushalten in einer fortgeschrittenen Phase des Lebenszyklus auf, so daß schon wegen des Alters die Zahl zusätzlicher Verdiener beschränkt ist, während die relativ jungen Zuwandererhaushalte, besonders die der 50er und 60er Jahre, sich inzwischen (d.h. bis 1974) so vergrößert haben, daß zusätzliche Verdiener zur Verfügung stehen.

Durch die zusätzlichen Verdiener, besonders der Zuwandererhaushalte, gleichen sich die (Haushalts-)Einkommensverhältnisse der Zuwandererhaushalte an die Einkommensverhältnisse der einheimischen städtischen Haushalte im großen Durchschnitt an. Dieser Umstand kann als ein wichtiges Indiz dafür gewertet werden, daß von einer verelendeten Industriearbeiterschaft, die von armen Zuwanderern aus dem ländlichen Raum gestellt wird und die sich von den einheimischen Städten in ihrem Einkommen wesentlich abhebt, in der Stadt Bursa nicht die Rede sein kann.

Daß bei allen Zuwanderergruppen eine Verbesserung der Einkommensverhältnisse, und zwar sowohl der Einkommen der Hauptverdiener als auch der Haushaltseinkommen, gegenüber den Einkommensverhältnissen in ihrem Herkunftsgebiet erreicht worden ist, belegen die Tabellen 41 und 42 auch dann, wenn man von den hohen Anteilen der Haushalte mit verbesserten Einkommen von rund 80 % einen - dem Umfang nach unbestimmten - Bonus für die aktuellen Lebensumstände abzieht.

Die hohen Bewertungen im Sinne verbesserter Einkommensverhältnisse nach der Zuwanderung dürfen als Hinweise auf eine entsprechende Bewußtseinslage der Betroffenen aufgefaßt werden und sind ein weiteres Indiz gegen die Annahme einer verelendeten, aus Zuwanderern des ländlichen Raumes bestehenden Industriearbeiterschaft in der Stadt Bursa.

Tab. 41: Bewertung der Einkommen der Hauptverdiener der Zuwandererhaushalte in der Stadt Bursa, 1974, zeitlich gestaffelt

Bewertung	zugewandert 1898-1949			zugewandert 1950-1959			zugewandert 1960-1969			zugewandert 1970-1974			Zuwanderer insgesamt		
	abs.	S%	Z%	abs.	S%	Z%	abs.	S%	Z%	abs.	S%	Z%	abs.	S%	Z%
Einkommen seit dem Zuzug ist höher	80	80,8	15,3	177	83,5	33,8	176	84,2	33,7	90	65,7	17,2	523	79,6	100,0
Einkommen seit dem Zuzug ist geringer	13	13,1	18,6	23	10,8	32,8	14	6,7	20,0	20	14,6	28,6	70	10,7	100,0
Einkommen seit dem Zuzug ist etwa gleich	6	6,1	9,4	12	5,7	18,7	19	9,1	29,7	27	19,7	42,2	64	9,7	100,0
zusammen	99	100,0	15,1	212	100,0	32,3	209	100,0	31,8	137	100,0	20,8	657	100,0	100,0
zusammen	99	59,3	15,1	212	78,5	32,3	209	79,2	31,8	137	81,1	20,8	657	75,5	100,0
keine Angabe	68	40,7	31,9	58	21,5	27,3	55	20,8	25,8	32	18,9	15,0	213	24,5	100,0
insgesamt	167	100,0	19,2	270	100,0	31,0	264	100,0	30,4	169	100,0	19,4	870	100,0	100,0

Tab. 42: Bewertung der Haushaltseinkommen der Zuwandererhaushalte in der Stadt Bursa, 1974, zeitlich gestaffelt

Bewertung	zugewandert 1898-1949			zugewandert 1950-1959			zugewandert 1960-1969			zugewandert 1970-1974			Zuwanderer insgesamt		
	abs.	S%	Z%	abs.	S%	Z%	abs.	S%	Z%	abs.	S%	Z%	abs.	S%	Z%
Einkommen seit dem Zuzug ist höher	89	84,8	16,3	187	86,2	34,2	179	84,4	32,8	91	66,4	16,7	546	81,4	100,0
Einkommen seit dem Zuzug ist geringer	14	13,3	19,7	21	9,7	29,6	15	7,1	21,1	21	15,3	29,6	71	10,6	100,0
Einkommen seit dem Zuzug ist etwa gleich	2	1,9	3,7	9	4,1	16,7	18	8,5	33,3	25	18,3	46,3	54	8,0	100,0
zusammen	105	100,0	15,7	217	100,0	32,3	212	100,0	31,6	137	100,0	20,4	671	100,0	100,0
zusammen	105	62,9	15,7	217	80,4	32,3	212	80,3	31,6	137	81,1	20,4	671	77,1	100,0
keine Angabe	62	37,1	31,1	53	19,6	26,6	52	19,7	26,2	32	18,9	16,1	199	22,9	100,0
insgesamt	167	100,0	19,2	270	100,0	31,0	264	100,0	30,4	169	100,0	19,4	870	100,0	100,0

Vielmehr belegt - besonders bei den Haushaltseinkommen - der relativ hohe Anteil in der mittleren Einkommenskategorie die Herausbildung einer Mittelschicht - wenn Einkommen als Kriterium für Schichtzugehörigkeit verwendet wird - in der Stadt Bursa, woran eben auch die Zuwandererhaushalte - wenn auch nicht alle - beteiligt sind.

Ein Vergleich der Tabelle 39 mit der Tabelle 34 (Haushaltseinkommen in der Bundesrepublik, 1980) erlaubt zwar nur eine punktuelle, keine dynamische Gegenüberstellung und zeigt deutliche Unterschiede der sozialen Schichtung - wobei die Verhältnisse einer Stadt (Bursa) dem Durchschnitt eines Industrielandes (Bundesrepublik Deutschland) gegenüberstehen -, aber es ist berechtigt, die Herausbildung einer Mittelschicht - noch in bescheidenem Umfang - auch in der Stadt Bursa anzunehmen.

Ob die Herausbildung einer Mittelschicht in der Stadt Bursa weiter fortgeschritten ist als im ländlichen Raum der Türkei oder im Durchschnitt des Landes - die Tabelle 36 deutet für das Industrieland Bundesrepublik Deutschland entsprechendes an - soll aufgrund des ungünstigen Forschungsstandes hinsichtlich der sozialen Schichtung in der Türkei offen bleiben, ist aber wahrscheinlich[1].

Bei gesellschaftlicher Entwicklung vollzieht sich - langfristig, d.h. im Laufe der Entstehung und Entwicklung der Industriegesellschaft - im Sinne einer Theorie des Strukturwandels der sozialen Schichtung der Übergang von einer präindustriellen, dichotomischen Sozialstruktur zu einer Sozialstruktur, bei der - in der vollentwickelten Industriegesellschaft - die (differenzierte) Mittelschicht dominiert. Mit diesem Vorgang verbunden ist eine bedeutende Anhebung der Einkommensverhältnisse in der Industriegesellschaft.

In diesem Zusammenhang wird in der Stadt Bursa mit der deutlich erkennbaren, beginnenden Herausbildung einer Mittelschicht die frühindustrielle Ausgangssituation, die durch die anhaltende Dominanz der Unterschicht geprägt ist, bereits verdrängt. Die Einkommensverhältnisse der Stadtbevölkerung von Bursa, im Durchschnitt wie der meisten Gruppen, lassen keine frühindustrielle (Lohn-)Verelendung erkennen. Die Masse der Zuwandererhaushalte lebt in dem Bewußtsein, ein höheres Einkommensniveau erreicht zu haben.

4. Arbeitsverhältnisse

Zur Untersuchung der Arbeitsplatzverhältnisse hat sich eine eigene wissenschaftliche Disziplin etabliert, die Arbeitswissenschaft[2]. Ihr geht es vor allem um die physiologischen, psychologischen und auch pädagogischen Bedingungen am Arbeitsplatz, mit dem Ziel, Ursachen der Leistungssteigerung bzw. Leistungsminderung herauszufinden. Nicht bzw. kaum berücksichtigt werden dabei Gegebenheiten, die im Zusammenhang mit der vorliegenden Untersuchung besonders interessieren, nämlich die ökonomischen und sozialen Bedingungen am Arbeitsplatz in langfristiger, auch historischer Perspektive. Die Arbeitswissenschaft vermag in

---

[1] Vgl. H.L. ÜLKEN: Einige Ergebnisse der Mittelstandsforschung in der Türkei; in: Probleme der Mittelschichten in Entwicklungsländern; Abhandlungen zur Mittelstandsforschung, Nr. 12; Köln, Opladen 1964, S. 41-54; vgl. auch: R. STEWIG: Die Stadt in Industrie- und Entwicklungsländern; Paderborn 1983, S. 184 (Tabelle)

[2] H.H. HILF: Einführung in die Arbeitswissenschaft; Berlin 1964

diesem Zusammenhang keine Hilfestellung zu leisten, eher die Industriesoziologie[1].

Insgesamt lassen sich, was die Arbeits(platz)verhältnisse und ihre Entwicklung im Verlauf des Industrialisierungsprozesses angeht, qualitative und quantitative Veränderungen feststellen. Über die qualitativen Verhältnisse, besonders am Beginn des Industrialisierungsprozesses, liegen einige Untersuchungen aus den heute hochentwickelten Industrieländern von seiten der Historiker vor[2]. Dabei geht es um ausgewählte Arbeitsplätze, wie dem des Bergmannes, der sich durch besondere Schwere der manuellen Arbeit unter besonders harten Rahmenbedingungen am Beginn des Industrialisierungsprozesses auszeichnete[3].

Qualitativ sind die Veränderungen des Arbeitsplatzes am Anfang der Herausbildung der Industriegesellschaft durch eine grundlegende Umstellung charakterisiert, die mit den englischen Begriffen vom domestic system zum factory system[4] zu benennen ist. Zum domestic system - synonym dafür stehen die Situation des präindustriellen Handwerksbetriebs in der Stadt, aber auch die Arbeitsplatzsituation in der präindustriellen Landwirtschaft - gehören: Das Arbeiten in der kleinen, meist durch verwandtschaftliche Beziehungen geprägten Gruppe, praktisch das Arbeiten im Familienverband; die meist schwere manuelle Arbeit; die lange Dauer der Arbeitszeiten - 2000 bis 2300 Stunden Jahresarbeitszeit werden für das europäische Mittelalter angegeben[5] -, aber auch, besonders in der Landwirtschaft, die Abhängigkeit vom Wetter und von den Lichtverhältnissen; durch zahlreiche, meist kirchliche Feiertage geregelte Arbeitsunterbrechungen; eine gewisse Spezialisierung der in einer Gruppe tätigen Arbeitskräfte, die aber fast alle anfallenden Arten von Arbeit leisten konnten; keine Maschinenverwendung; Einsatz von Hilfsgeräten; die Energie lieferten natürliche Kräfte wie Son-

---

[1] W. BURISCH: Industrie- und Betriebssoziologie; 7. Auflage Berlin, New York 1973; F. FÜRSTENBERG (Hrsg.): Industriesoziologie I. Vorläufer und Frühzeit 1835-1934; 2. Auflage Neuwied, Berlin 1966; Industriesoziologie II. Die Entwicklung der Arbeits- und Betriebssoziologie seit dem Zweiten Weltkrieg; Darmstadt, Neuwied 1974 (Textsammlung); Industriesoziologie III. Industrie und Gesellschaft; Darmstadt, Neuwied 1975; vgl. auch: H. SCHNEIDER (Hrsg.): Geschichte der Arbeit. Vom alten Ägypten bis zur Gegenwart; Köln 1980

[2] K. DITT, H. SCHÄFER, K. TENFELDE, R. VETTERLI in: W. CONZE, U. ENGELHARDT (Hrsg.): Arbeiter im Industrialisierungsprozeß. Herkunft, Lage, Verhalten; Industrielle Welt, Bd. 28; Stuttgart 1979, S. 228 ff

[3] W. WEBER: Der Arbeitsplatz in einem expandierenden Wirtschaftszweig: Der Bergmann; in: J. REULECKE, W. WEBER (Hrsg.): Fabrik, Familie, Feierabend. Beiträge zur Sozialgeschichte des Alltags im Industriezeitalter; Wuppertal 1978, S. 89-113; K. TENFELDE: Der bergmännische Arbeitsplatz während der Hochindustrialisierung (1890-1914); in: W. CONZE, U. ENGELHARDT (Hrsg.): Arbeiter im Industrialisierungsprozeß. Herkunft, Lage, Verhalten; Industrielle Welt, Bd. 28; Stuttgart 1979, S. 283-335; vgl. auch I. VOGEL: Steinkohlenbergmann - Braunkohlenarbeiter; in: Berichte zur deutschen Landeskunde, Bd. 23; Bad Godesberg 1959, S. 215-224

[4] heterogene Textsammlung zum Thema factory system: J.T. WARD (Hrsg.): The Factory System; Bd. 1: Birth and Growth, Bd. 2: The Factory System and Society; Newton Abbot 1970; W. BURISCH 1973, S. 108 ff.; vgl. auch: H. SCHNEIDER (Hrsg.): Geschichte der Arbeit. Vom alten Ägypten bis zur Gegenwart; Köln 1980, S. 243 ff., S. 303 ff.

[5] H.-W. PRAHL: Freizeitsoziologie. Entwicklungen-Konzepte-Perspektiven; München 1977, S. 43

ne, Wind, Wasserkraft und die tierische und menschliche Arbeitskraft; produziert wurde in kleiner Stückzahl mit nicht immer gleichbleibender Qualität nach Anfall der Rohstoffe im Rahmen begrenzter Absatzmöglichkeiten[1].

Natürlich ist die Umstellung auf das factory system[2] am Beginn des Industrialisierungsprozesses mit tiefgreifenden Veränderungen verbunden, deren einschneidenste die räumliche Trennung von Wohn- und Arbeitsplatz, und damit die Aufhebung des Arbeitens im Familienverband (bis auf Ausnahmen) ist. Das Arbeiten in der informalen Gruppe wird in der Industriegesellschaft die Regel. Außer der Aufhebung der verwandtschaftlichen Beziehungen am Arbeitsplatz in der Industriegesellschaft kommt - für islamische Länder noch heute ein gravierendes Problem - die gemeinsame Tätigkeit beider Geschlechter am Arbeitsplatz hinzu, die aber auch in der Frühindustrialisierungsphase der heute hochentwickelten Industrieländer ein Problem war[3]. Zur Fabrik, zum modernen Industriebetrieb gehört der umfangreiche Einsatz von Maschinen, die die eigentliche Produktionsarbeit übernehmen und Produkte in großer Stückzahl mit gleichbleibender Qualität herstellen[4]. Durch den Maschineneinsatz reduziert sich die Schwere der manuellen Tätigkeit am Arbeitsplatz in der Industriegesellschaft entscheidend; die Energie zum Antrieb der Maschinen liefern nicht mehr Mensch und Tier, die Sonne, das Wasser oder der Wind, sondern andere Maschinen und Wirtschaftsbetriebe unter Einsatz von Primärenergieträgern. Als Folge der notwendigen Bewältigung großer Mengen von Rohstoffen, von Produkten in großer Stückzahl und als Folge des Maschineneinsatzes im Industriebetrieb ergibt sich die Notwendigkeit einer straffen Organisation, die - verglichen mit den Arbeitsverhältnissen im domestic system - als Disziplinierung angesehen werden kann.

Was die qualitativen Veränderungen der Arbeitsplatzverhältnisse im fortgeschrittenen Verlauf des Industrialisierungsprozesses angeht, so wird in den höher entwickelten Industrieländern - früher oder später - auch die Steuerung der Produktion von Maschinen (Automaten) übernommen. Damit wird der Mensch in der Fabrik in einem zweiten Schub von der noch verbliebenen manuellen Arbeit entlastet, aber auch - gerade im sekundären Sektor - aus diesem Wirtschaftsbereich verdrängt. Diese Veränderungen sind eine wichtige Ursache für die von der J. FOURASTIE'schen Theorie konstatierte, langfristige Abnahme der Beschäftigten im sekundären Sektor im Übergang zu der vom tertiären Sektor wirtschaftlich geprägten Entwicklungsphase. Im Zusammenhang mit dieser modernen Entwicklung hat die Arbeits- und Lebenssituation der Industriearbeiter erneut Aufmerksamkeit von soziologischer Seite erfahren.[5]

---

[1] vgl. G. SJOBERG: The Preindustrial City. Past and Present; New York 1960
[2] W. BURISCH 1973, S. 108 ff
[3] Vgl. F. ENGELS: Die Lage der arbeitenden Klasse in England; (Leipzig 1845) München 1973, S. 170 ff
[4] F.-W. HENNING: Humanisierung und Technisierung der Arbeitswelt. Über den Einfluß der Industrialisierung auf die Arbeitsbedingungen des 19. Jahrhunderts; in: J. REULECKE, W. WEBER (Hrsg.): Fabrik, Familie, Feierabend. Beiträge zur Sozialgeschichte des Alltags im Industriezeitalter; Wuppertal 1978, S.57-88
[5] M. OSTERLAND, W. DEPPE, F. GERLACH, U. MERGNER, K. PELTE, M. SCHLÖSSER: Materialien zur Lebens- und Arbeitssituation der Industriearbeiter in der BRD; Studienreihe des Soziologischen Forschungsinstituts der Universität Göttingen; 3. Auflage, Frankfurt am Main 1973; H. KERN, M. SCHUMANN: Industriearbeit und Arbeiterbewußtsein. Eine empirische Untersuchung über den Einfluß der aktuellen technischen Entwicklung auf die industrielle Arbeit und das Arbeiterbewußtsein, 2 Bde.; 3. Auflage Frankfurt am Main 1974; J.H. GOLDTHORPE, D. LOCKWOOD, F. BECHHOFER, J. PLATT: Der "wohlhabende" Arbeiter in England, 3 Bde.; München 1970-71

Zum Vergleich mit den, was die langfristige Entwicklung der Arbeits(platz)verhältnisse angeht, bisher kaum untersuchten Entwicklungsländern eignen sich quantitativ erfaßbare Sachverhalte - im Sinne einer langfristigen Skala - besser. Dafür kommen in erster Linie die Arbeitszeiten und ihre Veränderungen im Verlauf des Industrialisierungsprozesses in Frage.

Tab. 43: Arbeitszeiten in Deutschland (durchschnittlich effektive Wochenarbeitszeit der abhängig Beschäftigten in der Industrie), 1830-1975

Jahr	Wochenarbeitszeiten in Stunden
1830-1860	80 - 90
1861-1870	78
1871-1880	72
1881-1890	66
1891-1900	61 - 65
1901-1910	58 - 61
1911-1914	54 - 60
1919-1923	48
1924	50,4
1930	44,2
1935	44,4
1940	50,1
1944	48,3
1950	48,0
1955	48,8
1960	45,5
1965	44,1
1970	44,0
1975	40,5

Nach: H.-W. PRAHL: Freizeitsoziologie. Entwicklungen-Konzepte-Perspektiven; München 1977; S. 47

Während in präindustrieller Zeit, im europäischen Mittelalter, die Jahresarbeitszeit 2000-2300 Stunden betrug, wurde die Arbeitszeit seit Ende des 18. Jahrhunderts ständig ausgeweitet, so daß mit Einsetzen der Industrialisierung die Jahresarbeitszeit bei 3500 bis 4000 Stunden lag[1]. Es scheint am Beginn des Industrialisierungsprozesses in den heute hochentwickelten Industrieländern zu einem bedeutenden Anstieg der Arbeitszeiten gekommen zu sein[2].

Die Tabellen 43 und 44 lassen aber erkennen, daß - wenn auch mit einigen, wohl kriegsbedingten Schwankungen - langfristig die Arbeitszeiten im Verlauf der Entwicklung der Industriegesellschaft beträchtlich zurückgegangen sind, sich auf etwa die Hälfte der Arbeitszeiten zu Beginn des Industrialisierungsprozesses - und weniger - reduziert haben.

[1] H.-W. PRAHL: Freizeitsoziologie. Entwicklungen-Konzepte-Perspektiven; München 1977, S. 43
[2] Vgl. auch F. ENGELS: Die Lage der arbeitenden Klasse in England; (Leipzig 1845) München 1973, S. 173 f

Tab. 44: Effektive Arbeitszeit pro Woche im Jahr (Durchschnitt der Industriearbeiter) in USA und in Deutschland, 1850-1975

Jahr	USA	Deutschland*
1850	72	85
1870	66	78
1890	60	65
1910	54	59
1938	44	48,5
1940	40	49
1960	38,5	46,0
1965	38,0	44,1
1967	38,5	42,3
1969	38,0	42,8
1972	37,6	42,8
1975	-	40,5

* ab 1960 Bundesrepublik Deutschland

Nach: E.K. SCHEUCH: Soziologie der Freizeit; in: R. KÖNIG (Hrsg.): Handbuch der empirischen Sozialforschung, Bd. 11; 2. Auflage Stuttgart 1977, S. 7

Zur Differenzierung der Arbeitszeit zwischen Stadt und Land reicht das Datenmaterial in den Industrieländern - und in den Entwicklungsländern - nicht aus.

Was die Bevölkerung der Stadt Bursa betrifft, so ist sie - wegen ihrer (teilweisen) Herkunft aus dem ländlichen Raum - und ihrem - zumindest teilweise - neuem Beschäftigungsbereich in den Betrieben des industriell-sekundären Sektors in der Stadt Bursa von dem Wechsel vom domestic system zum factory system betroffen. Aber auch zahlreiche einheimische Städter finden in den Industriebetrieben der Stadt Bursa, im factory system, Beschäftigung. Dabei darf nicht außer acht gelassen werden, daß auch die Betriebe des modernen tertiären Sektors zahlreiche Merkmale des - in den vorherigen Ausführungen bereits gekennzeichneten - factory systems, besonders unter sozialem Aspekt, aufzuweisen haben.

Andererseits gibt es unter den Wirtschaftsbetrieben der Stadt Bursa - und nicht nur der Stadt Bursa - zahlreiche kleine Betriebe, sowohl im Bereich des sekundären als auch des tertiären Sektors, die schon wegen ihrer geringen Größe, d.h. ihrer geringen Anzahl von Beschäftigten, die Merkmale des factory systems nicht in strenger Ausprägung aufweisen. In diesem Zusammenhang ist die Betriebsgrößenstruktur der Stadt Bursa nach der Zahl der Beschäftigten interessant. Die Tabelle 45 zeigt, daß rund 60 % aller befragten Haushalte 1974 in kleinen Wirtschaftsbetrieben der Stadt, mit bis zu 8 Beschäftigten, tätig waren. Dabei entfallen auf die Ein-Mann-Betriebe allein rund 30 %. In dieser Hinsicht unterscheiden sich Nichtzuwanderer und Zuwanderer unwesentlich; nur bei den 1970-74 Zugewanderten liegt der Anteil derjenigen, die in Betrieben mit 2-8 Beschäftigten tätig sind, niedriger als bei den anderen Gruppen (Tab. 45).

Etwa 20 % der Nichtzuwanderer und Zuwanderer sind in mittelgroßen Wirtschaftsbetrieben der Stadt Bursa mit 10-100 Beschäftigten, tätig, die restlichen 20 % in sehr großen Betrieben, mit über 100, ja über 1000 Beschäftigten. Wie-

Tab. 45: Nichtzuwanderer und Zuwanderer in der Stadt Bursa, 1974, nach der Größe der Betriebe, in denen sie beschäftigt sind

Betriebsgrößen nach der Zahl der Beschäftigten	Nichtzuwanderer		zugewandert 1898-1949			zugewandert 1950-1959			zugewandert 1960-1969			zugewandert 1970-1974			Zuwanderer insgesamt			insgesamt	
	abs.	S%	abs.	S%	Z%	abs.	S%	Z%	abs.	S%	Z%	abs.	S%	Z%	abs.	S%	Z%	abs.	S%
1	93	29,4	32	31,1	17,9	61	32,1	34,1	56	28,6	31,3	30	28,8	16,8	179	30,2	100,0	272	29,9
2-3	65	20,6	26	25,2	28,3	35	18,4	38,1	25	12,8	27,2	6	5,8	6,5	92	15,5	100,0	157	17,2
4-8	54	17,1	12	11,7	19,4	28	14,7	45,1	17	8,7	27,4	5	4,8	8,1	62	10,5	100,0	116	12,7
9-15	27	8,5	4	3,9	9,1	15	7,9	34,1	17	8,7	38,7	8	7,7	18,2	44	7,4	100,0	71	7,8
16-30	17	5,4	5	4,9	11,1	11	5,8	24,4	23	11,7	51,1	6	5,8	13,3	45	7,6	100,0	62	6,8
31-50	10	3,2	5	4,9	17,9	7	3,7	25,0	7	3,6	25,0	9	8,7	32,1	28	4,7	100,0	38	4,1
51-100	9	2,8	5	4,9	14,3	5	2,6	14,3	15	7,7	42,9	10	9,6	28,6	35	5,9	100,0	44	4,8
101-200	7	2,2	4	3,9	14,8	6	3,2	22,2	9	4,6	33,3	8	7,7	29,6	27	4,6	100,0	34	3,7
201-500	8	2,5	3	2,9	9,4	7	3,7	21,9	13	6,6	40,7	9	8,7	28,1	32	5,4	100,0	40	4,4
501-1000	5	1,6	2	1,9	20,2	2	1,1	20,0	4	2,0	40,0	2	1,9	20,0	10	1,7	100,0	15	1,6
1001-2000	8	2,5	1	1,0	7,7	3	1,6	23,1	4	2,0	30,8	5	4,8	38,5	13	2,2	100,0	21	2,3
2001 und mehr	13	4,1	4	3,9	15,4	10	5,3	38,4	6	3,1	23,1	6	5,8	23,1	26	4,4	100,0	39	4,2
zusammen	316	100,0	103	100,0	17,4	190	100,0	32,0	196	100,0	33,0	104	100,0	17,5	593	100,0	100,0	909	100,0
zusammen	316	67,7	103	61,7	17,4	190	70,4	32,0	196	74,2	33,0	104	61,5	17,5	593	68,2	100,0	909	67,9
keine Angabe	151	32,3	64	38,3	23,1	80	29,6	28,9	68	25,8	24,6	65	38,5	23,5	277	31,8	100,0	428	32,0
insgesamt	467	100,0	167	100,0	19,2	270	100,0	31,0	264	100,0	34,4	169	100,0	19,4	870	100,0	100,0	1337	100,0

derum unterscheiden sich dabei weder Nichtzuwanderer und Zuwanderer, noch die - zeitlich gestaffelten - vier Zuwanderergruppen wesentlich voneinander. Innerhalb der Kategorie der Großbetriebe kommen rund 5 % auf die mit über 2000 Beschäftigten, die von den drei größten Industriebetrieben der Stadt, den Merinos-Werken (Wolltextilfabrik), den Tofaş-Fiat-Werken (Automobilfabrik) und den Oyak-Renault-Werken (Automobilfabrik) gestellt werden. Bei diesen Werken hat das factory system in einer - allerdings noch nicht von der Phase der Automation der Produktionsanlagen bestimmten - modernen Weise, mit allen aufgezählten Merkmalen, Einzug gehalten[1].

Die Tabellen 46-48 geben einen Eindruck von den Arbeitszeiten in der Stadt Bursa im Jahre 1974, die für den Durchschnitt der Wirtschaftsbetriebe, also nicht nur für Betriebe des industriell-sekundären Sektors, Gültigkeit haben.

Es wird ersichtlich (Tab. 46), daß für rund 80 % der Beschäftigten der Arbeitstag durchschnittlich 8 bis 11 Stunden umfaßt, die Mehrheit davon, rund 60 %, auf 8 bis 9 Stunden kommt. Die Tabelle 47 läßt erkennen, daß wiederum eine Mehrheit von rund 80 % 5 bis 6 Tage in der Woche arbeitet; auch der Sonnabend ist im allgemeinen Arbeitstag. Die Tabelle 48 zeigt, daß von den so Beschäftigten über 90 % das ganze Jahr über - auf Freizeit und Urlaub wird noch einzugehen sein - tätig sind.

Es muß hier angemerkt werden, worauf schon im Teil 1, S. 90 f und S. 114 f, hingewiesen wurde, nämlich daß sich hinter den genannten Durchschnittswerten sehr unterschiedliche Verhältnisse, gerade was die Arbeitszeiten angeht, verbergen. Die zahlreichen Ein-Mann-Betriebe, seien sie handwerklicher Art oder im Einzelhandel tätig, unterliegen keiner geregelten Arbeitszeit, weder pro Tag, noch was die Anzahl der Tage in der Woche - so kamen Angaben von 7 Arbeitstagen pro Woche zustande -, noch was die Arbeitsmonate pro Jahr angeht.

Andererseits ist bei größeren Betrieben, und zwar nicht nur des industriell-sekundären, sondern auch des tertiären Sektors der staatlichen und kommunalen Verwaltung, aber auch bei größeren privaten Dienstleistungsbetrieben die Arbeitszeit streng geregelt, mit einheitlich terminiertem Anfang und Ende. Die in solchen Betrieben beschäftigten Arbeitnehmer kommen in den Genuß einer klaren Scheidung von Arbeits- und Freizeit.

Versucht man eine Einschätzung der durchschnittlichen Wochenarbeitszeit in der Stadt Bursa im Jahre 1974 - um einen Vergleich mit den Tabellen 43 und 44 zu ermöglichen und um eine Beurteilung der Verhältnisse in Bursa herbeizuführen -, dann muß man wohl von durchschnittlich etwa 9 Arbeitsstunden an 5 Arbeitstagen (Montag-Freitag) und etwa 6 Arbeitsstunden an 1 Arbeitstag der Woche (Sonnabend) ausgehen, was etwa 51 Wochenarbeitsstunden ergibt. Im Vergleich mit den Tabellen 43 und 44 entsprechen die Arbeitszeitverhältnisse in der Stadt Bursa 1974 etwa denen in Deutschland bzw. den USA kurz vor bzw. kurz nach dem Ersten Weltkrieg. Die damaligen Arbeitszeitverhältnisse (Wochenarbeitsstunden) der genannten Staaten sind bereits das Ergebnis einer Arbeitszeitverkürzung im Zuge gesellschaftlicher Entwicklung nach der Frühindustrialisierungsphase (mit sehr viel längeren Wochenarbeitsstunden). Zugegeben, für die Stadt Bursa kann keine Entwicklung der Arbeitszeitverhältnisse aufgezeigt werden, doch ist nach den beschriebenen Tatbeständen die vorsichtige Schlußfolgerung berechtigt,

---

[1] Betriebsbesichtigungen wurden im Laufe der verschiedenen und zahlreichen Aufenthalte in der Stadt Bursa in den Merinos-Werken und bei Tofaş-Fiat durchgeführt.

Tab. 46: Arbeitszeit der Nichtzuwanderer und Zuwanderer in der Stadt Bursa, 1974, in Stunden pro Tag

Stunden pro Tag	Nichtzuwanderer		zugewandert 1898-1949			zugewandert 1950-1959			zugewandert 1960-1969			zugewandert 1970-1974			Zuwanderer insgesamt			insgesamt	
	abs.	S%	abs.	S%	Z%	abs.	S%	Z%	abs.	S%	Z%	abs.	S%	Z%	abs.	S%	Z%	abs.	S%
5 und weniger	4	1,2	1	0,9	4,0	3	1,3	12,0	13	6,0	52,0	8	5,9	32,0	25	3,6	100,0	29	2,8
6-7	12	3,6	3	2,8	14,3	5	2,2	23,8	6	2,8	28,6	7	5,1	33,3	21	3,0	100,0	33	3,2
8-9	171	50,0	63	58,3	15,4	139	60,7	34,0	118	54,6	28,8	89	65,4	21,8	409	59,4	100,0	580	56,4
10-11	104	30,8	26	24,1	16,5	58	25,3	36,7	51	23,6	32,3	23	16,9	14,6	158	22,9	100,0	262	25,5
12 und mehr	47	13,8	15	13,9	19,7	24	10,5	31,6	28	13,0	36,8	9	6,6	11,8	76	11,0	100,0	123	11,9
zusammen	338	100,0	108	100,0	15,7	229	100,0	33,2	216	100,0	31,4	136	100,0	19,7	689	100,0	100,0	1027	100,0
zusammen	338	72,4	108	64,7	15,7	229	84,8	33,2	216	81,8	31,4	136	80,5	19,7	689	79,2	100,0	1027	76,8
keine Angabe	129	27,6	59	35,3	32,6	41	15,2	22,7	48	18,2	26,5	33	19,5	18,2	181	20,8	100,0	310	23,1
insgesamt	467	100,0	167	100,0	19,2	270	100,0	31,0	264	100,0	30,4	169	100,0	19,4	870	100,0	100,0	1337	100,0

Tab. 47: Arbeitszeit der Nichtzuwanderer und Zuwanderer in der Stadt Bursa, 1974, in Arbeitstagen pro Woche

Arbeitstage pro Woche	Nichtzuwanderer		zugewandert 1898-1949			zugewandert 1950-1959			zugewandert 1960-1969			zugewandert 1970-1974			Zuwanderer insgesamt			insgesamt	
	abs.	S%	abs.	S%	Z%	abs.	S%	Z%	abs.	S%	Z%	abs.	S%	Z%	abs.	S%	Z%	abs.	S%
4 und weniger	1	0,3	1	1,1	12,5	0	0,0	0,0	3	1,8	37,5	4	3,3	50,0	8	1,4	100,0	9	1,0
5-6	265	87,7	73	83,9	15,1	168	84,0	34,8	140	82,4	29,0	101	83,5	21,0	482	83,4	100,0	747	84,8
7	36	11,9	13	14,9	14,8	32	16,0	36,3	27	15,9	30,7	16	13,2	18,2	88	15,2	100,0	124	14,0
zusammen	302	100,0	87	100,0	15,1	200	100,0	34,7	170	100,0	29,4	121	100,0	20,9	578	100,0	100,0	880	100,0
zusammen	302	64,7	87	52,1	15,1	200	74,1	34,7	170	64,4	29,4	121	71,6	20,9	578	66,4	100,0	880	65,9
keine Angabe	165	35,3	80	47,9	27,4	70	25,9	24,0	94	35,6	32,2	48	28,4	16,4	292	33,6	100,0	457	34,1
insgesamt	467	100,0	167	100,0	19,2	270	100,0	31,0	264	100,0	30,4	169	100,0	19,4	870	100,0	100,0	1337	100,0

Tab. 48: Arbeitszeit der Nichtzuwanderer und Zuwanderer in der Stadt Bursa, 1974, in Arbeitsmonaten pro Jahr

Arbeitsmonate pro Jahr	Nichtzuwanderer abs.	S%	zugewandert 1898-1949 abs.	S%	Z%	zugewandert 1950-1959 abs.	S%	Z%	zugewandert 1960-1969 abs.	S%	Z%	zugewandert 1970-1974 abs.	S%	Z%	Zuwanderer insgesamt abs.	S%	Z%	insgesamt abs.	S%
6 und weniger	2	0,8	1	1,3	11,1	3	1,7	33,3	3	2,0	33,3	2	1,9	22,2	9	1,8	100,0	11	1,4
7-8	1	0,4	1	1,3	12,5	3	1,7	37,5	1	0,7	12,5	3	2,9	37,5	8	1,6	100,0	9	1,1
9-10	5	2,0	2	2,6	8,7	6	3,4	26,1	12	8,1	52,2	3	2,9	13,0	23	4,5	100,0	28	3,6
11-12	248	96,9	73	94,8	15,6	166	93,3	35,5	133	89,3	28,4	96	92,3	20,5	468	92,1	100,0	716	93,7
zusammen	256	100,0	77	100,0	15,2	178	100,0	35,0	149	100,0	29,4	104	100,0	20,5	508	100,0	100,0	764	100,0
zusammen	256	54,8	77	46,1	15,2	178	65,9	35,0	149	56,4	29,4	104	61,5	20,5	508	58,4	100,0	764	57,1
keine Angabe	211	45,2	90	53,9	24,9	92	34,1	25,4	115	43,6	31,8	65	38,5	18,0	362	41,6	100,0	573	42,8
insgesamt	467	100,0	167	100,0	19,2	270	100,0	31,0	264	100,0	30,4	169	100,0	19,4	870	100,0	100,0	1337	100,0

daß überlange Arbeitszeiten, wie sie in der Frühindustrialisierungsepoche der heute hochindustrialisierten Länder, besonders in England[1], üblich waren, in der Stadt Bursa im Jahre 1974 - bis auf Ausnahmegruppen (handwerkliche und einzelhändlerische Ein-Mann-Betriebe) - nicht die Regel sind.

Wenn man auch die Bewußtseinslage, insbesondere der Zuwanderer in der Stadt Bursa, hinsichtlich ihrer Einschätzung der Schwere der Arbeit (Tab. 49) und des Gefallens an der Arbeit (Tab. 50) in die Untersuchung einbezieht, dann ergibt sich folgendes Bild.

Was das Gefallen an der Arbeit betrifft, so wird die Tätigkeit, die in der Stadt Bursa ausgeübt wird, gegenüber der Tätigkeit vor der Zuwanderung in einer Größenordnung von 65 bis 85 % der Befragten als besser eingeschätzt; die in die Stadt Bursa in den 50er Jahren aus dem ländlichen Raum der Umgebung (Provinz Bursa) Zugewanderten kommen dabei auf die höchsten, die in den 70er Jahren Zugewanderten, unter denen manche Zuwanderer aus anderen Städten sind, in denen sie eine - meist - hochrangige Ausbildung absolviert haben, auf die niedrigsten Werte (Tab. 50).

Die Beurteilung der Schwere der Arbeit, vor und seit der Zuwanderung, fällt ähnlich aus, mit Höchst- und Niedrigwerten zwischen 52 und 78 %, liegt also auf einem etwas niedrigeren Niveau (Tab. 49). Insbesondere bei den in den 70er Jahren Zugewanderten, die bereits - zum Teil - als Stadt-Stadtwanderer mit relativ hochrangiger Ausbildung vor der Zuwanderung nach Bursa gekennzeichnet wurden, fällt der relativ hohe Prozentsatz (37,1) derer auf, die die neue Tätigkeit nicht als unbedingt leichter empfinden - vielleicht Ausdruck der erstmaligen Konfrontation mit der Härte des Berufslebens.

In vorangegangenen Ausführungen ist die K. MARX'sche Verelendungstheorie zitiert worden, wonach sich Verelendung am Beginn des Industrialisierungsprozesses aus einer Reihe von Teilphänomenen zusammensetzt:

- der Proletarisierung, d.h. dem (möglichen) Verlust an Produktionsmitteln - etwa Grund und Boden bei den Zuwanderern aus dem ländlichen Raum -, was bei einem Teil der Zuwanderer nach Bursa nicht ausgeschlossen werden kann;
- der Lohnverelendung, die im Falle Bursa nicht akzeptiert werden kann: der Masse der Zuwanderer, auf niedrigem Einkommensniveau, geht es nicht wesentlich schlechter als der einheimischen Stadtbevölkerung; an der Herausbildung einer Mittelschicht sind Einheimische und Zuwanderer beteiligt;
- der Entfremdung, d.h. der psychischen Verelendung, die zu einer "Entäußerung" des Menschen führt, die sich in seiner Einstellung zur Arbeit äußert[2].

Die Tabellen 49 und 50 sollten es deutlich gemacht haben, daß von einer psychischen Verelendung der Erwerbstätigen in der Stadt Bursa kaum die Rede sein kann.

---

[1] Vgl. F. ENGELS: Die Lage der arbeitenden Klasse in England; (Leipzig 1845) München 1973, S. 173 ff
[2] Vgl. F. JONAS: Sozialphilosophie der industriellen Arbeitswelt; 2.Auflage Stuttgart 1974

Tab. 49: Schwere der Arbeit - Bewertung der Tätigkeiten vor und seit der Zuwanderung in die Stadt Bursa, 1974, zeitlich gestaffelt

Bewertung	zugewandert 1898-1949			zugewandert 1950-1959			zugewandert 1960-1969			zugewandert 1970-1974			Zuwandererhaushalte insgesamt		
	abs.	S%	Z%	abs.	S%	Z%	abs.	S%	Z%	abs.	S%	Z%	abs.	S%	Z%
Tätigkeit seit dem Zuzug nach Bursa ist leichter	60	73,2	15,0	155	78,3	38,8	124	63,6	31,0	61	52,6	15,3	400	67,7	100,0
Tätigkeit vor dem Zuzug nach Bursa war leichter	13	15,8	15,9	26	13,1	31,7	31	15,9	37,8	12	10,3	14,6	82	13,9	100,0
Tätigkeit vor und seit dem Zuzug nach Bursa etwa gleich leicht/schwer	9	11,0	8,3	17	8,6	15,6	40	20,5	36,7	43	37,1	39,4	109	18,4	100,0
zusammen	82	100,0	13,9	198	100,0	33,5	195	100,0	33,0	116	100,0	19,6	591	100,0	100,0
zusammen	82	48,5	13,9	198	73,3	33,5	195	73,9	33,0	116	68,6	19,6	591	67,8	100,0
keine Angabe	87	51,5	31,0	72	26,7	25,6	69	26,1	24,6	53	31,4	18,9	281	32,2	100,0
insgesamt	169	100,0	19,4	270	100,0	31,0	264	100,0	30,3	169	100,0	19,4	872	100,0	100,0

Tab. 50: Gefallen an der Arbeit - Bewertung der Tätigkeiten vor und seit der Zuwanderung in die Stadt Bursa, 1974, zeitlich gestaffelt

Bewertung	zugewandert 1898-1949			zugewandert 1950-1959			zugewandert 1960-1969			zugewandert 1970-1974			Zuwandererhaushalte insgesamt		
	abs.	S%	Z%	abs.	S%	Z%	abs.	S%	Z%	abs.	S%	Z%	abs.	S%	Z%
Tätigkeit seit dem Zuzug nach Bursa gefällt besser	67	77,9	14,0	179	85,6	37,5	154	76,2	32,3	77	65,2	16,1	477	77,6	100,0
Tätigkeit vor dem Zuzug nach Bursa gefiel besser	10	11,6	25,6	9	4,3	23,1	12	6,0	30,8	8	6,8	20,5	39	6,3	100,0
Tätigkeit vor und seit dem Zuzug nach Bursa gefallen etwa gleich gut	9	10,5	9,1	21	10,1	21,2	36	17,8	36,4	33	28,0	33,3	99	16,1	100,0
zusammen	86	100,0	14,0	209	100,0	34,0	202	100,0	32,8	118	100,0	19,2	615	100,0	100,0
zusammen	86	50,9	14,0	209	77,4	34,0	202	76,5	32,8	118	69,8	19,2	615	70,5	100,0
keine Angabe	83	49,1	32,3	61	22,6	23,7	62	23,5	24,1	51	30,2	19,8	257	29,5	100,0
insgesamt	169	100,0	19,4	270	100,0	31,0	264	100,0	30,3	169	100,0	19,4	872	100,0	100,0

5. Wohnverhältnisse

Zur Untersuchung der Lebensumstände am Arbeitsplatz hat sich eine eigene wissenschaftliche Disziplin etabliert, die Arbeitswissenschaft[1]; auch die Betriebs- und Industriesoziologie[2] befaßt sich mit diesem Thema. Dagegen steht die Begründung einer wissenschaftlichen Disziplin, die sich mit den Lebensumständen an der Wohnstätte beschäftigt, noch aus. Da es sich einerseits um soziale Tatbestände der Haushalte und Familien, andererseits um Unterkunftsformen handelt, wäre eine Verknüpfung der Familien- und Haushaltssoziologie[3], die aber Aspekte der baulichen Umgebung der Familien und Haushalte bisher ausspart, mit Aspekten der Architekturwissenschaft denkbar. Angesichts des Fehlens eines derartigen interdisziplinären Ansatzes verwundert es nicht, daß über die Entwicklung der Wohnverhältnisse im Verlauf des Industrialisierungsprozesses keine systematischen Untersuchungen vorliegen, von einer Theorie ganz zu schweigen.

Doch gibt es von seiten der Sozialhistoriker einige Untersuchungen, die sich mit den Wohnverhältnissen der Unterschicht, die wiederum besonders von den Stadtwanderern gestellt wird, in ausgewählten deutschen Städten, besonders in Berlin und im Ruhrgebiet, zur Zeit der Früh- und der Hochindustrialisierung, auseinandersetzen[4], darunter die umfangreiche, bisher zweibändige Dokumentation über die Entwicklung des Berliner Mietshauses von 1740 bis 1945[5] von seiten der Architekturwissenschaft.

---

[1] H.H. HILF: Einführung in die Arbeitswissenschaft; Berlin 1964
[2] W. BURISCH: Industrie- und Betriebssoziologie; Berlin, New York 1973
[3] R. KÖNIG: Soziologie der Familie; in: R. KÖNIG (Hrsg.): Handbuch zur empirischen Sozialforschung, Bd. 7; 2. Auflage Stuttgart 1976, S. 1-217; F. FISCHER: Einführung in die Familiensoziologie; Paderborn, München, Wien, Zürich 1978
[4] A. KRAUS: Wohnverhältnisse und Lebensbedingungen von Hütten- und Bergarbeiterfamilien in der zweiten Hälfte des 19. Jahrhunderts. Die Arbeitersiedlungen der Carlshütte in Büdelsdorf (Rendsburg) und der Zeche Rheinelbe/Alma in Ückendorf (Gelsenkirchen); in: W. CONZE, U. ENGELHARDT (Hrsg.): Arbeiter im Industrialisierungsprozeß. Herkunft, Lage und Verhalten; Industrielle Welt, Bd. 28; Stuttgart 1979, S. 163-194; C. WISCHERMANN: Wohnungsnot und Städtewachstum. Standards und soziale Indikatoren städtischer Wohnungsversorgung im späten 19. Jahrhundert; in: W. CONZE, U. ENGELHARDT (Hrsg.): Arbeiter im Industrialisierungsprozeß. Herkunft, Lage und Verhalten; Industrielle Welt, Bd. 28; Stuttgart 1979, S. 201-226; F.J. BRÜGGEMEIER, L. NIETHAMMER: Schlafgänger, Schnapskasinos und schwerindustrielle Kolonie. Aspekte der Arbeiterwohnungsfrage im Ruhrgebiet vor dem Ersten Weltkrieg; in: J. REULECKE; W. WEBER (Hrsg.): Fabrik, Familie, Feierabend; 2. Auflage Wuppertal 1978, S. 135-175; C. WISCHERMANN: Wohnen und soziale Lage in der Urbanisierung: Die Wohnverhältnisse hamburgischer Unter- und Mittelschichten um die Jahrhundertwende; in: H.J. TEUTEBERG (Hrsg.): Urbanisierung im 19. und 20. Jahrhundert. Historische und geographische Aspekte; Städteforschung, Reihe A, Bd. 16; Köln, Wien 1983, S. 309-387; I. THIENEL: Städtewachstum im Industrialisierungsprozeß des 19. Jahrhunderts. Das Berliner Beispiel; Veröffentlichungen der Historischen Kommission zu Berlin, Bd. 39; Berlin, New York 1973; I. THIENEL-SAAGE: Städtewachstum in der Gründerzeit: Beispiel Berlin; Reihe: Fragenkreise; Paderborn, München 1983
[5] J.F. GEIST, K. KÜRVERS: Das Berliner Mietshaus, Bd. 1: 1740-1862; München 1980; Bd. 2: 1862-1945; München 1984

Inhaltlich muß über die Wohnverhältnisse der Stadtwanderer in deutschen Städten in der Phase der Früh- und Hochindustrialisierung festgestellt werden, daß sie ihre Unterkünfte nicht selber bauten, sondern daß private Unternehmer und Unternehmen, Industriebetriebe und Zechen, zum Teil nach vorangegangener Bodenspekulation und im Rahmen von Spekulationsbauten, die Unterkünfte für die Stadtwanderer in Form von Mietskasernen und Zechenkolonien errichteten. Die Stadtwanderer waren damals finanziell wie organisatorisch nicht in der Lage, für ihre Unterkünfte selbst zu sorgen. Besonders bei den Mietskasernen handelte es sich um vielgeschossige Häuser mit zahlreichen Hinterhöfen und Hinterhäusern mit dürftig ausgestatteten Wohnungen, von denen vielfach nur ein Raum, die Küche beheizbar war, die gleichzeitig als Wohnraum diente; Toiletten gab es im Hof oder im Treppenhaus; Wasserleitungen und Wasseranschluß in den Häusern kam erst nach 1880 auf; ein Bad in den Wohnungen war sehr selten; das Wasser wurde durch Pumpen auf der Straße entnommen[1]. Entsprechend dem noch nicht weit entwickelten technologischen Stand, gab es in den Haushalten auch die zahlreichen technischen Geräte nicht, die heute, im Zeitalter der Massen- und Konsumgesellschaft, in den hochentwickelten Industrieländern zur Standardausstattung gehören, die sich aber die Stadtwanderer damals - wenn es diese Geräte gegeben hätte - auch nicht hätten leisten können.

Eine besondere Unterbringungsart für Stadtwanderer war die Untervermietung: Es wurden - in einigem Umfang - einzelne Betten, bisweilen mehrere, in den Wohnungen an Schlafburschen, familienfremde männliche Einzelwanderer, vermietet, die meist nur zum Schlafen die Haushalte aufsuchten[2].

In England scheinen die Wohnverhältnisse der Stadtwanderer in der Frühindustrialisierungsphase, in der ersten Hälfte des 19. Jahrhunderts, durch besonders hohe Belegungsraten noch ungünstiger gewesen zu sein. Auch dazu liegen eine Reihe von Untersuchungen und Darstellungen vor[3].

Vom Baulichen war es der Typ der back-to-back-Häuser, vertikale Räumestapel begrenzter Bauhöhe, ohne Querbelüftung, der massenhaft gefertigt wurde und in tausendfacher, monotoner Setzung die Häuserzeilen der britischen Industriestädte prägte. Wasseranschluß gab es in den Häusern nicht; die Toiletten und Wascheinrichtungen befanden sich im Hof[4]. Elektrische Beleuchtung war noch nicht vorhanden.

Durch die Auswanderung aus Irland, wo die Landflüchtigen infolge von Hungersnöten durch Ausbleiben der Kartoffelernte in ihrer physischen Existenz bedroht

---

[1] I. THIENEL-SAAGE, 1983, S. 43; in Berlin heute noch als Kuriosität in einzelnen Fällen erhalten
[2] I. THIENEL-SAAGE, 1983, S. 43
[3] St. D. CHAPMAN: The History of Working-Class Housing. A Symposium; Newton Abbot 1971; E. GAULDIE: Cruel Habitations. A History of Working-Class Housing 1780-1918; London 1974; M.I. THOMIS: The Town Labourer and the Industrial Revolution; London 1974; R. ROBERTS: The Classic Slum.Salford Life in the First Quarter of the Century; Manchester 1971; A.S. WOHL: The Eternal Slum. Housing and Social Policy in Victorian London; London 1977; G. BURKE: Towns in the Making; London 1971, S. 126 ff; I. LEISTER: Wachstum und Erneuerung britischer Industriegroßstädte; Wien, Köln, Graz 1970, S. 46 ff
[4] M. und A. POTTER: Houses; London and Ipswich 1948, S. 28

waren, drängten sich die irischen Zuwanderer in die back-to-back-Häuser der englischen Städte, darunter besonders Manchester, wo F. ENGELS seine Beobachtungen anstellte, derart, daß nicht nur in jedem Raum eines Stockwerks eine Familie wohnte, sondern bisweilen mehrere Familien in jedem Raum, in besonderen Fällen sogar eine Familie in jedem Bett[1]. F. ENGELS konnte seine Veröffenlichung über die Lage der arbeitenden Klasse in England, darunter die Wohnverhältnisse, nicht nur auf Beobachtungen stützen, sondern auf zahlreiche amtliche Mitteilungen, vor allem die Reports der verschiedenen Royal Commissions[2].

Im Zusammenhang mit der vorliegenden Veröffentlichung interessiert - auf der Suche nach einem Vergleichs- und Beurteilungsmaßstab - das Aufzeigen der Entwicklung der Wohnverhältnisse im Verlauf des Industrialisierungsprozesses, zunächst in Industrieländern.

Auch in neuerer Zeit finden die Wohnverhältnisse in den Industrieländern durchaus Beachtung[3], aber es handelt sich um eine kurzfristige Erfassung auf statistischer Ebene, kaum unter sozialwissenschaftlichem Aspekt und ohne Bezug zur baulichen Gestalt und Unterkunftsweise. Der qualitativ-wissenschaftlichen Untersuchung der Wohnverhältnisse in der Frühindustrialisierungsphase steht die quantitativ-statistische Erfassung der Wohnverhältnisse in der fortgeschrittenen Industriegesellschaft gegenüber. Es fehlt ein durchgehender Beurteilungs- und Vergleichsmaßstab.

Eine Entwicklungsreihe von typischen Wohnhausbauten im Verlauf des Industrialisierungsprozesses, wie sie von M.R.G. CONZEN aufgezeigt wurde[4], kann als qualitativer Maßstab dienen: Vom Typ des back-to-back-house, dicht gedrängt in aufgereihter Weise in der Innenstadt in der ersten Hälfte des 19. Jahrhunderts (frühviktorianisch), über den Typ des bye-law-house, der eine Verbesserung des back-to-back-house, aber noch gedrängt in Reihenform in der Innenstadt in der zweiten Hälfte des 19. Jahrhunderts (spätviktorianisch) darstellt, zum semi-detached-house, der Doppelhaushälfte in aufgelockerter Bauweise durch umgebenden Garten, das seit den 30er Jahren des 20. Jahrhunderts die Vororte der englischen Städte in massenhafter Weise baulich prägt. Mit dieser Entwicklungsreihe kommt auch der sozialstrukturelle Wandel der Gesellschaft, im Sinne einer positiven vertikalen Mobilität, im Sinne der Herausbildung der Mittelschicht in der fortgeschrittenen Industriegesellschaft, baulich zum Ausdruck. Zur Ausstattung dieser Wohnungen gehören alle jene modernen technischen Einrichtungen, über die - nach englischen Untersuchungen[5] - in England auch der "wohlhabende" Arbeiter verfügt, selbst wenn er sich, seiner Bewußtseinslage nach, weiter zur "Arbeiterklasse" zugehörig empfindet.

---

[1] F. ENGELS: Die Lage der arbeitenden Klasse in England; (Leipzig 1845) München 1973, an vielen Stellen
[2] F. ENGELS, 1973, S. 398 ff
[3] M. OSTERLAND, W. DEPPE, F. GERLACH, U. MERGNER, K. PELTE, M. SCHLÖSSER: Materialien zur Lebens- und Arbeitssituation der Industriearbeiter in der BRD; Studienreihe des Soziologischen Forschungsinstituts Göttingen; 3. Auflage Frankfurt am Main 1973, S. 168 ff; R. ERMRICH: Basisdaten. Zahlen zur sozio-ökonomischen Entwicklung der Bundesrepublik Deutschland; Bonn-Bad Godesberg 1974, S. 333 ff
[4] M.R.G. CONZEN: Geographie und Landesplanung in England; Colloquium Geographicum, Bd. 2; Bonn 1952, Karte 4 (in der Beilage)
[5] J.H. GOLDTHORPE, D. LOCKWOOD, F. BECHHOFER, J. PLATT: Der "wohlhabende" Arbeiter in England; 3 Bde, München 1970-71; E.A. JOHNS: The Social Structure of Modern Britain; 2. Auflage Oxford, New York, Toronto, Sydney, Braunschweig 1972

Die Entwicklungsländer sind - unter anderem - heute dadurch gekennzeichnet, daß eine räumliche Bevölkerungsumverteilung riesigen Ausmaßes stattfindet: Im Zuge der Land-Stadtwanderung verlagern sich große Teile der Bevölkerung in die Städte - eine räumliche Umverteilung, wie sie sich in den heute hochentwickelten Industrieländern in deren Vergangenheit abgespielt hat. Während im 19. Jahrhundert zur Unterbringung der Stadtwanderer in deutschen Städten die Mietskasernen und Zechenkolonien, in englischen Städten die back-to-back-Häuser und die bye-law-Häuser entstanden, sind es in den Entwicklungsländern heute die im Deutschen Marginalsiedlungen, im Englischen shantytowns oder squatters' settlements, im Französischen bidonvilles, im Spanischen barrios clandestinos oder villas des misera, im Portugiesischen favelas und im Türkischen gecekondu evler genannten Unterkünfte, die meist am Stadtrand angelegt werden.

Ein wesentlicher Unterschied besteht zwischen den Stadtwanderern der heute hochentwickelten Länder in deren Vergangenheit und den Stadtwanderern in den Entwicklungsländern heute: Die heutigen Stadtwanderer in den Entwicklungsländern sorgen - zum großen Teil - für ihre Unterkünfte selber, d.h. errichten sie in Eigenbauweise. Dies führt zu einer außerordentlichen Vielfalt von Bauweisen, in Abhängigkeit von den begrenzten finanziellen Möglichkeiten der Stadtwanderer und den ortsüblichen Baumaterialien. Dies führt aber auch dazu, daß die Stadtwanderer in den Entwicklungsländern heute - im Gegensatz zu den Stadtwanderern der Industrieländer in der Vergangenheit - über ihre, wenn auch noch so bescheidenen Unterkünfte als Eigentum verfügen.

In Entwicklungsländern, in denen der Lebensstandard der großen Masse der Bevölkerung, wie beispielsweise in Indien, besonders niedrig ist, besteht ein besonders großer Spielraum der Unterkunftsarten der Stadtwanderer, der von Mietskasernen - in ihrer primitiven Ausstattung durchaus denen deutscher und englischer Städte des 19. Jahrhunderts vergleichbar - über Lehmhüttensiedlungen bis hin zu den pavement dwellers reicht, die also über keine feste Unterkunft verfügen[1].

Das Phänomen der Marginalsiedlungen - marginal im konkreten wie übertragenen Sinne - hat von Sozialanthropologen, Soziologen und nicht zuletzt Sozialgeographen in vielen Entwicklungsregionen der Erde, im Orient, in Lateinamerika, in Schwarzafrika, in Indien und in Südostasien, wissenschaftliche Aufmerksamkeit erfahren und die Literatur zum Thema ist so angeschwollen, daß hier - stellvertretend - nur einige Hinweise gegeben werden können[2]; was solche Verhältnisse

---

[1] J. BLENCK: Slums und Slumsanierung in Indien; in: 39. Deutscher Geographentag Kassel 1973. Tagungsbericht und wissenschaftliche Abhandlungen; Wiesbaden 1974, S. 313

[2] D.J. DWEYER: People and Housing in Third World Cities. Perspectives on the Problem of Spontaneous Settlements; London, New York 1979; G.K. PAYNE: Urban Housing in the Third World; London, Boston 1977; A.R. DESAI, S. Devadas PILLAI (Hrsg.): Slums and Urbanization; Bombay 1970; P. LLOYD: Slums of Hope? Shanty-towns in the Third World; New York 1979; G. MERTINS: Marginalsiedlungen in den Großstädten der Dritten Welt. Ein Überblick; in: Geographische Rundschau, Jahrgang 36; Braunschweig 1984, S. 434-442; V. HÖHFELD: Gecekondus. Dörfer am Rande türkischer Städte?; in: Geographische Rundschau, Jahrgang 36; Braunschweig 1984, S. 444-450; J. BÄHR, G. KLÜCKMANN: Staatlich geplante Barriadas in Peru. Dargestellt am Beispiel von Ville El Salvador (Lima); in: Geographische Rundschau, Jahrgang 36; Braunschweig 1984, S. 452-459; H.-G. BOHLE: Probleme der Verstädterung in Indien. Elendssiedlungen und Sanierungspolitik in der südindischen Metropole Madras; in: Geographische Rundschau, Jahrgang 36; Braunschweig 1984, S. 461-469

im Orient angeht, so sind die Literaturhinweise in R. STEWIG, 1983[1], was die Türkei angeht, so sind die Literaturhinweise im Teil 1 der Veröffentlichung über das Bursa-Projekt, S. 27, Fußnoten, enthalten.

Angesichts ähnlicher Wohnverhältnisse der Stadtwanderer in der Vergangenheit der Industrieländer und in den Entwicklungsländern heute drängt sich die Frage der Vergleichbarkeit und Beurteilung vom zentralen Begriff Slum aus auf; handelte es sich damals in den Industrieländern und handelt es sich heute in den Entwicklungsländern um Slums[2]?

Es überrascht, daß im Rahmen dessen, was man zusammenfassend Verelendungstheorie von K. MARX[3] genannt hat, neben der Proletarisierung, d.h. dem Verlust an Produktionsmitteln, neben der Entfremdung, d.h. der psychischen Verelendung, und neben der Lohnverelendung das Phänomen der als Verslumung zu bezeichnenden Verschlechterung der Wohnverhältnisse keine entsprechende Rolle zu spielen scheint, obwohl doch gerade von F. ENGELS passende Beobachtungen und auch amtliche Feststellungen K. MARX zugetragen worden sind[4].

Mit was für Inhalten auch immer der Begriff Slum im einzelnen gefüllt wird - Substandardmerkmale der Bewohner und der Behausungen kommen zusammen[5] -, die Bewußtseinslage der Bewohner sollte nicht außer acht gelassen werden, worauf besonders Ch.J. STOKES mit seiner theory of slums hingewiesen hat[6]. Nach der Bewußtseinslage unterscheidet Ch.J. STOKES slums of despair, in denen die mißlichen Wohnverhältnisse von den Bewohnern als solche empfunden und abgelehnt werden, was zu ungünstigen sozialen Einstellungen führt, und slums of hope, deren Bewohner die verbesserungsbedürftigen Wohnverhältnisse als Durchgangsstation zu besseren sozialen Verhältnissen ansehen.

Daß die Stadtwanderer - in den Industrieländern in der Vergangenheit, in den Entwicklungsländern heute - durch ihre Niederlassung in der Stadt, nach vorangegangenem Leben im ländlichen Raum, vor große Probleme der Anpassung an die neue städtische Siedlungs- und Lebensweise, den Wandel vom Dörfler zum Städter[7], und besonders von einem Arbeitsplatz im primären zu einem im sekundären oder tertiären Sektor gestellt sind, bringt ohne Zweifel erschwerte Lebensumstände mit sich.

---

[1] R. STEWIG: Die Stadt in Industrie- und Entwicklungsländern; Paderborn, München, Wien, Zürich 1983 (an vielen Stellen)
[2] E.E. BERGEL, N. ANDERSON, M.B. CLINARD, Ch.J. STOKES mit Aufsätzen zum Thema: Nature, Characteristics and Theories of Slums; in: A.R. DESAI, S. Devadas PILLAI (Hrsg.): Slums and Urbanization; Bombay 1970, S. 37-72
[3] W. HOFMANN: Verelendung; in: Folgen einer Theorie. Essays über "Das Kapital" von Karl MARX; 4. Auflage Frankfurt am Main 1971, S. 27-60
[4] G. HERRE: Verelendung und Proletariat bei Karl MARX; Tübinger Schriften zur Sozial- und Zeitgeschichte; Düsseldorf 1973, S. 111-118
[5] zur detaillierten Auflistung: R. STEWIG, 1983, S. 201 f
[6] Ch.J. STOKES: A Theory of Slums; in: Land Economics, Bd. 38; Madison/Wis. 1962, S. 187-197
[7] B. ROBERTS: Cities of Peasants. The Political Economy of Urbanization in the Third World; London 1978; U. PLANCK: Zur Frage der Verdörflichung orientalischer Städte am Beispiel der Türkei; in: Orient, 15. Jahrgang; Opladen 1974, S. 43-46

Tab. 51: Wohnverhältnisse in der Stadt Bursa, 1960, nach einer türkischen Statistik

	abs.	S%		abs.	S%
Total Housing Units	40 260	100,0	Gas		
Occupied	39 495	98,1	Connected	-	-
Vacant	765	1,9	Not Connected	39 495	100,0
Occupied Units	39 495	100,0	Heating System		
Tenure			Central Heating	180	0,4
Owner	25 110	63,5	Stove (Room Heating)	39 885	99,4
Rent	13 110	33,1	Other	30	0,07
Others	1 275	3,2	Number of Rooms		
Type of Unit			1	4 320	10,9
Detached	4 005	10,1	2	10 200	25,8
Attached	29 760	75,3	3	9 885	25,0
Flat	4 215	10,6	4	7 830	19,8
Apartment	1 515	3,8	5	3 705	9,3
Kitchen			6 +	3 555	9,0
With Kitchen	23 085	58,4	Average	3,0	
Private	20 385	88,3	Area Occupied (Square Meters)		
Shared	2 700	11,7	0 - 49	16 920	42,8
No Kitchen	16 410	41,5	50 - 74	9 270	23,4
Plumbing			75 - 99	5 175	13,1
Toilet			100 - 149	5 385	13,6
Private	30 945	78,3	150 +	2 745	6,9
Shared	8 550	21,6	Average	62,3	
Bath			Monthly Contract Rent (T.L.)		
With Bath	10 335	26,1	0 - 49	4 215	32,1
No Bath	29 160	73,8	50 - 99	4 020	30,6
City Water			100 - 149	1 785	13,6
Connected	19 995	50,6	150 - 199	1 755	13,3
Not Connected	19 500	49,3	200 - 299	825	6,2
Sewage System			300 +	510	3,8
Connected to City Systems	33 690	85,3	Average	92,0	
Septic Tank	495	1,2	Household Head, Method of Travel to Place of Employment		
Other	5 310	13,4			
Condition of Units			Walking	28 245	80,4
Strong	20 055	50,7	Bus	3 375	9,6
Reparable	11 865	30,0	Train	-	-
Weak	7 575	19,1	Ship	-	-
			Other	3 480	9,9
Living Standard			Averages		
Good	15 240	38,5	Persons Employment per Occupied Housing Unit		1,11
Fair	15 165	38,4			
Bad	9 090	23,0	Persons per Room		1,44
Electricity			Square Meters per Person		14,01
Wired	33 765	85,4	Persons per Occupied Housing Unit		4,42
Not Wired	5 730	14,5			

Nach: 20 Şehirde 1960 Mesken Şartları Anketi Örnekleme Sonuçları. 1960 Sample Survey of Housing Conditions in 20 Cities; Ankara 1982, S. 26-27

Tab. 52: Wohnhaustypen der Nichtzuwanderer und Zuwanderer in der Stadt Bursa, 1974, zeitlich gestaffelt

Wohnhaustyp	Nichtzuwanderer		zugewandert 1898-1949			zugewandert 1950-1959			zugewandert 1960-1969			zugewandert 1970-1974			Zuwanderer insgesamt			insgesamt	
	abs.	S%	abs.	S%	Z%	abs.	S%	Z%	abs.	S%	Z%	abs.	S%	Z%	abs.	S%	Z%	abs.	S%
Villa mit Garten	4	0,9	0	0,0	0,0	1	0,4	33,3	1	0,4	33,3	1	0,6	33,3	3	0,4	100,0	7	0,5
Apartment-wohnhochhaus	82	18,0	21	12,9	19,3	14	5,4	12,9	35	13,7	32,1	39	23,6	35,8	109	12,9	100,0	191	14,6
modernes Stadthaus	131	28,7	39	23,9	23,5	51	19,5	30,7	52	20,4	31,3	24	14,5	14,5	166	19,7	100,0	297	22,8
osmanisches Haus	45	9,9	23	14,1	44,2	11	4,2	21,1	12	4,7	23,1	6	3,6	11,5	52	6,2	100,0	97	7,4
Einfachhaus	194	42,5	80	49,1	15,6	184	70,5	35,8	155	60,8	30,1	95	57,6	18,5	514	60,9	100,0	708	54,4
zusammen	456	100,0	163	100,0	19,3	261	100,0	30,9	255	100,0	30,2	165	100,0	19,5	844	100,0	100,0	1300	100,0
zusammen keine Angabe	456 11	97,6 2,4	163 4	97,6 2,4	19,3 15,4	261 9	96,7 3,3	30,9 34,6	255 9	96,6 3,4	30,2 34,6	165 4	97,6 2,4	19,5 15,4	844 26	97,0 3,0	100,0 100,0	1300 37	98,0 2,7
insgesamt	467	100,0	167	100,0	19,2	270	100,0	31,0	264	100,0	30,4	169	100,0	19,4	870	100,0	100,0	1337	100,0

Ein langfristiger quantitativer Maßstab zur Beurteilung der Wohnverhältnisse und ihrer Entwicklung im Verlauf des Industrialisierungsprozesses, der die genauere Bestimmung von Entwicklungsniveaus ermöglichen würde, ist nach den gegenwärtigen, unzulänglichen statistischen Grundlagen nicht in Sicht.

Was die Wohnverhältnisse der Stadtbevölkerung Bursas angeht, so muß zunächst betont werden, daß - wie in den vorangegangenen Abschnitten auch - die gesamte Stadtbevölkerung betrachtet wird und nicht nur die Gruppe der Stadtwanderer. Gerade die Nichtzuwanderer unter den Stadtbevölkerungen der Industrieländer in der Vergangenheit, der Entwicklungsländer heute, haben wenig wissenschaftliche Aufmerksamkeit erfahren. Allerdings sind es nur einige Aspekte, die hier berücksichtigt werden können.

Die Tabelle 51, die - nach Bevölkerungsgruppen undifferenziert - einen groben Überblick über die Wohnverhältnisse in der Stadt Bursa im Jahre 1960 nach einer türkischen Stichprobe vermittelt, läßt nicht erkennen, was auch in der Stadt Bursa für die wichtige Gruppe der Stadtwanderer Grundbedingungen sind: Die Zuwanderer bauen sich - unter Hinzuziehung von städtischen Handwerkern - in der Regel ihre Unterkünfte selbst - dies kommt andeutungsweise in dem hohen Wert von 63,5 % für die Eigentümer von Wohnungseinheiten zum Ausdruck (Tab. 51); und: eine Schlafburschenuntervermietung einzelner Betten innerhalb der Wohnungen, die in der Frühindustrialisierungsphase in deutschen und englischen Städten üblich war, gibt es nicht - die religiöse Norm, die die Privatheit der Familie verlangt und die tatsächlich streng eingehalten wird, verbietet dies; allein dadurch wird die Möglichkeit der Überbelegung von Wohnraum, verglichen mit den Verhältnissen der Frühindustrialisierungsphase der Industrieländer in der Vergangenheit, stark eingeschränkt.

Die Tabelle 52 gibt einen Überblick über die vier Wohnhaustypen in der Stadt Bursa, die durch Beobachtung festgestellt worden sind. Es sei darauf hingewiesen, daß die Wohnhaustypen der Stadt und ihre Varianten am Schluß der vorliegenden Veröffentlichung durch Photos illustriert und kurz beschrieben werden; eine frühere Kurzbeschreibung findet sich im Teil 1, S. 94.

Die Wohnhäuser der Stadt Bursa haben wissenschaftlich begrenzt Aufmerksamkeit von seiten der Architekturwissenschaft erfahren; dabei handelt es sich um das schon weitgehend verdrängte, meist in einem schlechten Bauzustand befindliche osmanische Haus[1], wobei die Schmuckformen dieses Haustyps größeres Interesse fanden als seine sozioökonomischen Bedingungen.

Die vier Wohnhaustypen, Villa mit Garten, Apartmentwohnhochhaus, modernes Stadthaus, osmanisches Haus und Einfachhaus - womit vor allem die vielen gecekondu evler, die "über Nacht gebauten Häuser" der zahlreichen Stadtwanderer gemeint sind -, stellen eine soziale Rangfolge dar. Dies belegen die Tabellen 53 und 54, die die monatlichen Einkommen der Bewohner, der Hauptverdiener und der Haushalte, aufzeigen.

Wenn man von den seltenen Fällen der hochherrschaftlichen Villa mit Garten in der Stadt Bursa absieht, die aber durch den Umfang ihrer Anlagen stärker ins Auge fällt als andere Wohnhaustypen, dann wird das Einfachhaus und das osmanische Stadthaus zu etwa 85 % von den unteren Einkommensklassen (bis 2000 T.L.

---

[1] L. TOMSU: Bursa Evleri; Istanbul Teknik Universitesi. Mimarlık Fakültesi; Istanbul 1950; E.A. KÖMÜRÇÜOĞLU: Das alttürkische Wohnhaus; Wiesbaden 1966 (über Bursa: S. 41 ff)

Tab. 53: Wohnhaustyp und monatliches Einkommen der Hauptverdiener in T.L. in der Stadt Bursa, 1974

monatliches Einkommen in T.L.	Villa mit Garten			Apartment-wohnhochhaus			modernes Stadthaus			osmanisches Haus			Einfachhaus			Haushalte insgesamt		
	abs.	S%	Z%	abs.	S%	Z%	abs.	S%	Z%	abs.	S%	Z%	abs.	S%	Z%	abs.	S%	Z%
≤ 500	0	0,0	0,0	2	1,3	6,3	3	1,2	9,4	4	5,3	12,5	23	3,6	71,9	32	2,8	100,0
501 - 1000	0	0,0	0,0	13	8,3	4,3	51	19,7	17,0	23	30,3	7,7	213	33,2	71,0	300	26,4	100,0
1001 - 1500	0	0,0	0,0	15	9,6	4,8	73	28,2	23,2	19	25,0	6,1	207	32,2	65,9	314	27,6	100,0
1501 - 2000	0	0,0	0,0	33	21,2	15,9	51	19,7	24,5	20	26,3	9,6	104	16,2	50,0	208	18,3	100,0
2001 - 2500	0	0,0	0,0	13	8,3	17,3	25	9,7	33,3	2	2,6	2,7	35	5,5	46,7	75	6,6	100,0
2501 - 3000	1	20,0	1,4	18	11,5	25,0	20	7,7	27,8	1	1,3	1,4	32	5,0	44,4	72	6,3	100,0
3001 - 4000	0	0,0	0,0	26	16,7	52,0	13	5,0	26,0	2	2,6	4,0	9	1,4	18,0	50	4,4	100,0
4001 - 5000	2	40,0	6,3	8	5,1	25,0	11	4,2	34,4	2	2,6	6,3	9	1,4	28,1	32	2,8	100,0
5001 - 7500	0	0,0	0,0	9	5,8	40,9	8	3,1	36,4	1	1,3	4,5	4	0,6	18,2	22	1,9	100,0
7501 - 10000	2	40,0	12,5	7	4,5	43,8	4	1,5	25,0	0	0,0	0,0	3	0,5	18,8	16	1,4	100,0
≥ 10001	0	0,0	0,0	12	7,7	70,6	0	0,0	0,0	2	2,6	11,8	3	0,5	17,6	17	1,5	100,0
zusammen	5	100,0	0,4	156	100,0	13,7	259	100,0	22,8	76	100,0	6,7	642	100,0	56,4	1138	100,0	100,0
zusammen	5	71,4	0,4	156	80,8	13,7	259	86,3	22,8	76	76,8	6,7	642	89,2	56,4	1138	86,3	100,0
keine Angabe	2	28,6	1,1	37	19,2	20,4	41	13,7	22,7	23	23,2	12,7	78	10,8	43,1	181	13,7	100,0
insgesamt	7	100,0	0,5	193	100,0	14,6	300	100,0	22,7	99	100,0	7,5	720	100,0	54,6	1319	100,0	100,0

Tab. 54: Wohnhaustyp und monatliches Haushaltseinkommen in T.L. in der Stadt Bursa, 1974

monatliches Einkommen in T.L.	Villa mit Garten			Apartment-wohnhochhaus			modernes Stadthaus			osmanisches Haus			Einfachhaus			Haushalte insgesamt		
	abs.	S%	Z%	abs.	S%	Z%	abs.	S%	Z%	abs.	S%	Z%	abs.	S%	Z%	abs.	S%	Z%
≤ 500	0	0,0	0,0	0	0,0	0,0	1	0,4	5,6	1	1,2	5,6	16	2,4	88,9	18	1,5	100,0
501 - 1000	0	0,0	0,0	15	9,3	6,1	46	16,6	18,8	20	24,1	8,2	164	24,3	66,9	245	20,4	100,0
1001 - 1500	0	0,0	0,0	16	9,9	5,9	69	24,9	25,3	20	24,1	7,3	168	24,9	61,5	273	22,7	100,0
1501 - 2000	0	0,0	0,0	26	16,0	11,4	50	18,1	21,8	18	21,7	7,9	135	20,0	59,0	229	19,1	100,0
2001 - 2500	0	0,0	0,0	13	8,0	11,5	28	10,1	24,8	7	8,4	6,2	65	9,6	57,5	113	9,4	100,0
2501 - 3000	1	20,0	0,9	16	9,9	14,5	29	10,5	26,4	6	7,2	5,5	58	8,6	52,7	110	9,2	100,0
3001 - 4000	0	0,0	0,0	27	16,7	32,5	21	7,6	25,3	3	3,6	3,6	32	4,7	38,6	83	6,9	100,0
4001 - 5000	2	40,0	3,5	18	11,1	31,6	16	5,8	28,1	3	3,6	5,3	18	2,7	31,6	57	4,7	100,0
5001 - 7500	0	0,0	0,0	10	6,2	28,6	10	3,6	28,6	3	3,6	8,6	12	1,8	34,3	35	2,9	100,0
7501 -10000	2	40,0	9,5	8	4,9	38,1	7	2,5	33,3	0	0,0	0,0	4	0,6	19,0	21	1,7	100,0
≥ 10001	0	0,0	0,0	13	8,0	72,2	0	0,0	0,0	2	2,4	11,1	3	0,4	16,7	18	1,5	100,0
zusammen	5	100,0	0,4	162	100,0	13,5	277	100,0	23,0	83	100,0	6,9	675	100,0	56,2	1202	100,0	100,0
zusammen	5	71,4	0,4	162	83,9	13,5	277	92,3	23,0	83	83,8	6,9	675	93,7	56,2	1202	91,1	100,0
keine Angabe	2	28,6	1,7	31	16,1	26,5	23	7,7	19,7	16	16,2	13,7	45	6,3	38,5	117	8,9	100,0
insgesamt	7	100,0	0,5	193	100,0	14,6	300	100,0	22,7	99	100,0	7,5	720	100,0	54,6	1319	100,0	100,0

Tab. 55: Ausstattung der Wohnungen der Nichtzuwanderer und Zuwanderer in der Stadt Bursa, 1974, zeitlich gestaffelt

Ausstattung	Nichtzuwanderer		zugewandert 1898-1949			zugewandert 1950-1959			zugewandert 1960-1969			zugewandert 1970-1974			Zuwanderer insgesamt		
	abs.	S%	abs.	S%	Z%	abs.	S%	Z%	abs.	S%	Z%	abs.	S%	Z%	abs.	S%	Z%
Anschluß an das Trinkwassernetz	401	85,9	133	79,6	22,1	199	73,7	33,1	166	62,9	27,6	103	60,9	17,1	601	69,1	100,0
Wasserversorgung durch Brunnen/Hydrant	63	13,5	32	19,2	12,4	70	25,9	27,1	93	35,2	36,0	63	37,3	24,4	258	29,7	100,0
Anschluß an das Abwassernetz	436	93,4	151	90,4	19,6	241	89,3	31,3	235	89,1	30,5	144	85,2	18,7	771	88,6	100,0
Holzofen	263	56,3	112	67,1	18,8	206	76,3	34,6	181	68,6	30,4	96	56,8	16,1	595	68,4	100,0
Kohleofen	270	57,8	93	55,7	21,2	134	49,6	30,6	129	48,9	29,4	82	48,5	18,7	438	50,3	100,0
Zentralheizung	27	5,8	10	6,0	24,4	4	1,5	9,7	12	4,5	29,2	15	8,9	36,6	41	4,7	100,0
Anschluß an das Stromnetz	441	94,4	155	92,8	20,9	246	91,1	33,2	207	78,4	27,9	134	79,3	18,1	742	85,3	100,0
Telefon	91	19,5	33	19,8	35,5	24	8,9	25,8	21	8,0	22,6	15	8,9	16,1	93	10,7	100,0
Haushalte insgesamt	467	100,0	167	100,0	19,2	270	100,0	31,0	264	100,0	30,4	169	100,0	19,4	870	100,0	100,0

Tab. 56: Ausstattung der Wohnungen der Nichtzuwanderer und Zuwanderer in der Stadt Bursa, 1974, zeitlich gestaffelt

Ausstattung	Nichtzuwanderer		zugewandert 1898-1949			zugewandert 1950-1959			zugewandert 1960-1969			zugewandert 1970-1974			Zuwanderer insgesamt		
	abs.	S%	abs.	S%	Z%	abs.	S%	Z%	abs.	S%	Z%	abs.	S%	Z%	abs.	S%	Z%
Möbel (orientalisch)	76	16,3	30	18,0	18,1	52	19,3	31,3	51	19,3	30,7	33	19,5	19,9	166	19,1	100,0
Möbel (orientalisch/ europäisch)	86	18,4	22	13,2	15,9	43	15,9	31,1	42	15,9	30,4	31	18,3	22,5	138	15,9	100,0
Möbel (europäisch)	78	16,7	28	16,8	26,2	21	7,8	19,6	25	9,5	23,3	33	19,5	30,8	107	12,3	100,0
Fernseher	134	28,7	40	24,0	24,2	44	16,3	26,7	40	15,2	24,2	41	24,3	24,8	165	19,0	100,0
Waschmaschine	100	21,4	34	20,4	26,6	30	11,1	23,4	31	11,7	24,2	33	19,5	25,8	128	14,7	100,0
Eisschrank/ Kühlschrank	211	45,2	65	38,9	24,7	76	28,1	28,9	66	25,0	25,1	56	33,1	21,3	263	30,2	100,0
Haushalte insgesamt	467	100,0	167	100,0	19,2	270	100,0	31,0	264	100,0	30,4	169	100,0	19,4	870	100,0	100,0

pro Monat der Hauptverdiener) bewohnt, das moderne Stadthaus zu etwa 68 %, und das Apartmentwohnhochhaus nur zu etwa 40 %.

Deutlich erkennt man aus der Tab. 53 auch, daß bei dem modernen Stadthaus und besonders bei dem Apartmentwohnhochhaus die mittleren Einkommensklassen (über 2000 T.L. pro Monat der Hauptverdiener) stärker vertreten sind, besonders stark beim Apartmentwohnhochhaus.

Angesichts dieser Feststellungen ist es angemessen, die anteilmäßige Verbreitung der vier Wohnhaustypen in der Stadt Bursa (Tab. 52) als Indikator der sozialen Schichtung der Stadtbevölkerung zu benutzen. Danach entfällt auf das Einfachhaus und das osmanische Haus ein Anteil von 54,4 % plus 7,4 % = 61,8 %, auf das moderne Stadthaus ein Anteil von 22,8 %, auf das Apartmentwohnhochhaus von 14,6 % (Tab. 52). Nicht nur in der Villa mit Garten, sondern auch im Apartmentwohnhochhaus wohnt ein Teil der Oberschicht Bursas, die Fabrikbesitzer, größeren Unternehmer, leitenden Ärzte.

Wenn man die Bewohner der Einfachhäuser und der osmanischen Häuser grob zur Unterschicht rechnet, dann verläuft die Grenze zwischen Mittel- und Oberschicht sozusagen durch die Bewohner der Apartmentwohnhochhäuser. Die sich herausbildende Mittelschicht wohnt zum großen Teil im modernen Stadthaus, zum Teil aber auch im Apartmentwohnhochhaus mit fließender Abgrenzung zu Mittel-, oberen Mittel- und Oberschicht.

Was die Unterscheidung von Nichtzuwanderern und Zuwanderern, die wiederum zeitlich gestaffelt, angeht, so liegt der Anteil der Zuwanderer, die in Einfachhäusern wohnen - erwartet - deutlich, mit bis zu 70 %, über dem der Nichtzuwanderer, die höchstens auf 42 % kommen (Tab. 52), während bei den Nichtzuwanderern der Anteil der im osmanischen Haus wohnenden Haushalte (rund 10 %) höher ist als der der Zuwanderer (rund 6 %; Tab. 52). Es fällt auf, daß Nichtzuwanderer - wohl soweit sie den niedrigsten Einkommensklassen angehören - auch in Einfachhäusern zu finden sind, während Zuwanderer - besonders in der Gruppe der in den 70er Jahren Zugewanderten, die zum Teil nach besserer Ausbildung im Zuge von Stadt-Stadtwanderungen nach Bursa gelangten - auch in dem Typ des modernen Stadthauses und sogar dem des Apartmentwohnhochhauses vertreten sind. Wiederum präsentiert sich - wie schon in den vorangegangenen Abschnitten - ein differenziertes Bild, besonders bei der Gruppe der Zuwanderer.

Von den Tabellen 55 und 56 muß die Tabelle 56 mit Zurückhaltung aufgenommen werden; sie kann am wenigsten Repräsentativität für die Stadt Bursa in Anspruch nehmen, da soziokulturelle Umstände - die Schwierigkeit für männliche Interviewer, Einblick in die Haushalte zu nehmen, wenn keine männliche Person im Haushalt anwesend war, besonders bei traditionell eingestellten Haushalten - und die subjektive Einschätzung der Möblierungsart (orientalisch, orientalisch/europäisch, europäisch) eine Limitierung bei der Interpretation geboten erscheinen lassen.

Bei aller Zurückhaltung kann man aber doch festhalten, daß von den Nichtzuwandererhaushalten 85 %, von den Zuwandererhaushalten im ungünstigsten Falle - bei den in den 70er Jahren Zugewanderten - 60 % Anschluß an das städtische Trinkwasserleitungsnetz besitzen. Darüber hinaus ist auch die Trinkwasserversorgung in der Stadt Bursa durch Brunnen/Hydrant als günstig einzustufen, weil reines Bergwasser vom Ulu-Dağ Massiv, das teilweise - am nördlichen Stadtrand - unter artesischem Druck austritt, zur Verfügung steht (Tab. 55).

Tab. 57: Wohnungswechsel innerhalb der Stadt der Nichtzuwanderer und Zuwanderer in der Stadt Bursa, 1974, zeitlich gestaffelt

früher in einem anderen Stadtviertel gewohnt	Nichtzuwanderer			zugewandert 1898-1949				zugewandert 1950-1959				zugewandert 1960-1969				zugewandert 1970-1974				Zuwanderer insgesamt		
	abs.	S%		abs.	S%	Z%		abs.	S%	Z%		abs.	S%	Z%		abs.	S%	Z%		abs.	S%	Z%
ja	193	42,3		82	49,4	25,8		111	41,1	34,9		94	36,0	29,6		31	18,3	9,7		318	36,7	100,0
nein	263	57,7		84	50,6	15,3		159	58,9	29,0		167	64,0	30,5		138	81,7	25,2		548	63,3	100,0
zusammen	456	100,0		166	100,0	19,2		270	100,0	31,2		261	100,0	30,1		169	100,0	19,5		866	100,0	100,0
zusammen	456	97,6		166	99,4	19,2		270	100,0	31,2		261	98,9	30,1		169	100,0	19,5		866	99,5	100,0
keine Angabe	11	2,4		1	0,6	25,0		0	0,0	0,0		3	1,1	75,0		0	0,0	0,0		4	0,5	100,0
insgesamt	467	100,0		167	100,0	19,2		270	100,0	31,0		264	100,0	30,4		169	100,0	19,4		870	100,0	100,0

Tab. 58: Wohnverhältnisse - Bewertung der Wohnverhältnisse nach der Zuwanderung in die Stadt Bursa, 1974, zeitlich gestaffelt

Bewertung	zugewandert 1898-1949			zugewandert 1950-1959			zugewandert 1960-1969			zugewandert 1970-1974			Zuwanderer insgesamt		
	abs.	S%	Z%	abs.	S%	Z%	abs.	S%	Z%	abs.	S%	Z%	abs.	S%	Z%
Wohnverhältnisse sind besser	99	75,5	17,2	213	86,2	37,0	164	69,5	28,5	99	63,9	17,2	575	74,8	100,0
Wohnverhältnisse sind schlechter	20	15,3	16,9	24	9,7	20,4	38	16,1	32,2	36	23,2	30,5	118	15,3	100,0
Wohnverhältnisse sind etwa gleich	12	9,2	15,8	10	4,1	13,2	34	14,4	44,7	20	12,9	26,3	76	9,9	100,0
zusammen	131	100,0	17,0	247	100,0	32,1	236	100,0	30,7	155	100,0	20,2	769	100,0	100,0
zusammen	131	78,4	17,0	247	91,5	32,1	236	89,4	30,7	155	91,7	20,2	769	88,4	100,0
keine Angabe	36	21,6	35,6	23	8,5	22,8	28	10,6	27,7	14	8,3	13,9	101	11,6	100,0
insgesamt	167	100,0	19,2	270	100,0	31,0	264	100,0	30,4	169	100,0	19,4	870	100,0	100,0

Anschluß an das städtische Stromleitungsnetz haben 94 % der Nichtzuwandererhaushalte, 80 % der in den 70er Jahren zugewanderten Haushalte; der Anteil der vor 1950 und in den 50er Jahren zugewanderten Haushalte liegt beim Anschluß an das städtische Stromleitungsnetz bei über 90 % (Tab. 55).

Selbst bei vorsichtiger Interpretation kann man aus der Tabelle 56 herauslesen, daß moderne technische Haushaltsgeräte wie Eisschrank/Kühlschrank, Waschmaschine und Fernseher, vom Radioapparat ganz zu schweigen, Eingang bei den Zuwandererhaushalten, wenn auch in begrenztem Umfang, gefunden haben.

Die Tabelle 57 liefert nur bedingt Aussagen zur innerstädtischen Mobilität der Nichtzuwanderer- und Zuwandererhaushalte. Der Anteil der Haushalte mit Wohnwechsel innerhalb der Stadt Bursa ist zwar bei den Nichtzuwanderern und den vor 1950 sowie in den 50er Jahren Zugewanderten höher als bei den Zuwanderern der 60er und 70er Jahre, aber der Umfang der Umzüge ist auch abhängig von der Dauer des Stadtaufenthaltes: Erst in den 70er Jahren zugewanderte Haushalte werden (bis 1974) weniger Anlaß zum Umziehen gefunden haben, als Zuwandererhaushalte nach einem sehr viel längeren Stadtaufenthalt.

Für die Einschätzung der Wohnverhältnisse - so war in den theoretischen Überlegungen, nicht zuletzt denen von Ch.J. STOKES, herausgestellt worden - ist die Bewußtseinslage der Betroffenen von großer Bedeutung. Bei den Wohnverhältnissen der Stadtwanderer in der Frühindustrialisierungsphase der europäischen Industrieländer, besonders in England und Deutschland, muß in den Industriestädten mit einer - gegenüber den ländlichen Herkunftsräumen - verschlechterten Situation gerechnet werden, die wohl als Verslumung zu bezeichnen ist. Über die Bewußtseinslage der damals Betroffenen sind wir nicht informiert.

Im Rahmen der Befragung in der Stadt Bursa im Jahre 1974 wurde - unter anderem - auch nach der Einschätzung der Wohnverhältnisse, gerade der Zuwanderer, gefragt, bei denen man - nach der Erfahrung der europäischen Frühindustrialisierung - mit verschlechterten Wohnverhältnissen rechnen müßte. Die Ergebnisse teilt die Tabelle 58 mit.

Qualitativ sind die Wohnverhältnisse in der Stadt Bursa insgesamt - angesichts des hohen Anteils der in einfachen Behausungen wohnenden Mehrzahl der einkommensschwachen Stadtwanderer - mit frühindustriellen Verhältnissen in den Städten der heute hochentwickelten Industrieländer vergleichbar. Was jedoch die (Wohn-)Besitzverhältnisse gerade der Stadtwanderer, die relativ geringen Belegungsdichten und die fortgeschrittene technische Ausstattung ihrer Unterkünfte angeht, ist in der Stadt Bursa frühindustrielles Wohnniveau deutlich überschritten, was sich nicht zuletzt in einer überwiegend positiven Einstellung zu den Wohnverhältnissen in der Stadt Bursa widerspiegelt.

Die Antwort der Tabelle 58 auf die angeschnittene Frage ist eindeutig, selbst wenn man einen Bonus - unbestimmten Umfanges - für die aktuelle Situation abzieht: Zwischen 65 und 86 % der Zuwandererhaushalte schätzen ihre Wohnverhältnisse als besser - gegenüber denen vor der Zuwanderung nach Bursa - ein; der Anteil derjenigen, die eine Verschlechterung empfinden, liegt zwischen 9 und 23 %; ein Teil der Zuwanderer, besonders der 70er Jahre - so wurde bereits vermerkt - kam nicht aus dem ländlichen Raum, sondern aus anderen türkischen, zum Teil größeren Städten.

Wie immer man die Unterkünfte der Stadtwanderer am Stadtrand von Bursa, die gecekondu evler/Einfachhäuser, einschätzen will, so handelt es sich nach der

Aussage der Tabelle 58 in der Regel nicht um slums of despair, sondern - deutlich überwiegend - um slums of hope. Von einer generellen Verschlechterung der Wohnverhältnisse - besonders gegenüber den ländlichen Herkunftsgebieten - kann bei den gecekondu evler/Einfachhäusern der Stadtwanderer am Stadtrand von Bursa nicht gesprochen werden, was nicht ausschließt, daß die dortigen Wohnverhältnisse im Hinblick auf das Voranschreiten industriegesellschaftlicher Entwicklung verbesserungsbedürftig sind.

Angesichts der mit den vier Wohnhaustypen und ihrer anteilmäßigen Verbreitung vorgenommenen Differenzierung der Wohnverhältnisse in der Stadt Bursa ist eine durchschnittliche Bestimmung der Wohnverhältnisse der Stadt nicht sinnvoll. Auch in den Städten der Industrieländer ist eine durchschnittliche Bestimmung der Wohnverhältnisse, etwa gar in historischer Perspektive, weder möglich noch sinnvoll. Damit entfällt das erstrebenswerte Ziel, die Wohnverhältnisse in der Stadt Bursa heute mit den Wohnverhältnissen in den Städten der Industrieländer quantitativ zu vergleichen und die heutigen Wohnverhältnisse in der Stadt Bursa an einem Niveau der Wohnverhältnisse in den Städten der Industrieländer in der Vergangenheit meßbar zu beurteilen.

6. Freizeit

Die Entstehung und Entwicklung der Freizeit hängt eng mit der Entstehung und Entwicklung der Industriegesellschaft zusammen. Der Begriff Freizeit weist auf den komplementären Begriff Arbeitszeit hin, und die gegenseitige Abgrenzung von Arbeitszeit und Freizeit begann am Anfang der Herausbildung der Industriegesellschaft als die Standortidentität von Wohnen und Arbeiten, die eine konsequente Trennung von Arbeits- und Freizeit kaum erlaubte, und durch die räumliche Aufspaltung von Wohnen und Arbeiten aufgehoben wurde.

Aber die Zeit, die nicht der Arbeit dient, ist nicht in vollem Umfang mit Freizeit gleichzusetzen: Für Schlaf, Essen, Hygiene, Versorgung etc. werden täglich einige Stunden benötigt, die im Zeitbudget[1], das für einen Tag, eine Woche, einen Monat oder ein Jahr aufgestellt werden kann, von der Freizeit abgezogen werden müssen. Freizeit ist besser als verhaltensbeliebige Zeit zu bezeichnen, über die der Mensch relativ frei disponieren kann. In der Definition von E.K. SCHEUCH[2]: "Freizeit sind diejenigen Tätigkeiten, die sich nicht notwendig aus zentralen funktionalen Rollen ergeben".

Freizeit ist ein übergreifender Großsachverhalt, der von ökonomischen, sozialen, psychologischen und räumlichen Gegebenheiten konditioniert wird. Es besteht zwar noch keine interdisziplinäre Freizeitwissenschaft, aber Ökonomen[3], Soziologen[4], Historiker[5], (Sozial-)Geographen[6] und auch Literaten[7] haben sich, seit Ende des Zweiten Weltkrieges in zunehmendem Maße, der Thematik angenommen.

---

[1] E.K. SCHEUCH: Soziologie der Freizeit; in: R. KÖNIG (Hrsg.): Handbuch der empirischen Sozialforschung, Bd. 11; 2. Auflage Stuttgart 1977, S. 6 ff

[2] E.K. SCHEUCH, 1977, S. 43

[3] C.A. ANDREAE: Ökonomik der Freizeit. Zur Wirtschaftstheorie der modernen Arbeitswelt; Reinbek 1970; C. KASPAR: Die Fremdenverkehrslehre im Grundriß; Bern und Stuttgart 1975

[4] E.K. SCHEUCH: Soziologie der Freizeit; in: R. KÖNIG (Hrsg.): Handbuch der empirischen Sozialforschung, Bd. 11; 2. Auflage Stuttgart 1977; H.-W. PRAHL: Freizeitsoziologie. Entwicklungen-Konzepte-Perspektiven; München 1977; E.K. SCHEUCH, R. MEYERSOHN (Hrsg.): Soziologie der Freizeit; Köln 1972; H.J. KNEBEL: Soziologische Strukturwandlungen im modernen Tourismus; Göttingen 1965

Die ökonomischen Bedingungen der Freizeit sind offenbar: In dem Maße wie zu Beginn des Industrialisierungsprozesses die Arbeitszeit zunächst anstieg, dann - im weiteren Verlauf - beträchtlich absank, verringerte sich zunächst die Freizeit, um langfristig beträchtlich anzusteigen.

Besonders die mit der längeren (Urlaubs-)Freizeit verbundene Ortsveränderung verursacht Kosten. Mit der verkehrstechnologischen Entwicklung der Transportmittel im Verlauf des Industrialisierungsprozesses - von der Eisenbahn über das Automobil zum Flugzeug, die auch für die Freizeit eingesetzt werden - verändert sich nicht nur die Mobilität der Nachfrager und die Reichweite der Freizeitaktivitäten, es werden ökonomische Bedingungen auch sozio-hierarchisch gestuft.

Die sozialen und sozialpsychologischen Bedingungen von Freizeit werden - auf der Grundlage der gekennzeichneten ökonomischen Verhältnisse - in hohem Maße vom Einkommen und von der Schulbildung der Teilnehmer an Freizeit und Tourismus bestimmt. Bei deren Bewußtseinslage hinsichtlich der Auswahl der Ziele und ihrer Bewertung braucht - durch Werbung beeinflußt - das mentale Bild vom Urlaubsziel nicht unbedingt mit dem realen übereinzustimmen.

Freizeit und Tourismus sind sinnvollerweise als ein System von Angebot und Nachfrage aufzufassen[1], bei dem die Angebotsseite räumlich von der Nachfrageseite getrennt ist, bei dem in der Regel die Bewohner der (großen) Städte als Nachfrager auftreten - die Städte also die Quellgebiete des Tourismus darstellen - und bei dem die Nachfrager eine längere oder kürzere Entfernung zu überwinden haben, um in den Genuß des Angebots zu kommen.

In den Zielgebieten erscheinen die Nachfrager als Verbraucher; der Tourismus hat dort, auf der Nachfrageseite, konsumtiven Charakter[2].

Insbesondere von den Geographen, die sich mit Fremdenverkehr und Tourismus beschäftigt haben, ist deutlich gemacht worden, daß nicht alle Freizeit mit Ortswechsel verbunden ist. Solange sich die Freizeit in Gestalt des Feierabends an der Wohnstätte abspielt, etwa in Form von Zeitunglesen, Gartenarbeit oder Fern-

---

[5] G. HUCK (Hrsg.): Sozialgeschichte der Freizeit; Wuppertal 1980; J. REULECKE, W. WEBER (Hrsg.): Fabrik, Familie, Feierabend; Wuppertal 1978

[6] B. HOFMEISTER, A. STEINECKE (Hrsg.): Geographie des Freizeit- und Fremdenverkehrs; Wege der Forschung, Bd. 592; Darmstadt 1984; K. KULINAT, A. STEINECKE: Geographie des Freizeit- und Fremdenverkehrs; Erträge der Forschung, Bd. 212; Darmstadt 1984; I. COSGRAVE, R. JACKSON; The Geography of Recreation and Leisure; London 1972; H. ROBINSON: A Geography of Tourism; London 1976; P. LAVERY (Hrsg.): Recreational Geography; Newton Abbot 1972; K. WOLF, P. JURCZEK: Geographie der Freizeit und des Tourismus; Stuttgart 1986

[7] H.M. ENZENSBERGER: Eine Theorie des Tourismus; in: H.M. ENZENSBERGER: Einzelheiten I. Bewußtseins-Industrie; 9. Auflage Frankfurt am Main 1976, S. 179-205

[1] U. SCHLENKE, R. STEWIG: Endogener Tourismus als Gradmesser des Industrialisierungsprozesses in Industrie- und Entwicklungsländern; in: Erdkunde, Bd. 37; Bonn 1983, S. 139

[2] K. KRAPF: Der touristische Konsum, ein Beitrag zur Lehre von der Konsumtion; Bern 1953

sehkonsum, handelt es sich nicht um Tourismus. Andererseits kann gerade unter dem Reichweitenaspekt die Freizeit eingeteilt werden: In jene Tagesfreizeit, die täglich nur eine begrenzte Zahl von Stunden umfaßt, die aber, je nach ökonomischen und Mobilitätsverhältnissen, unterschiedlich weit weg außer Haus verbracht werden können; in jene Wochenendfreizeit, die - in den fortgeschrittenen Industriegesellschaften bis zu 2 1/2 Tagen - zu kürzeren oder längeren Ausflügen, eventuell mit Übernachtung, außerhalb der eigenen Stadt, genutzt werden kann (Naherholungsfreizeit); und in jene Urlaubsfreizeit, die - en bloc - für mehrere Wochen, einmal, eventuell sogar mehrmals im Jahr (in den hochentwickelten Industriegesellschaften), in der Regel weit vom Wohnort entfernt verbracht wird.

In dem Maße wie im Laufe der Entwicklung des Faches Geographie der traditionelle Landschaftsbegriff[1] zurückgedrängt worden ist, hat sich die geographischwissenschaftliche Beschäftigung mit Fremdenverkehr und Tourismus von der Angebotsseite, d.h. von den Zielgebieten und ihrer Ausstattung[2], auf die Nachfrageseite, d.h. auf die Verhaltensweisen der Nachfrager[3] verlagert.

Im Zusammenhang der vorliegenden Veröffentlichung interessiert besonders die Entwicklung von Freizeit und Tourismus im Verlauf der Entstehung und Entwicklung der Industriegesellschaft. Zu diesem Thema liegt ein empirisch-theoretischer Ansatz vor[4]. Unter endogenem Tourismus wird dabei der aus einer sich entwickelnden Industriegesellschaft heraus entstehende Tourismus verstanden, im Gegensatz zu einem von außen - exogen -, etwa in die Entwicklungsländer aus den Industrieländern, hineingetragenen Tourismus. Die Überlegungen stützen sich auf empirische Untersuchungen von Freizeit und Tourismus vor allem in England im Verlauf des Industrialisierungsprozesses, dem Land mit der größten historischen Tiefe industriegesellschaftlicher Entwicklung[5].

Auf der traditionellen, präindustriellen Gesellschaftsstufe gab es noch keine Freizeit, weil Wohnen und Arbeiten nicht streng voneinander geschieden waren. Die Masse der Gesellschaft, die zur Unterschicht zählte, war im primären Sektor im ländlichen Raum tätig; sie war bodenständig und immobil; sie verließ ihr

---

[1] KH PAFFEN: Das Wesen der Landschaft; Wege der Forschung, Bd. 39; Darmstadt 1973
[2] H. POSER: Geographische Studien über den Fremdenverkehr im Riesengebirge; Abhandlungen der Gesellschaft der Wissenschaften zu Göttingen, Mathematisch-physikalische Klasse, 3. Folge, Heft 20; Göttingen 1939
[3] K. RUPPERT, J. MAIER: Zur Geographie des Freizeitverhaltens; Münchener Studien zur Sozial- und Wirtschaftsgeographie, Bd. 6; Kallmünz, Regensburg 1970
[4] U. SCHLENKE, R. STEWIG: Endogener Tourismus als Gradmesser des Industrialisierungsprozesses in Industrie- und Entwicklungsländern; in: Erdkunde, Bd. 37; Bonn 1983, S. 137-145
[5] J. WALVIN: Leisure and Society, 1830-1950; London und New York 1978; A.J. BURKART, S. MEDLIK: Tourism. Past, Present and Future; London 1974; P. BAILEY: Leisure and Class in Victorian England. Rational Recreation and the Contest for Control, 1830-1855; London, Toronto, Buffalo 1978; H.-W. PRAHL, A. STEINECKE: Der Millionenurlaub. Von der Bildungsreise zur totalen Freizeit; Darmstadt, Neuwied 1979; G. HUCK (Hrsg.): Sozialgeschichte der Freizeit; Wuppertal 1980; J. REULECKE, W. WEBER (Hrsg.): Fabrik, Familie, Feierabend; Wuppertal 1978

Wohn- und Arbeitsgebiet in der Regel nicht - von handwerklichen Wanderburschen und Wanderhandwerkern abgesehen. Vertikale Mobilität gab es so gut wie nicht; die Bevölkerung wurde in den Berufsstand hineingeboren[1]. Durch zahlreiche, vor allem kirchliche Feier- und Festtage war die Arbeitszeit aber kürzer als in der nachfolgenden Phase der Frühindustrialisierung (vgl. Tab. 43 und 44). Der Feierabend wurde am Ort des Wohnens und Arbeitens verbracht; das Wochenende bestand aus dem Kirchgang am Sonntag; eine Urlaubsreise gab es nicht.

Der Unterschichtbevölkerung stand die kleine Gruppe der Oberschicht/Elite gegenüber, die über das Privileg der Muße verfügte und die reiste, wenn auch vielleicht nur einmal im Leben, dann, wenn man sich auf die Grand Tour, die große Bildungsreise, begab. Wenn man in der präindustriellen Phase von einem Tourismus sprechen kann, dann war es Elitetourismus.

In der Frühindustrialisierungsphase verlängerten sich die Arbeitszeiten, nach F. ENGELS auf bis zu 14-16 Stunden pro Tag[2]. Wenn auch die in die entstehenden Industriestädte zugewanderte Arbeiterschaft meist in unmittelbarer Nähe der Fabriken und Bergwerke wohnte, waren doch die langen Arbeitszeiten selbst einer Feierabendgestaltung abträglich; der Sonntag diente dem Kirchen- und auch dem (Sonntags-)Schulbesuch[3]; eine Urlaubsreise gab es für die große Masse der Bevölkerung in der Frühindustrialisierungsphase nicht.

Mit der Entstehung industrieller Unternehmer und Fabrikbesitzer erweiterte sich die Oberschicht um die "Schlotbarone" bzw. eine obere Mittelschicht entstand, die sich nach den Reisezielen der Oberschicht orientierte. Im Zuge der verkehrstechnologischen Entwicklung - Aufkommen der Eisenbahn - und der balneologischen Mode wurden inländische Bäder und Seebäder für eine begrenzte Zeit des Jahres von der Oberschicht und oberen Mittelschicht aufgesucht. Der Kreis der Teilnehmer am Tourismus begann sich deutlich zu erweitern.

Im Laufe des Voranschreitens des Industrialisierungsprozesses setzte - in England in spätviktorianischer Zeit - die organisierte Gruppenreise, zuerst von Thomas COOK geschaffen, ein, an der - allmählich - auch die Angehörigen der mittleren, später auch der unteren Mittelschicht teilnahmen. Die Eisenbahn ermöglichte cheap mass travel, wodurch für die erwähnten sozialen Schichten - in England gegen Ende des 19. Jahrhunderts - der Tages- und Wochenendausflugsverkehr, oft an die Küste zu den Zielen der Ober- und der oberen Mittelschicht, die sich neue Ziele suchten, möglich wurde.

Das weitere Voranschreiten industriegesellschaftlicher Entwicklung ist im Hinblick auf Freizeit und Tourismus durch die bedeutende Reduzierung der Arbeitszeit, gesteigerte Einkommen, erhöhte Mobilität durch die Schaffung des Automobils als individuelles Verkehrsmittel auch der Bevölkerungsmasse und die (gesetzliche) Institutionalisierung von Tages-, Wochenend- und Urlaubsfreizeit geprägt. Damit erweitert sich der Teilnehmerkreis am Tourismus noch einmal, schließt auch die Unterschicht auf der gesellschaftlichen Stufe der Massen- und Konsumgesellschaft ein.

---

[1] Vgl. auch G. SJOBERG: The Preindustrial City. Past and Present; New York 1960
[2] F. ENGELS: Die Lage der arbeitenden Klasse in England; (Leipzig 1845) München 1973, S. 173
[3] F. ENGELS, (Leipzig 1845) München 1973, S. 132

Tab. 59: Häufigkeit des Besuchs von Moscheen durch Nichtzuwanderer und Zuwanderer in der Stadt Bursa, 1974, zeitlich gestaffelt

Häufigkeit des Besuchs	Nichtzuwanderer		zugewandert 1898-1949			zugewandert 1950-1959			zugewandert 1960-1969			zugewandert 1970-1974			Zuwanderer insgesamt			insgesamt	
	abs.	S%	abs.	S%	Z%	abs.	S%	Z%	abs.	S%	Z%	abs.	S%	Z%	abs.	S%	Z%	abs.	S%
sehr oft	66	17,9	37	24,2	29,8	40	17,9	32,2	33	14,8	26,6	14	11,1	11,3	124	17,1	100,0	190	17,3
nur freitags	199	54,1	75	49,0	19,8	111	49,8	29,3	124	55,6	32,7	69	54,8	18,2	379	52,3	100,0	578	52,8
selten	103	28,0	41	26,8	18,5	72	32,3	32,5	66	29,6	29,7	43	34,1	19,4	222	30,6	100,0	325	29,7
zusammen	368	100,0	153	100,0	21,1	223	100,0	30,8	223	100,0	30,8	126	100,0	17,4	725	100,0	100,0	1093	100,0
zusammen	368	78,8	153	91,6	21,1	223	82,6	30,8	223	84,5	30,8	126	74,6	17,4	725	83,3	100,0	1093	81,7
keine Angabe	99	21,2	14	8,4	9,7	47	17,4	32,4	41	15,5	28,3	43	25,4	29,7	145	16,7	100,0	244	18,2
insgesamt	467	100,0	167	100,0	19,2	270	100,0	31,0	264	100,0	30,4	169	100,0	19,4	870	100,0	100,0	1337	100,0

Tab. 60: Häufigkeit des Besuchs des Kulturparks durch Nichtzuwanderer und Zuwanderer in der Stadt Bursa, 1974, zeitlich gestaffelt

Häufigkeit des Besuchs	Nichtzuwanderer		zugewandert 1898-1949			zugewandert 1950-1959			zugewandert 1960-1969			zugewandert 1970-1974			Zuwanderer insgesamt			insgesamt	
	abs.	S%	abs.	S%	Z%	abs.	S%	Z%	abs.	S%	Z%	abs.	S%	Z%	abs.	S%	Z%	abs.	S%
1 x pro Woche	196	43,5	69	41,6	18,5	111	41,4	29,8	126	48,3	33,9	66	41,0	17,7	372	43,5	100,0	586	44,2
1 x pro Monat	157	34,8	47	28,3	15,9	103	38,4	34,9	94	36,0	31,9	51	31,7	17,3	295	34,5	100,0	452	34,1
1 x pro Jahr	52	11,5	23	13,9	29,1	27	10,1	34,2	13	5,0	16,5	16	9,9	20,3	79	9,2	100,0	131	9,8
wird nicht besucht	46	10,2	27	16,3	24,5	27	10,1	24,5	28	10,7	25,5	28	17,4	25,5	110	12,9	100,0	156	11,7
zusammen	451	100,0	166	100,0	19,4	268	100,0	31,3	261	100,0	30,4	161	100,0	18,8	856	100,0	100,0	1325	100,0
zusammen	451	96,6	166	99,4	19,4	268	99,3	31,3	261	98,9	30,4	161	95,3	18,8	856	98,4	100,0	1325	97,7
keine Angabe	16	3,4	1	0,6	7,1	2	0,7	14,3	3	1,1	21,4	8	4,7	57,1	14	1,6	100,0	30	2,2
insgesamt	467	100,0	167	100,0	19,2	270	100,0	31,0	264	100,0	30,4	169	100,0	19,4	870	100,0	100,0	1355	100,0

Tab. 61: Häufigkeit des Kinobesuchs durch Nichtzuwanderer und Zuwanderer in der Stadt Bursa, 1974, zeitlich gestaffelt

Häufigkeit des Besuchs	Nichtzuwanderer		zugewandert 1898-1949			zugewandert 1950-1959			zugewandert 1960-1969			zugewandert 1970-1974			Zuwanderer insgesamt			insgesamt	
	abs.	S%	abs.	S%	Z%	abs.	S%	Z%	abs.	S%	Z%	abs.	S%	Z%	abs.	S%	Z%	abs.	S%
1 x pro Woche	112	25,2	19	11,5	11,4	57	21,2	34,4	56	21,9	33,8	34	21,7	20,5	166	19,6	100,0	278	21,5
1 x pro Monat	107	24,0	39	23,6	15,7	77	28,6	31,0	90	35,2	36,3	42	26,8	16,9	248	29,3	100,0	355	27,4
1 x pro Jahr	44	9,9	21	12,7	28,0	24	8,9	32,0	11	4,3	14,7	19	12,1	25,3	75	8,9	100,0	119	9,2
wird nicht besucht	182	40,9	86	52,1	24,0	111	41,3	31,0	99	38,7	27,6	62	39,5	17,3	358	42,3	100,0	540	41,7
zusammen	445	100,0	165	100,0	19,5	269	100,0	31,8	256	100,0	30,2	157	100,0	18,5	847	100,0	100,0	1292	100,0
zusammen	445	95,3	165	98,8	19,5	269	99,6	31,8	256	97,0	30,2	157	92,9	18,5	847	97,4	100,0	1292	96,6
keine Angabe	22	4,7	2	1,2	8,7	1	0,4	4,3	8	3,0	34,7	12	7,1	52,2	23	2,6	100,0	45	3,3
insgesamt	467	100,0	167	100,0	19,2	270	100,0	31,0	264	100,0	30,4	169	100,0	19,4	870	100,0	100,0	1337	100,0

Tab. 62: Häufigkeit des Besuchs des Fußballstadions durch Nichtzuwanderer und Zuwanderer in der Stadt Bursa, 1974, zeitlich gestaffelt

Häufigkeit des Besuchs	Nichtzuwanderer		zugewandert 1898-1949			zugewandert 1950-1959			zugewandert 1960-1969			zugewandert 1970-1974			Zuwanderer insgesamt			insgesamt	
	abs.	S%	abs.	S%	Z%	abs.	S%	Z%	abs.	S%	Z%	abs.	S%	Z%	abs.	S%	Z%	abs.	S%
1 x pro Woche	56	12,6	14	8,6	15,4	33	12,4	36,3	23	9,0	25,3	21	12,8	23,1	91	10,7	100,0	147	11,3
1 x pro Monat	135	30,3	29	17,8	16,6	60	22,5	34,2	57	22,3	32,6	29	17,7	16,6	175	20,6	100,0	310	23,9
1 x pro Jahr	18	4,0	9	5,5	17,6	14	5,2	27,5	17	6,6	33,4	11	6,7	21,6	51	6,0	100,0	69	5,3
wird nicht besucht	237	53,1	111	68,1	20,8	160	59,9	30,0	159	62,1	29,8	103	62,8	19,3	533	62,7	100,0	770	59,4
zusammen	446	100,0	163	100,0	19,2	267	100,0	31,4	256	100,0	30,1	164	100,0	19,3	850	100,0	100,0	1296	100,0
zusammen keine Angabe	446 / 21	95,5 / 4,5	163 / 4	97,6 / 2,4	19,2 / 20,0	267 / 3	98,9 / 1,1	31,4 / 15,0	256 / 8	97,0 / 3,0	30,1 / 40,0	164 / 5	97,0 / 3,0	19,3 / 25,0	850 / 20	97,7 / 2,3	100,0 / 100,0	1296 / 41	96,9 / 3,0
insgesamt	467	100,0	167	100,0	19,2	270	100,0	31,0	264	100,0	30,4	169	100,0	19,4	870	100,0	100,0	1337	100,0

Durch die hohe Individualmobilität der Teilnehmer am Tourismus wird in der vorläufig letzten Stufe gesellschaftlicher Entwicklung selbst in der Feierabendfreizeit ein Ausflug über den Wohnort hinaus möglich. Das Flugzeug, nach dem Zweiten Weltkrieg als Massentransportmittel entwickelt, ermöglicht in der Urlaubsfreizeit auch den Angehörigen der Unterschicht eine außerordentliche Reichweite.

Auf der Suche nach einem Maßstab zur Beurteilung von Freizeit und Tourismus im Laufe industriegesellschaftlicher Entwicklung bietet sich die Entwicklung der Arbeitszeit (Tab. 43 und 44), die Demokratisierung der Freizeit durch Erweiterung des Teilnehmerkreises von der Ober- bis zur Unterschicht[1] und die (zunehmende) Vielfalt und Vielzahl der Freizeitverhaltensweisen und -aktivitäten an[2].

Was die Bevölkerung der Stadt Bursa angeht, so können einige Aspekte des Themas Freizeit und Tourismus präsentiert werden.

Zunächst geht es um die Einstellung der Bevölkerung - in Form von Annahme oder Nicht-Annahme, gemessen an der Häufigkeit des Aufsuchens - zu einer Reihe von Einrichtungen, traditionellen und modernen, wie Moschee, Kulturpark, Kino und Fußballstadion.

Die Tabelle 59 läßt erkennen, daß - von einem Nicht-Muslim aus gesehen, der glaubt, daß der Islam in der Bevölkerung des Orients noch sehr viel fester verankert ist als das Christentum in Mitteleuropa - die Häufigkeit des Aufsuchens von Moscheen in der Stadt Bursa relativ begrenzt ist. 49 bis 55 % gaben an, daß sie eine Moschee nur freitags aufsuchen; dabei gibt es keine wesentlichen Unterschiede zwischen Nichtzuwanderern und Zuwanderern. Auch der Wert für seltenes Aufsuchen der Moschee - selten bedeutet in der Tab. 59 2 bis 3 mal im Jahr - ist mit etwa 30 % bei Nichtzuwanderern und Zuwanderern erstaunlich hoch. Dagegen liegt der Wert für besonders häufiges Aufsuchen (bis zu 5 mal täglich) zwischen 11 und 24 % mit einigen Unterschieden zwischen Nichtzuwanderern und Zuwanderern: Bei den älteren Haushalten der Zuwanderer und der Nichtzuwanderer ist der Prozentsatz merklich höher als bei den jüngeren Zuwandererhaushalten. So stellt sich die Frage, ob nicht - angesichts dieser Erscheinungen - auch in der Türkei von einer ausgeprägten Säkularisierung gesprochen werden darf, die sich weniger in einem Unterschied zwischen Stadt und Land, mehr im Unterschied der Generationen bemerkbar macht.

Der Kulturpark ist eine Einrichtung in der Stadt Bursa, die der traditionellen Familienorientiertheit der Bevölkerung im Orient entgegenkommt, vereint er doch - wie in anderen türkischen Städten auch - mehrere Gartenlokale, Restaurants unterschiedlichen Preisniveaus, einen kleinen zoologischen Garten, Ausstellungen verschiedener Art und Vergnügungsstätten für Kinder, auch jahrmarktähnliche Einrichtungen, so daß er von der ganzen Familie aufgesucht wird. Das spiegelt sich in der Tab. 60 in der Häufigkeit des Aufsuchens: 1 mal in der Woche und 1 mal im Monat kommen dabei zusammen auf Werte um 70 bis 80 %, bei geringerem Anteil derjenigen, die keine Angaben machten als bei der Frage nach der Häufigkeit des Moscheenbesuchs.

---

[1] Schema bei: U. SCHLENKE, R. STEWIG, 1983, S. 144: Parallelisierung mit den W.W. ROSTOW'schen Stufen gesellschaftlicher Entwicklung
[2] Überblicksdaten zur Freizeit in der Industriegesellschaft: R. ERMRICH: Basisdaten. Zahlen zur sozio-ökonomischen Entwicklung in der Bundesrepublik Deutschland; Bonn-Bad Godesberg 1974

Tab. 63: Freizeitverhalten am Feierabend der Nichtzuwanderer und Zuwanderer in der Stadt Bursa, 1974, zeitlich gestaffelt

Art der Feierabend-gestaltung	Nichtzuwanderer		zugewandert 1898-1949			zugewandert 1950-1959			zugewandert 1960-1969			zugewandert 1970-1974			Zuwanderer insgesamt			insgesamt	
	abs.	S%	abs.	S%	Z%	abs.	S%	Z%	abs.	S%	Z%	abs.	S%	Z%	abs.	S%	Z%	abs.	S%
zu Hause	373	79,9	130	77,8	19,1	210	77,8	30,8	204	77,3	30,0	137	81,1	20,1	681	78,3	100,0	1054	78,8
im Teehaus	116	24,8	42	25,1	17,3	83	30,7	34,2	74	28,0	30,5	44	26,0	18,1	243	27,9	100,0	359	26,8
Besuche machen	46	9,9	23	13,8	24,5	34	12,6	36,2	23	8,7	24,5	14	8,3	14,9	94	10,8	100,0	140	10,4
zusammen	467	100,0	167	100,0	19,2	270	100,0	31,0	264	100,0	30,3	169	100,0	19,4	870	100,0	100,0	1337	100,0

Mehrfachnennungen waren möglich

Tab. 64: Freizeitverhalten am Wochenende der Nichtzuwanderer und Zuwanderer in der Stadt Bursa, 1974, zeitlich gestaffelt

Art der Wochenend-gestaltung	Nichtzuwanderer		zugewandert 1898-1949			zugewandert 1950-1959			zugewandert 1960-1969			zugewandert 1970-1974			Zuwanderer insgesamt			insgesamt	
	abs.	S%	abs.	S%	Z%	abs.	S%	Z%	abs.	S%	Z%	abs.	S%	Z%	abs.	S%	Z%	abs.	S%
zu Hause	258	55,2	92	55,1	19,2	146	54,1	30,5	146	55,3	30,5	94	55,9	19,7	478	54,9	100,0	736	55,0
im Teehaus	97	20,8	41	24,6	20,1	68	25,2	33,3	59	22,3	28,9	36	21,3	17,6	204	23,4	100,0	301	22,5
Besuche machen	130	27,8	46	27,5	18,5	78	28,9	31,5	70	26,5	28,2	54	32,0	21,8	248	28,5	100,0	378	28,2
Ausflüge	124	26,6	39	23,4	21,0	57	21,1	30,6	52	19,7	28,0	38	22,5	20,4	186	21,4	100,0	310	23,1
in der Zweit-wohnung	28	6,0	9	5,4	34,6	4	1,5	15,4	10	3,8	38,5	3	1,8	11,5	26	3,0	100,0	54	4,0
zusammen	467	100,0	167	100,0	19,2	270	100,0	31,0	264	100,0	30,3	169	100,0	19,4	870	100,0	100,0	1337	100,0

Mehrfachnennungen waren möglich

Tab. 65: Urlaubsort der Nichtzuwanderer und Zuwanderer in der Stadt Bursa, 1974, zeitlich gestaffelt

Urlaubsort	Nichtzuwanderer		zugewandert 1898-1949			zugewandert 1950-1959			zugewandert 1960-1969			zugewandert 1970-1974			Zuwanderer insgesamt			insgesamt	
	abs.	S%	abs.	S%	Z%	abs.	S%	Z%	abs.	S%	Z%	abs.	S%	Z%	abs.	S%	Z%	abs.	S%
in Bursa	75	16,1	35	21,0	16,7	76	28,1	36,2	66	25,0	31,4	33	19,5	15,7	210	24,1	100,0	285	21,3
außerhalb Bursas, aber in der Türkei	223	47,8	112	67,1	17,2	192	71,1	29,5	211	79,9	32,5	135	79,9	20,8	650	74,7	100,0	873	65,2
im Ausland	9	1,9	1	0,6	3,7	16	5,9	59,3	3	1,1	11,1	7	4,1	25,9	27	3,1	100,0	36	2,6
zusammen	467	100,0	167	100,0	19,2	270	100,0	31,0	264	100,0	30,3	169	100,0	19,4	870	100,0	100,0	1337	100,0

Mehrfachnennungen waren möglich

Bei so modernen Einrichtungen wie Kino und Fußballstadion (Tab. 61 und 62) liegen die Anteile derer, die von ihnen Gebrauch machen, deutlich niedriger als bei Moscheen und Kulturpark. Dabei bestehen zwischen Kino und Fußballstadion Unterschiede. Die Anteile derer, die das Fußballstadion nicht besuchen liegt höher als die Anteile derer, die das Fußballstadion 1 mal in der Woche bis 1 mal im Jahr (zusammen) besuchen (Tab. 62). Das Kino (Tab. 61) kommt auf etwas günstigere Werte der Annahme durch die Bevölkerung der Stadt Bursa; dabei bestehen zwischen Nichtzuwanderern und Zuwanderern wiederum keine wesentlichen Unterschiede. Das bedeutet, daß die Zuwanderer nicht weniger als die Nichtzuwanderer an den modernen Freizeiteinrichtungen in der Stadt Bursa partizipieren; nicht Wenige sind wegen der besseren Freizeitmöglichkeiten in die Stadt zugezogen.

Im vorangegangenen theoretischen Teil war auf die unterschiedlichen Freizeitverhaltensweisen am Feierabend, am Wochenende und im Urlaub hingewiesen worden. Die Tabellen 63-65 enthalten die entsprechenden Werte für die Haushalte der Stadtbevölkerung von Bursa.

Die Tab. 63 läßt erkennen, daß der Feierabend überwiegend zu Hause verbracht wird, wiederum ohne wesentliche Unterschiede zwischen Nichtzuwanderern und Zuwanderern. Daneben wurden als Feierabendaktivitäten das Aufsuchen des (öffentlichen) Teehauses und "Besuche machen" genannt. (Es muß erneut betont werden, daß keine Antwortvorgaben bei den Interviews anzukreuzen waren, sondern daß freie Antworten eingesammelt wurden, die danach zu Gruppen zusammengefaßt wurden.) Die Werte um 80 % derjenigen, die den Feierabend zu Hause verbringen - auch die (öffentlichen) Teehäuser in großer Zahl in jedem Stadtviertel befinden sich nicht weit von der Wohnstätte entfernt - muß durch teilweise relativ lange Arbeitszeiten (siehe Abschnitt 4, Arbeitsverhältnisse, Tab. 46), durch niedrige Einkommen (siehe Abschnitt 3, vertikale Mobilität, Tab. 37-39), durch geringe Mobilität (Teil 1, S. 93, Tab. 35 zeigt den geringen privaten Pkw-Besitz auf) und durch traditionelle Familienorientiertheit erklärt werden.

Tab. 64 gibt Auskunft über die Wochenendgestaltung der Stadtbevölkerung in Bursa. Die höchsten Werte entfallen auf diejenigen, die auch das Wochenende zu Hause verbringen, sicherlich aus Gründen, wie sie für die Feierabendgestaltung "zu Hause" genannt wurden. Auch Aufenthalte im Teehaus und "Besuche machen" wurden wiederum in einigem Umfang genannt. Interessant ist, daß in erstaunlichem Umfang das Wochenende zu Ausflügen genutzt wird; dazu mag bei manchen Haushalten wohl der Besuch im Kulturpark zählen, aber auch Ausflüge an das nahe Marmara-Meer zum Baden und in das Ulu-Dağ Gebirge, auf kühle yaylas (Bergweiden), verbunden mit Zeltübernachtung auf dem Hochplateau in der erfrischenden Höhe von 2000 m, gehören dazu. Wiederum bestehen keine wesentlichen Unterschiede zwischen Nichtzuwanderern und Zuwanderern. Erstaunlich ist auch, daß am Wochenende sogar Zweitwohnungen - sie befinden sich in Apartmentwohnhäusern unmittelbar an der Küste des Marmara-Meeres, östlich von Mudanya, etwa 26 km von Bursa entfernt und sind über die autobahnähnliche Straße zum Hafen von Mudanya schnell zu erreichen - aufgesucht werden; bei dieser Art Wochenendverhalten kommen die Nichtzuwanderer - bei insgesamt sehr niedrigem Niveau - auf deutlich höhere Werte als die Zuwanderer.

Die Tab. 65 zeigt zunächst, daß es die Institution des Jahresurlaubs unter der Stadtbevölkerung von Bursa gibt (Einschränkungen werden noch im Zusammenhang mit der Tab. 66 zu machen sein). In erstaunlich großem Umfang wird der Urlaub außerhalb der Stadt Bursa, aber innerhalb der Türkei verbracht, während die Auslandsurlaubsreise eine vernachlässigbare, geringe Größe ist. Beim Urlaub

Tab. 66: Umfang des Urlaubs pro Jahr der Nichtzuwanderer und Zuwanderer in der Stadt Bursa, 1974, zeitlich gestaffelt

Anzahl der Urlaubstage im Jahr	Nichtzuwanderer abs.	S%	zugewandert 1898-1949 abs.	S%	Z%	zugewandert 1950-1959 abs.	S%	Z%	zugewandert 1960-1969 abs.	S%	Z%	zugewandert 1970-1974 abs.	S%	Z%	Zuwanderer insgesamt abs.	S%	Z%	insgesamt abs.	S%
1 - 7	11	5,2	2	3,3	33,3	2	1,5	33,3	2	1,3	33,3	0	0,0	0,0	6	1,3	100,0	17	2,5
8 - 15	63	29,7	19	31,1	13,0	47	35,1	32,2	49	31,4	33,6	31	30,4	21,2	146	32,2	100,0	209	31,4
16 - 21	41	19,3	4	6,6	5,0	25	18,7	31,3	26	16,7	32,5	25	24,5	31,3	80	17,7	100,0	121	18,1
22 - 30	70	33,0	28	45,9	18,5	50	37,3	33,1	44	28,2	29,1	29	28,4	19,2	151	33,3	100,0	221	33,2
31 - 60	15	7,1	5	8,2	10,6	7	5,2	14,9	21	13,5	44,7	14	13,7	29,8	47	10,4	100,0	62	9,3
61 - 100	12	5,7	3	4,9	13,0	3	2,2	13,0	14	9,0	60,9	3	2,9	13,0	23	5,1	100,0	35	5,2
zusammen	212	100,0	61	100,0	13,5	134	100,0	29,6	156	100,0	34,4	102	100,0	22,5	453	100,0	100,0	665	100,0
zusammen	212	45,4	61	36,5	13,5	134	49,6	29,6	156	59,1	34,4	102	60,4	22,5	453	52,1	100,0	665	49,7
keine Angabe	255	54,6	106	63,5	25,4	136	50,4	32,6	108	40,9	25,9	67	39,6	16,1	417	47,9	100,0	672	50,2
insgesamt	467	100,0	167	100,0	19,2	270	100,0	31,0	264	100,0	30,3	169	100,0	19,4	870	100,0	100,0	1337	100,0

außerhalb der Stadt Bursa, aber innerhalb der Türkei, unterscheiden sich Nichtzuwanderer (47 %) und Zuwanderer (um 70 bis 80 %) deutlich voneinander. Die Erklärung für diesen Sachverhalt liegt nahe: In der Zeit des Jahresurlaubs sucht die Zuwandererbevölkerung der Stadt Bursa in der Regel ihre Herkunftsgebiete auf, wo oft die ältere Generation der Familie zurückgeblieben ist, die besucht wird, und wo der Aufenthalt geringe Kosten verursacht. In Verbindung mit der Tab. 64 kann man schlußfolgern, daß die Nichtzuwanderer ihren Jahresurlaub - verglichen mit den Zuwanderern - mehr in ihren Zweitwohnungen - soweit vorhanden - in Mudanya am Meer verbringen.

Die Tab. 66 bestätigt noch einmal, daß es die Institution des Jahresurlaubs für die Stadtbevölkerung von Bursa gibt, wenn auch nicht für alle Bevölkerungsteile - darauf deutet der hohe Anteil derjenigen, die keine Angaben machten.

Soweit die Bevölkerung von Bursa in den Genuß eines Jahresurlaubs kommt, bestehen keine großen Unterschiede zwischen Nichtzuwanderern und Zuwanderern. Die größten Häufigkeiten liegen bei 2, 3 und 4 Wochen Jahresurlaub. Dabei handelt es sich wahrscheinlich um diejenigen Angehörigen der Stadtbevölkerung von Bursa - Nichtzuwanderer und Zuwanderer -, die bei größeren Betrieben des sekundären oder tertiären Sektors, privatwirtschaftlich, kommunal oder staatlich, beschäftigt sind, in denen strenge Regelungen von Arbeits- und eben auch Freizeit gelten (vgl. Abschnitt 4, Arbeitsverhältnisse).

Aber es muß auch festgestellt werden - darauf weist der hohe Anteil "keine Angaben" hin -, daß ein großer Teil der Bevölkerung der Stadt Bursa nicht in den Genuß eines Jahresurlaubs gelangt. Zu dieser Gruppe gehören Nichtzuwanderer und Zuwanderer, die - sei es als Handwerker, sei es als Einzelhändler - die vielen Ein-Mann-Betriebe und Betriebe mit einer sehr geringen Zahl von Beschäftigten konstituieren (siehe Abschnitt 4, Arbeitsverhältnisse, Tab. 45).

Versucht man abschließend eine Beurteilung der Freizeitverhältnisse in der Stadt Bursa und ihre Einordnung in den Verlauf industriegesellschaftlicher Entwicklung, so präsentiert sich ein gespaltenes Bild. Einerseits sprechen die Tatsachen, daß der Feierabend ganz überwiegend zu Hause verbracht wird, und daß ein Teil der Bevölkerung der Stadt Bursa nicht in den Genuß geregelter Freizeit oder eines Jahresurlaubs kommt, für frühindustrielle Verhältnisse. Andererseits gibt es Bevölkerungsteile - darunter eben nicht nur Nichtzuwanderer, sondern auch Zuwanderer -, die in der Wochenendfreizeit Naherholungsgebiete aufsuchen - auch mit Übernachtung in Zelten oder in Zweitwohnungen -, und die einen Jahresurlaub in Anspruch nehmen können, den sie - besonders die Zuwanderer - außerhalb der Stadt Bursa verbringen. Damit liegen weit über das frühindustrielle Niveau hinausgehende Freizeitverhältnisse bei Teilen der Bevölkerung der Stadt Bursa vor.

7. Räumliche Bevölkerungs- und Sozialstruktur

Eine Stadt, ein überaus komplexer - und deshalb schwierig zu erfassender - Großsachverhalt, kann von sehr verschiedenen Seiten betrachtet werden: Vom wirtschaftlichen Aspekt bis zur literarischen Sichtweise gibt es einen großen Spielraum[1]. Die Betrachtung einer Stadt aus soziologischem und aus geographischem Blickwinkel sind nur zwei unter vielen Sichtweisen, denen in den anschließenden Ausführungen Vorrang eingeräumt werden soll.

---

[1] R. STEWIG: Die Stadt in Industrie- und Entwicklungsländern; Paderborn 1983, S. 17-32

Die soziologische Betrachtungsweise führt zur Siedlungs- bzw. zur Stadtsoziologie[1]. Dabei geht es in der Siedlungssoziologie um Fragen des Stadt-Land-Kontinuums, der Verstädterung, der sozialen Morphologie, in der Stadtsoziologie um Fragen des (großstädtischen) Wohnens, der Wohnungsbaupolitik, der Wirtschaftsentwicklung, der Menschen in der Großstadt, um kulturelle Aspekte.

Die geographische Betrachtungsweise führt zur Siedlungs- bzw. zur Stadtgeographie[2]. Dabei geht es in der Siedlungsgeographie um Funktions- und Strukturtypen der ländlichen und städtischen Siedlungen, um Orts- und Flurformen, um Siedlungen in historisch-genetischer Sichtweise, in der Stadtgeographie um Fragen der Funktion, Struktur, Physiognomie und Genese von Städten, um die Erfassung der Städte als individuelle Erscheinungen der Kulturerdteile (B. HOFMEISTER)[3] und um die Stadt als Funktion gesellschaftlicher Entwicklung und damit Ausdruck allgemeiner Regelhaftigkeiten (R. STEWIG).

Der soziologische und der geographische Ansatz lassen sich gerade in Bezug auf die Untersuchung von Städten in fachübergreifender, interdisziplinärer Weise vereinen, und diese Vorgehensweise hat bereits theoretische Durchdringung[4] und Niederschlag in Lehrbüchern[5] gefunden, wenn man allein an deutschsprachige Veröffentlichungen denkt. Es handelt sich um die sozialökologische Forschungsrichtung[6], die sowohl von Soziologen als auch von Geographen betrieben wird. Von amerikanischen Soziologen der Chicagoer Schule in der Zwischenkriegszeit eingeleitet[7], hat diese Forschungsrichtung einige Zeit nach Ende des Zweiten Weltkrieges auch in die deutsche Sozialgeographie Einzug gehalten.

---

[1] B. HAMM: Einführung in die Siedlungssoziologie; München 1982; P. ATTESLANDER, B. HAMM (Hrsg.): Materialien zur Siedlungssoziologie; Köln 1974; E. PFEIL: Großstadtforschung. Entwicklung und gegenwärtiger Stand; 2. Auflage Hannover 1972; H. KORTE (Hrsg.): Soziologie der Stadt; Grundlagen der Soziologie Bd. 11; München 1972; R. KÖNIG: Großstadt; in: R. KÖNIG (Hrsg.): Handbuch der empirischen Sozialforschung, Bd. 10; 2. Auflage Stuttgart 1977, S. 42-145

[2] G. SCHWARZ: Allgemeine Siedlungsgeographie; 3. Auflage Berlin 1966; G. NIEMEIER: Siedlungsgeographie; Reihe: Das Geographische Seminar; 2. Auflage Braunschweig 1969; B. HOFMEISTER: Stadtgeographie; Reihe: Das Geographische Seminar; 4. Auflage Braunschweig 1980; R. STEWIG: Die Stadt in Industrie- und Entwicklungsländern; Paderborn, München, Wien, Zürich 1983; E. LICHTENBERGER: Stadtgeographie 1. Begriffe, Konzepte, Modelle, Prozesse; Stuttgart 1986

[3] B. HOFMEISTER: Die Stadtstruktur. Ihre Ausprägung in den verschiedenen Kulturräumen der Erde; Erträge der Forschung, Bd. 132; Darmstadt 1980; vgl. auch: R. KÖNIG: Großstadt; in: R. KÖNIG (Hrsg.): Handbuch der empirischen Sozialforschung, Bd. 10; 2. Auflage Stuttgart 1977, S. 123 ff.: idiographische Erfassung der Großstadt

[4] W.F. KILLISCH, H. THOMS: Zum Gegenstand einer interdisziplinären Sozialraumbeziehungsforschung; Schriften des Geographischen Instituts der Universität Kiel, Bd. 41; Kiel 1973

[5] J. FRIEDRICHS: Stadtanalyse. Soziale und räumliche Organisation der Gesellschaft; Reinbek 1977

[6] J. BÄHR: Bevölkerungsgeographie; Stuttgart 1983, S. 148 ff

[7] J. FRIEDRICHS; 1977, S. 20 ff, S. 29 ff

Ging es dabei zunächst - auf der empirischen Grundlage einer detaillierten Stadtstatistik von Chicago - um die Ermittlung relativ homogener Areale gleicher sozialer Merkmale der (Stadt-)Bevölkerung, so die Verbreitung - grob - der Unter-, Mittel- und Oberschicht, und die Ableitung allgemeiner sozialräumlicher Stadtstrukturmodelle[1], wurde anschließend nach den Prozessen und Ursachen gefragt, die zur Entstehung und spezifischen Anordnung relativ homogener Sozialräume in der Stadt geführt haben. Dabei wurden - der Botanik entlehnte - Begriffe der Pflanzensoziologie wie Invasion, Sukzession und andere, wie Expansion, Konzentration, Dispersion, Segregation, Dominanz zur Beschreibung und Erklärung der sozialen Tatbestände verwendet[2]. Die sozialräumliche Thematik hat ein breites Arbeitsfeld in der Hinwendung zu ethnischen Gruppen, Einwanderern und Farbigen, in nordamerikanischen und europäischen Städten gefunden und zur Untersuchung von Ghettos, Slums, "Gold Coasts" und ihren Entstehungs- und Entwicklungsbedingungen geführt[3].

Eine andere Forschungsrichtung der sozialräumlichen Analyse von Städten hat sich - initiiert von amerikanischen Soziologen[4] - mathematisch-statistischer Verfahren, hauptsächlich der Faktorenanalyse, bei der Untersuchung von Stadtbevölkerungen unter sozialem Aspekt bedient.

Die genannten Forschungsrichtungen und Methoden haben Anwendung auf nordamerikanische und europäische Großstädte gefunden, also Städte in den höchstentwickelten Industrieländern, dies jeweils nur zu wenigen Zeitpunkten. Im Zusammenhang der vorliegenden Veröffentlichung interessieren aber in erster Linie - in diesem Abschnitt - sozialräumliche Sachverhalte, die sich in ihrer Entwicklung über den Verlauf des Industrialisierungsprozesses - möglichst langfristig - verfolgen lassen und die mit ihren Veränderungen - und zwar qualitativen, wenn erfaßbar auch quantitativen - einen Maßstab zur Beurteilung liefern können.

Diese Thematik hat bisher wenig wissenschaftliche Beachtung gefunden. Insbesondere fehlt es an Beiträgen, die sich um eine theoretische Durchdringung bemühen. Was in einem Sammelband über Probleme des Städtewesens im industriellen Zeitalter[5] von Stadtgeographen zusammengetragen wurde, kommt über den alten Ansatz der Erfassung der individuellen Züge von einzelnen Städten nicht hinaus. Auch jüngst hat diese Forschungsrichtung, die von der Bindung der Stadt an

---

[1] E.W. BURGESS: The Growth of the City; in: R.E. PARK, E.W. BURGESS, R.D. McKENZIE: The City; Chicago 1925: 5. Auflage Chicago, London 1968, S. 47-62
[2] J. FRIEDRICHS, 1977, S. 34
[3] G.A. THEODORSON (Hrsg.): Urban Patterns: Studies in Human Ecology; Philadelphia, London 1982; D.T. HERBERT, R.J. JOHNSTON (Hrsg.): Social Areas in Cities. Processes, Patterns and Problems; Chicago, New York, Brisbane, Toronto 1976; D.W.G. TIMMS: The Urban Mosaic. Towards a Theory of Residential Differentiation; Cambridge, London, New York, Melbourne 1971; C. PEACH (Hrsg.): Urban Social Segregation; London, New York 1975
[4] E. SCHEVKY, M. WILLIAMS: The Social Areas of Los Angeles. Analysis and Typology; Berkeley 1949; E. SCHEVKY, W. BELL: Social Area Analysis. Theory, Illustrative Application and Computational Procedures; Stanford 1955
[5] H. JÄGER (Hrsg.): Probleme des Städtewesens im industriellen Zeitalter; Städteforschung, Reihe A: Darstellungen, Bd. 5; Köln, Wien 1978; vgl. J. REULECKE (Hrsg.): Die deutsche Stadt im Industriezeitalter. Beiträge zur modernen deutschen Stadtgeschichte. Wuppertal 1978

die Kulturerdteile ausgeht, erneut ihre Konzeption propagiert[1], während es um eine theoriegeleitete Erfassung der allgemeinen Regelhaftigkeiten - und ihrer Abweichungen - in erster Linie gehen sollte.

Angesichts des wenig entwickelten Forschungsstandes - was die sozialräumlichen Gegebenheiten von Städten und ihre Entwicklung im Verlauf des Industrialisierungsprozesses angeht -, kann ein theoretischer Rahmen nur aus Bruchstücken konstruiert werden.

Drei Aspekte kommen dabei in Frage: die räumlichen Beziehungen von Wohnstätten und Arbeitsstätten im Verlauf des Industrialisierungsprozesses, die Einbettung dieser Verhältnisse in die verkehrstechnologischen Komponenten gesellschaftlicher Entwicklung und die Veränderung der Lagebeziehungen der Areale der Unter-, Mittel- und Oberschichtbevölkerung im Verlauf des Industrialisierungsprozesses in der Stadt.

Auf traditionellem, präindustriellem gesellschaftlichem Niveau waren Wohnstätte und Arbeitsstätte im ländlichen Raum und im Handwerksbetrieb der Stadt standortidentisch. Am Beginn des Industrialisierungsprozesses erfolgte mit der Institutionalisierung des factory system die räumliche Trennung von Wohnen und Arbeiten, vor allem in der Stadt. Aber zunächst waren es keine großen Entfernungen, die zwischen Arbeits- und Wohnstätte zurückzulegen waren: Das bedingten sowohl die überlangen Arbeitszeiten (Tab. 43, 44), als auch das niedrige Einkommensniveau der Arbeiterschaft, und deren Verkehrsmittel-Immobilität. Die Quartiere der Arbeiter wurden - in England im Rahmen des cottage system, das mit dem factory-system eine räumlich-organisatorische Einheit einging - in unmittelbarer Nähe der Fabriken und Zechen gebaut[2].

Die weitere Entwicklung im Verlauf des voranschreitenden Industrialisierungsprozesses ist durch zunehmende Entfernung zwischen Wohnstätte und Arbeitsstätte gekennzeichnet: Die Wege zur Arbeitsstätte werden immer länger. Das hängt einerseits mit der zunehmenden Vielfalt der Standorte der Wirtschaftsbetriebe des sekundären und tertiären Sektors in der sich entwickelnden Industriegesellschaft zusammen[3], andererseits mit dem Suburbanisierungsprozeß in der fortgeschrittenen Industriegesellschaft, also der massenhaften Hinausverlagerung von Wohnstätten aus der Innenstadt an den Stadtrand, in den U.S.A. seit Ende des Ersten, in Westeuropa seit Ende des Zweiten Weltkrieges. Die hochentwickelte Industriegesellschaft ist - was die Verknüpfung von Wohnstätte und Arbeitsstätte betrifft - eine Gesellschaft der Pendlerwanderung[4], in der - (werk-)täglich - Wohn- und Arbeitsstätte miteinander verbunden werden. Die Betrachtung berührt an diesem Punkt die hypothesis of the mobility transition von W. ZELINSKY[5] -

---

[1] B. HOFMEISTER: Die Stadtstruktur im interkulturellen Vergleich; in: Geographische Rundschau, Jahrgang 34; Braunschweig 1982, S. 482-488; J. BÄHR, A. SCHRÖDER-PATELAY: Die südafrikanische Großstadt; in: Geographische Rundschau, Jahrgang 34; Braunschweig 1982, S. 489-497; A. BORSDORF: Die lateinamerikanische Großstadt; in: Geographische Rundschau, Jahrgang 34; Braunschweig 1982, S. 498-501

[2] für das Ruhrgebiet am Beispiel von Bottrop: I. VOGEL: Bottrop. Eine Bergbaustadt der Emscherzone des Ruhrgebietes; Forschungen zur deutschen Landeskunde, Bd. 114; Remagen 1959, Karte 16

[3] R. STEWIG, 1983, S. 140 ff, S. 157 ff

[4] J. LEIB, G. MERTINS: Bevölkerungsgeographie; Reihe: Das Geographische Seminar; Braunschweig 1983, S. 133-135

[5] W. ZELINSKY: The Hypothesis of the Mobility Transition; in: Geographical Review, Bd. 61; New York 1971, S. 219-249

Abschnitt: Horizontale Mobilität -, der die Pendelwanderung als eine Erscheinungsform der Mobilität in der fortgeschrittenen Industriegesellschaft ansieht.

Die Entwicklung der Verknüpfung von Wohnstätte und Arbeitsstätte, sei es zu Fuß oder unter Einsatz von öffentlichen oder privaten Verkehrsmitteln, ist eingebettet in die verkehrstechnologische (und ökonomische) Entwicklung der Industriegesellschaft. Dazu liegt die Theorie von H.S. LEVINSON[1] vor. H.S. LEVINSON teilt die Stadtentwicklung (im Verlauf des Industrialisierungsprozesses) unter verkehrstechnologischem Gesichtspunkt in drei Phasen ein: die pedestrian city des präindustriellen gesellschaftlichen Niveaus, in der Wohnstätte und Arbeitsstätte standortidentisch sind, die übrigen Wege überwiegend - jedenfalls von der Masse der (Stadt-)Bevölkerung - zu Fuß zurückgelegt werden; die electric-railway (rapid transit)city, also die Schnellbahnstadt, in der - in einer vorangeschrittenen Phase des Industrialisierungsprozesses - öffentliche Schnellverkehrsmittel eingerichtet werden; und die automobile city der fortgeschrittenen Industriegesellschaft, in der - eben für die Wege der Pendler - zwischen Wohn- und Arbeitsstätte das individuelle Transportmittel Personenkraftwagen genutzt wird, das auch in anderen Lebensbereichen wie Einkaufen und Freizeit die Reichweite und Mobilität der Gesellschaft ungemein erhöht.

Der dritte Teilaspekt befaßt sich mit der Lage der Unter-, Mittel- und Oberschicht-Wohngebiete zueinander und ihrer Lageentwicklung in der Stadt im Verlauf industriegesellschaftlicher Entwicklung.

Auch wenn G. SJOBERG[2] kein Diagramm dazu entworfen hat, ergibt sich - im Rahmen der dichotomischen Sozialstruktur der präindustriellen Gesellschaft - folgende typische sozialräumliche Struktur der präindustriellen Stadt: Die zahlenmäßig geringe Oberschicht/Elite, die die weltliche und geistliche Führung stellt, sitzt in der Stadtmitte, während die Masse der präindustriellen Stadtbevölkerung, die zur Unterschicht gehört, "hinter der Mauer", zwischen Stadtmitte und peripherer Stadtmauer, angesiedelt ist[3].

Am Beginn des Industrialisierungsporzesses, eine Phase, die durch massenhafte Zuwanderung in die Städte gekennzeichnet ist, lassen sich die Zuwanderer vor allem an der Peripherie der präindustriellen Stadt nieder, die "Vorstädte" entstehen[4]. Da die Stadtwanderer überwiegend zur Unterschicht zu rechnen sind, erweitern sich die Areale der Unterschicht in entsprechender, massenhafter Weise - in England in Form der back-to-back-houses, in Deutschland, speziell in Berlin, in Gestalt der Mietskasernen, in Entwicklungsländern heute in Form der shanty towns, bidonvilles etc.[5].

---

[1] H.S. LEVINSON: Coordinating Transport and Urban Development; in: ITCC (International Technical Cooperation Centre) Review, Bd. 4; Tel Aviv 1974, S. 23-29
[2] G. SJOBERG: The Preindustrial City. Past and Present; New York 1960, S. 91 ff
[3] zur Veranschaulichung: R. STEWIG, 1983, S. 70, Abb. 4: die idealtypische Struktur der traditionellen islamisch-orientalischen Stadt, nach K. DETTMANN
[4] H. MATZERATH (Hrsg.): Städtewachstum und innerstädtische Strukturveränderungen. Probleme des Urbanisierungsprozesses im 19. und 20. Jahrhundert; Stuttgart 1984; H. JÄGER (Hrsg.): Probleme des Städtewesens im industriellen Zeitalter; Köln, Wien 1978; H.J. TEUTEBERG (Hrsg.): Urbanisierung im 19. und 20. Jahrhundert. Historische und geographische Aspekte; Städteforschung, Reihe A: Darstellungen, Bd. 16; Köln, Wien 1983
[5] zur Veranschaulichung in Stadtstrukturmodellen: R. STEWIG, 1983, S. 242, Abb. 27: das Strukturmodell der islamisch-orientalischen Stadt; S. 244, Abb. 28: das Strukturmodell der lateinamerikanischen Stadt, nach J. BÄHR, G. MERTINS

Die typische sozialräumliche Struktur der Stadt in der fortgeschrittenen Phase der Industriegesellschaft, auf dem Niveau der Massen- und Konsumgesellschaft, ist so, wie sie von E.W. BURGESS in einem, am Beispiel Chicago entwickelten Stadtstrukturmodell gekennzeichnet wurde: Im Suburbanisierungsprozeß erfolgt die Abwanderung der Angehörigen der Mittelschicht, die sich im Verlauf des Industrialisierungsprozesses umfangreich herausgebildet hat, aus der Innenstadt; eine neue, weitausgedehnte Stadtperipherie entsteht, die von den Angehörigen der Mittelschicht, in Nordamerika und in Westeuropa in Gestalt schier endloser Einfamilienhausbebauung, okkupiert wird, während sich in der verlassenen Innenstadt ärmere, überwiegend der Unterschicht zuzurechnende Zuwanderer, in den U.S.A. Schwarze und ethnische Einwanderergruppen, in England Menschen aus den ehemaligen Kolonien, in Westeuropa Gastarbeiter, niederlassen[1].

Die entscheidende Veränderung der sozialräumlichen Struktur im Verlauf des Industrialisierungsprozesses ist die: Die Lagerelation von Unter-, Mittel- und Oberschichtarealen kehrt sich um, wobei betont werden muß, daß sich die (umfangreichen) Mittelschichtareale erst in der (fortgeschrittenen) Industriegesellschaft herausbilden. Das in der prädindustriellen Stadt bestehende Sozialgefälle von innen nach außen (zentrifugaler Sozialgradient) kehrt sich zu einem Sozialgefälle von außen nach innen (zentripetaler Sozialgradient) in der Stadt der fortgeschrittenen Industriegesellschaft um.

Daß es zahlreiche Übergangsformen und Varianten gibt, z.B. in der lateinamerikanischen und orientalischen Großstadt, wo in Teilen der Stadtperipherie bereits Areale der Mittel- und Oberschicht zu erkennen sind[2], wie umgekehrt in der westeuropäischen Großstadt kleine Areale von Oberschichtbevölkerung in der Innenstadt vorkommen[3], versteht sich - im Zuge facettenreicher gesellschaftlicher Entwicklung - von selbst.

In diesem Zusammenhang muß noch einmal ausdrücklich darauf hingewiesen werden, daß die zur Veranschaulichung der dargelegten Auffassung genannten Stadtstrukturmodelle der orientalischen, lateinamerikanischen, westeuropäischen und nordamerikanischen Stadt nicht als Zuordnung von typischen Stadtstrukturen zu Kulturerdteilen zu verstehen sind, sondern als (städtischer) Ausdruck unterschiedlicher Niveaus gesellschaftlicher Entwicklung.

Unter den behandelten drei Aspekten lassen sich also einige Regelhaftigkeiten sozialräumlicher Strukturierung und ihrer Entwicklung im Verlauf des Industrialisierungsprozesses in Städten erkennen. Dabei handelt es sich um qualitative Veränderungen; die Gewinnung eines quantitativen, quasi gleitenden (Beurteilungs-) Maßstabes steht noch aus.

---

[1] zur Veranschaulichung durch Stadtstrukturmodelle: R. STEWIG, 1983, S. 239, Abb. 25: das Strukturmodell der (west-)europäischen Stadt; S. 241, Abb. 26: das Strukturmodell der nordamerikanischen Stadt
[2] R. STEWIG, 1983, S. 244, Abb. 28; S. 242, Abb. 27; vgl. auch: L.F. SCHNORE: On the Spatial Structure of Cities in the two Americas; in: P.M. HAUSER, L.F. SCHNORE (Hrsg.): The Study of Urbanization; New York 1965, S. 347-398; R.J. JOHNSTON: Towards a General Model of Intra-urban Residential Patterns; some crosscultural observations; in: Progress in Geography, Bd. 4, London 1972, S. 83-124
[3] R. STEWIG, 1983, S. 242, Abb. 27

Tab. 67: Lage der Arbeitsstätten im Verhältnis zu den Wohnstätten in der Stadt Bursa, 1974, bei Nichtzuwanderern und Zuwanderern, zeitlich gestaffelt

Lage der Arbeitsstätte	Nichtzuwanderer		zugewandert 1898-1949			zugewandert 1950-1959			zugewandert 1960-1969			zugewandert 1970-1974			Zuwanderer insgesamt			insgesamt	
	abs.	S%	abs.	S%	Z%	abs.	S%	Z%	abs.	S%	Z%	abs.	S%	Z%	abs.	S%	Z%	abs.	S%
im gleichen Haus/Grundstück	30	8,3	12	10,0	17,1	39	17,1	55,7	13	6,5	18,6	6	4,7	8,6	70	10,4	100,0	100	9,6
im gleichen (Wohn-)Viertel	59	16,3	33	27,5	20,1	63	27,6	38,4	47	23,6	28,6	21	16,5	12,8	164	24,3	100,0	223	21,5
in der Stadt Bursa, aber außerhalb des eig.Viertels	229	63,3	63	52,5	18,2	100	43,9	28,9	115	57,8	33,2	68	53,5	19,7	364	51,3	100,0	593	57,2
außerhalb der Stadt Bursa	36	9,9	11	9,2	13,6	20	8,8	24,6	21	10,6	25,9	29	22,8	35,8	81	12,0	100,0	117	11,2
im Ausland	8	2,2	1	0,8	7,7	6	2,6	46,2	3	1,5	23,1	3	2,4	23,1	13	1,9	100,0	21	2,0
zusammen	362	100,0	120	100,0	17,8	228	100,0	33,8	199	100,0	29,5	127	100,0	18,8	674	100,0	100,0	1036	100,0
zusammen	362	77,5	120	71,9	17,8	228	84,4	33,8	199	75,4	29,5	127	75,1	18,8	674	77,5	100,0	1036	77,4
keine Angabe	105	22,5	47	28,1	24,0	42	15,6	21,4	65	24,6	33,2	42	24,9	21,4	196	22,5	100,0	301	22,5
insgesamt	467	100,0	167	100,0	19,2	270	100,0	31,0	264	100,0	30,4	169	100,0	19,4	870	100,0	100,0	1337	100,0

Tab. 68: Zeitaufwand für den einfachen Weg zur Arbeitsstätte in der Stadt Bursa, 1974, bei Nichtzuwanderern und Zuwanderern, zeitlich gestaffelt

Zeitaufwand in Minuten	Nichtzuwanderer		zugewandert 1898-1949			zugewandert 1950-1959			zugewandert 1960-1969			zugewandert 1970-1974			Zuwanderer insgesamt			insgesamt	
	abs.	S%	abs.	S%	Z%	abs.	S%	Z%	abs.	S%	Z%	abs.	S%	Z%	abs.	S%	Z%	abs.	S%
1 min.	29	8,5	14	13,0	19,7	39	19,6	55,0	12	6,4	16,9	6	4,9	8,5	71	11,5	100,0	100	10,4
2- 5 min.	61	17,9	23	21,3	20,4	30	15,1	26,5	37	19,7	32,8	23	18,7	20,4	113	18,3	100,0	174	18,1
6-10 min.	80	23,5	30	27,8	20,1	43	21,6	28,9	47	25,0	31,5	29	23,6	19,5	149	24,1	100,0	229	23,9
11-15 min.	68	20,0	20	18,5	18,2	40	20,1	36,3	30	16,0	27,3	20	16,3	18,2	110	17,8	100,0	178	18,5
16-20 min.	49	14,4	12	11,1	15,8	19	9,5	25,0	27	14,4	35,6	18	14,6	23,7	76	12,3	100,0	125	13,0
21-30 min.	41	12,1	7	6,5	8,9	23	11,6	29,1	28	14,9	35,5	21	17,1	26,6	79	12,8	100,0	120	12,5
31-45 min.	6	1,8	0	0,0	0,0	2	1,0	28,6	3	1,6	42,9	2	1,6	28,6	7	1,1	100,0	13	1,3
45-60 min.	4	1,2	2	1,9	28,6	2	1,0	28,6	1	0,5	14,3	2	1,6	28,6	7	1,1	100,0	11	1,1
61-75 min.	1	0,3	0	0,0	0,0	0	0,0	0,0	0	0,0	0,0	0	0,0	0,0	0	0,0	100,0	1	0,1
76-90 min.	0	0,0	0	0,0	0,0	0	0,0	0,0	2	1,1	66,7	1	0,8	33,3	3	0,5	100,0	3	0,3
mehr als 90 min.	1	0,3	0	0,0	0,0	1	0,5	33,3	1	0,5	33,3	1	0,8	33,3	3	0,5	100,0	4	0,4
zusammen	340	100,0	108	100,0	17,5	199	100,0	32,2	188	100,0	30,5	123	100,0	19,9	618	100,0	100,0	958	100,0
zusammen keine Angabe	340 127	72,8 27,2	108 59	64,7 35,3	17,5 23,4	199 71	73,7 26,3	32,2 28,2	188 76	71,2 28,8	30,5 30,2	123 46	72,8 27,2	19,9 18,3	618 252	71,0 29,0	100,0 100,0	958 379	71,6 28,3
insgesamt	467	100,0	167	100,0	19,2	270	100,0	31,0	264	100,0	30,4	169	100,0	19,4	870	100,0	100,0	1337	100,0

Tab. 69: Aufenthaltsort während der Mittagszeit in der Stadt Bursa, 1974, der Nichtzuwanderer und Zuwanderer, zeitlich gestaffelt

Aufenthalts-ort	Nichtzuwanderer		zugewandert 1898-1949			zugewandert 1950-1959			zugewandert 1960-1969			zugewandert 1970-1974			Zuwanderer insgesamt			insgesamt	
	abs.	S%	abs.	S%	Z%	abs.	S%	Z%	abs.	S%	Z%	abs.	S%	Z%	abs.	S%	Z%	abs.	S%
zu Hause	137	29,3	56	33,5	18,7	99	36,7	33,1	97	36,7	32,4	47	27,8	15,7	299	34,4	100,0	436	32,6
insgesamt	467	100,0	167	100,0	19,2	270	100,0	31,0	264	100,0	30,4	169	100,0	19,4	870	100,0	100,0	1337	100,0

Was nun die Stadt Bursa betrifft, so können die empirisch-theoretisch erläuterten drei Aspekte der Entwicklung der Lagebeziehungen von Arbeits- und Wohnstätten, der städtisch-verkehrstechnologischen Entwicklung und der Entwicklung der Lagerelation der Sozialschichtenareale in einiger Deutlichkeit auf Bursa angewendet werden.

Die Tabellen 67-69 geben einen Überblick über die räumlichen Beziehungen zwischen Wohn- und Arbeitsstätten in der Stadt Bursa, genauer der interviewten Haushalte, unter verschiedenen Gesichtspunkten.

Die Tab. 67 läßt erkennen, daß eine so enge räumliche Verknüpfung von Wohnstätte und Arbeitsstätte, wie sie in der Frühindustrialisierungsphase in den Städten der heute hochentwickelten Industrieländer typisch war, in der Stadt Bursa nur in begrenztem Umfang besteht: Diejenigen, deren Arbeitsstätte sich im gleichen Haus bzw. im gleichen Viertel befindet, kommen auf relativ geringe Prozentsätze; diejenigen, deren Arbeitsstätte innerhalb der Stadt Bursa, aber außerhalb des eigenen Wohnviertels liegt, erreichen Werte um 50 %, mit Unterschieden (43-63 %). Die Unterschiede werden bei der Differenzierung in Nichtzuwanderer und Zuwanderer deutlich. Vor allem die in den 50er Jahren zugewanderten Haushalte weisen eine engere räumliche Verknüpfung zwischen Wohn- und Arbeitsstätte auf. Dies erklärt sich aus der Entwicklung der Siedlungsstruktur der Stadt Bursa[1]:

Als sich der mehr oder weniger geschlossene Ring von Industriestandorten nach dem Zweiten Weltkrieg an der Peripherie der damaligen, "alten" Stadt Bursa herausbildete, ließen sich die Zuwanderer der 50er Jahre anschließend an den Ring der Industriebetriebe auf dessen Außenseite nieder, so daß sie relativ geringe Entferungen zu ihren Arbeitsstätten im Industriering, aber auch zu denen in der Innenstadt zurückzulegen haben. Später nach Bursa Zugewanderte mußten sich weiter außerhalb in der Wohnperipherie der gecekondu evler/Einfachhäuser ansiedeln.

Ein entsprechend komplementäres Bild liefert die Tab. 68: Der Zeitaufwand für den Weg zur Arbeitsstätte ist insbesondere bei den in den 50er Jahren Zugewanderten - aus den genannten Gründen - geringer. Insgesamt ist der Zeitaufwand, um die Arbeitsstätte zu erreichen, angesichts einer damals, 1974, über 300 000 Einwohner zählenden Großstadt als sehr gering zu veranschlagen: 70% der befragten Haushalte, die eine Antwort gaben, erreichten innerhalb einer Viertelstunde ihre Arbeitsstätte (Tab. 68), 25 % brauchten zwischen einer Viertel- und einer halben Stunde.

Angesichts dieser Gegebenheiten ist auch der Anteil derjenigen, die in der Mittagspause ihre Wohnung aufsuchen, also zu Hause Mittagessen, relativ hoch (Tab. 69); dabei liegt wiederum der Anteil der in den 50er und 60er Jahren Zugewanderten besonders hoch (36 %).

Diese Gegebenheiten der nicht frühindustriell engen räumlichen Verknüpfung von Wohn- und Arbeitsstätten in der Stadt Bursa, 1974, werfen Fragen nach dem städtisch-verkehrsinfrastrukturellen, technologischen Stand in Bursa auf.

---

[1] R. STEWIG: Bursa, Nordwestanatolien. Strukturwandel einer orientalischen Stadt unter dem Einfluß der Industrialisierung; Schriften des Geographischen Instituts der Universität Kiel, Bd. 32; Kiel 1970

Tab. 70: Benutzte Verkehrsmittel auf dem Wege zur Arbeit in der Stadt Bursa, 1974, von Nichtzuwanderern und Zuwanderern, zeitlich gestaffelt

benutztes Verkehrsmittel	Nichtzuwanderer		zugewandert 1898-1949			zugewandert 1950-1959			zugewandert 1960-1969			zugewandert 1970-1974			Zuwanderer insgesamt			insgesamt	
	abs.	S%	abs.	S%	Z%	abs.	S%	Z%	abs.	S%	Z%	abs.	S%	Z%	abs.	S%	Z%	abs.	S%
zu Fuß	164	42,9	71	55,0	18,7	138	55,0	36,4	118	52,7	31,2	52	35,4	13,7	379	50,5	100,0	543	47,9
öffentl. Bus	72	18,8	21	16,3	14,9	46	18,3	32,7	43	19,2	30,5	31	21,1	22,0	141	18,8	100,0	213	18,7
Werkbus	30	7,9	12	9,3	12,4	25	10,0	25,8	27	12,1	27,8	33	22,4	34,0	97	12,9	100,0	127	11,2
Sammeltaxi	58	15,2	17	13,2	17,2	33	13,1	33,3	25	11,2	25,3	24	16,3	24,2	99	13,2	100,0	157	13,8
privater Pkw	58	15,2	8	6,2	22,9	9	3,6	25,7	11	4,9	31,4	7	4,8	20,0	35	4,7	100,0	93	8,2
zusammen	382	100,0	129	100,0	17,2	251	100,0	33,4	224	100,0	29,8	147	100,0	19,6	751	100,0	100,0	1133	100,0
zusammen	382	81,8	129	77,2	17,2	251	93,0	33,4	224	84,8	29,8	147	87,0	19,6	751	86,3	100,0	1133	84,7
keine Angabe	85	18,2	38	22,8	31,9	19	7,0	16,0	40	15,2	33,6	22	13,0	18,5	119	13,7	100,0	204	15,2
insgesamt	467	100,0	167	100,0	19,2	270	100,0	31,1	264	100,0	30,4	169	100,0	19,4	870	100,0	100,0	1337	100,0

Tab. 71: Beliebteste Wohnviertel/Einschätzung der Wohnqualität in der Stadt Bursa, 1974, durch Nichtzuwanderer und Zuwanderer, zeitlich gestaffelt

Wohnviertel in Bursa	Nichtzuwanderer		zugewandert 1898-1949			zugewandert 1950-1959			zugewandert 1960-1969			zugewandert 1970-1974			Zuwanderer insgesamt			insgesamt	
	abs.	S%	abs.	S%	Z%	abs.	S%	Z%	abs.	S%	Z%	abs.	S%	Z%	abs.	S%	Z%	abs.	S%
Çekirge	107	22,9	33	19,7	17,0	62	22,9	32,0	57	21,6	29,4	42	24,8	21,6	194	22,3	100,0	301	22,5
Altıparmak	27	5,8	6	3,6	11,1	13	4,8	24,1	20	7,5	37,1	15	8,9	27,8	54	6,2	100,0	81	6,0
Heykel	21	4,5	4	2,4	8,7	15	5,6	32,6	17	6,4	37,0	10	5,9	21,7	46	5,3	100,0	67	5,0
Muradiye	23	4,9	13	7,8	29,5	14	5,2	31,8	7	2,7	15,9	10	5,9	22,7	44	5,1	100,0	67	5,0
Setbaşı	28	6,0	16	9,6	43,2	7	2,6	18,9	5	1,9	13,5	9	5,3	24,3	37	4,3	100,0	65	4,8
Yeşil	25	5,4	6	3,6	18,2	11	4,1	33,3	11	4,2	33,3	5	3,0	15,2	33	3,8	100,0	58	4,3
Hisar	17	3,6	9	5,4	36,0	5	1,9	20,0	7	2,7	28,0	4	2,4	16,0	25	2,9	100,0	42	3,1
Davutkade	3	0,6	2	1,2	6,5	9	3,3	29,0	14	5,3	45,2	6	3,6	19,4	31	3,6	100,0	34	2,5
Teleferik	7	1,5	5	3,0	21,7	2	0,7	8,7	13	4,9	56,5	3	1,8	13,0	23	2,6	100,0	30	2,2
Pınarbaşı	7	1,5	4	2,4	25,0	4	1,5	25,0	4	1,5	25,0	4	2,4	25,0	16	1,8	100,0	23	1,7
Nalbantoğlu	6	1,3	4	2,4	28,6	6	2,2	42,8	3	1,1	21,4	1	0,6	7,1	14	1,6	100,0	20	1,4
Küplüpınar	4	0,9	1	0,6	5,9	4	1,5	23,5	11	4,2	64,7	1	0,6	5,9	17	2,0	100,0	21	1,5
Namık Kemal	5	1,1	1	0,6	6,7	6	2,2	40,0	6	2,3	40,0	2	1,2	13,3	15	1,7	100,0	20	1,4
zusammen	280	60,0	104	62,3	18,9	158	58,5	28,8	175	66,3	31,9	112	66,3	20,4	549	63,1	100,0	829	62,0
insgesamt	467	100,0	167	100,0	19,2	270	100,0	31,0	264	100,0	30,4	169	100,0	19,4	870	100,0	100,0	1337	100,0
zusammen sonstige Wohnviertel	280	60,0	104	62,3	18,9	158	58,5	28,8	175	66,3	31,9	112	66,3	20,4	549	63,1	100,0	829	62,0
	167	35,7	57	34,1	20,5	98	36,3	35,3	77	29,2	27,7	46	27,2	16,5	278	32,0	100,0	445	33,2
keine Angabe	20	4,3	6	3,6	14,0	14	5,2	32,5	12	4,5	27,9	11	6,5	25,6	43	4,9	100,0	63	4,7
insgesamt	467	100,0	167	100,0	19,2	270	100,0	31,0	264	100,0	30,4	169	100,0	19,4	870	100,0	100,0	1337	100,0

Die Tab. 70 läßt erkennen, in welchem Umfang die Stadt Bursa im Jahre 1974 noch pedestrian city war: Annähernd 50 % der Arbeitsbevölkerung erreichte ihre Arbeitsstätte zu Fuß; dabei lag wiederum der Anteil der in den 50er und 60er Jahren Zugewanderten (52-55 %) höher als bei den Nichtzuwanderern und bei den in den 70er Jahren Zugewanderten (42-35 %).

Es wird aus der Tab. 70 aber auch deutlich, daß eine Differenzierung der benutzten Verkehrsmittel eingesetzt hat. Während der Anteil des privaten Personenkraftwagens, der auf dem Weg zur Arbeitsstätte benutzt wird, noch gering ist - sehr gering verglichen mit den Verhältnissen in den Städten der heute hochentwickelten Industrieländer -, wird außer dem - sehr billigen - öffentlichen Stadtomnibus das Sammeltaxi (dolmuş) benutzt, das auf den Linien der öffentlichen Stadtomnibusse verkehrt. Hier deutet sich eine Differenzierung der Benutzer insofern an, als die Sammeltaxen besonders von den Angehörigen der sich herausbildenden Mittelschicht frequentiert werden.

Als dritter möglicher, qualitativer Maßstab zur Beurteilung des Entwicklungsstandes der sozialräumlichen Verhältnisse einer Stadt im Verlauf des Industrialisierungsprozesses wurde die Lagerelation der von Unter-, Mittel- und Oberschicht bewohnten Areale genannt.

Was nun die Bevölkerung der Stadt Bursa in dieser Hinsicht angeht, so sollen zu diesem Thema nicht noch einmal die umfangreichen Tabellen präsentiert werden, die im Teil 1 (S. 118-254: 166 Tabellen; S. 255-294: 11 zusammenfassende Tabellen) über alle 15 untersuchten Teilgebiete der Stadt Bursa enthalten sind. Aus diesen Tabellen ergibt sich eindeutig zur sozialräumlichen Differenzierung der Stadt, daß die nördliche, die östliche und die südliche Peripherie Bursas, außerhalb des mehr oder weniger geschlossenen Industrieringes, von Zuwanderern, insbesondere der 50er und 60er Jahre besetzt ist, die zu den einkommensschwachen Bevölkerungsteilen zählen. Die westliche Peripherie ist nur deshalb vom Wohngebietsaußenring der gecekondu evler/Einfachhäuser teilweise ausgespart, weil sich dort - seit altersher - der Badeortsteil mit besseren Wohngebieten und auch Krankenhäusern und Hotels befindet.

Ebenso eindeutig wie die Peripherie der Stadt Bursa heute von der dominierenden Gruppe der Unterschicht eingenommen wird, ist das Wohngebiet der sich herausbildenden Mittelschicht und der Oberschicht die Innenstadt von Bursa - innerhalb des Industrieringes. Nur dort, wo in der Innenstadt die dem Typ des modernen Stadthauses weichenden osmanischen Häuser noch vorhanden sind, wie teilweise im Stadtviertel Hisar, dem alten Stadtteil auf der Travertinterrasse, sind auch in der Innenstadt Unterschichtangehörige vertreten. Die mit langen Zeilen von Apartmentwohnhochhäusern (mit Geschäften und Büros in den Untergeschossen) bebauten Hauptinnenstadtstraßen (Atatürk Cad., Altıparmak Cad., İnönü Cad., Stadyum Cad., Fevzi Çakmak Cad.) sind der Wohnbereich der oberen Mittelschicht (vgl. den Abschnitt über die Wohnverhältnisse und die Photos der Wohnhaustypen).

Die Tab. 71 läßt erkennen, daß nicht nur bei der einheimischen Stadtbevölkerung, sondern auch bei den Zuwanderern ein Bewußtsein von der besseren Wohnqualität in der Innenstadt ausgeprägt vorhanden ist: An der Spitze der Beliebtheitsskala des Wohnens rangieren - wenn man von dem Sonderfall des Badeortsteiles Çekirge absieht - nur Innenstadtteile (in Teil 1 informiert Abb. 16 über die Gliederung der Stadt Bursa nach Stadtvierteln) (Heykel ist der ortsübliche Name für das Innenstadtgebiet um den Platz mit dem Atatürkdenkmal in Bursa).

Aus diesen Feststellungen[1] ergibt sich, daß die sozialräumliche Struktur der Stadt Bursa einen Sozialgradienten von innen nach außen aufzuweisen hat: Die Mittel- und Oberschicht wohnt in der Innenstadt, die Unterschicht in der ausgedehnten Peripherie darum herum.

Diese Verhältnisse kontrastieren stark mit dem Modell der sozialräumlichen Struktur der Stadt in den hochentwickelten Industrieländern, wo die Mittel- und Oberschicht die Peripherie einnimmt, die Unterschicht in der Innenstadt wohnt, der Sozialgradient also zentripetal ausgerichtet ist.

Angesichts der beschriebenen sozialräumlichen Verhältnisse der Stadt Bursa ist ihr Entwicklungsniveau, was die räumliche Bevölkerungs- und Sozialstruktur angeht, als frühindustriell zu bezeichnen.

---

[1] zusammenfassende, modellhafte Veranschaulichung in: R. STEWIG: Die Stadt in Industrie- und Entwicklungsländern; Paderborn, München, Wien, Zürich 1983, S. 242, Abb. 27: das Strukturmodell der islamisch-orientalischen Stadt - auf der Grundlage der Stadt Bursa

D. Ergebnis: Beurteilung des Entwicklungsstandes der Stadt Bursa: Theorie und Praxis

Das wissenschaftliche Bemühen um die Ermittlung des Entwicklungsstandes größerer Erdräume, Länder oder Staaten, Industrie- oder Entwicklungsländer, ist nicht neu[1]. Es steht im Zusammenhang mit der Diskussion um zahlreiche, seit Ende des Zweiten Weltkrieges aus kolonialer Abhängigkeit in die Selbständigkeit entlassene Erdräume in Afrika, Asien und Lateinamerika, die seitdem Entwicklungsländer genannt werden.

Den Hintergrund bildet das Problem der Unterentwicklung, die Beschreibung und Erklärung des Zustandes der Unterentwicklung mit Hilfe - beschreibender und erklärender - Entwicklungstheorien[2], die aber hier nicht verfolgt werden sollen.

Hier geht es vielmehr um die beschreibend-messende Erfassung des Entwicklungsstandes, zunächst von größeren Erdräumen, Ländern, wobei das Messen im Quantifizieren und Vergleichen eines oder mehrerer Tatbestände besteht, die - in unterschiedlichen Qualitäten - sowohl in den Industrie- als auch in den Entwicklungsländern anzutreffen sind.

Alle in den entsprechenden Fußnoten genannten Arbeiten, die sich um die Regionalisierung der Erde nach dem Entwicklungsstand der Länder bemühen, setzen - ohne dies zu erwähnen - voraus: 1. der Entwicklungsstand von Ländern oder Staaten ist eine Funktion ihrer gesellschaftlichen Entwicklung, 2. es gibt in den Industrie- und den Entwicklungsländern vergleichbare Sachverhalte, 3. diese Sachverhalte sind statistisch erfaßbar, also quantifizierbar, meßbar; nur solche Sachverhalte werden berücksichtigt.

Sehr unterschiedliche Verfahren werden zum Erreichen des angestrebten Zieles eingesetzt. So ist ein Weg der, daß nur ein Sachverhalt als einziger Indikator des Entwicklungsstandes herausgegriffen wird, z.B. der Ernährungszustand[3], wobei man zwischen quantitativer und qualitativer Unter- bzw. Überernährung in Industrie- und Entwicklungsländern unterscheidet. Oder es wird nur der Stand der Alphabetisierung herausgegriffen, nur der Verstädterungsgrad benutzt oder nur das Bruttosozialprodukt, wobei es sich in einem solchen Falle herausstellt, daß

---

[1] P. BRATZEL, H. MÜLLER: Regionalisierung der Erde nach dem Entwicklungsstand der Länder; in: Geographische Rundschau, Jahrgang 31; Braunschweig 1979, S. 131-137; P. BRATZEL, H. MÜLLER: Armut und Reichtum. Eine Weltkarte des Entwicklungsstandes der Länder der Erde; in: Geographische Rundschau, Jahrgang 31; Braunschweig 1979, S. 145-148; F.A. HADI, P. PIETSCH, C. von ROTHKIRCH, H. SANGMEISTER: Ein Beitrag zur Klassifikation von Ländern nach ihrem Entwicklungsstand; in: Statistische Hefte, 21. Jahrgang; Opladen 1980, S. 30-48, 75-109; E. GIESE: Klassifikation der Länder der Erde nach ihrem Entwicklungsstand; in: Geographische Rundschau, Jahrgang 37; Braunschweig 1985, S. 164-175
[2] P. BRATZEL: Theorien der Unterentwicklung. Eine Zusammenfassung verschiedener Ansätze zur Erklärung des gegenwärtigen Entwicklungsstandes unterentwickelter Regionen mit einer ausführlichen Literaturliste; Karlsruher Manuskripte zur Mathematischen und Theoretischen Wirtschafts- und Sozialgeographie, Heft Nr. 17; Karlsruhe 1976
[3] H. BOESCH, J. BÜHLER: Eine Karte der Welternährung; in: Geographische Rundschau, Jahrgang 24; Braunschweig 1972, S. 81-82

kleine, Erdöl produzierende Staaten des Orients, z.B. Kuwait, ein höheres Sozialprodukt erreichen als führende Industrieländer, obwohl der gesellschaftliche Entwicklungsstand von Kuwait beispielsweise den der U.S.A. nicht übertroffen hat[1].

Um die Einseitigkeiten der Erfassung des Entwicklungsstandes von Ländern mit Hilfe nur eines Indikators zu mildern, sind methodische Bemühungen angestellt worden: komplexe Großsachverhalte, wie der endogene Tourismus, die Ausdruck eines komplizierten gesellschaftlichen Bedingungszusammenhanges sind, erlauben als Indikator des gesellschaftlichen Entwicklungsstandes weiterreichende Aussagen[2].

Eine andere Vorgehensweise besteht darin, möglichst viele Sachverhalte statistisch zu erfassen und zu einem Index des Entwicklungsstandes der untersuchten Länder zu vereinen. Ganze Listen von Merkmalsmengen/Indikatorenkatalogen wurden zusammengestellt[3], oft seitenlang[4]. Dabei kommt es zur an Absurdität grenzenden Verwendung von Daten wie beispielsweise dem Zeitungsverbrauch in kg (!) pro 1000 Einwohner[5].

Durch Einsatz von mathematisch-statistischen Verfahren, vor allem der Faktorenanalyse[6], wird die Fülle der Daten auf wenige berechnete Werte reduziert; mit Hilfe der Clusteranalyse erfolgt eine Gruppierung in eine begrenzte Zahl von Klassen, acht oder fünf[7]. Dabei eignet sich eine Reduzierung auf fünf Klassen besonders für eine Parallelisierung der Entwicklungszustände von Ländern mit den Entwicklungsstufen wirtschaftlicher bzw. gesellschaftlicher Entwicklung von W.W. ROSTOW (traditional society, preconditions for take-off, take-off, drive to maturity, stage of high mass-consumption)[8].

Die skizzierten Verfahren wurden in mehr oder weniger abgewandelter Form auch auf die Türkei zur Charakterisierung ihres Entwicklungsstandes angewen-

---

[1] R. STEWIG: Entwicklung und Industrialisierung im Orient. Ein methodologisches Konzept; in: Mitteilungen des Deutschen Orient-Instituts, Nr. 10; Hamburg 1977, S. 36-46

[2] U. SCHLENKE, R. STEWIG: Endogener Tourismus als Gradmesser des Industrialisierungsprozesses in Industrie- und Entwicklungsländern; in: Erdkunde, Band 37; Bonn 1983, S. 137-154

[3] P. BRATZEL, H. MÜLLER: Regionalisierung der Erde nach dem Entwicklungsstand der Länder; in: Geographische Rundschau, Jahrgang 31; Braunschweig 1979, S. 133 f

[4] D. NOHLEN, F. NUSCHELER (Hrsg.): Handbuch der Dritten Welt, Bd. 1: Theorien und Indikatoren von Unterentwicklung und Entwicklung; Hamburg 1974, S. 195 ff

[5] R. STEWIG: Zur gesellschaftlichen Relevanz der Länderkunde (am Beispiel der Türkei); in: Zeitschrift für Wirtschaftsgeographie, 30. Jahrgang; Frankfurt am Main 1986 (Heft 2), S. 1-9

[6] W.F. KILLISCH, N. MICH, O. FRÄNZLE: Ist die Anwendung der Faktorenanalyse in der empirischen Regionalforschung noch vertretbar? Darstellung und Kritik einer Methode; Karlsruher Manuskripte zur Mathematischen und Theoretischen Wirtschafts- und Sozialgeographie, Heft 66; Karlsruhe 1984

[7] P. BRATZEL, H. MÜLLER: Regionalisierung der Erde nach dem Entwicklungsstand der Länder; in: Geographische Rundschau, Jahrgang 31; Braunschweig 1979, S. 135

[8] W.W. ROSTOW: The Stages of Economic Growth; 2. Auflage Cambridge 1971

det[1]; es ergab sich eine Kennzeichnung der Türkei als Entwicklungsland "höherer Ordnung"; man kann auch von einem Schwellenland oder von einem Entwicklungsland in der Phase des take-off sprechen.

Nachdem am Anfang der vorliegenden Veröffentlichung eine Theorie der gesellschaftlichen Entwicklung propagiert worden ist, die sich auf die Transformation der wichtigsten demographischen, ökonomischen, sozialen und raumstrukturellen Sachverhalte bezieht, bzw. auf Subtheorien der Veränderung dieser Sachverhalte, stellt sich die Frage, welcher Beitrag auf diese Weise zur Kennzeichnung des Entwicklungsstandes von Ländern geleistet werden kann. Grundsätzlich hat die Anwendung dieses Verfahrens den Vorteil, daß es dabei nicht in erster Linie um Entwicklungszustände zu ausgewählten Zeitpunkten, sondern um Entwicklung über längere Zeiträume geht und daß sowohl quantitative als auch qualitative Sachverhalte berücksichtigt werden.

Bei den demographischen Veränderungen vollzieht sich die Entwicklung von Geburten- und Sterberaten im Sinne der Theorie der demographischen Transformation[2]; bei den ökonomischen Veränderungen vollzieht sich die Entwicklung der im primären, im entstehenden industriell-sekundären und im tertiären Sektor Beschäftigten im Sinne der Theorie von J. FOURASTIÉ; bei den sozialen Veränderungen vollzieht sich die Entwicklung von der dichotomischen Zweischichtensozialstruktur der präindustriellen Gesellschaft zu einer Sozialstruktur, in der die Mittelschicht in der hochentwickelten Industriegesellschaft dominiert; bei der raumstrukturellen Veränderung vollzieht sich die Entwicklung in einer grundlegenden Änderung der Siedlungsstruktur mit deutlich zunehmendem Verstädterungsgrad.

Zur Anwendung dieser Theorien gesellschaftlicher Entwicklung zum Zwecke der Charakterisierung des Entwicklungsstandes einzelner Länder liegen in unterschiedlichem Umfang Daten vor. Auch in islamischen Ländern kann - selbst wenn keine Geburten- oder Sterberegister geführt werden - auf Schätzungen zurückgegriffen werden; der Anteil der Beschäftigten in den verschiedenen Wirtschaftszweigen ist meist über einige Zeit bekannt; die Feststellung des Verstädterungsgrades bereitet keine großen Schwierigkeiten; anders ist es allerdings bei der Ermittlung der sozialstrukturellen Entwicklung, insbesondere was die Veränderung der sozialen Schichtung angeht.

Das Verfahren wurde bereits auf die Türkei, zur Bestimmung ihres Entwicklungsstandes, angewendet[3]; dabei ergab sich - wie bei den zuvor skizzierten Verfahren auch - eine Kennzeichnung des Entwicklungsstandes der Türkei als auf der W.W. ROSTOW'schen Stufe des take-off befindlich.

Nach den vorangegangenen Ausführungen über die Bemühungen, den Entwicklungsstand von größeren Erdräumen zu erfassen, stellt sich die Frage, warum

---

[1] U. STEINBACH: Türkei; in: D. NOHLEN, F. NUSCHELER (Hrsg.): Handbuch der Dritten Welt, Bd. 4, 2. Halbband; Hamburg 1974, S. 699-720; W. LEITNER: Die Türkei (ein Entwicklungsland höherer Größenordnung in der Phase der Eingliederung in den Gemeinsamn Markt); in: Wirtschaftsberichte (Creditanstalt - Bankverein), 15. Jahrgang; Wien 1980, S. 37-49

[2] vgl. J. BÄHR: Bevölkerungswachstum in Industrie- und Entwicklungsländern; in: Geographische Rundschau, Jahrgang 36; Braunschweig 1984, S. 544-551

[3] R. STEWIG: Zur gesellschaftlichen Relevanz der Länderkunde (am Beispiel der Türkei); in: Zeitschrift für Wirtschaftsgeographie; 30. Jahrgang; Frankfurt am Main 1986 (Heft 2) S. 1-9

man solche Ziele nicht auch für kleinere Ausschnitte der Erdoberfläche, Teilräume von Ländern, Regionen, beispielsweise Bundesländern in der Bundesrepublik Deutschland oder Provinzen in der Türkei, und eben auch größere Städte - in Industrie- und Entwicklungsländern - anstreben soll. Voraussetzung ist dabei, daß man Städte nicht als Singularitäten, als Einzigartigkeiten, in ihrer Individualität und ihrer Bindung an die Kulturerdteile[1] sieht, sondern als Funktion gesellschaftlicher Entwicklung auffaßt. Da diese Sichtweise erst kürzlich propagiert wurde[2], liegen bisher keine Bemühungen um die Ermittlung des Entwicklungsstandes von Städten vor.

Zuerst stellt sich die Frage nach dem Beurteilungsmaßstab. Man kann in diesem Zusammenhang wieder an die eingangs skizzierte Theorie der gesellschaftlichen Entwicklung denken, aus der ja eine Theorie der Stadt als Funktion gesellschaftlicher Entwicklung abgeleitet wurde.

Theoretisch würde sich dann ergeben, daß man die demographischen Veränderungen im Verlauf der (industrie-)gesellschaftlichen Entwicklung nicht auf den Durchschnitt des Landes bezogen verfolgt, sondern bezogen auf die jeweilige zu untersuchende Stadt. Der Verlauf der Geburten- und Sterberaten müßte also als Abweichung von bzw. Übereinstimmung mit dem Durchschnitt des Landes über längere Zeit ermittelt werden[3]. In der Praxis stellen sich einer solchen Vorgehensweise große Schwierigkeiten der Datenlage, selbst in Industrieländern, entgegen[4]; über die Geburten- und Sterberaten in der Stadt Bursa ist weder über kürzere Zeit noch einen Zeitpunkt etwas bekannt.

Der Bezug der J. FOURASTIÉ'schen Theorie der grundlegenden Änderung der Relation der im primären, sekundären und tertiären Sektor Beschäftigten im Verlauf (industrie-)gesellschaftlicher Entwicklung auf Städte ist nicht sinnvoll, da Städte grundsätzlich Beschäftigte überwiegend nur im sekundären und tertiären Sektor - und kaum im primären Sektor - aufzuweisen haben. Den Industriebesatz als Indikator des Entwicklungsstandes von Städten zu verwenden ist ebenfalls nicht sinnvoll, weil nicht sachgerecht: die Städte unterscheiden sich in ihrer Funktion als Handelsstädte, Verkehrsstädte, Regierungssitze und eben auch Industriestädte voneinander. Der Industriebesatz der Stadt Bursa ist relativ höher als der zahlreicher Städte in Industrieländern, dennoch entspricht der (städtisch-gesellschaftliche) Entwicklungsstand der Stadt Bursa nicht dem der meisten Städte in Industrieländern.

---

[1] B. HOFMEISTER: Die Stadtstruktur. Ihre Ausprägung in den verschiedenen Kulturräumen der Erde; Erträge der Forschung, Bd. 132; Darmstadt 1980; B. HOFMEISTER: Die Stadtstruktur im interkulturellen Vergleich; in: Geographische Rundschau, Jahrgang 34; Braunschweig 1982, S. 482-488; B. HOFMEISTER: Der interkulturelle Vergleich und die historische Dimension in der Humangeographie; in: Wirtschaftsgeographische Studien, 3. Jahrgang; Wien 1979, S. 5-19; L. HOLZNER: Die kultur-genetische Forschungsrichtung in der Stadtgeographie - eine nicht-positivistische Auffassung; in: Die Erde, 112. Jahrgang; Berlin 1981, S. 173-184
[2] R. STEWIG: Die Stadt in Industrie- und Entwicklungsländern; Paderborn, München, Wien, Zürich 1983
[3] prinzipiell für Städte: R. STEWIG, 1983, S. 72 ff
[4] im Rahmen von Examensarbeiten wurden Versuche der Ermittlung und des Vergleichs von Geburten- und Sterberaten in deutschen Städten über längere Zeit unternommen (F. DÖRNER: Stadt und demographische Entwicklung in Deutschland; Kiel 1985)

Die Anwendung der Theorie der sozialstrukturellen Veränderung der Gesellschaft im Laufe des Industrialisierungsprozesses bereitet schon auf Länderebene Schwierigkeiten: die Feststellung der Anteile der verschiedenen sozialen Schichten an der Bevölkerung ist zu einem Zeitpunkt und über längere Zeit das Ergebnis wissenschaftlicher Untersuchung, nicht in Statistiken nachzuschlagen; das gilt entsprechend für Städte.

Schließlich verbietet sich der Bezug der Theorie der Verstädterung auf einzelne Städte - als sachlicher Widerspruch - von selbst: der Verstädterungsgrad kann nur auf Länder- bzw. regionaler Ebene ermittelt werden.

Allerdings: in dem Maße wie der Verstädterungsgrad wächst, werden - zumindest bei den demographischen und sozialstrukturellen Verhältnissen - die Gegebenheiten in den Städten in zunehmendem Maße den Durchschnitt des Landes bestimmen.

So müssen andere Wege beschritten werden, um einen Beurteilungsmaßstab für den Entwicklungsstand von Städten - allgemein und speziell für Bursa - zu gewinnen. Sie sind bereits beschritten worden: in den Ausführungen des Hauptteils (Abschnitt C: Die Bevölkerungs- und Sozialstruktur der Stadt Bursa, 1974, unter besonderer Berücksichtigung der Bevölkerungszusammensetzung nach Einheimischen und Zuwanderern: Theorie und Entwicklung) ist jeweils in der ersten Hälfte der sieben Hauptpunkte (Familien- und Haushaltsstruktur und -zusammensetzung, horizontale Mobilität, vertikale Mobilität, Arbeitsverhältnisse, Wohnverhältnisse, Freizeit, räumliche Bevölkerungs- und Sozialstruktur) ein Beurteilungsmaßstab - soweit das von der Datenlage her möglich war - entwickelt worden, der qualitative und quantitative Veränderungen berücksichtigt. Er wurde jeweils in der zweiten Hälfte der sieben Hauptpunkte auf Bursa angewendet. Es geht also im folgenden nur um die Zusammenfassung einerseits des Beurteilungsmaßstabes, andererseits der Beurteilung der Stadt Bursa.

Im Rahmen einer Theorie der Stadt als Funktion gesellschaftlicher Entwicklung besteht der Beurteilungsmaßstab - erstens - aus einer über das E. DURKHEIM'sche Kontraktionsgesetz hinausgehenden (Sub-)Theorie der familiaren Transformation der (Stadt-)Bevölkerung. Dabei handelt es sich um qualitative Veränderungen, und zwar nicht nur um die Verminderung der durchschnittlichen Haushaltsgröße, sondern auch um die beträchtliche Zunahme des Anteils der Einpersonenhaushalte, die deutliche Abnahme des Anteils der Haushalte mit Personen der älteren Generation im Haushalt und die ebenfalls deutliche Abnahme des Anteils der Haushalte bzw. Familien mit Kindern - qualitative Veränderungen im Verlauf industriegesellschaftlicher Entwicklung, die sich auch quantitativ (Tab. 10, 15, 20) erfassen lassen. Die Stadtbevölkerung scheint bei dieser Entwicklung eine Vorreiterrolle gegenüber dem Land zu übernehmen.

Der Beurteilungsmaßstab besteht - zweitens - aus einer (Sub-)Theorie der Mobilitätstransformation im Verlauf industriegesellschaftlicher Entwicklung im Sinne der Überlegungen von W. ZELINSKY. Dabei handelt es sich - nach dem gegenwärtigen Forschungsstand - allein um qualitative Veränderungen. Während zu Beginn des Industrialisierungsprozesses noch die Land-Landwanderung, die Auswanderung und vor allem die Land-Stadtwanderung dominiert, werden diese Erscheinungsformen der Migration im weiteren Verlauf von der Stadt-Stadtwanderung, der Pendelwanderung, der innerstädtischen Wanderung und - in den hochentwickelten Industriegesellschaften - von Kommunikationsmitteln abgelöst. Quantitative Angaben sind offenbar nur über die Anteile der Zuwanderer und die Nah- und Fernwanderer bei der Land-Stadtwanderung in der Frühindustrialisierungsphase möglich (Tab. 24).

Der Beurteilungsmaßstab besteht - drittens - aus den hier zusammenfassend Theorie der sozioökonomischen Transformation genannten Veränderungen, die sich aus einer Vielzahl sich gegenseitig bedingender Teilerscheinungen zusammensetzen, und die im dritten Abschnitt des Hauptteiles unter dem Thema vertikale Mobilität behandelt wurden. Dabei handelt es sich im Verlauf industriegesellschaftlicher Entwicklung vorrangig um qualitative Veränderungen, von denen einige - wenigstens zu ausgewählten Zeitpunkten - quantifizierbar sind. Zur sozioökonomischen Transformation gehört in der Frühindustrialisierungsphase der Wechsel vom Arbeitsplatz im primären Sektor (im ländlichen Raum) zum Arbeitsplatz im sekundären oder tertiären Sektor (in der Stadt) bei den Zuwanderern - im Sinne der Theorie von J. FOURASTIÉ - mit zunächst niedrigem Einkommensniveau (in der Stadt); dann die allmähliche Verbesserung der Einkommensverhältnisse verbunden mit dem sozialstrukturellen Wandel der sich herausbildenden Mittelschicht, die schließlich im fortgeschrittenen Industrialisierungsprozeß mit überwiegenden Tätigkeiten im tertiären Sektor dominiert. Mehr für Zeitpunkte als Zeiträume lassen sich quantitative Angaben - zum Vergleich - über Einkommensverhältnisse und soziale Schichtung in der fortgeschrittenen Industriegesellschaft beibringen (Tab. 34, 35, 36).

Der Beurteilungsmaßstab besteht - viertens - aus der Theorie der Transformation der Arbeits(platz)verhältnisse. Sie spiegeln sich in der Frühindustrialisierungsphase im qualitativen Übergang vom domestic system zum factory system, in - gegenüber der präindustriellen Zeit - zunächst einer Erhöhung, im weiteren Verlauf des Industrialisierungsprozesses einer beträchtlichen Herabsetzung der Wochenarbeitszeit, über die sich langfristig quantitative Angaben machen lassen (Tab. 43, 44). Weitere qualitative Veränderungen der Arbeitsplatzverhältnisse im Verlauf des Industrialisierungsprozesses ergeben sich aus der Reduzierung der Schwere manueller Arbeit, die in der hochentwickelten Industriegesellschaft bis hin zur überwachenden Tätigkeit vermindert wird.

Der Beurteilungsmaßstab besteht - fünftens - aus einer Theorie der Transformation der Wohnverhältnisse. Angesichts des gegenwärtigen Forschungsstandes zu diesem Thema können nur qualitative Veränderungen in einzelnen Ländern - im Verlauf des Industrialisierungsprozesses - aufgelistet werden. In der Frühindustrialisierungsphase ist, wegen des niedrigen Einkommensniveaus der aus dem ländlichen Raum in die Stadt übergewechselten Zuwanderer, eine Unterbringung in nur sehr einfachen Quartieren - Mietskasernen in Berlin, back-to-back-houses in England, gecekondu evler in der Türkei - möglich, wobei ein weiter Spielraum der Besitzverhältnisse (Mieter - Eigentümer), der Belegungen (eventuell Überbelegung) und Ausstattungen, insgesamt der Eindruck der Verslumung, herrscht. Im voranschreitenden Verlauf der Industriegesellschaft verändern sich mit der Erhöhung des Einkommensniveaus großer Teile der Bevölkerung und der sich herausbildenden, schließlich dominanten Mittelschicht, auch die Wohnverhältnisse entscheidend, so daß das Einfamilien(einzel)haus mit Garten typischer Ausdruck der Wohnverhältnisse großer Teile der fortgeschrittenen Industriegesellschaft wird.

Der Beurteilungsmaßstab besteht - sechstens - aus einer Theorie der Entstehung und Transformation von Freizeit und Tourismus, im Sinne der Überlegungen von U. SCHLENKE und R. STEWIG, im Verlauf industriegesellschaftlicher Entwicklung. Komplementär zu den überlangen Arbeitszeiten in der Frühindustrialisierungsphase ist die Freizeit zunächst sehr kurz, die überhaupt erst durch die räumliche Trennung von Wohnen und Arbeiten am Beginn der Industriegesellschaft möglich wird. Im weiteren Verlauf nehmen die Feierabendfreizeit, die Wochenendfreizeit und die Urlaubsfreizeit beträchtlich zu; mit der wachsenden Mobilität der Gesellschaft erhöht sich die Reichweite der Touristen am Feierabend, am Wochenende und im Urlaub; mit der Verbesserung der Einkommensverhältnisse nehmen immer mehr soziale Schichten am Tourismus teil, in der hochentwickelten Industriegesellschaft auch die Angehörigen der Unterschicht. Quantitativ sind die Veränderungen schwierig zu erfassen, schon eher über qualitativ veränderte Verhaltensweisen. Die Städte der Industriegesellschaft sind die Hauptquellgebiete des endogenen Tourismus.

Der Beurteilungsmaßstab besteht - siebentens und letztens - aus einer Theorie der sozialräumlichen Transformation der städtischen Siedlungen im Verlauf industriegesellschaftlicher Entwicklung. Qualitative Veränderungen sind in diesem Zusammenhang feststellbar. In der präindustriellen Stadt ist die räumliche Ordnung der sozialen Schichten - unter den Bedingungen einer dichotomischen Sozialstruktur - derart, daß die kleine Oberschicht in der Mitte der Stadt wohnt, umgeben von den ausgedehnteren Quartieren der sozialen Unterschicht[1]; es bestand also ein nach außen gerichtetes Sozialgefälle. Im Zuge der Land-Stadtwanderung lassen sich die einkommensschwachen Zuwanderer am Außenrand der Städte - in der europäischen Frühindustrialisierungsphase geschah dies in "Vorstädten" -, das bestehende soziale Gefälle noch verstärkend, nieder. Die sich allmählich herausbildende Mittelschicht verharrt zunächst noch in der Innenstadt. Mit dem Voranschreiten des Industrialisierungsprozesses kommt es im Zuge der Herausbildung der dominant werdenden Mittelschicht mit dem einsetzenden Suburbanisierungsprozeß zur Hinausverlagerung der Wohnstandorte der Mittelschicht aus der Innenstadt an den Stadtrand, wo - in der fortgeschrittenen Industriegesellschaft - die ausgedehnten Vororte mit Einfamilieneinzel- oder -doppelhausbebauung entstehen; das Sozialgefälle kehrt sich um, ist nun - im Sinne der modellhaften Überlegungen von E.W. BURGESS und anderen - von außen nach innen gerichtet; die Innenstadt wird zunehmend von sozial schwacher Bevölkerung bewohnt.

Im Rahmen der sozialräumlichen Transformation bildet die verkehrsinfrastrukturelle Transformation von der pedestrian city über die rapid transit city zur automobile city im Sinne der modellhaften Überlegungen von H.S. LEVINSON die Grundlage für Veränderungen der räumlichen Beziehungen zwischen Wohnstätte und Arbeitsstätte im Verlauf industriegesellschaftlicher Entwicklung.

Die Anwendung des dargelegten Beurteilungsmaßstabes auf die (Bevölkerung der) Stadt Bursa, die im einzelnen bereits erfolgt ist (in der jeweils zweiten Hälfte der Punkte 1 bis 7), lautet zusammenfassend folgendermaßen.

Was den Stand der familiaren Transformation in der Stadt Bursa angeht, so liegt die durchschnittliche Haushaltsgröße (Tab. 12, 13) weit über der der heutigen Städte in den Industrieländern (Tab. 10), während der Anteil der Einpersonenhaushalte (Tab. 12, 13) sehr gering ist. Dabei sind deutliche Unterschiede innerhalb der Stadtbevölkerung festzustellen, und zwar zwischen einem Teil der Haushalte der Zuwanderer mit größeren Haushalten und einem anderen Teil der Haushalte der Zuwanderer und der Einheimischen mit kleineren Haushalten, je nach Stellung der Haushalte im Lebenszyklus (Familienexpansionsphase - Altersphase). Auch ist der Anteil der Haushalte mit Kindern in der Stadt Bursa - verglichen mit den Industrieländern und besonders deren Städten heute - sehr hoch (Tab.20),

---

[1] wie weit in europäischen Städten des Mittelalters eine städtische Mittelschicht der Kaufleute, eventuell auch Handwerker, ausgeprägt vorhanden war, soll hier außer acht gelassen werden; dazu: R. STEWIG, 1983, S. 69 ff (Die Variationsbreite der vorindustriellen Stadt)

während der Anteil der Haushalte mit Personen der älteren Generation im Haushalt in Bursa (Tab. 16, 17) keine extremen Werte erkennen läßt, weil mindestens ein Teil der Zuwanderer die ältere Generation im ländlichen Raum bzw. in anderen Herkunftsgebieten zurückläßt. Insgesamt ist die familiare Situation in der Stadt Bursa heute mit frühindustriellen Verhältnissen der (Städte der) Industrieländer in der Vergangenheit vergleichbar (Tab. 10, 15, 20).

Was den Stand der Mobilitätstransformation in der Stadt Bursa angeht, so sind wiederum frühindustrielle Verhältnisse kennzeichnend, denn die Stadtbevölkerung wird zu etwa 2/3 von Zuwanderern gestellt - eine Situation, die für deutsche Städte der Früh- und Hochindustrialisierungsphase typisch war (Tab. 24). Wie unter der Zuwandererbevölkerung deutscher Städte jener Zeit lassen sich Nahwanderer, die aus dem ländlichen Raum der Umgebung kamen, und Fernwanderer unterscheiden, wobei auch in der Türkei zunächst die Umgebung der Zielgebiete ausgeschöpft wurde, ehe die Fernwanderung einsetzte.

In Bursa kommen zu diesen zwei Gruppen von Zuwanderern noch zwei weitere hinzu: das sind die politischen Flüchtlinge und die Stadt-Stadtwanderer, die nach meist hochrangiger Ausbildung in anderen, größeren türkischen Städten nach Bursa gelangten. Ob in dieser Hinsicht eine vergleichbare Situation auch in deutschen Städten der Früh- und Hochindustrialisierungsphase bestand, wissen wir angesichts des unzureichenden Forschungsstandes nicht.

Auch über die Motive der Ab- und der Zuwanderung der Migranten in deutschen Städten der Vergangenheit wissen wir wenig. Wir dürfen aber ähnliche sozioökonomische Motive der Abwanderung aus dem ländlichen Raum - sei es aus der Umgebung oder von weiter her - und ähnliche sozioökonomische Motive der Zuwanderung in die Stadt, also insgesamt eine ähnliche push-pull Situation, unterstellen, wie sie für die Zuwandererbevölkerung der Stadt Bursa ermittelt worden ist (Tab. 21-23, 25-29).

Was den Stand der sozioökonomischen Transformation in der Stadt Bursa angeht, so ist für einen großen Teil der Zuwandererbevölkerung der Stadt, der aus dem ländlichen Raum kam, der Wechsel von einem Arbeitsplatz im primären Sektor im Herkunftsgebiet zu einem Arbeitsplatz im sekundären oder tertiären Sektor im Zielgebiet (Stadt Bursa) nachgewiesen worden (Tab. 30-33) - eine Situation, wie sie in vergleichbarer Weise in den Städten der heutigen Industrieländer in der Früh- und Hochindustrialisierungsphase bestand.

Was die Einkommensverhältnisse der Stadtbevölkerung von Bursa als Teil der sozioökonomischen Transformation betrifft, so gehört die Masse der Zuwanderer, aber auch der einheimischen Stadtbevölkerung der untersten Einkommensgruppe an (Tab. 37-39), wenn man drei Einkommensniveaus unterscheidet und diese mit drei sozialen Schichten (Unter-, Mittel-, Oberschicht) parallelisiert. Auch in dieser Hinsicht dürften im heutigen Bursa mit den Städten der Industrieländer in der Frühindustrialisierungsphase vergleichbare Verhältnisse vorliegen. Dennoch scheint es nicht angemessen, für die Bevölkerung der Stadt Bursa auf eine "Lohnverelendung" zu schlußfolgern, wie sie wahrscheinlich in einigen Industrieländern, besonders in England, in der Frühindustrialisierungsphase anzutreffen war. Durch die, bei den Zuwandererhaushalten besonders verbreitete, Berufstätigkeit einer zweiten Person der Haushalte (Tab. 40) wird das (Haushalts-)Einkommensniveau angehoben (Tab. 37-39, besonders Tab. 38 und Tab. 40), und es erfolgte eine überwiegend positive Bewertung der Einkommensverhältnisse der Zuwanderer in der Stadt Bursa verglichen mit den Einkommensverhältnissen vor der Zuwanderung (Tab. 41, 42). Es lassen sich sogar - in einer nach den bisher skizzierten Transformationsständen als frühindustriell bezeichneten Situation - deutliche Anzeichen der Herausbildung einer Mittelschicht - unter Zugrundelegung der Einkommensniveaus - erkennen (Tab. 39).

Was den Stand der Transformation der Arbeits(platz)verhältnisse in der Stadt Bursa angeht, so ist festzuhalten, daß trotz der Veränderung vom domestic system (im ländlichen Herkunftsgebiet) zum factory system in der Stadt - auch bei den einheimischen Städtern - mehrheitlich keine psychische Verelendung/Entfremdung stattgefunden hat, da auf Fragen nach dem Gefallen an der Arbeit (Tab. 50) und der Schwere der Arbeit (Tab. 49) eine überwiegend positive Einschätzung verglichen mit den Verhältnissen vor der Zuwanderung erfolgte.

Was die Arbeitszeiten betrifft, so ist das Bild geteilt. Für einen großen Teil der Stadtbevölkerung - und zwar sowohl der Einheimischen als auch der Zuwanderer - bestehen (geregelte) Wochenarbeitszeiten, wie sie in den Industrieländern erst nach der Hochindustrialisierungsphase erreicht wurden (Tab. 43, 44). Andererseits gibt es unter der Stadtbevölkerung von Bursa - und zwar sowohl bei den Einheimischen als auch bei den Zuwanderern - (ungeregelte) Wochenarbeitszeiten, die in ihrem Umfang auf mit den frühindustriellen Verhältnissen in den Städten der heutigen Industrieländer vergleichbare Zustände hinauslaufen.

Was den Stand der Transformation der Wohnverhältnisse in der Stadt Bursa angeht, besteht eine mit den frühindustriellen Verhältnissen in den Städten der Industrieländer insofern vergleichbare Situation, als auch in Bursa einkommensschwache Zuwanderer in großer Zahl untergebracht werden müssen, und das kann nur in sehr einfachen Wohnquartieren geschehen (Tab. 52-54). Dennoch: wenn man die frühindustriellen Behausungen der Stadtwanderer in den heute hochindustrialisierten Ländern wegen der damals sehr hohen Belegungsdichten und der mangelnden Ausstattung der Wohnungen als slums - und den Vorgang als Verslumung - bezeichnen kann, so besteht in dieser Hinsicht in Bursa keine vergleichbare Situation: die religiöse Norm der Privatheit der Familie verhindert vergleichbare Überbelegungen; die relativ günstige Ausstattung der Einfachhäuser/gecekondu evler der Stadtwanderer (Tab. 55, 56) ist nicht mit frühindustriellen Verhältnissen in den Städten der heutigen Industrieländer vergleichbar; und die Unterkünfte der Stadtwanderer in der Stadt Bursa sind überwiegend ihr Eigentum.

Auch spiegelt die sozioökonomische Hierarchie der Wohnhaustypen in der Stadt Bursa (Villa mit Garten, Apartmentwohnhochhaus, modernes Stadthaus, osmanisches Haus, Einfachhaus/gecekondu ev) die Herausbildung der Mittelschicht in der Stadt Bursa in der Differenzierung der Wohnverhältnisse wider.

Was den Stand der Institutionalisierung von Freizeit und der Entstehung des (endogenen) Tourismus in der Stadt Bursa angeht, so sind in puncto Feierabendgestaltung frühindustrielle Verhältnisse zu konstatieren, weil der Feierabend überwiegend zu Hause verbracht wird (Tab. 63). Aber mindestens bei Teilen der Stadtbevölkerung, Einheimischen wie Zuwanderern, findet sich ein mit der Bevölkerung von modernen Industrieländern vergleichbares Verhalten (Tab. 64), und auch einen geregelten, mehr oder weniger langen Urlaub gibt es (Tab. 66), wenn auch nicht für alle Teile der Stadtbevölkerung, insbesondere jene nicht, deren lange Arbeitszeiten ungeregelt sind. Es ist zweifelhaft, ob die Zuwanderer in den deutschen Städten der Früh- und Hochindustrialisierungsphase in den Sommermonaten die im ländlichen Raum in den Herkunftsgebieten zurückgebliebene Verwandtschaft besuchten, wie das bei den Zuwanderern in der Stadt Bursa heute weit verbreitet ist. Selbst das Aufsuchen von Zweitwohnsitzen im Urlaub und sogar an Wochenenden ist für Teile der Stadtbevölkerung Bursas festgestellt worden und spiegelt wiederum die voranschreitende Herausbildung der Mittelschicht und das Vorhandensein einer Oberschicht. Auch werden moderne Freizeiteinrichtungen, wie Kino oder Fußballstadion (Tab. 61, 62), von der Stadtbevölkerung, mindestens in Teilen, angenommen.

Was den Stand der sozialräumlichen Transformation der Stadt Bursa angeht, so ist hinsichtlich der räumlichen Beziehungen zwischen Wohnstätte und Arbeitsstätte keine vergleichbare Situation mit frühindustriellen Verhältnissen in den Städten der heute hochentwickelten Industrieländer gegeben, als die Wohnquartiere in unmittelbarer Nachbarschaft zu den Fabriken gebaut wurden. Die Wege zwischen Arbeitsstätte und Wohnstätte sind in der Stadt Bursa nicht weit und werden von einem großen Teil der Stadtbevölkerung zu Fuß zurückgelegt (Tab. 67-70), aber die enge räumliche und organisatorische, frühindustrielle Verknüpfung von factory system und cottage system fehlt in der Stadt Bursa.

Dagegen muß eine ausgeprägte Übereinstimmung mit den frühindustriellen sozialräumlichen Verhältnissen in den Städten der heute hochentwickelten Industrieländer festgestellt werden: die einkommensschwachen Stadtwanderer lassen sich in großer Zahl in der Stadtperipherie nieder. Sie erweitern insofern den Ring einheimischer Unterschichtstadtbevölkerung nach außen hin beträchtlich, wie das auch bei der Ansiedlung der Stadtwanderer in der Früh- und Hochindustrialisierungsphase in den Städten der heute hochentwickelten Industrieländer der Fall war. Dagegen nimmt die Oberschicht und die sich herausbildende Mittelschicht Wohngebiete in der Innenstadt ein, d.h. es besteht in der Stadt Bursa heute das typische Sozialgefälle von innen nach außen, das auch in der Frühindustrialisierungsphase in den Städten der heute hochentwickelten Industrieländer bestand.

Insgesamt muß - abschließend - festgehalten werden, daß eine Reihe von Tatbeständen der Bevölkerungs- und Sozialstruktur der Stadt Bursa mit entsprechenden Tatbeständen der Stadtbevölkerungen der Frühindustrialisierungsphase in den heute hochentwickelten Industrieländern übereinstimmen: das gilt für den Stand der familiaren Transformation, der Mobilitätstransformation, Teilsachverhalte der sozioökonomischen Transformation, Teilsachverhalte der Arbeits(platz)transformation und das gilt für den Stand der sozialräumlichen Transformation. In anderer Hinsicht - und das gilt besonders für das Niveau der (nichträumlichen) sozialen Verhältnisse - ist der Entwicklungsstand über die frühindustriellen Verhältnisse hinaus vorangekommen: Lohnverelendung, Entfremdung und Verslumung konnten als Regelerscheinung der Stadtbevölkerung in Bursa nicht entdeckt werden, vielmehr Anhebung der Einkommensverhältnisse bei Teilen der Stadtbevölkerung auf das Niveau der Mittelschicht, Verminderung der Wochenarbeitszeit zumindest bei Teilen der Stadtbevölkerung, Institutionalisierung von Freizeit und Entstehung des endogenen Tourismus in deutlichen Ansätzen.

Mit diesem Ergebnis ist die Untersuchung der Stadtbevölkerung von Bursa ein Beleg dafür, daß die so unterschiedlichen Erscheinungsformen der heutigen Städte in Industrie- und in Entwicklungsländern nicht unbedingt aus ihren Bindungen an die Kulturerdteile heraus erklärt werden müssen, sondern auf einen gemeinsamen Nenner - mit zeitlichen Unterschieden - nämlich die Theorie der Stadt als Funktion gesellschaftlicher Entwicklung zurückgeführt werden können.

E. Zusammenfassung der Teile 1 und 2

Nach allgemeinem Verständnis befindet sich die Türkei seit etwa den 50er Jahren in einem langandauernden Übergang von einem Entwicklungs- zu einem Industrieland. Mit diesem Prozeß sind eine - gegenüber den Jahrhunderten davor - beschleunigte wirtschaftliche Entwicklung und ein tiefgreifender sozialer Wandel verbunden.

Die vielfältigen Erscheinungsformen dieser gesellschaftlichen Veränderungen haben bisher - wissenschaftlich - geringe Aufmerksamkeit erfahren. Deshalb lag die reizvolle Aufgabe nahe, im überschaubaren Rahmen einer größeren türkischen Stadt, in der die Industrie in besonderem Maße Fuß gefaßt hat, die Bevölkerungs- und Sozialstrukturen einer weitreichenden Analyse zu unterziehen.

In der türkischen Großstadt Bursa, in Nordwestanatolien, war bereits der räumliche Strukturwandel der Siedlung unter dem Einfluß der Industrialisierung untersucht worden, mit dem Ergebnis, daß es sich um eine seit Ende des 19. Jahrhunderts zunehmend von Textil- und Automobilindustrie geprägte Stadt handelt (R. STEWIG: Bursa, Nordwestanatolien. Strukturwandel einer orientalischen Stadt unter dem Einfluß der Industrialisierung; Schriften des Geographischen Instituts der Universität Kiel, Bd. 32; Kiel 1970).

Als die Stiftung Volkswagenwerk im Jahre 1972 ein wissenschaftliches Förderungsprogramm "Gegenwartsbezogene Forschung in der Region Vorderer und Mittlerer Orient" einrichtete, wurde der Entschluß gefaßt, die Bevölkerungs- und Sozialstruktur der Industriegroßstadt Bursa eingehend zu untersuchen.

Angesichts des weitgehenden Fehlens sozialstatistischer Daten in der türkischen Statistik war klar, daß eine umfangreiche Befragung durchgeführt werden müßte, die von einer einzelnen Person nicht zu bewältigen wäre. Außerdem würde eine Kooperation mit einem türkischen wissenschaftlichen Institut erforderlich sein.

So wurde - auf der Grundlage der von der Stiftung Volkswagenwerk geschaffenen finanziellen Möglichkeiten - aus dem Kreis der Studenten des Geographischen Instituts der Universität Kiel eine Gruppe von 15 Studenten gebildet und auf ihre Aufgabe als Interviewer in der Stadt Bursa in einem Seminar im Wintersemester 1973/74 vorbereitet. Gleichzeitig wurde - eine zuvor bereits bestehende - Kooperation mit dem Geographischen Institut der Universität Istanbul erneuert, wo ebenfalls eine Gruppe türkischer Studenten auf ihre Aufgabe vorbereitet wurde, in der Stadt Bursa den deutschen studentischen Interviewern zur Durchführung der Befragung beigestellt zu werden.

Die umfangreiche Befragung - ein Muster des Fragebogens befindet sich am Schluß von Teil 1, S. 341-346 - wurde in den Monaten Februar und März 1974 in deutsch-türkischer Zusammenarbeit in der Stadt Bursa durchgeführt. Die durch die Befragung geschaffenen Informationen über die Bevölkerung der Stadt Bursa sind, zusammen mit den von den deutschen Studenten durch umfangreiche Kartierungen gewonnenen Informationen, die Datengrundlage der Untersuchung. Die großen Datenmengen machten den Einsatz von EDV bei der Auswertung notwendig. Insgesamt wurden 1356 Haushalte in der Stadt Bursa befragt; das sind 2,7 % der damals (1974) etwa 50 000 Haushalte der Stadt bei etwa 300 000 Einwohnern; damit scheint einige Repräsentativität der durch die Auswertung der Fragebogen ermittelten Aussagen über die Stadtbevölkerung von Bursa gegeben.

Die Befragung war an die gesamte Stadtbevölkerung gerichtet. Da es eine Einwohnermeldekartei, die eine repräsentative Auswahl der Stadtbevölkerung erlaubt hätte, nicht gab, wurde eine räumlich geschichtete Stichprobe derart gezogen, daß jeder 30. bis 33. Haushalt, an den Straßenfronten abzählend, in der in 15 Stadtgebiete der Innenstadt und Stadtperipherie unterteilten Stadt Bursa interviewt wurde.

Methodisch-theoretisch wurde - im Teil 1 - von einem Konzept des Industrialismus ausgegangen, das die Verknüpfung einer Fülle von hauptsächlich sozioökonomischen Sachverhalten im Prozeß industriegesellschaftlicher Entwicklung unterstellt. Um die übergroße Fülle von diesbezüglichen Gegebenheiten zu reduzieren, wurde eine Begrenzung auf folgende sieben Themenkomplexe vorgenommen und der Fragebogen entsprechend angelegt:

1. Famillien- und Haushaltsgröße und -zusammensetzung

2. Horizontale Mobilität (Räumliche Mobilität)

3. Vertikale Mobilität (Soziale Mobilität)

4. Arbeitsverhältnisse

5. Wohnverhältnisse

6. Freizeit (und endogener Tourismus)

7. Räumliche Bevölkerungs- und Sozialstruktur (Sozialräumliche Struktur).

Mit diesen sieben Themenkomplexen würde auch ein repräsentativer Überblick über jene Fragenstellungen zu gewinnen sein, die mit der modernen wirtschaftlichen Entwicklung und dem sozialen Wandel einer Industriegroßstadt (im Orient) verknüpft sind.

Im Teil 1 wurden - formal - zwei Ziele verfolgt: zunächst die Feststellung der einfachen Häufigkeitsverteilungen im Sinne der Fragen des Fragebogens und der sieben Themenkomplexe; danach eine entsprechende Ermittlung für jedes der 15 Stadtgebiete der Stadt Bursa, da die räumliche Untergliederung im geographischen Zusammenhang besonders interessiert.

Im Teil 2 wurden eine weitergehende Untergliederung der Stadtbevölkerung in einheimische Städter und Zuwanderer - die wiederum zeitlich in vier Gruppen unterteilt - vorgenommen und diese Gruppen im Sinne der sieben Themenkomplexe untersucht.

Die Auswertung der Fragebogen zog sich - trotz des Einsatzes von EDV - über Jahre hin, da umfangreiche Vorarbeiten zu erledigen waren; so waren - bewußt - bei der - mündlichen - Befragung keine Antwortvorgaben vorgenommen worden, die anzukreuzen gewesen wären; vielmehr wurden alle Antworten der interviewunerfahrenen, zum Teil analphabetischen Bevölkerung - so wie sie gegeben waren - gesammelt, um danach erst sortiert und gruppiert zu werden.

Die lange Zeit der Auswertung des Datenmaterials kam dem Überdenken der Ergebnisse und ihrer Bedeutung zugute, und führte - im Teil 2 - zu einem über das Konzept vom Industrialismus hinausgehenden theoretischen Ansatz.

Die inhaltlichen Ergebnisse von Teil 1 hatten regelhafte Teilprozesse der wirtschaftlichen Entwicklung und des sozialen Wandels in der Stadt Bursa erkennen lassen:

- die Verminderung der durchschnittlichen Haushaltsgröße und die Veränderung der Haushaltsstruktur der Stadtbevölkerung
- die Zusammensetzung der Stadtbevölkerung in großem Umfang aus Zuwanderern, die den Anteil der Einheimischen übertrafen
- den Wechsel des Arbeitsplatzes - insbesondere der Zuwanderer - vom primären Sektor im ländlichen Herkunftsraum zum (industriell-) sekundären oder tertiären Sektor in der Stadt Bursa
- das niedrige Einkommensniveau der meisten Zuwanderer und eines Teiles der Einheimischen, die zur sozialen Unterschicht zählen
- die Anhebung der Einkommen durch Berufstätigkeit weiterer Personen der Haushalte
- die - nach den differenzierten Einkommensverhältnissen - beginnende Herausbildung einer sozialen Mittelschicht in der Stadt Bursa
- die bei einem Teil der Stadtbevölkerung langen, ungeregelten, bei einem anderen Teil kürzeren und geregelten Arbeitszeiten
- die einfachen, aber nicht menschenunwürdigen Wohnverhältnisse vor allem der Stadtwanderer im Wohnhaustyp des gecekondu ev und die gehobeneren Wohnverhältnisse in den Wohnhaustypen des modernen Stadthauses und des Apartmentwohnhochhauses der Angehörigen der sich herausbildenden Mittelschicht
- die klare Trennung von Arbeits- und Freizeit bei einem Teil der Stadtbevölkerung
- die Niederlassung der Unterschicht-Zuwanderer hauptsächlich am Stadtrand von Bursa
- die relativ kurzen Wege, die zwischen Wohnstätte und Arbeitsstätte in der Stadt Bursa überwiegend zu Fuß zurückgelegt werden, und der beginnende Einsatz verschiedener moderner Verkehrsmittel.

Die wissenschaftliche Beschäftigung - außerhalb des Bursa-Projektes - mit industriegesellschaftlicher Entwicklung in England und Deutschland, auch in (sozial-) geschichtlicher Perspektive, und besonders mit Städten, führte zu der Einsicht, daß sich ähnliche Teilprozesse wirtschaftlicher Entwicklung und sozialen Wandels, wie sie sich - nach den Ergebnissen von Teil 1 - in der Stadt Bursa abspielen, bereits zuvor - im 19. Jahrhundert - in englischen und deutschen Städten im Verlauf industriegesellschaftlicher Entwicklung abgespielt hatten.

Die Ergebnisse von Teil 1 des Bursa-Projektes wurden - zusammen mit den Tatsachen (groß-)städtischer Entwicklung in den heutigen Industrieländern England und Deutschland seit der Frühindustrialisierungsphase - zu einer über eine Theorie gesellschaftlicher Entwicklung hinausgehenden Theorie der Stadt(entwicklung) als Funktion gesellschaftlicher Entwicklung erweitert (R. STEWIG: Die Stadt in Industrie- und Entwicklungsländern; Uni-Taschenbuch 1247; Paderborn, München, Wien, Zürich 1983).

Damit war die - erweiterte - theoretische Basis geschaffen, von der aus die Ausführungen des Teil 2 - wiederum im Sinne der sieben Themenkomplexe - über die Unterscheidung von Einheimischen und Zuwanderern hinaus strukturiert wurden.

Die Ergebnisse des Bursa-Projektes - im Teil 1 mehr zeitpunktlich auf 1974 bezogen - wurden im Teil 2 konsequent in den größeren, langfristigen Zusammenhang städtischer Entwicklung im Rahmen industriegesellschaftlicher Entwicklung hineingestellt. Zu diesem Zweck wurde - im Teil 2 - für jeden der sieben Themenkomplexe zunächst eine (dynamische) Subtheorie dargelegt, die als Maßstab für die nachfolgende Beurteilung der sozioökonomischen Verhältnisse der Stadtbevölkerung Bursas dienen konnte. Danach können die Ergebnisse des Bursa-Forschungsprojektes folgendermaßen zusammengefaßt werden.

Im Verlauf industriegesellschaftlicher Entwicklung kommt es - auf der Ebene der familiaren Transformation - zu einer bedeutenden Verminderung der durchschnittlichen Haushaltsgröße, zu einer beträchtlichen Abnahme des Anteils der Haushalte mit Kindern und der Haushalte mit Personen der älteren Generation im Haushalt und zu einer bedeutsamen Zunahme der Einpersonenhaushalte (E. DURKHEIM); die Städte üben dabei eine Vorreiterrolle aus. In diesem Zusammenhang nimmt die Stadt Bursa eine mit frühindustriellen Verhältnissen in den Städten der heute hochentwickelten Industrieländer vergleichbare Position ein.

Im Verlauf industriegesellschaftlicher Entwicklung kommt es - auf der Ebene der Mobilitätstransformation, d.h. der Veränderung von Erscheinungsformen vor allem der horizontalen Mobilität - in der Frühphase hauptsächlich zur Land-Stadtwanderung, die später von anderen Formen der Mobilität abgelöst wird (W. ZELINSKY). In diesem Zusammenhang nimmt die Stadt Bursa, was den Anteil der Zuwanderer an der Stadtbevölkerung angeht und auch ihre Zusammensetzung nach Nah- und Fernwanderern, eine mit frühindustriellen Verhältnissen in den Städten der heute hochentwickelten Industrieländer vergleichbare Position ein; aber auch zusätzliche Zuwanderergruppen, die politischen Flüchtlinge und die Stadt-Stadtwanderer, gehören in Bursa zur Zuwandererbevölkerung.

Im Verlauf industriegesellschaftlicher Entwicklung kommt es - auf der Ebene der sozioökonomischen Transformation - in der Frühphase zu einem Überwechseln von Tätigkeiten - besonders der vielen Zuwanderer - vom primären Sektor in den ländlichen Herkunftsgebieten zu Tätigkeiten im industriell-sekundären und tertiären Sektor in der Stadt, während später der Anteil der Beschäftigten im sekundären Sektor zurückgeht, der Anteil der Beschäftigten im tertiären Sektor weiter zunimmt (J. FOURASTIÉ). In diesem Zusammenhang nimmt die Stadt Bursa eine mit frühindustriellen Verhältnissen in den Städten der heute hochentwickelten Industrieländer vergleichbare Position ein.

Im Verlauf industriegesellschaftlicher Entwicklung kommt es - auf der Ebene der sozioökonomischen Transformation, speziell der vertikalen Mobilität - in der Frühphase zu einer Massierung von Unterschichtbevölkerung mit niedrigen Einkommen - vor allem durch die Zuwanderer - in der Stadt, während sich später - allmählich - mit steigenden Einkommen im sekundären und besonders im tertiären Sektor eine Mittelschicht, zuerst in den Städten, herauszubilden beginnt, die in einer fortgeschrittenen Entwicklungsphase die Sozialstruktur der Gesellschaft - und der Städte - dominiert (H. SCHELSKY). In diesem Zusammenhang ist in der Stadt Bursa eine Massierung von Unterschichtzuwanderern - mit niedrigen Einkommen wie in den frühindustriellen Städten der heute hochentwickelten Industrieländer - zu beobachten, aber keine Lohnverelendung im K. MARX'schen Sinne, da die Einkommensverhältnisse, gerade der Zuwanderer, überwiegend besser als vor der Zuwanderung beurteilt wurden. Auch wird durch zusätzliche Verdiener besonders das (Haushalts-)Einkommen auf ein Niveau angehoben, das die einsetzende Herausbildung der Mittelschicht - von den Einkommen her - unter der Stadtbevölkerung von Bursa erkennen läßt.

Im Verlauf industriegesellschaftlicher Entwicklung kommt es - auf der Ebene der Transformation der Arbeits(platz)verhältnisse - in der Frühphase zum Übergang vom domestic system zum factory system mit - zunächst - zunehmenden Arbeitszeiten, während später, besonders in einer fortgeschrittenen Entwicklungsphase, die schwere manuelle Arbeit fast völlig eliminiert wird und die Arbeitszeiten ganz beträchtlich verkürzt werden. In diesem Zusammenhang sind die Verhältnisse in der Stadt Bursa nur zum Teil mit frühindustriellen Verhältnissen in den Städten der heute hochentwickelten Industrieländer vergleichbar. Schwere der Arbeit und Gefallen an der Arbeit wurden, gerade von den Zuwanderern, mehrheitlich positiv beurteilt, so daß von einer psychischen Verelendung, einer Entfremdung im Sinne von K. MARX, als Regelerscheinung nicht die Rede sein kann. Auch entspricht die relative Kürze der Arbeitszeiten für einen Teil der Stadtbevölkerung Bursas Verhältnissen, die erst nach der Hochindustrialisierungsphase in den Städten der heute hochentwickelten Industrieländer erreicht wurden. Andererseits verzeichnet ein - kleinerer - Teil der Stadtbevölkerung Bursas, besonders die Einpersonenbetriebe der Handwerker und Einzelhändler, überlange, frühindustrielle Arbeitszeiten.

Im Verlauf industriegesellschaftlicher Entwicklung kommt es - auf der Ebene der Transformation der Wohnverhältnisse - in der Frühphase, vor allem bei den Stadtwanderern, zur Niederlassung in sehr einfachen Wohnquartieren in der Stadt, Mietskasernen in England und in Deutschland, mit ungünstig ausgestatteten Wohnungen, die in der Regel an die Zuwanderer vermietet und überbelegt werden, während sich später - allmählich - die Wohnverhältnisse bis hin zur Einfamilieneinzelhausbauweise mit Garten in der von der dominierenden Mittelschicht geprägten, fortgeschrittenen Industriegesellschaft bessern. In diesem Zusammenhang sind die Wohnverhältnisse in der Stadt Bursa nur zum Teil mit frühindustriellen Verhältnissen in den Städten der heute hochentwickelten Industrieländer vergleichbar. Wohl wohnt die Masse der einkommensschwachen Unterschicht-Zuwanderer im Wohnhaustyp des gecekondu ev, aber mit einer, verglichen mit frühindustriellen Verhältnissen, guten Ausstattung; außerdem sind die einfachen gecekondu evler der Zuwanderer überwiegend ihr Eigentum, und die religiöse Norm der Privatheit der Familie verhindert im islamischen Bereich vergleichbare Überbelegungen. Angesichts der überwiegend positiven Einschätzung der Wohnverhältnisse in der Stadt Bursa, gerade durch die Zuwanderer, verglichen mit ihren Herkunftsräumen, kann von einer Verslumung - jedenfalls was die Bewußtseinslage der Bewohner angeht - nicht die Rede sein.

Im Verlauf industriegesellschaftlicher Entwicklung kommt es - auf der Ebene der Institutionalisierung von Freizeit und der Entstehung des endogenen Tourismus - in der Frühphase nur zu kurzen Arbeitspausen - wegen der überlangen Arbeitszeiten. Erst im weiteren Verlauf bildet sich eine differenzierte Feierabend-, Wochenend- und Urlaubsfreizeit heraus, an der - allmählich - alle sozialen Schichten teilhaben, in der hochentwickelten Industriegesellschaft auch die Unterschicht. Die Städte werden die Quellgebiete des modernen Tourismus. In diesem Zusammenhang sind auch unter der Stadtbevölkerung von Bursa die Institutionalisierung von Freizeit und ein beginnender, endogener Tourismus festgestellt worden, wenn auch - vorläufig - erst wenige Bevölkerungsgruppen an dieser Entwicklung teilhaben, während sich andere Teile der Stadtbevölkerung noch mit langen Arbeitszeiten abzufinden haben. Moderne Freizeiteinrichtungen wie Kino und Fußballstadion werden bereits angenommen.

Im Verlauf industriegesellschaftlicher Entwicklung kommt es - auf der Ebene der (städtisch-)sozialräumlichen Transformation - in der Frühphase - mit der Niederlassung der Zuwanderer - zu einer umfangreichen Erweiterung der Unterschichtwohngebiete am Stadtrand, während die sich herausbildende Mittelschicht in der Innenstadt verharrt. In der fortgeschrittenen Industriegesellschaft setzt - nach der Herausbildung der Mittelschicht der Suburbanisierungsprozeß ein, d.h. die Hinausverlegung der Wohnstandorte der Angehörigen der Mittelschicht an den Stadtrand. Das in der frühindustriellen Stadt von innen nach außen gerichtete Sozialgefälle kehrt sich um (E.W. BURGESS). In diesem Zusammenhang sind die sozialräumlichen Verhältnisse der Stadt Bursa voll mit den frühindustriellen sozialräumlichen Verhältnissen in den Städten der heute hochentwickelten Industrieländer vergleichbar: die Masse der einkommensschwachen Unterschicht-Stadtwanderer wohnt in der Peripherie Bursas, während die sich herausbildende Mittelschicht und die Oberschicht in der Innenstadt verharren. Das Sozialgefälle ist in der Stadt Bursa von innen nach außen gerichtet.

Insgesamt lassen sich eine Reihe von Sachverhalten der Bevölkerungs- und Sozialstruktur der Stadt Bursa erkennen, die mit frühindustriellen Verhältnissen in den Städten der heute hochentwickelten Industrieländer vergleichbar übereinstimmen. Aber was das Niveau der (nichträumlichen) sozialen Verhältnisse betrifft, ist der Entwicklungsstand in der Stadt Bursa über die frühindustriellen Verhältnisse hinaus vorangeschritten.

Die Untersuchung der Bevölkerungs- und Sozialstruktur der Stadt Bursa ist ein Beleg dafür, daß die in der traditionellen Stadtgeographie übliche Sichtweise der Städte im Zusammenhang mit den Kulturerdteilen ergänzt werden sollte durch eine Sichtweise im Sinne der dargelegten Theorie der Stadt als Funktion gesellschaftlicher Entwicklung.

F. 1. ve 2. Bölümlerin Özeti

Übersetzung: Ahmet KARADENIZ, Ursula KARADENIZ

Genel analıyşa göre Türkiye yaklaşık ellili yıllardan beri gelişmekte olan bir ülkeden endüstri ülkesine uzun süren geçiş içerisinde bulunmaktadır. Bu durum hızlı ekonomik gelişme (önceki yüzyıla karşın) ve köklü sosyal değişikliklerle bağıntılıdır.

Toplumsal dağişikliğin çok yönlü görünüşü bugüne kadar bilimsel olarak yeterince dikkatlice incelenmemiştir. Bunun için özellikle endüstrinin önemli yer tuttuğu büyük bir Türk şehrinde kapsamlı şekilde halkının durumunun ve sosyal yapısının analiz edilmesini yüklenmek önemli bir görev olarak durmaktadır.

Kuzey Batı Anadolu'da büyük bir şehir olan Bursa'da yerleşim yerlerinin hacım itibarıyla yapı değişikliği endüstrileşmenin etkisi altında incelendi ve netice olarak Bursa'nın 19. yüzyılın sonlarında tekstil ve otomobil endüstrisinin büyümesiyle gelişmiş şehir olduğu ortaya kondu. (R. STEWIG: Bursa, Nordwestanatolien. Strukturwandel einer orientalischen Stadt unter dem Einfluß der Industrialisierung; Schriften des Geographischen Instituts der Universität Kiel, Bd. 32; Kiel 1970).

Volkswagen işletmesi yakfı 1972 yılında bilimsel teşvik programını (Ön ve orta Orient'te yakın zamanla ilgili araştırma) tesis ettiğinde endüstri şehri Bursa'da halkin durumunun ve sosyal yapının kapsamlı bir şekilde incelenmesine karar verildi.

Türkiye'deki istatistiklerde sosyal durumla ilgili istatistiki bilgilerin yeterli olmaması karşısında bir kişi tarafından başarılamayacak geniş kapsamlı anket araştırması zorunluluğu vardı. Ayrıca Türkiye'deki bir bilimsel enstitü ile işbirliği gerekliydi.

Böylece Volkswagen firması vakfı tarafından yaratılan mali olanakla Kiel Üniversitesi Coğrafya Enstitüsü öğrencilerinden 15 kişilik bir grup oluşturuldu ve 1973/74 kış somestrinde Bursa'da yürütülecek araştırma için hazırlık yapıldı. Aynı şekilde İstanbul üniversitesi coğrafya enstitüsü ile daha önce var olan işbirliği yenilendi ve Bursa'da Alman öğrencilerle araştırma sırasında (soru sorma -yanıtlama) birlikte bulunacak öğrencilerin görevleri hazırlandı.

Bu kapsamlı araştırma (sorulan soruların bir örneği 1. bölümün sonunda bulunuyor. Sayfa 341-364) 1974 yılı Şubat ve Mart aylarında Türklerin ve Almanların birlikte çalışmalarıyla Bursa'da yapıldı. Alman öğrencilerle birlikte anket sırasında geniş şekilde kartlanarak elde edilen bilgiler Bursa halkı üzerine yürütülen araştırma için temel bilgi kaynağıdır. Elde edilen bilgilerin çokluğu EDV nın (Elektronik beyin) yardımını gerekli kılıyordu. Toplam olarak o zaman (1974) Bursa'da oturan 50 000 haneden 1356 sına soru yöneltildi. Bu 50 000 ailenin %2,7 si demektir. O sıralar Bursa'nın nüfusu 300 000 di Böylece soru kağıtlarının değerlendirilmesiyle ortaya çıkan ifadeler Bursa şehri halkının belli kesimi üzerinde uygulanan araştırmanın genel için de geçerliliğinin doğruluğu ve güvenirliği neticesini vermiş bulunuyor.

Sorulan sorular içerik olarak bütün şehir halkını kapsayacak şekilde düzenlenmişti. Nüfus dairesinde kart sistemi yoktu. Bütün şehri kapsayacak şekilde her yöreden örnekleme usulüyle seçilip değerlendirme olanağı olmadığı için bu geniş saha ve yığınlar içinden seçimi şu şekilde yaptık.

Şehir içinde ve bölüm bölüm ayrılmış şehirin kenar mahallelerindeki 15 bölgede evlerin ön yüzlerinde bulunan numaraları okuyarak her 30 veya 33. evi araştırma veya sorularımızı yöneltmek için seçtik ve araştırmayı o şekilde yürüttük.

Yöntem ve teori açısından - 1. bölümde - sanayi toplumunun gelişmesi sürecinde, bir yığın, ağırlıkla sosyo -ekonomik olayların bağlantısını varsayan bir endüstrializm anlayışından yola çıkılmıştır.

İncelenmesi gerekli konuların aşırı şişkinliğini düşürmek için araştırma asağıdaki yedi madde ile sınırlandı ve sorular uygun şekilde hazırlandı.

1. Ailenin büyüklüğü ve birlikte oturma.
2. Yatay hareketlilik (oturma, taşınma, yer değiştirme)
3. Dikey hareketlilik - Sosyal hareketlilik - (Meslek elde etme, meslek değiştirme gibi)
4. İş durumu
5. Konut durumu
6. Bos zamanlar (İç turizm)
7. Yerleşim yerlerindeki insanlar, onların sosyal yapısı, hangi kesimden insanlar nerede oturuyorlar.

Yukarıda belirtilen bu yedi nokta örnekleme suretiyle soru yöneltme (ki o sorular modern ekonomik gelişme ve endüstri şehrinin - Orient'te - sosyal değişimi ile bağıntılıdır) üzerine genel bir bakışta kazandırmış olabilir.

İlk olarak belirtilen yedi noktanın ve soru kağıtlarının içerik olarak dağılımını tesbiti hedefledik. (Hangi sorulara ne kadar kişinin nasıl cevap verdiği.) Daha sonra coğrafi açıdan ilişkili yerlerin bölümlendirilmesi ve Bursa'daki 15 bölge için ayrı ayrı gerekli hazırlığı yapma.

Ikinci bölümde sehir halkının yerliler ve göç edenler olarak bölümlere ayrılması (Ayrıca bu gruplar zaman açısından da dört gruba ayrıldı.) öngörüldü ve bu gruplar belirtilen yedi nokta dahilinde incilendi.

Geniş bir ön çalışma gerekli olduğu için eloktronik beynin (EDV) yardımına rağmen soruların değerlendirilmesi yıllar aldı. Şöyleki: Sözlü sorularla yanıtların kağıt üzerinde soruların karsısında belirtilen yerlere işaretlenmesi bilerek amaçlanmadı. Mülakata alışkın olmayan ve bir bölümü de okuma yazma bilmeyen insanların verdikleri cevaplar sonradan ayrılmak, gruplandırmak üzere onların verdikleri gibi alındı.

Verilerin değerlendirmesinin uzun zaman tutması, sonuçların ve bunların anlamlarını düşünmeye yaradı, ve 2. bölümde endüstrializm analıyışını aşan bir teorik çıkıs noktasına neden oldu.

1. bölümün içerikli sonuçları, Bursa kentindeki ekonomik gelişme ve sosyal değişimin muntazam kismi süreçler göstermiştir:

- Şehirde aile büyüklüğünün küçülmesi ve sosyal yapının değismesi.

- Şehir nüfüsunun coğunluğunu dışarıdan göçebe olarak gelip sayıları yerlileri aşanlar oluşturuyor.

- İş yeri değisimi (Özellikle göç edip gelenlerde)Tarım sektöründen endüstri sektörüne (Bursada)
- Düşük gelir gruplarının çoğunlukla dışarıdan göç edenlerde ve yerli halkın alt sosyal tabakalarından gelenlerde toplanması.
- Ailede çok kisinin meslek sahibi olması ve calısmalarıyla ailede gelirin yükselmesi.
- Şehir halkının bir kısmının uzun ve düzensiz diğer bir kısmının ise kısa ve düzenli çalısması.
- Çoğunlukla dışarıdan göç edenlerin insani yaşama koşullarına elverişli olmayan gecekondularda oturması ve şehir evlerinde apartmanlarda oturup konut durumu daha iyi olanların teşkil ettiği orta tabakanın oluşması.
- Şehir halkının bir bölümünün normal süre içinde çalıstıktan sonra işini bırakıp boş zamanlarını değerlendirmesi.
- Alt tabakadakilerin ve göç edenlerin Bursa nin kenar semtlerine yerleşmesi.
- Genellikle yaya gidilen ev ve iş yeri arasındaki kısa yollar, diğer taraftan değisik trafik araçlarının bu mesefelerde kullanımına başlanması.

Bilimin özellikle şehirlerde endüstri toplumunun gelişmesiyle sosyal tarihi perspektifle mesguliyeti (Bursa projesinin dışında) ekonomik gelişmenin ve sosyal değişmenin (birinci bölümün neticelerinden sonra) daha önce 19. yüzyılda Ingiltere ve Almanya 'daki endüstri toplumun gelişiminde olduğu şekilde aynı süreçlerle Bursada da cereyan ettiği sonucuna götürüyor.

Bursa projesinin 1. bölümünün sonuçları - Ingiltere ve Almanya gibi bugünkü endüstri ülkelerinin ilk sanayileşme süresinden beri süren kentsel gelişmelerin olgularıyla birlikte, bir toplumsal gelisme teorisini aşan bir kent (kent gelişme) teorisi bicimde genişletilmistir (R. STEWIG: Die Stadt in Industrie- und Entwicklungsländern; Uni-Taschenbuch 1247; Paderborn, München, Wien, Zürich 1983).

Bununla, 2. bölümdeki izahların, yerli ve göcmenlerin araştırmasındanda öteye giderek yine o yedi kompleksinin anlayışanda düzenlemelerin - genişletilmiş - teorik temeli oluşturulmustur.

Bursa projesinin sonuçları - 1. bölümüde daha zaman 1947 senesine bağlı kalmış ise 2. bölümde tutarlı bir biçimde sanayi toplumunun gelişme çerçevesindeki kentsel gelişmenin daha geniş ve uzun vadeli bağlantısıyla ele alınmıştır. Bu amacla, 2. bölümde yedi konu kompleksin her biri için ilk önce, sonra yapılan Bursa kenti halkının sosyo - ekonomik durumunun bir ölçeği olabilecek (dinamik) bir alt teori gösterildi. Ona göre Bursa araştırma projesinin sonuçları söyle özetlenebilir.

Sanayi toplumunun gelişmesi sürecinde - ailevi sekil değişimi düzeğinde - ortalama aile büyüklüğünün azalması, çocuklu ailelerin ve yaşlı kusağın fertlerini içeren ailelerin farkedilir biçimde azalması ve tek kisilik ailelerin hissedilir bicimde çoğalması meydana gelir (E. DURKHEIM): Bu süreçte kentler bir öncü işlevine sahiptirler. Bu baglantıda Bursa kenti - bugün çok gelişmiş olan endüstri ülke sehirlerindeki, sanayileşmenin ilk aşamalarındaki durumlarına benzetilebilen bir pozisyondadır.

Sanayi toplumun gelisme sürecinde yer değiştirme sıklığı sekil değisimi (Mobilitätstransformation) yani özellikle yatay ve yer değistirme (horizontale Mobilität) biçimlerinin şekil değişimi düzeğinde - ilk aşamalarda, sonra baska ve yer değistirme biçimlerinden izlenen ilk elde kırdan şehre göcü meydana gelir (W. ZELINSKY).

Bu bağlantıda Bursa kenti kent halkındaki göçmenlerin tuttuğu yer ve de yakından veya uzaktan gelmelerine göre ayrımı açısından, bugün çok gelişmiş olan endüstri ülke şehirlerindeki sanayileşmenin ilk aşamalarındaki durumlarına benzetilebilen bir pozisyondadır, ancak bundan başka göçmen grupları örneğin siyasi mülteciler ve şehirden şehire göç edenler, Bursada ki göçmen topluluğuna dahil olmaktadırlar.

Sanayi toplumunun gelişmesi sürecinde sosyo - ekonomik şekil değisimi düzeğinde ilk aşamalarda özellikle yoğun göçmenlerin kırsal geliş bölgelerindeki primer sektör faaliyetlerinden şehirdeki endüstriyel 2. ve 3. derecedeki sektör faaliyetlerine geçmeleri meydana gelir. Sonrada ikinci derecedeki sektörde çalısanların sayısı azalır, üçüncü derecedeki sektörde çalısanların sayısı çoğalır (J. FOURASTIÉ). Bu bağlantıda Bursa kenti, bugün çok gelişmis olan endüstri ülke şehirlerindeki sanayileşmenin ilk aşamalarındaki durumlarına benzetilebilen pozisyondadır.

Sanayi toplumunun gelişme sürecinde sosyo - ekonomik şekil değişimi, özellikle dikey yer değistirme (vertikale Mobilität) şekil değişimi düzeğinde ilk aşamalarda şehirde özellikle göçmenlerin neden olduğu az gelirli alt tabaka nüfusunun bir yoğunlasması meydana gelir.

Daha sonraki asamalarda, gelir yükseldikce, daha ileriki bir gelişme aşamasında, toplumun ve şehirlerin sosyal yapısına hükmeden, ilk önce şehirlerde gelişen ikinci derecedeki ve özellikle üçüncü derecedeki sektörde bir orta tabakanın yavasça olusması meydana gelir (H. SCHELSKY).

Bu bağlantıda Bursa kentinde, bugün cok gelişmis olan ülkelerin sanayileşmenin ilk aşamalarındaki şehirlerinde olduğu gibi az gelirli alt tabakalardan gelen göçmenlerin bir yoğunlasması gözlenir, ancak K. MARX'ın bakışına denk düşen bir ücretsel yoksullaşma gözlenmez, çünkü özellikle göçmenlerin, gelir durumları genellikle göçten öncesine göre daha iyi olarak değerlendirilir. Ayrıca ailelerde ücret alanların çoğalmasıyla birlikte (aile) girdileri gelir acısından - Bursa'nın şehir nüfusunda başlayan bir orta tabakanın olusmasını gösteren düzeye yükselmektedir.

Sanayi toplumunun gelişme sürecinde - iş (yeri) durumlarının şekil değişimi düzeğinde - ilk aşamalarda ilk önce iş saatlerinin çoğalmasını doğuran "domestic system" den "factory systeme" bir geçis meydana gelir. Daha sonra özellikle daha ileriki bir gelişme asamasında, ağır kol emeği hemen hemen yok edilir ve iş saatleri hissedilir bir ölçüde azalır. Bu bağlantıda Bursa kentindeki durumlar bugün çok gelişmiş endüstri ülke şehirlerindeki sanayileşmenin ilk aşamalarındaki durumlara ancak kısmen benzetilebilir. İşin ağırlığı ve işin beğenmeesi sorunu, özellikle göçmenler tarafından coğunlukla iyi olarak değerlendirildi, böylece psikolojik bir yoksullaşmadan, K. MARX'in bakışına uygun bir yabancılaşmadan genel bir olgu olarak bahsedilemez.

Ayrıca Bursa kenti halkının (nüfusunun) bir kısmının iş saatlerinin nisbi azlığı, bugün çok gelişmiş endüstri ülke şehirlerindeki ancak yüksek sanayileşme sürecinden sonra ulaşılan durumlara benzer. Öte yanda, Bursa kenti nufüsunun küçük bir kısmının özellikle zaanatcı ve parakendecilerin tek kişilik işletmelerinde is saatleri oldukça fazladır, ve sanayileşmenin ilk aşamalarındakilere benzer.

Sanayi toplumun gelişme sürecinde mekan durumlarının şekil değişimi düzeğinde ilk aşamada özellikle şehir göçmenlerinin şehirdeki çok basit bölgelerde yerlesmeleri gözlenir, örneğin. İngiltere ve Almanya'daki yetersiz döşenmis ve genelde göçmenlere kiraya verilen ve içine fazla kişi sığdırılan daireler bulunan tip binalar (Mietskasernen) gibi, sonrada gelişmiş sanayi toplumunda, mekan durumları, hükmedici orta tabaka tarafından şekil verilen bahçeli tek aile tek ev yapı biçimine kadar iyileşir. Bu bağlantıda Bursa kentindeki mekan durumları, bugün çok gelişmiş olan endüstri ülke şehirlerindeki sanayileşmenin ilk aşamalarındaki durumlara ancak kısmen benzetilebilir.

Az gelirli alt tabaka göçmenlerinin çoğunluğu gecekondu tipindeki evlerde otursada bu evlerin döşenmesi, sanayileşmenin ilk aşamalarındaki durumlara göre iyidir, ayrıca da göçmenlerin bu basit gecekondu evleri çoğu zaman kendilerine aittir, ve İslam dünyasındaki, ailenin özel olması biçimindeki dini kaide, kıyaslanılır ölçüde fazla kişi sağlamayı engeller. Bursa kentindeki mekan durumlarının çoğunlukla özellikle göçmenlerce gelinen bölgelere göre iyi olarak değerlendirilmesinin karsısında en azından oturanların bilinçleri acısından bir slumlasmasi'n dan (Verslumung) söz edilemez.

Sanayi toplumunun gelişme sürecinde - boş zamanın kurumlaştırılması ve iç turizmin oluşması düzeğinde - ilk aşamalarda çok uzun olan iş zamanlarından dolayı ise ancak kisa süren bir ara verilir. Ancak daha sonraki aşamalarda ayrımlı bir paydos, hafta sonu ve tatil bos zamanı biçimi gelişir, ve yavaş yavaş tüm sosyal tabakalar çok gelişmiş sanayi toplumunda alt tabakada buna katılır. Şehirler çağdaş Turizmin kaynak bölgeleri olur. Bu bağlantıda Bursa kenti halkı arasında da simdilik ancak bazı halk kısımları bu gelişmeye katılırsa ve şehir halkının başka kısımları hala uzun iş zamanları kabullenmek zorunda kalırsada, boş zamanın kurumlaşması ve başlayan bir iç Turizm gözlenmiştir. Sinema ve futbol stadyumu gibi çağdaş boş zamanın kuruluşları artık kabullenmektedir.

Sanayi toplumunun gelişme sürecinde (kentsel) sosyal yerleşim mekanların şekil değişimi düzeğinde -ilk aşamalarda göçmenlerin yerleşmesiyle birlikte şehir kenarındaki alt tabakanın yerleşim bölgeleri büyük ölçüde genişler, buna karşın oluşan orta tabaka ise şehir merkezinde kalır. Daha ileriki sanayi toplumunda bir orta tabakanın oluşmasıyla birlikte dış mahallelerin oluşma süreci, yani orta tabaka mensuplarının oturma yerlerini şehir kenarlarına taşımaları başlar. Sanayileşmenin ilk aşamalarındaki şehirde içten dışarıya yönelen sosyal eğim yön değistirir (E.W. BURGESS).

Bu bağlantıda Bursa kentinin sosyal yerleşim mekanlarının durumları, bugün cok gelişmis endüstri ülkelerinin sanayileşmenin ilk aşamalarındaki şehirlerindeki sosyal yerleşim mekanlarının durumlarına tam benzetilebilir, az gelirli alt tabakadan gelen şehir göçmenlerinin çoğu Bursa'nın periferisinde oturur, buna karşın oluşan orta tabaka şehir merkezinde kalırlar. Bursa kentinde sosyal eğim içten dışarıya yönelmektedir.

Toplam olarak Bursa kentinin nüfus ve sosyal yapısının bugün çok gelişmiş olan ülkelerinin sanayileşmenin ilk aşamalarındaki şehirlerindeki durumlara benzetilir bir biçime uyan biz dizi olguları gözlenebilir. Fakat (mekanla ilgi olmayan) sosyal durumların düzeyi açısından, Bursa kentinin gelişme devri, sanayileşmenin ilk aşamalardakini aşmıştır.

Bursa kentinin nüfusu ve sosyal yapısının araştırılması geleneksel şehir coğrafyasında alışılagelmis, şehirlere kültür kıtalarıyla bağlantılı bakışın, açıklanan, sehri toplumsal gelişmenin bir islevi olarak gören teoriyle genişletilmesi gerektiğini göstermistir.

G. Summary of parts 1 and 2

It is commonly estimated that Turkey is - since roughly the 1950ies - in a long lasting phase of transition from a developing to an industrialized country. Compared with the centuries before, an accelerated economic development and a profound social change are part of this process.

The many forms of societal re-arrangement have encountered little attention from scientists so far. This situation was an attractive challenge to thoroughly investigate population and social structures within the limited scope of a large Turkish city, where modern industry has been rooted.

The large Turkish city of Bursa, in northwestern Anatolia, had already been analysed from the point of view of the impact of industrialization on its development as a settlement with the findings that - since the end of the 19th century - the place has increasingly been stamped by textile and automobile industry (R. STEWIG: Bursa, Nordwestanatolien. Strukturwandel einer orientalischen Stadt unter dem Einfluß der Industrialisierung; Schriften des Geographischen Instituts der Universität Kiel, Bd. 32; Kiel 1970).

In 1972, when the Stiftung Volkswagenwerk inaugurated a program for the promotion of actualistic research in the Near and Middle East, it was decided to launch a research project with the intention to analyse the population and social structures of the industrial city of Bursa.

Confronted with the lack of Turkish statistical data about population and society, it was considered a necessity to conduct a rather extensive enquête, which could not be arranged by a single person. Co-operation with a Turkish scientific institution would be a must.

On the basis of financial support from the Stiftung Volkswagenwerk a group of 15 German students from the Department of Geography at the University of Kiel was formed and prepared during the winter term in 1973/74 for their task as interviewers in the city of Bursa. At the same time the traditional co-operation with the Department of Geography at the University of Istanbul was renewed and there a group of Turkish students was prepared to serve as assistants to the German students during their interviews in the city of Bursa.

The prolific enquête - a sample of the questionaire is at the end of part 1, pp. 341 to 346 - was conducted in the city of Bursa during the months of February and March in 1974 in successful Germano-Turkish co-operation.

The information collected by means of the enquête is, together with the information collected by mapping work done by the German students, the data-basis of the research project. The great amount of information called for the use of electronic data processing. In all, 1 356 households were interviewed in the city of Bursa, i.e. 2,7 % of the roughly 50 000 households existing in the city with a population of about 300 000 in 1974; this means that a fair degree of representativeness - as far as the city population as a whole is concerned - will be embodied in the findings based on the data collected in Bursa.

The enquête was addressed to the total city population. As no population register existed, it was impossible to select a representative sample from it; instead, a spatially structured sample was drawn by selecting for interview every thirtieth to thirty-third household, counting along the streets, the city area being divided into 15 subareas within the larger division of inner city and city periphery.

On the theoretical level, part 1 started from the concept of industrialism, which imputes the evolution of industrial society to be a complex of interdependent socio-economic conditions. The profuse amount of such circumstances necessiates their reduction; a limited number of seven complex subject-themes was selected and the questionaire arranged accordingly:

1. size and structure of families and households
2. horizontal mobility (spatial mobility)
3. vertical mobility (social mobility)
4. working place situation
5. housing conditions
6. off-time (and endogenous tourism)
7. spatial structure of population and social setting.

These seven complex subject-themes would also enable a representative survey of the problems connected with modern economic development and social change in a large industrial city of the Near East.

The aims of part 1 were firstly to identify the frequency of answers given in the questionaire according to the seven complex subject-themes for the whole of the city; secondly to ascertain these results for each of the 15 subareas of the city - an aspect of special interest for geographers.

The aims of part 2 were a further subdivision of the city population into groups of city-born population and in-migrants, who were, in turn, subdivided into decades of in-migration, and the investigation of these groups.

The evaluation and interpretation of the questionaires took a very long time, years, in spite of the use of electronic data processing - extensive preparations being necessary: intentionally, no sets of possible answers were used in the questionaire, which could have been marked during the interviews; instead, the straightforward answers given by the partly illiterate city population - unexperienced in interviews - were noted down and had to be sorted out and classified, before the computer could be fed with them. Good use was made of the long time spent for the preparation and evaluation of the data in another field: Thoughtful consideration of the results of part 1 led - in part 2 - to an enlargement of the theoretical frame beyond the concept of industrialism.

The result of part 1 was the discovery of regularities in the process of economic development and social change in the city of Bursa:

- the minimization of the average size of households and changes in the household structure of the city population
- the composition of the city population to a large extent by in-migrants, surpassing greatly the percentage of the city-born population

- changes in the working place situation, especially of the in-migrants, from the primary sector in their rural areas of origin to the secondary and tertiary sectors in the city of Bursa
- the low income level of most of the in-migrants and part of the city-born population, forming the lower class
- the uplifting of the low income level by means of economic activities of several members of the households
- the beginning emergence of a middle class in the city of Bursa, judged from the rising income level
- the long hours of irregular working time of part of the city population, while other groups have much shorter and more regular working hours
- the primitive, but not undignified living conditions of - mainly - the in-migrants with their housing type of the gecekondu ev and the better living conditions of the members of the rising middle class with their housing types of the modern town house and the multi-storey apartment house
- the clear division of working-time and off-time for part of the city population
- the settlement areas of the lower class in-migrants in the periphery of the city of Bursa
- the relatively short distances between living place and working place in the city of Bursa, being covered mainly on foot, and the introduction of different, modern, inner-urban modes of transport.

Studies - outside the range of the Bursa-project - of the societal development in England and Germany in historical perspective, particularly in large cities, produced the insight, that similar regularities of economic development and social change as perceived in the city of Bursa - and published in part 1 - could be observed in 19th century English and German cities at the start of the industrialization process.

The results of the Bursa-project, together with the observations of city structures and city development of such industrialized countries as England and Germany at the opening phase of industrialization, led - beyond the concept of industrialism - to both, a theory of societal development and a theory of city development as a function of societal development (R. STEWIG: Die Stadt in Industrie- und Entwicklungsländern; Uni-Taschenbuch 1247; Paderborn, München, Wien, Zürich 1983).

This is the enlarged theoretical frame for the findings of part 2, which was, besides the division into city-born population and in-migrants, structured in line with the seven subject-themes.

The results of the Bursa-project, in part 1 mainly connected to the year of the enquête (1974), were in part 2 consistently placed into the larger context of long-time city development in industrializing societies. For this reason a (sub-) theory was initially delineated in part 2 for each of the seven complex subject-themes to serve as a scale for evaluating the socio-economic conditions of Bursa's city population. Accordingly the results of the Bursa research project may be summarized as follows:

In the course of modern societal development the familial transformation is characterized by a substantial reduction of the average household size, a dramatic decrease of the number of households with children and with members of the older generation in the household and a not less substantial increase of single-person-households (E. DURKHEIM), cities being the leaders of development. In these matters the position of Bursa's city population is that of the early phase of industrial society perceived during the past in the cities of today's highly develop industrialized countries.

In the course of modern societal development the mobility transformation, i.e. the changes in spatial, horizontal mobility, the early phase is mainly characterized by rural exodus and cityward migration, being replaced later by other types of migration and mobility (W. ZELINSKY). In these matters the position of Bursa's city population with its high percentage of in-migrants from surrounding and from distant rural areas is also that of the early phase of industrial society perceived during the past in the cities of today's highly developed industrialized countries; but additional groups of in-migrants, political refugees and urban-to-urban migrants, have been discerned in Bursa's migrant population.

In the course of modern societal development the socio-economic transformation is characterized in the early phase by a change of occupations - mainly of the in-migrants - from work in the primary sector in the rural areas of origin to work in the secondary and tertiary sectors in the cities, while later the rate of occupation in the secondary sector drops and that of the tertiary sector continues to increase (J. FOURASTIÉ). In these matters the position of Bursa's city population is also that of the early phase of industrial society perceived during the past in the cities of today's highly developed industrialized countries.

In the course of modern societal development the socio-economic transformation, especially in the form of vertical social mobility, is characterized in the early phase by an accumulation of lower class population with low incomes - composed mainly of in-migrants - in the cities, while later - and slowly - the income level rises with occupations in the secondary and particularly in the tertiary sectors and a middle class begins to appear - first in cities -, which, finally, dominates the social structure of the advanced society and its cities (H. SCHELSKY). In these matters the situation in the city of Bursa is that of an existing majority of low income lower class in-migrants comparable to that of the early phase of industrial society perceived during the past in the cities of today's highly developed industrialized countries, but a deterioration of incomes, as supposed by KARL MARX, cannot be observed: Especially the in-migrants have convincingly judged their income level in the city of Bursa as higher than before in-migration. Additional wage earners of the households care for an uplifting of the households' income level and the emergence of a middle class is - by income level - already discernable among the city population of Bursa.

In the course of modern societal development the transformation of the working place is characterized in the early phase by a change-over from the domestic to the factory system together with prolonged hours of work, while later, mainly at an advanced stage of development, heavy manual work is almost conpletely eleminated and the hours of work are greatly reduced. In these matters the position of Bursa's city population is only partly that of the early phase of industrial society perceived during the past in the cities of today's highly developed industrialized countries. The work done in the city of Bursa is judged, especially by the in-migrants, to a great extent positively, as far as vigour and pleasure are concerned, as compared with the work done before in-migration, so that the psychological deterioration, the estrangement ("Entfremdung") supposed by KARL MARX, cannot generally be discovered in the city of Bursa. The relatively short working time of at least part of the city population in Bursa is equivalent to a level reached only at an advanced stage of development in industrialized countries. On the other hand a smaller part of the city population, mainly working in single-person establishments as craftsmen and retailers, has to stand up to prolonged and irregular hours of work of early industrial standard.

In the course of modern societal development the transformation of the housing conditions is characterized in the early phase by the settling down, mainly of the in-migrants, in primitive living quarters in the cities, back-to-back houses in England and tenement blocks in Germany, with unfavourable interiors, rented to the in-migrants and overcrowded, while later - very slowly - the housing conditions are being improved until finally the single family or semi-detached house with a garden becomes typical of the middle class, dominating the advanced industrial society in the cities. In these matters the position of Bursa's city population is only partly that of the early phase of industrial society perceived during the past in the cities of today's highly developed industrialized countries. It is true, the mass of low income lower class in-migrants in the city of Bursa lives in the housing type of the gecekondu ev, but their interiors and their setting are - no doubt - better than in early industrial times; besides, the in-migrants are the owners of the houses, and religious commandment, the required absolute privacy of the family, prevents an overcrowding so common in early industrial times. The in-migrants' clearly prevailing positive judgement of their standard of housing in the city of Bursa, as compared to the areas of origin, is proof that at least their mentality is not that of slum conditions.

In the course of modern societal development another kind of transformation is marked by the institutionalization of off-time and the emergence of endogenous tourism. In the early phase of industrial society there were only short breaks during the prolonged working day. On an advanced stage a differential off-time, every evening, every week-end, every year during vacation, becomes widespread standard, and slowly all social classes, on a most advanced stage even the lower class, participate. The cities are the areas of origin of endogenous tourism in the advanced industrial societies. In these matters the institutionalization of regular off-time could already be observed among part of the city population of Bursa, especially those who have regular and shorter hours of work, while other groups refrain from participation due to irregular and prolonged working time. Such modern institutions as the cinema and the football stadium are already frequented by part of Bursa's city population.

In the course of modern societal development the spatial transformation of social areas in cities is characterized in the early phase by the settlements of in-migrants, leading to a large expansion of low income lower class housing areas at the periphery of the cities, the emerging middle class still remaining in the inner cities. At a well advanced stage the suburbanization process begins, dominated by the middle class, and resulting in the shifting of their homes from the inner parts of the cities to the periphery. The social gradient of cities, centrifugal in early industrial times, is now reversed, becomes centripetal (E.W. BURGESS). In these matters the spatial arrangement of social areas in the city of Bursa is totally equivalent to that of the early phase of industrial society perceived during the past in the cities of today's highly developed industrialized countries: The mass of low income lower class in-migrants lives at the periphery of the city of Bursa, while the emerging middle class and the upper class remain in the inner city. The social gradient in the city of Bursa is centrifugal.

All in all a number of aspects of the population and social structure of the city of Bursa speak for conditions common in the cities in early industrial times in the now highly developed industrialized countries. But the standard of a number of other (non-spatial) social conditions in the city of Bursa is clearly more advanced than was usual at the early industrial stage.

The results of the investigation of the population and social structure of the city of Bursa are proof that the concept of traditional urban geography, describing and explaining the structure of cities by means of binding them to their individualistic cultural setting ("Kulturerdteile") should be complemented by a theory of city development as a function of societal development.

H. Résumé des parties 1 et 2

Übersetzung: Annick TAKE

Tout le monde s'entend à dire que la Turquie se trouve dans une longue phase de transition qui a commencé environ dans les années 50, c'est-à-dire que la Turquie, après avoir été un pays en voie de développement, est en train de devenir un pays industrialisé. Un développement économique accéléré, comparé aux siècles précédents, et une profonde transformation sociale accompagnent cette évolution.

Scientifiquement, on ne s'est jusqu'ici que très peu intéressé aux diverses apparences de cette transformation sociale. C'est pourquoi, il a semblé attrayant de soumettre à une analyse étendue les structures démographiques et sociales d'une grande ville turque où l'industrie s'est particulièrement implantée et qui en même temps offre l'avantage d'un cadre délimité.

Dans la grande ville turque de Bursa, située dans le nord-ouest de l'Anatolie, on avait déjà analysé les changements de la structure spatiale de la localité sous l'influence de l'industrialisation. Il en résultait que cette ville était de plus en plus marquée, depuis la fin du dix-neuvième siècle par l'industrie textile et automobile (R. STEWIG: Bursa, Nordwestanatolien. Strukturwandel einer orientalischen Stadt unter dem Einfluß der Industrialisierung; Schriften des Geographischen Instituts der Universität Kiel, Bd. 32; Kiel 1970).

Lorsque la "Stiftung Volkswagenwerk" créa en 1972 un programme scientifique intitulé "Recherches sur la situation actuelle au Proche et au Moyen Orient", on décida d'analyser de près la structure démographique et sociale de la grande ville industrielle de Bursa.

Sachant qu'il n'existait pratiquement aucune donnée sociologique dans les statistiques turques, il était clair qu'un interrogatoire étendu serait nécessaire et que cet interrogatoire ne pourrait être effectué par une seule personne. De plus la collaboration d'un institut turc serait indispensable. C'est ainsi que, à l'aide de moyens financiers mis à la disposition par la "Stiftung Volkswagenwerk", un groupe de 15 étudiants de géographie de l'Université de Kiel s'est constitué. Dans le cadre de leurs études, ils ont été préparés, au cours du semestre d'hiver 73/74, à leur rôle d'"interviewer" dans la ville de Bursa. Parallèlement, on a renouvelé une coopération, existant déjà auparavant, avec l'Institut de Géographie de l'Université d'Istanbul, où des étudiants turcs ont été préparés à leur rôle d'assistants des étudiants allemands lors des interrogatoires prévus à Bursa.

L'interrogatoire détaillé dont un exemplaire du questionnaire se trouve à la fin de la première partie, p. 341-346, a été effectué au cours des mois de février et de mars 1974 en collaboration germano-turque dans la ville de Bursa. Les informations sur la population de Bursa, obtenues lors de l'interrogatoire, ainsi que les renseignements acquis à l'aide de nombreuses cartes réalisées par les étudiants allemands représentent la base des données de l'analyse. La foule des données a nécessité l'emploi du traitement électronique de l'information pour permettre l'interprétation. En tout, 1356 ménages de Bursa ont été interrogés, ce qui représente 2,7 % des quelques 50 000 ménages vivant alors (1974) à Bursa pour une population de 300 000 habitants environ. On peut donc parler d'une certaine représentativité des énoncés sur la population de Bursa résultant de l'exploitation des questionnaires.

L'interrogatoire s'adressait à l'ensemble de la population de la ville de Bursa. Comme il n'existait pas de fichier de la population qui aurait permis une sélection représentative, on a procédé à un échantillonnage spatial, c'est-à-dire qu'en comptant les façades, on s'est adressé à un ménage sur 30 ou 33 dans les quinze quartiers de la ville de Bursa, du centre à la périphérie.

Quant à la méthode et à la théorie, on a pris, dans la première partie, comme point de départ, une conception de l'industrialisme qui sous-entend l'interdépendance d'une foule de données essentiellement socio-économiques dans le processus du développement d'une société industrielle. Pour réduire le nombre par trop grand des informations qu'il était possible d'obtenir à ce sujet, on s'est limité aux sept domaines suivants et les questionnaires ont été préparés en conséquence:

1. Nombre des membres d'une famille ou d'un ménage et sa composition
2. Mobilité horizontale (mobilité spatiale)
3. Mobilité verticale (mobilité sociale)
4. Conditions de travail
5. Conditions de logement
6. Temps libre et tourisme endogène
7. Structure spatiale démographique et sociale (structure socio-spatiale)

A l'aide de ces sept champs thématiques, on pourrait également acquérir une vue générale représentative sur les problèmes qui sont liés au développement économique moderne et aux transformations sociales d'une grande ville industrielle (au Proche et Moyen Orient).

Dans la première partie, pour ce qui est de la forme, on a poursuivi deux buts: d'abord on a simplement constaté la fréquence des réponses au questionnaire et cela thème par thème; puis on a procédé à la même analyse quartier par quartier, car la subdivision spatiale est, en géographie, particulièrement intéressante.

Dans la deuxième partie, on a procédé à une subdivision plus détaillée de la population urbaine en citadins natifs et en migrants urbains qui ont été à leur tour redivisés, selon leur date d'arrivée à Bursa, en quatre groupes; ces quatre groupes ont alors été analysés sous l'aspect des sept champs thématiques cités ci-dessus.

Malgré l'emploi d'ordinateurs, le dépouillement des questionnaires a duré plusieurs années car il y avait d'énormes travaux préparatoires à faire; ainsi, on avait volontairement renoncé pour l'interrogatoire oral à toute réponse préformulée où il aurait fallu simplement mettre une croix. Au contraire, on a rassemblé telles quelles toutes les réponses données par la population qui d'un côté n'avait pas l'habitude de ce genre d'interrogatoire et, d'un autre côté, était en partie analphabète. C'est après seulement qu'on a trié et classé ces réponses. Cette longue période de dépouillement du matériel a été mise à profit pour réfléchir aux résultats et à leur signification, et a conduit dans la deuxième partie, à la naissance d'une théorie dépassant celle de l'industrialisme.

Les résultats sur le contenu de la première partie avaient permis de reconnaître des processus partiels réguliers du développement économique et des transformations sociales dans la ville de Bursa:

- la diminution du nombre de personnes dans les ménages et la transformation de la structure des ménages de la population urbaine
- la population urbaine composée en grande partie de migrants urbains dont le nombre dépassait celui des citadins natifs
- le changement d'emploi, en particulier pour les migrants urbains qui ont quitté le secteur primaire dans leur lieu d'origine agricole pour travailler dans le secteur secondaire (industriel) ou le secteur tertiaire à Bursa
- le faible niveau de revenus de la plupart des migrants et d'une partie des citadins natifs qui comptent parmi la couche sociale inférieure
- l'augmentation des revenus grâce à l'activité professionnelle d'autres personnes appartenant au ménage
- la naissance d'une classe sociale moyenne à Bursa, correspondant à une différenciation des revenus
- la durée du travail, longue et irrégulière pour une partie de la population, plus courte et régulière pour une autre partie
- les conditions de logement simples mais non indignes pour les migrants surtout dans des logements de type "gecekondu ev" et les meilleures conditions de logement dans des pavillons modernes ou des immeubles divisés en appartements luxueux pour les gens appartenant à la classe moyenne naissante
- la séparation nette entre le temps du travail et le temps libre pour une partie de la population
- l'établissement, principalement à la périphérie de Bursa des migrants appartenant à la classe inférieure
- un trajet relativement court entre le domicile et le lieu de travail, parcouru essentiellement à pied dans la ville de Bursa et le début de la mise en service de divers moyens de transport modernes.

En dehors du projet de Bursa, la recherche scientifique sur le développement de la société industrielle en Angleterre et en Allemagne, aussi sous un aspect sociohistorique, et en particulier la recherche sur les villes a prouvé que des processus partiels du développement économique et des transformations sociales, identiques à ceux qui se sont déroulés à Bursa, selon les résultats de la première partie, avaient déjà eu lieu auparavant, au 19ème siècle, dans des villes anglaises et allemandes au cours du développement de la société industrielle.

Les résultats de la première partie du projet de Bursa, ainsi que les données sur le développement urbain depuis la phase initiale de l'industrialisation dans deux pays aujourd'hui industrialisés, l'Allemagne et l'Angleterre, ont été généralisés pour former une théorie. Il s'agit d'une théorie sur le développement de la ville en tant que fonction du développement social mais cette théorie va plus loin qu'une simple théorie sur le développement social (R. STEWIG: Die Stadt in Industrie- und Entwicklungsländern; Uni-Taschenbuch 1247; Paderborn, München, Wien, Zürich 1983).

En procédant, à nouveau, champ thématique par champ thématique, c'est sur la base plus large de cette théorie qu'ont été structurés, dans la deuxième partie, les commentaires sur l'enquête réalisée auprès des citadins natifs et des migrants urbains.

Dans la première partie, les résultats du projet de Bursa se rapportent à l'année 1974. Dans la deuxième partie, ils ont été replacés scrupuleusement dans le contexte plus large et de plus longue durée du développement urbain dans le cadre du développement de la société industrielle. Dans ce but, on a, dans la deuxième partie, présenté une sous-théorie pour chacun des sept champs thématiques. Dynamique, celle-ci a pu servir de critère pour l'évaluation consécutive des conditions socio-économiques de la population urbaine de Bursa. Ceci dit, on peut résumer comme suit les résultats du projet de recherche de Bursa.

Au cours du développement de la société industrielle, on assiste, pour ce qui est des transformations familiales, à une diminution importante de la grandeur moyenne des ménages, à une baisse considérable de la proportion des ménages ayant des enfants et de ceux qui ont des personnes âgées à charge et à une augmentation importante des ménages d'une personne (E. DURKHEIM); sur ce point, les villes exercent un rôle d'avant-garde. A ce propos, la ville de Bursa occupe une position comparable aux conditions règnant au début de l'industrialisation dans les villes des pays industriels aujourd'hui fortement développés.

Au cours du développement de la société industrielle, on assiste, pour ce qui est des transformations de la mobilité horizontale, dans la phase initiale, surtout à une migration de la campagne vers la ville qui sera remplacée plus tard par d'autres formes de mobilité (W. ZELINSKY). A ce propos et en ce qui concerne la proportion des migrants par rapport à la population urbaine et aussi leur composition selon qu'ils sont venus de loin ou de près, la ville de Bursa occupe une position comparable aux conditions règnant au début de l'industrialisation dans les villes des pays industriels aujourd'hui fortement développés; mais aussi d'autre groupes de migrants comme les réfugiés politiques et les migrants d'une ville à une autre font partie, à Bursa, de la population migrante.

Au cours du développement de la société industrielle, on assiste, pour ce qui est des transformations socio-économiques, dans la phase initiale, à un changement d'activité surtout pour les nombreux migrants. Ce changement s'effectue du secteur primaire dans la région agricole d'origine, à des activités dans le secteur secondaire industriel et tertiaire urbain. Dans une phase postérieure, le nombre de personnes en activité dans le secteur secondaire diminue et le nombre de personnes en activité dans le secteur tertiaire continue d'augmenter (J. FOURASTIÉ). A ce propos, la ville de Bursa occupe une position comparable aux conditions règnant au début de l'industrialisation dans les villes des pays industiels aujourd'hui fortement développés.

Au cours du développement de la société industrielle, on assiste, pour ce qui est des transformations socio-économiques et plus spécialement de la mobilité verticale, dans la phase initiale, à une concentration de la population à faibles revenus de la couche inférieure, c'est-à-dire surtout des migrants. Dans une phase postérieure, en même temps que les revenus augmentent dans le secteur secondaire et surtout dans le secteur tertiaire, commence peu à peu à se développer, surtout dans les villes, une couche moyenne. Dans une phase plus avancée du développement industriel, celle-ci domine alors la structure sociale de la société et de la ville (H. SCHELSKY). A ce propos, on observe dans la ville de Bursa une concentration des migrants de la classe inférieure, qui ont de faibles revenus comme, au début de l'industrialisation, dans les villes des pays industriels aujourd'hui fortement développés.

Mais il ne peut être question d'un appauvrissement dû aux salaires, au sens marxiste, car les revenus, justement des migrants, ont été en majorité jugés meilleurs, par les personnes interrogées, qu'avant la migration. En outre, comme il y a plus de personnes à travailler dans un ménage, surtout les revenus (des ménages) atteignent un niveau qui permet de reconnaître le début de la formation d'une classe moyenne (pour ce qui est des revenus) parmi la population de Bursa.

Au cours du développement de la société industrielle, on assiste, pour ce qui est des transformations des conditions de l'emploi, dans la phase initiale à un passage du "domestic system" au "factory system", avec d'abord une augmentation de la durée du travail. Dans une phase postérieure, surtout dans une phase avancée du développement industriel, le travail manuel pénible disparaît presque totalement et la durée du travail est réduite considérablement. A ce propos les conditions à Bursa ne sont que partiellement comparables aux conditions régnant au début de l'industrialisation dans les villes des pays industriels aujourd'hui fortement développés. La majorité des personnes interrogées à Bursa ont estimé que le travail n'était pas trop pénible et qu'elles avaient du plaisir à travailler; il ne peut donc être question d'un appauvrissement psychique, d'une aliénation au sens marxiste du terme, de même qu'il ne peut être question d'en faire une loi. De plus la durée relativement courte du travail pour une partie de la population de Bursa correspond aux conditions qui n'ont été atteintes dans les villes des pays aujourd'hui fortement industrialisés, qu'après la phase de haute industrialisation. D'un autre côté, on remarque une durée plus longue du travail, conforme à la phase initiale de l'industrialisation, pour une (petite) partie de la population de Bursa, à savoir surtout pour les entreprises d'une personne, de l'artisanat et du commerce de détail.

Au cours du développement de la société industrielle, on assiste, pour ce qui est des transformations des conditions de logement, dans la phase initiale à l'installation, surtout des migrants urbains, dans des quartiers très simples de la ville, en Allemagne et en Angleterre dans des immeubles de rapport, où les appartements sont mal agencés, loués en règle générale aux migrants et surpeuplés. Dans une phase postérieure, au contraire, les conditions de logement s'améliorent peu à peu, allant même jusqu'au petit pavillon avec jardin dans la société industrielle avancée dont le signe est la classe moyenne dominante. A ce propos, les conditions de logement à Bursa ne correspondent que partiellement aux conditions régnant dans les villes des pays aujourd'hui fortement développés dans la phase initiale de leur industrialisation. Certes, la majorité des migrants urbains appartenant à la classe inférieure et ayant de faibles revenus habitent des logements de type simple, le gecekondu ev, mais contrairement aux conditions de la phase initiale de l'industrialisation, ces logements sont bien agencés. De plus, les migrants urbains sont en grande partie propriétaires de leur simple gecekondu ev et la norme religieuse concernant la sphère privée de la famille empêche, dans le domaine musulman, le surpeuplement des logements. En considération du jugement en majorité positif porté surtout par les migrants urbains sur leurs conditions de logement à Bursa, comparées avec leur logement (d'une pièce) dans leur région d'origine, on ne peut parler d'apparition de bidonvilles, en tout cas pour ce qui concerne la prise de conscience des habitants.

Au cours du développement de la société industrielle, on assiste, pour ce qui est de l'institutionalisation du temps libre et de l'apparition du tourisme endogène, dans la phase initiale seulement à de brèves interruptions du travail. C'est seulement plus tard que se développe le temps libre après la journée de travail, à la fin de la semaine et pendant les congés, auquel participent peu à peu toutes les classes sociales et même, dans la société industrielle extrêmement développée, la classe inférieure. Les villes deviennent les sources du tourisme moderne. A ce propos, on a constaté, aussi parmi la population de Bursa, l'institutionalisation du temps libre et le début d'un tourisme endogène, même si, provisoirement, peu de groupes démographiques participent à cette évolution, alors que d'autres groupes parmi la population doivent encore se contenter d'une longue durée du travail. On accepte déjà des loisirs modernes tels que le cinéma ou le stade de football.

Au cours du développement de la société industrielle, on assiste, pour ce qui est de la transformation spatiale de la société (urbaine), dans la phase initiale, où les migrants urbains s'installent, à une expansion considérable des quartiers de la classe inférieure à la périphérie de la ville alors que la classe moyenne qui commence à apparaître, persiste dans le centre de la ville. Dans la société industrielle plus avancée, un processus de suburbanisation se déclenche en même temps que l'apparition de la classe moyenne, c'est-à-dire un transfert du domicile de ceux appartenant à la classe moyenne à la périphérie de la ville. La disparité sociale, existant dans la ville à la phase initiale de l'industrialisation, du centre vers la périphérie, se renverse (E.W. BURGESS). A ce propos, les conditions socio-spatiales de Bursa correspondent totalement aux conditions socio-spatiales des villes dans les pays industriels aujourd'hui fortement développés: la majorité des migrants urbains appartenant à la classe inférieure et ayant de faibles revenus habitent à la périphérie de Bursa, alors que la classe moyenne qui commence à apparaître et la classe supérieure persistent dans le centre de la ville. La disparité sociale est dirigée à Bursa de l'intérieur vers l'extérieur de la ville.

Globalement, on reconnaît à Bursa toute une série de données sur la structure démographique et sociale qui concordent avec les conditions régnant dans la phase initiale de l'industrialisation dans les villes des pays aujourd'hui fortement développés. Mais pour ce qui concerne le niveau des conditions sociales (non-spatiales), le degré de développement à Bursa a dépassé les conditions régnant dans une phase industrielle initiale.

L'enquête sur la structure démographique et sociale de Bursa prouve que l'optique habituelle dans laquelle, en géographie urbaine traditionnelle, on analyse les villes dans le cadre de leur civilisation devrait être complétée par une optique adaptée à la théorie présentée ici sur la ville en tant que fonction du développement de la société.

I. Gesamtliteraturverzeichnis

Zusammenstellung: Michael NEUMEYER

ABU-LUGHOD, J.L.: Migrant Adjustment to City Life. The Egyptian Case; in: The American Journal of Sociology, 67. Jahrgang; Chicago/Ill. 1961, S. 22-32

ADATEPE, G.: Settlement Measures Taken in Turkey and Improvements Made in that Field; in: Integration. Bulletin International, 6. Jahrgang; Vaduz 1959, S. 190-197

ALBRECHT, G.: Soziologie der geographischen Mobilität; Stuttgart 1972

ALEXANDER, I.W.: The Basic-Nonbasic Concept of Urban Economic Functions; in: Economic Geography, 30. Jahrgang; Worcester 1954, S. 246-251

ALEXANDERSSON, G.: Geography of Manufacturing; Englewood Cliffs 1967

ALTUĞ, S.M.: Le problème des emigrations turques des Balkan; in: Integration. Bulletin International, 6. Jahrgang; Vaduz 1959, S. 182-189

ANDERSON, N.: Characteristics of Slums; in: A.R. DESAI, S. DEVADAS PILLAI (Hrsg.): Slums and Urbanization; Bombay 1970, S. 44-49

ANDREAE, C.A.: Ökonomik der Freizeit. Zur Wirtschaftstheorie der modernen Arbeitswelt; Reinbek 1970

ARI, O.: The Assimilation to Conditions of Work in Turkey of the Turkish-Bulgarian Immigrants Expelled from Bulgaria between 1950-51; in: Integration. Bulletin International, 6. Jahrgang, Heft 3; Vaduz 1959, S. 198-203

ARNOLD, H.: Die Industrialisierung in Tunesien und Algerien; in: Geographische Rundschau, Jahrgang 23; Braunschweig 1971, S. 306-316

ASHTON, T.S.: Der Lebensstandard der Arbeiter in England, 1790-1850; in: W. FISCHER, G. BAJOR (Hrsg.): Die soziale Frage. Neuere Studien zur Lage der Fabrikarbeiter in den Frühphasen der Industrialisierung; Stuttgart 1967, S. 51-73

ATTESLANDER, P., B. HAMM (Hrsg.): Materialien zur Siedlungssoziologie; Köln 1974

AZMAZ, A.: Migration of Turkish "Gastarbeiters" of Rural Origin and the Contribution to Development in Turkey; Sozialökonomische Schriften zur Agrarentwicklung, Band 37; Saarbrücken, Fort Lauderdale 1980

BAADE, F.: Dynamische Weltwirtschaft; München 1969

BABINGER, F. (Hrsg.): Anatolien. Skizzen und Reisebriefe aus Kleinasien (1850-1959) von A.D. MORDTMANN d.Ä.; Hannover 1925

BAEDEKER, K.: Konstantinopel. Balkanstaaten, Kleinasien, Archipel, Cypern. Handbuch für Reisende; 2. Auflage Leipzig 1914

BÄHR, J.: Regressionsanalysen in der Migrationsforschung. Das Beispiel der Zuwanderung nach Antofagasta, Nordchile; in: Tijdschrift voor economische en sociale geografie, 64. Jahrgang; Leiden, Amsterdam 1973, S. 386-394

BÄHR, J.: Santiago de Chile. Eine faktorenanalytische Untersuchung zur inneren Differenzierung einer lateinamerikanischen Millionenstadt; Mannheimer Geographische Arbeiten, Heft 4; Mannheim 1978

BÄHR, J.: Bevölkerungsgeographie; Stuttgart 1983

BÄHR, J.: Bevölkerungswachstum in Industrie- und Entwicklungsländern; in: Geographische Rundschau, Jahrgang 36; Braunschweig 1984, S. 544-551

BÄHR, J., G. KLÜCKMANN: Staatlich geplante Barriadas in Peru. Dargestellt am Beispiel von Villa El Salvador (Lima); in: Geographische Rundschau, Jahrgang 36; Braunschweig 1984, S. 452-459

BÄHR, J., A. SCHRÖDER-PATELAY: Die südafrikanische Großstadt; in: Geographische Rundschau, Jahrgang 34; Braunschweig 1982, S. 489-497

BAETHGE, M., W. EßBACH (Hrsg.): Soziologie: Entdeckungen im Alltäglichen. Hans Paul BAHRDT Festschrift zu seinem 65. Geburtstag; Frankfurt, New York 1983

BAILEY, P.: Leisure and Class in Victorian England. Rational Recreation and the Contest for Control, 1830-1855; London, Toronto, Buffalo 1978

BALE, J.: The Location of Manufacturing Industry; London 1976

BARBOUR, K.M.: The Growth, Location and Structure of Industry in Egypt; New York 1972

BARKAN, Ö.L.: Essai sur les Données Statistique des Registres de Recensements dans l'Empire Ottoman aux XVe et XVIe Siècles; in: Journal of the Economic and Social History of the Orient, Band 1; Leiden 1958, S. 9-36

BARTELS, D.: Türkische Gastarbeiter aus der Region Izmir; in: Erdkunde, Band 22; Bonn 1968, S. 313-324

BARTELS, D.: Geographische Aspekte sozialwissenschaftlicher Innovationsforschung; in: 37. Deutscher Geographentag Kiel 1969. Tagungsbericht und wissenschaftliche Abhandlungen; Wiesbaden 1970, S. 283-298

BEAUMONT, P., G.H. BLAKE, J.M. WAGSTAFF: The Middle East: A Geographical Study; London, New York 1976

BECK, U., M. BRATER, H. DAHEIM: Soziologie der Arbeit und der Berufe. Grundlagen, Problemfelder, Forschungsergebnisse; Reinbek 1980

BELOCH, K.J.: Griechische Geschichte. Bd. 4: Die griechische Weltherrschaft; Berlin, Leipzig 1927

BENSASSON, L.: Über die Seidenkultur in Kleinasien; Tübingen 1919

BERGEL, E.E.: The Nature of Slums; in: A.R. DESAI, S. DEVADAS PILLAI (Hrsg.): Slums and Urbanization; Bombay 1970, S. 39-43

BERTALANFFY, L. von: General System Theory; New York 1968

BLENCK, J.: Randsiedlungen vor den Toren von Company Towns, dargestellt am Beispiel von Liberia; in: Liberia 1971. Ergebnisse einer Studienbereisung durch ein tropisches Entwicklungsland; Bochumer Geographische Arbeiten, Heft 15; Paderborn 1973, S. 99-124

BLENCK, J.: Slums und Slumsanierung in Indien; in: 39. Deutscher Geographentag Kassel 1973. Tagungsbericht und wissenschaftliche Abhandlungen; Wiesbaden 1974, S. 310-337

BOBEK, J.: Die Hauptstufen der Gesellschafts- und Wirtschaftsentfaltung in geographischer Sicht; in: Die Erde, 90. Jahrgang; Berlin 1959, S. 259-298

BOESCH, H., J. BÜHLER: Eine Karte der Welternährung; in: Geographische Rundschau, Jahrgang 24; Braunschweig 1972, S. 81-82

BOHLE, H.-G.: Probleme der Verstädterung in Indien. Elendssiedlungen und Sanierungspolitik in der südindischen Metropole Madras; in: Geographische Rundschau, Jahrgang 36; Braunschweig 1984, S. 461-469

BOHNET, M. (Hrsg.): Das Nord-Süd-Problem. Konflikte zwischen Industrie- und Entwicklungsländern; 2. Auflage München 1971

BOLTE, K.M.: Typen sozialer Schichtung in der Bundesrepublik Deutschland; in: Hamburger Jahrbuch für Wirtschafts- und Sozialpolitik, 8. Jahrgang; Tübingen 1963, S. 150-168

BOLTE, K.M., St. HRADIL: Soziale Ungleichheit in der Bundesrepublik Deutschland; Opladen 1984

BOLTE, K.M., D. KAPPE, F. NEIDTHARDT: Soziale Ungleichheit. Struktur und Wandel der Gesellschaft; Reihe B der Beiträge zur Sozialkunde, 4; 3. Auflage Opladen 1974

BOLTE, K.M., H. RECKER: Vertikale Mobilität; in: R. KÖNIG (Hrsg.): Handbuch der empirischen Sozialforschung, Band 5; 2. Auflage Stuttgart 1976, S. 40-103

BORN, K.E. (Hrsg.): Moderne deutsche Wirtschaftsgeschichte; Köln, Berlin 1966

BORSDORF, A.: Die lateinamerikanische Großstadt; in: Geographische Rundschau, Jahrgang 34; Braunschweig 1982, S. 498-501

BRATZEL, P.: Theorien der Unterentwicklung. Eine Zusammenfassung verschiedener Ansätze zur Erklärung des gegenwärtigen Entwicklungsstandes unterentwickelter Regionen mit einer ausführlichen Literaturliste; Karlsruher Manuskripte zur Mathematischen und Theoretischen Wirtschafts- und Sozialgeographie, Heft Nr. 17; Karlsruhe 1976

BRATZEL, P., H. MÜLLER: Regionalisierung der Erde nach dem Entwicklungsstand der Länder; in: Geographische Rundschau, Jahrgang 31; Braunschweig 1979, S. 131-137

BRATZEL, P., H. MÜLLER: Armut und Reichtum. Eine Karte des Entwicklungsstandes der Länder der Erde; in: Geographische Rundschau, Jahrgang 31; Braunschweig 1979, S. 145-148

BRAUN, R., W. FISCHER, H. GROSSKREUTZ, H. VOLKMANN (Hrsg.): Industrielle Revolution. Wirtschaftliche Aspekte; Köln, Berlin 1972

BRAUN, R., W. FISCHER, H. GROSSKREUTZ, H. VOLKMANN (Hrsg.): Gesellschaft in der industriellen Revolution; Köln 1973

BREPOHL, W.: Der Aufbau des Ruhrvolkes im Zuge der Ost-Westwanderung; Dortmund 1948

BROUGHTON, T.R.S.: An Economic Survey of Ancient Rome. Band IV: Roman Asia Minor; New Jersey 1959 (zuerst 1938)

BRÜCHER, W.: Industriegeographie; Reihe: Das Geographische Seminar; Braunschweig 1982

BRÜGGEMEIER, F.J., L. NIETHAMMER: Schlafgänger, Schnapskasinos und schwerindustrielle Kolonie. Aspekte der Arbeiterwohnungsfrage im Ruhrgebiet vor dem Ersten Weltkrieg; in: J. REULECKE, W. WEBER (Hrsg.): Fabrik, Familie, Feierabend; 2. Auflage Wuppertal 1978, S. 135-175

BÜSCHER, K.: Der Industriearbeiter in Afghanistan; Afghanische Studien, Band 1; Meisenheim am Glan 1969

BURGESS, E.W.: The Growth of the City; in: R.E. PARK, E.W. BURGESS, R.D. MCKENZIE: The City; Chicago 1925 bzw. 5. Auflage Chicago, London 1968, S. 47-62

BURISCH, W.: Industrie- und Betriebssoziologie; 7. Auflage Berlin, New York 1973

BURKART, A.J., S. MEDLIK: Tourism. Past, Present and Future; London 1974

BURKE, G.: Towns in the Making; London 1971

BUSCH, O.: Industrialisierung und Geschichtswissenschaft. Ein Beitrag zur Thematik und Methodologie der historischen Industrialisierungsforschung; Berlin 1969

BUSCH, P.: Bevölkerungswachstum und Nahrungsspielraum auf der Erde; Reihe: Fragenkreise; Paderborn 1971

CEISIG, I., H. KNÜBEL: 40. Deutscher Geographentag vom 19.-25. Mai 1975 in Innsbruck. Ein Tagungsbericht; in: Geographische Rundschau, Jahrgang 27; Braunschweig 1975, S. 425-432

CHAPMAN, St.D.: The History of Working-Class Housing. A Symposium; Newton Abbot 1971

CLAESSENS, D., A. KLÖNNE, A. TSCHOEPPE: Sozialkunde der Bundesrepublik; 7. Auflage Düsseldorf, Köln 1974

CLARK, P. (Hrsg.): The Early Modern Town. A Reader; New York 1976

CLAUSEN, L.: Industrialisierung als soziologischer Begriff; in: Kölner Zeitschrift für Soziologie und Sozialpsychologie, 20. Jahrgang; Köln, Opladen 1968, S. 797-813

CLINARD, M.B.: Theories of the Slum; in: A.R. DESAI, S. DEVADAS PILLAI (Hrsg.): Slums and Urbanization; Bombay 1970, S. 50-54

COLLINS, L., D.F. WALKER (Hrsg.): Locational Dynamics of Manufacturing Activity; London 1975

CONZE, W. (Hrsg.): Sozialgeschichte der Familie in der Neuzeit Europas; Industrielle Welt, Band 21; Stuttgart 1976

CONZE, W., U. ENGELHARDT (Hrsg.): Arbeiter im Industrialisierungsprozeß. Herkunft, Lage und Verhalten; Industrielle Welt, Band 28; Stuttgart 1979

CONZEN, M.R.G.: Geographie und Landesplanung in England; Colloquium Geographicum, Band 2; Bonn 1952

COSGRAVE, I., R. JACKSON: The Geography of Recreation and Leisure; London 1972

COSTELLO, V.F.: Urbanization in the Middle East; London 1977

CUINET, V.: La Turquie d'Asie - Geographie Administrative, Statistique, Deskriptive et Raisonnés de Chaque Province de l'Asie Mineure, Band 4; Paris 1894

DAHEIM, H.: Berufssoziologie; in: R. KÖNIG (Hrsg.): Handbuch der empirischen Sozialforschung, Band 8; 2. Auflage Stuttgart 1977, S. 1-100

DAHRENDORF, R., W. BURISCH: Industrie- und Betriebssoziologie; 7. Auflage Berlin 1973

DENKER, B.: Die Siedlungs- und Wirtschaftsgeographie der Bursa-Ebene; Diss. Freiburg 1963

DENKER, B.: Flurformen und Besitzverhältnisse in zwei Dörfern (Armut und Izvat) der Bursa-Ebene (Türkei); in: Review of the Geographical Institute of the University of Istanbul, International Edition 1962, Nr. 8; Istanbul 1963, S. 71-81

DENKER, B.: Die heutige Agrarwirtschaft der Bursa-Ebene (Türkei); in: Review of the Geographical Institute of the University of Istanbul, International Edition 1963-64, Nr. 9-10; Istanbul 1964, S. 116-134

DESAI, A.R., S. DEVADAS PILLAI (Hrsg.): Slums and Urbanization; Bombay 1970

DETTMANN, K.: Damaskus. Eine orientalische Stadt zwischen Tradition und Moderne; Erlanger Geographische Arbeiten, Heft 26; Erlangen 1969

DITT, K.: Technologischer Wandel und Strukturveränderung der Fabrikarbeiterschaft in Bielefeld 1860-1914; in: W. CONZE, U. ENGELHARDT (Hrsg.): Arbeiter im Industrialisierungsprozeß. Herkunft, Lage, Verhalten; Industrielle Welt, Band 28; Stuttgart 1979, S. 237-261

DOH, R.: Urbanisierung und Bevölkerungsentwicklung in den türkischen Regionen; in: Orient, 24. Jahrgang; Opladen 1983, S. 486-500

DRAKAKIS-SMITH, D.W.: Slums and Squatters in Ankara: Case Studies in four Areas of the City; in: Town Planning Review, 47. Band; Liverpool 1976, S. 225-240

DUTOIT, B.M., H.I. SAFA (Hrsg.): Migration and Urbanization; Den Haag 1975

DWYER, D.J.: People and Housing in Third World Cities. Perspectives on the Problem of Spontaneous Settlements; London, New York 1979

EGGELING, W.J., G. RITTER: Entwicklung und räumliche Analyse der türkischen Binnenverkehrsnetze; Materialia Turcica, Beiheft 3; Bochum 1979

EHLERS, E.: Iran. Erdölwirtschaft - Außenhandel - Industrialisierung; in: Geographisches Taschenbuch 1970-72; Wiesbaden 1972, S. 177-196

ENGELS, F.: Die Lage der arbeitenden Klasse in England; Leipzig 1845 bzw. München 1973

ENGELSING, R.: Zur Sozialgeschichte deutscher Mittel- und Unterschichten; Kritische Studien zur Geschichtswissenschaft, Band 4; Göttingen 1973

ENZENSBERGER, H.M.: Eine Theorie des Tourismus; in: H.M. ENZENSBERGER: Einzelheiten I. Bewußtseins-Industrie; 9. Auflage Frankfurt am Main 1976, S. 179-205

ERDER, L.: Factory Districts in Bursa during the 1860's; in: Middle East Technical University, Journal of the Faculty of Architecture, Band 1; Ankara 1975, S. 85-99

ERMRICH, R.: Basisdaten. Zahlen zur sozio-ökonomischen Entwicklung in der Bundesrepublik Deutschland; Bonn-Bad Godesberg 1974

FILSER, F.: Einführung in die Familiensoziologie; Paderborn, München, Wien, Zürich 1978

FISCHER, W.: Wirtschaft und Gesellschaft im Zeitalter der Industrialisierung; Kritische Studien zur Geschichtswissenschaft, Band 1; Göttingen 1972

FISCHER, W.: Armut in der Geschichte; Göttingen 1982

FISCHER, W. (Hrsg.): Wirtschafts- und sozialgeschichtliche Probleme der frühen Industrialisierung; Einzelveröffentlichungen der Historischen Kommission zu Berlin, Band 1; Berlin 1968

FISCHER, W., G. BAJOR (Hrsg.): Die soziale Frage. Neuere Studien zur Lage der Fabrikarbeiter in den Frühphasen der Industrialisierung; Stuttgart 1967

FLORA, P.: Modernisierungsforschung. Zur empirischen Analyse der gesellschaftlichen Entwicklung; Studien zur Sozialwissenschaft, Band 20; Opladen 1974

FOURASTIÉ, J.: Le Grand Espoir du xx° Siècle; Paris 1949

FOURASTIÉ, J.: Gesetze der Wirtschaft von morgen; 2. Auflage Düsseldorf, Wien 1963

FRIEDMANN, J., R. WULFF: The Urban Transition. Comparative Studies of Newly Industrializing Societies; London 1976

FRIEDRICHS, J.: Methoden der empirischen Sozialforschung; Reinbek 1973 bzw. 1979

FRIEDRICHS, J.: Stadtanalyse. Soziale und räumliche Organisation der Gesellschaft; Reinbek 1977

FRITSCH, B.: Entwicklungsländer; Köln 1973

FÜRSTENBERG, F. (Hrsg.): Industriesoziologie I. Vorläufer und Frühzeit 1835-1934; 2. Auflage Neuwied, Berlin 1966

FÜRSTENBERG, F. (Hrsg.): Industriesoziologie II. Die Entwicklung der Arbeits- und Betriebssoziologie seit dem Zweiten Weltkrieg; Darmstadt, Neuwied 1974

FÜRSTENBERG, F. (Hrsg.): Industriesoziologie III. Industrie und Gesellschaft; Darmstadt, Neuwied 1975

GABRIEL, A.: Une Capitale Turque. Brousse. Bursa (2 Bände); Paris 1958

GAEBE, W., K. HOTTES (Hrsg.): Methoden und Feldforschung in der Industriegeographie; Mannheimer Geographische Arbeiten, Heft 7, Mannheim 1980

GASSERT, G.: Die berufliche Struktur der deutschen Großstädte nach der Berufszählung von 1907; Heidelberg 1917

GAULDIE, E.: Cruel Habitations. A History of Working-Class Housing 1780-1918; London 1974

GEIGER, Th.: Die soziale Schichtung des deutschen Volkes; Stuttgart 1932

GEIPEL, R.: Industriegeographie als Einführung in die Arbeitswelt; Braunschweig 1969

GEIST, J.F., K. KÜRVERS: Das Berliner Mietshaus, Band 1: 1740-1862; München 1980; Band 2: 1862-1945; München 1984

GERLING, W.: Die moderne Industrie. Gedanken zu ihrer Physiognomie, Struktur und wirtschaftsgeographischen Gliederung; Würzburg 1953

GERLING, W.: Grundsätze und Wege industriegeographischer Forschung; in: Berichte zur deutschen Landeskunde, 23. Jahrgang; Bad Godesberg 1959, S. 29-45

GIESE, E.: Klassifikation der Länder der Erde nach ihrem Entwicklungsstand; in: Geographische Rundschau, Jahrgang 37; Braunschweig 1985, S. 164-175

GIRAY, A.: Contribution à l'étude des problèmes de l'ouvrier industriel en Turquie; Paris 1956

GIRGIS, M.: Industrialization and Trade Patterns in Egypt; Kieler Studien 143; Tübingen 1977

GOLDTHORPE, J.H., D. LOCKWOOD, F. BECHHOFER, J. PLATT: Der "wohlhabende" Arbeiter in England (3 Bände); München 1970-71

GREIF, F.: Der Wandel der Stadt in der Türkei unter dem Einfluß von Industrialisierung und Landflucht; in: 38. Deutscher Geographentag Erlangen-Nürnberg 1971. Tagungsbericht und wissenschaftliche Abhandlungen; Wiesbaden 1972, S. 407-419

GREN, E.: Kleinasien und der Ostbalkan in der wirtschaftlichen Entwicklung der römischen Kaiserzeit; Uppsala 1941

GRÖTZBACH, E.: Kulturgeographischer Wandel in Nordost-Afghanistan seit dem 19. Jahrhundert; Afghanische Studien, Band 4; Meisenheim am Glan 1972

GRUNWALD, K., J.O. RONALL: Industrialization in the Middle East; New York 1960

GÜNEL, M.: La protection l'ouvrier. Evolution général et application dans la Turquie contemporaire; Fribourg 1950

HACKER, J.M.: Modern Aman. A Social Study; University of Durham. Department of Geography, Research Papers Series Nr. 3; Durham 1960

HADI, F.A., P. PIETSCH, C. von ROTHKIRCH, H. SANGMEISTER: Ein Beitrag zur Klassifikation von Ländern nach ihrem Entwicklungsstand; in: Statistische Hefte, 21. Jahrgang; Köln, Opladen 1980, S. 30-48, S. 75-109

HAHN, H.: Die Stadt Kabul (Afghanistan) und ihr Umland. I: Gestaltwandel einer orientalischen Stadt; Bonner Geographische Abhandlungen, Heft 34; Bonn 1964

HAHN, H.: Wachstumsabläufe in einer orientalischen Stadt am Beispiel von Kabul/Afghanistan; in: Erdkunde, Band 26; Bonn 1972, S. 16-32

HAMM, B.: Einführung in die Siedlungssoziologie; München 1982

HAMMER, J. von: Umblick auf einer Reise von Constantinopel nach Brussa und dem Olympos, und von da zurück über Nikäa und Necomedia; Pesth 1818

HARRISON, R.S.: Migrants in the City of Tripoli, Libya; in: Geographical Review, Bd. 57; New York 1967, S. 397-423

HART, C.W.M., N. SARAN: Zeytinburnu Gecekondu Bölgesi. Istanbul Ticaret Odası Yayınları; Istanbul 1969

HARTWELL; R.M.: Der steigende Lebensstandard in England von 1800 bis 1850; in: W. FISCHER, G. BAJOR (Hrsg.): Die soziale Frage. Neuere Studien zur Lage der Fabrikarbeiter in den Frühphasen der Industrialisierung; Stuttgart 1967, S. 102-135

HAUSER, J.A.: Bevölkerungsprobleme der Dritten Welt; Bern, Stuttgart 1974

HEBERLE, R., F. MEYER: Die Großstädte im Strome der Binnenwanderung. Wirtschafts- und bevölkerungswissenschaftliche Untersuchungen über Wanderung und Mobilität in deutschen Städten; Leipzig 1937

HEINZMANN, G.: Entwicklung, gegenwärtiger Stand und Perspektive der Industriegeographie; in: Die Teildisziplinen der ökonomischen Geographie in der DDR: Entwicklung, Stand, Perspektive; Gotha 1985, S. 41-53

HENNIG, R.: Die Einführung der Seidenraupenzucht ins Byzantinerreich: in: Byzantinische Zeitschrift, 33. Band; Leipzig, Berlin 1933, S. 295-312

HENNING, F.W.: Die Industrialisierung in Deutschland. 1800 bis 1914; Paderborn 1973

HENNING, F.W.: Das vorindustrielle Deutschland. 800 bis 1800; Paderborn 1974

HENNING, F.W.: Das industrialisierte Deutschland. 1914 bis 1972; Paderborn 1974

HENNING, F.W.: Humanisierung und Technisierung der Arbeitswelt. Über den Einfluß der Industrialisierung auf die Arbeitsbedingungen des 19. Jahrhunderts; in: J. REULECKE, W. WEBER (Hrsg.): Fabrik, Familie, Feierabend. Beiträge zur Sozialgeschichte des Alltags im Industriezeitalter; Wuppertal 1978, S. 57-88

HERBERT, D.T., R.J. JOHNSTON (Hrsg.): Social Areas in Cities. Processes, Patterns and Problems; Chicago, New York, Brisbane, Toronto 1976

HERRE, G.: Verelendung und Proletariat bei Karl MARX; Tübinger Schriften zur Sozial- und Zeitgeschichte 2; Düsseldorf 1973

HERZ, T.A.: Klassen, Schichten, Mobilität; Studienskripten zur Soziologie; Heidelberg 1983

HILF, H.H.: Einführung in die Arbeitswissenschaft; Berlin 1964

HOBSBAWM, E.J.: Der britische Lebensstandard 1790-1850; in: W. FISCHER, G. BAJOR (Hrsg.): Die soziale Frage. Neuere Studien zur Lage der Fabrikarbeiter in den Frühphasen der Industrialisierung; Stuttgart 1967, S. 74-101

HOBSBAWM, E.J.: Industrie und Empire. Britische Wirtschaftsgeschichte seit 1750 (2 Bände); 2. Auflage Frankfurt am Main 1970

HÖHFELD, V.: Gecekondus. Dörfer am Rande türkischer Städte?; in: Geographische Rundschau, Jahrgang 36; Braunschweig 1984, S. 444-450

HÖRNING, K.H.: Gesellschaftliche Entwicklung und soziale Schichtung. Vergleichende Analyse gesellschaftlichen Strukturwandels; München 1976

HOFFMANN, W.: Verelendung; in: Folgen einer Theorie. Essays über "Das Kapital" von Karl MARX; 4. Auflage Frankfurt 1971, S. 27-60

HOFMEISTER, B.: Stadtgeographie; Reihe: Das Geographische Seminar; Braunschweig 1969 bzw. 4. Auflage 1980

HOFMEISTER, B.: Der interkulturelle Vergleich und die historische Dimension in der Humangeographie; in: Wirtschaftsgeographische Studien, 3. Jahrgang; Wien 1979, S. 5-19

HOFMEISTER, B.: Die Stadtstruktur. Ihre Ausprägung in den verschiedenen Kulturräumen der Erde; Erträge der Forschung, Band 132; Darmstadt 1980

HOFMEISTER, B.: Die Stadtstruktur im interkulturellen Vergleich; in: Geographische Rundschau, Jahrgang 34; Braunschweig 1982, S. 482-488

HOFMEISTER, B., A. STEINECKE (Hrsg.): Geographie des Freizeit- und Fremdenverkehrs; Wege der Forschung, Band 592; Darmstadt 1984

HOLM, K. (Hrsg.): Die Befragung (6 Bände); München 1975-1979

HOLZNER, L.: Die kultur-genetische Forschungsrichtung in der Stadtgeographie - eine nicht-positivistische Auffassung; in: Die Erde, 112. Jahrgang; Berlin 1981, S. 173-184

HORSTMANN, K.: Zur Soziologie der Wanderungen; in: R. KÖNIG (Hrsg.): Handbuch der empirischen Sozialforschung, Band 5; 2. Auflage Stuttgart 1976, S. 104-186

HOSELITZ, B.F., W.E. MOORE (Hrsg.): Industrialization and Society; Den Haag 1963

HOTTES, K. (Hrsg.): Industriegeographie; Wege der Forschung, Band 329; Darmstadt 1976

HUCK, G. (Hrsg.): Sozialgeschichte der Freizeit; Wuppertal 1980

HÜTTEROTH, W.-D.: Getreidekonjunktur und jüngerer Siedlungsausbau im südlichen Inneranatolien; in: Erdkunde, Band 16; Bonn 1962, S. 249-271

HULL, O.: A Geography of Production; London 1968

IGGERS, G.G.: Neue Geschichtswissenschaft. Vom Historismus zur Historischen Sozialwissenschaft; München 1978

INALCIK, H.: Bursa and the Commerce of the Levant; in: Journal of the Economic and Social History of the Orient, Band 2; Leiden 1960, S. 131-142

INGLIS, B.: Poverty and the Industrial Revolution; London 1972

Institut (Arbeitsgruppe) für Tropisches Bauen der Technischen Hochschule Darmstadt, Fachbereich 15 (Architektur): Minimierung von Infrastrukturnetzen in Wohngebieten unterer Einkommensschichten in Entwicklungsländern. Bursa, Dokumentation und Analyse einer Feldstudie in Gecekondugebieten; Darmstadt 1975

ISRAEL, G.: Der Begriff Entfremdung. Makrosoziologische Untersuchungen von MARX bis zur Soziologie der Gegenwart; Reinbek 1972

JÄGER, H. (Hrsg.): Probleme des Städtewesens im industriellen Zeitalter: Städteforschung, Reihe A: Darstellungen, Band 5; Köln, Wien 1978

JARRETT, H.R.: A Geography of Manufacturing; London 1969

JENTSCH, Ch.: Das Nomadentum in Afghanistan; Afghanische Studien, Band 9; Meisenheim am Glan 1973

JOHNS, E.A.: The Social Structure of Modern Britain; 2. Auflage Oxford, New York, Toronto, Sydney, Braunschweig 1972

JOHNSON, J.H.: Urban Geography. An Introductory Analysis; Oxford 1967

JOHNSTON, R.J.: Towards a General Model of Intra-urban Residential Patterns: some cross-cultural observations; in: Progress in Geography, Band 4; London 1972, S. 83-124

JONAS, F.: Sozialphilosophie der industriellen Arbeitswelt; 2. Auflage Stuttgart 1974

KAELBLE, H.: Historische Mobilitätsforschung; Erträge der Forschung, Band 85; Darmstadt 1978

KAELBLE, H. (Hrsg.): Geschichte der sozialen Mobilität seit der industriellen Revolution; Königstein/Taunus 1978

KARPAT, K.H.: The Gecekondu: Rural Migration and Urbanization; Cambridge, London 1976

KASPAR, C.: Die Fremdenverkehrslehre im Grundriß; Bern, Stuttgart 1975

KELLENBENZ, H., J. SCHNEIDER, R. GÖMMEL (Hrsg.): Wirtschaftliches Wachstum im Spiegel der Wirtschaftsgeschichte; Wege der Forschung, Band 376; Darmstadt 1978

KERN, H., M. SCHUMANN: Industriearbeit und Arbeiterbewußtsein. Eine empirische Untersuchung über den Einfluß der aktuellen technischen Entwicklung auf die industrielle Arbeit und das Arbeiterbewußtsein (2 Bände); 3. Auflage Frankfurt am Main 1974

KERR, C., J.T. DUNLOP, F.H. HARBISON, C.A. MYERS: Industrialism and Industrial Man; Cambridge/Mass. 1960

KIEPERT, H.: Memoir über die Construction der Karte von Kleinasien und Türkisch Armenien; Berlin 1854

KILLISCH, W.F., H. THOMS: Zum Gegenstand einer interdisziplinären Sozialraumbeziehungsforschung; Schriften des Geographischen Instituts der Universität Kiel, Band 41; Kiel 1973

KILLISCH, W.F., N. MICH, O. FRÄNZLE: Ist die Anwendung der Faktorenanalyse in der empirischen Regionalforschung noch vertretbar? Darstellung und Kritik einer Methode; Karlsruher Manuskripte zur Mathematischen und Theoretischen Wirtschafts- und Sozialgeographe, Heft 66; Karlsruhe 1984

KLATT, S.: Zur Theorie der Industrialisierung. Hypothesen über die Bedingungen, Wirkungen und Grenzen eines vorwiegend durch technischen Fortschritt bestimmten wirtschaftlichen Wachstums; Köln, Opladen 1959

KNEBEL, H.J.: Soziologische Strukturwandlungen im modernen Tourismus; Göttingen 1965

KÖLLMANN, W.: Bevölkerung in der industriellen Revolution. Studien zur Bevölkerungsgeschichte Deutschlands; Kritische Studien zur Geschichtswissenschaft, Band 12; Göttingen 1974

KÖLLMANN, W.: Industrialisierung, Binnenwanderung und "Soziale Frage". Zur Entstehungsgeschichte der deutschen Industriegroßstadt im 19. Jahrhundert; in: W. KÖLLMANN: Bevölkerung in der industriellen Revolution; Kritische Studien zur Geschichtswissenschaft, Band 12; Göttingen 1974, S. 106-124

KÖLLMANN, W., P. MARSCHALCK (Hrsg.): Bevölkerungsgeschichte; Köln 1972

KÖMÜRÇÜOĞLU, E.A.: Das alttürkische Wohnhaus; Wiesbaden 1966

KÖNIG, H. (Hrsg.): Wachstum und Entwicklung der Wirtschaft; Köln, Berlin 1970 bzw. 2. Auflage 1972

KÖNIG, R.: Soziologie der Familie; in: R. KÖNIG (Hrsg.): Handbuch der empirischen Sozialforschung, Band 7; 2. Auflage Stuttgart 1976, S. 1-217

KÖNIG, R.: Großstadt; in: R. KÖNIG (Hrsg.): Handbuch der empirischen Sozialforschung, Band 10; 2.Auflage Stuttgart 1977, S. 42-145

KOLB, A.: Die Industrialisierung außereuropäischer Gebiete; in: Geographische Zeitschrift, 41. Jahrgang; Leipzig, Berlin 1935, S. 264-278

KOLB, A.: Aufgaben und System der Industriegeographie; in: K. KAYSER (Hrsg.): Landschaft und Land als Forschungsgegenstand der Geographie; Festschrift E. OBST zum 65. Geburtstag; Remagen 1951, S. 207-219

KOLB, A.: Die Industrialisierung außereuropäischer Entwicklungsländer; in: Geographische Rundschau, Jahrgang 9; Braunschweig 1957, S. 451-463

KORBY, W.: Probleme der industriellen Entwicklung und Konzentration in Iran; Beihefte zum Tübinger Atlas des Vorderen Orients, Reihe B: Geisteswissenschaften, Nr. 20; Wiesbaden 1977

KORTE, H. (Hrsg.): Soziologie der Stadt; Grundfragen der Soziologie, Band 11; München 1972

KORTUM, G.: Geographische Grundlagen und Entwicklung der iranischen Textilindustrie; in: Orient, 13. Jahrgang; Opladen 1972, S. 68-74

KORTUM, G.: Räumliche Aspekte ausgewählter Theorieansätze zur regionalen Mobilität und Möglichkeiten ihrer Anwendung in der wirtschafts- und sozialhistorischen Forschung; in: J. BROCKSTEDT (Hrsg.): Regionale Mobilität in Schleswig-Holstein 1600-1900; Studien zur Wirtschafts- und Sozialgeschichte Schleswig-Holsteins, Band 1; Neumünster 1979, S. 13-62

KOSTANICK, H.L.: Turkish Resettlement of Bulgarian Turks 1950-1953; University of California, Publications in Geography, Bd. VII, Nr. 2; Berkeley, Los Angeles 1957

KRAPF, K.: Der touristische Konsum. Ein Beitrag zur Lehre von der Konsumtion; Bern 1953

KRAUS, A.: Wohnverhältnisse und Lebensbedingungen von Hütten- und Bergarbeiterfamilien in der zweiten Hälfte des 19. Jahrhunderts. Die Arbeitersiedlungen der Carlshütte in Büdelsdorf (Rendsburg) und der Zeche Rheinelbe/Alma in Ückendorf (Gelsenkirchen); in: W. CONZE, U. ENGELHARDT (Hrsg.): Arbeiter im Industrialisierungsprozeß. Herkunft, Lage und Verhalten; Industrielle Welt, Band 28; Stuttgart 1979, S. 163-194

KULINAT, K., A. STEINECKE: Geographie des Freizeit- und Fremdenverkehrs; Erträge der Forschung; Band 212; Darmstadt 1984

KULS, W.: Bevölkerungsgeographie; Heidelberg 1980

KUZNETS, S.: Economic Growth and Structure. Selected Essays; New York 1965

KUZNETS, S.: Die wirtschaftlichen Vorbedingungen der Industrialisierung; in: R. BRAUN, W. FISCHER, H. GROßKREUTZ, H. VOLKMANN: Industrielle Revolution. Wirtschaftliche Aspekte; Köln, Berlin 1972, S. 17-34

LANGEWIESCHE, D.: Wanderungsbewegungen in der Hochindustrialisierungsperiode. Regionale, interstädtische und innerstädtische Mobilität in Deutschland 1880-1914; in: Vierteljahrsschrift für Sozial- und Wirtschaftsgeschichte, Band 64; Wiesbaden 1977, S. 1-40

LANGEWIESCHE, D.: Mobilität in deutschen Mittel- und Großstädten. Aspekte der Binnenwanderung im 19. und 20. Jahrhundert; in: W. CONZE, U. ENGELHARDT (Hrsg.): Arbeiter im Industrialisierungsprozeß; Industrielle Welt, Band 28; Stuttgart 1979, S. 70-93

LANGLEY, K.M.: The Industrialization of Iraq; Havard Middle Eastern Monographs, Nr. 5; Cambridge/Mass. 1962

LAVERY, P. (Hrsg.): Recreational Geography; Newton Abbot 1972

LEE, E.S.: A Theory of Migration; in:Demography, Bd. 3; Chicago 1966, S. 47-57

LE GÉNISSEL, A.: L'Ouvrier d'Industrie en Turquie; Beirut 1948

LEIB, J., G. MERTINS: Bevölkerungsgeographie; Reihe: Das Geographische Seminar; Braunschweig 1983

LEISTER, I.: Wachstum und Erneuerung britischer Industriegroßstädte; Wien, Köln, Graz 1970

LEITNER, W.: Die Türkei (ein Entwicklungsland höherer Größenordnung in der Phase der Eingliederung in den Gemeinsamen Markt); in: Wirtschaftsberichte (Creditanstalt - Bankverein), 15. Jahrgang; Wien 1980, S. 37-49

LERNER, D.: The Passing of Traditional Society. Modernizing the Middle East; Glencoe/Ill. 1958

LEVINE, N.: Old Culture-New Culture: A Study of Migrants in Ankara, Turkey; in: Social Forces, Bd. 51; Chapel Hill/N.C. 1972-73, S. 353-368

LEVINSON, H.S.: Coordinating Transport and Urban Development; in: ITCC (International Technical Cooperation Centre) Review, Band 4; Tel Aviv 1974, S. 23-29

LICHTENBERGER, E.: Stadtgeographie 1. Begriffe, Konzepte, Modelle, Prozesse; Stuttgart 1986

LIEBE-HARKORT, K.: Beiträge zur sozialen und wirtschaftlichen Lage Bursas am Anfang des 16. Jahrhunderts; Diss. Hamburg 1970

LINDAU, P.: Ferien im Morgenlande. Tagebuchblätter aus Griechenland, der europäischen Türkei und Kleinasien; Berlin 1899

LLOYD, P.: Slums of Hope? Shanty-towns in the Third World; New York 1979

LOPEZ, R.S.: Silk Industry in the Byzantine Empire; in: Speculum. A Journal of Medieval Studies, Band 10; Cambridge/Mass. 1945, S. 1-42

LOUIS, H.: Die Bevölkerungsverteilung in der Türkei 1965 und ihre Entwicklung seit 1935; in: Erdkunde, Band 26; Bonn 1972, S. 161-177

LUBENAU, R.: Beschreibung der Reisen des Reinhold LUBENAU. Hrsg. von W. SAHM; Königsberg 1914 (1. Teil), 1930 (2. Teil)

LUTZ, B., G. SCHMIDT: Industriesoziologie; in: R. KÖNIG (Hrsg.): Handbuch der empirischen Sozialforschung, Band 8; 2. Auflage Stuttgart 1977, S. 101-262

MACKENROTH, G.: Bevölkerungslehre. Theorie, Soziologie und Statistik der Bevölkerung; Berlin, Göttingen, Heidelberg 1953

MACKENSEN, R.: Zur Vielgestaltigkeit des "Demographischen Übergangs"; in: W. KÖLLMANN, P. MARSCHALCK (Hrsg.): Bevölkerungsgeschichte; Köln 1972, S. 76-83

MACKENSEN, R. u.a.: Daseinsformen der Großstadt. Typische Formen sozialer Existenz in Stadtmitte, Vorstadt und Gürtel der industriellen Großstadt; Tübingen 1959

MAGNARELLA, P.I.: Tradition and Change in a Turkish Town; New York 1974

MAHLER, E.: Wüstenfeld-Mahler'sche Vergleichungstabellen der mohammedanischen und christlichen Zeitrechnung; Leipzig 1926

MARSCHALCK, P.: Bevölkerungsgeschichte Deutschlands im 19. und 20. Jahrhundert; Frankfurt am Main 1984

MATZERATH, H. (Hrsg.): Städtewachstum und innerstädtische Strukturveränderungen. Probleme des Urbanisierungsprozesses im 19. und 20. Jahrhundert; Stuttgart 1984

MAYER, A.I.: Middle Eastern Capitalism; Cambridge/Mass. 1960

MAYNTZ, R.: Soziale Schichtung und sozialer Wandel in einer Industriegemeinde; Stuttgart 1958

MAYNTZ, R., K. HOLM, P. HÜBNER: Einführung in die Methoden der empirischen Soziologie; 3. Auflage Opladen 1972

MCGEE, T.G.: The Urbanization Process in the Third World; London 1971

MENDELS, F.F.: Soziale Mobilität und Phasen der Industrialisierung; in: H. KAELBLE (Hrsg.): Geschichte der sozialen Mobilität seit der industriellen Revolution; Königstein/Taunus 1978, S. 13-34

MERTINS, G.: Marginalsiedlungen in den Großstädten der Dritten Welt. Ein Überblick; in: Geographische Rundschau, Jahrgang 36; Braunschweig 1984, S. 434-442

MIEGEL, M.: Die verkannte Revolution (1). Einkommen und Vermögen der privaten Haushalte; Schriften des Instituts für Wirtschafts- und Gesellschaftspolitik; Stuttgart 1983

MIKUS, W.: Industriegeographie. Themen der allgemeinen Industrieraumlehre; Erträge der Forschung, Band 104, Darmstadt 1978

MILLER, E.W.: A Geography of Manufacturing; Engewood Cliffs 1962

MITTERAUER, M.: Der Mythos von der vorindustriellen Großfamilie; in: M. MITTERAUER, R. SIEDER (Hrsg.): Vom Patriarchat zur Partnerschaft. Zum Strukturwandel der Familie; München 1977, S. 38-65

MITTERAUER, M., R. SIEDER (Hrsg.): Historische Familienforschung; Frankfurt am Main 1982

MONTAGNE, R. (Hrsg.): Naissance du prolétariat marocain. Enquete collective exécutée de 1948 à 1950; Cahiers de l'Afrique et l'Asie, Bd. 3; Paris 1951

MOORE, W.E.: Strukturwandel der Gesellschaft; Grundfragen der Soziologie, Band 4; 3. Auflage München 1973

MOUNTJOY, H.B.: The Development of Industry in Egypt; in: Economic Geography, Band 28; Worchester/Mass. 1952, S. 212-228

NEBIOĞLU, O.: Die Auswirkungen der Kapitulationen auf die türkische Wirtschaft; Probleme der Weltwirtschaft. Schriften des Instituts für Weltwirtschaft an der Universität Kiel, Nr. 86; Jena 1941

NESTMANN, L.: Türkische Heil- und Thermalbäder; in: Mitteilungen. Deutsch-Türkische Gesellschaft e.V., Heft 43; Bonn 1961, S. 1-4

NIEMEIER, G.: Siedlungsgeographie; Reihe: Das Geographische Seminar; 2. Auflage Braunschweig 1969

NIEUWENHUIJZE, C.A.O. van: Social Stratification in the Middle East; Leiden 1965

NISSEL, H.: Bombay. Untersuchungen zur Struktur und Dynamik einer indischen Metropole; Berliner Geographische Studien, Band 1; Berlin 1977

NOHLEN, D., F. NUSCHELER (Hrsg.): Handbuch der Dritten Welt, Band 1: Theorien und Indikatoren von Unterentwicklung und Entwicklung; Hamburg 1974

OBERHUMMER, E.: Die Türken und das Osmanische Reich; in: Geographische Zeitschrift, 22. Jahrgang; Leipzig und Berlin 1916, Teil 1: S. 65-83, Teil 2: S. 612-632; 23. Jahrgang, Leipzig und Berlin 1917, Teil 3: S. 78-104, Teil 4: S. 132-162

OBERNDÖRFER, D. (Hrsg.): Systemtheorie, Systemanalyse und Entwicklungsländerforschung; Ordo Politicus, Band 14; Berlin 1971

OPOLZER, A.A.: Entfremdung und Industriearbeit: Die Kategorie der Entfremdung bei Karl MARX; Köln 1974

OSTERLAND, M., W. DEPPE, F. GERLACH, U. MERGNER, K. PELTE, M. SCHLÖSSER: Materialien zur Lebens- und Arbeitssituation der Industriearbeiter in der BRD; Studienreihe des soziologischen Forschungsinstituts der Universität Göttingen; 3. Auflage Frankfurt am Main 1973

OSTROGORSKY, G.: Geschichte des Byzantinischen Staates; Byzantinisches Handbuch, 1. Teil, 2. Band; 3. Auflage München 1963

OTREMBA, E.: Allgemeine Agrar- und Industriegeographie; 2. Auflage Stuttgart 1960

PAFFEN, KH.: Das Wesen der Landschaft; Wege der Forschung, Band 39; Darmstadt 1973

PAINE, S.: Exporting Workers: The Turkish Case; University of Cambridge, Department of Applied Economics, Occasional Paper 41; Cambridge 1974

PARKER, R.: Der Mythos von der Mittelschicht. Ein Armutszeugnis der Wohlstandsgesellschaft; Reinbek 1973

PARKER, S.R., R.K. BROWN, J. CHILD, M.A. SMITH: The Sociology of Industry; London 1972

PAYNE, G.K.: Urban Housing in the Third World; London, Boston 1977

PEACH, C. (Hrsg.): Urban Social Segregation; London, New York 1975

PELLETIER, J.: Un aspect de l'habitat à Alger: les bidonvilles; in: Revue de Géographie de Lyon, Band 30; Lyon 1955, S. 279-288

PETERSEN, K.K.: Villagers in Cairo: Hypotheses versus Data; in: The American Journal of Sociology, Band 77; Chicago 1971, S. 560-573

PFANNENSTIEL, M.: Das Quartär der Levante, Teil III: Rezente Froststrukturböden und Karst des Uludağ (Westtürkei); Abhandlungen der mathematisch-naturwissenschaftlichen Klasse der Akademie der Wissenschaften und der Literatur in Mainz, 1; Wiesbaden 1956

PFANNENSTIEL, M., L. FORCART: Das Quartär der Levante, Teil IV: Der Kalktuff von Bursa; Abhandlungen der mathematisch-naturwissenschaftlichen Klasse der Akademie der Wissenschaften und der Literatur in Mainz, 3; Wiesbaden 1957

PFEIL, E.: Die Familie im Gefüge der Großstadt. Zur Sozialtopographie der Stadt; Hamburg 1965

PFEIL, E.: Großstadtforschung. Entwicklung und gegenwärtiger Stand; 2. Auflage Hannover 1972

PHILIPPSON, A.: Reisen und Forschungen im westlichen Kleinasien, Heft III: Das östliche Mysien und die benachbarten Teile von Phrygien und Bithynien; in: Petermanns Geographische Mitteilungen, Ergh. Nr. 177; Gotha 1913

PICCINATO, L.: L'esperianza del Piano di Bursa; in: Urbanistica. Rivista trimestrale. Organo Ufficiale dell'Instituto Nazionale di Urbanistica, Nr. 36-37; Turin, Mailand 1962, S. 110-136

PLANCK, U.: Die ländliche Türkei. Soziologie und Entwicklungstendenzen; Zeitschrift für ausländische Landwirtschaft, Materialsammlung Heft 19; Frankfurt am Main 1972

PLANCK, U.: Zur Frage der Verdörflichung orientalischer Städte am Beispiel der Türkei; in: Orient, 15. Jahrgang; Opladen 1974, S. 43-46

PLETSCH, A.: Wohnsituation und wirtschaftliche Integration in den marginalen Wohnvierteln der Agglomeration Rabat-Salé (Marokko); in: C. SCHOTT (Hrsg.): Beiträge zur Kulturgeographie der Mittelmeerländer II; Marburger Geographische Schriften, Heft 59; Marburg 1973, S. 23-61

PLETSCH, A.: Traditionelle Sozialstrukturen und ihre Wandlungen im Bevölkerungs- und Siedlungsbild Südmarokkos; in: Geographische Zeitschrift, 61. Jahrgang; Wiesbaden 1973, S. 94-121

POPPER, K.R.: Das Elend des Historizismus; 4. Auflage Tübingen 1974

POSER, H.: Geographische Studien über den Fremdenverkehr im Riesengebirge; Abhandlungen der Gesellschaft der Wissenschaften zu Göttingen, Mathematisch-physikalische Klasse, 3. Folge, Heft 20; Göttingen 1939

POTTER, M. und A.: Houses; London, Ipswich 1948

PRAHL, H.-W.: Freizeitsoziologie. Entwicklungen - Konzepte - Perspektiven; München 1977

PRAHL, H.-W., A. STEINECKE: Der Millionenurlaub. Von der Bildungsreise zur totalen Freizeit; Darmstadt, Neuwied 1979

RALLE, B.: Modernisierung und Migration am Beispiel der Türkei; Sozialwissenschaftliche Studien zu internationalen Problemen, Heft 60; Saarbrücken, Fort Lauderdale 1981

RATHJENS, C.: Wirtschaftliche Raumbildungen im östlichen Orient; in: G. BORCHERT, G. OBERBECK, G. SANDNER (Hrsg.): Wirtschafts- und Kulturräume der außereuropäischen Welt; Hamburger Geographische Studien, Heft 24, Festschrift für A. KOLB; Hamburg 1971, S. 149-157

RAVENSTEIN, E.G.: The Laws of Migration; in: Journal of the Statistical Society, Band 48, London 1885, S. 167-227; Journal of the Royal Statistical Society, Band 52, London 1889, S. 241-301

REULECKE; J. (Hrsg.): Die deutsche Stadt im Industriezeitalter. Beiträge zur modernen deutschen Stadtgeschichte; Wuppertal 1978

REULECKE, J., W. WEBER (Hrsg.): Fabrik, Familie, Feierabend; 2. Auflage Wuppertal 1978

RICE, T.T.: Die Seldschuken; London 1961 bzw. Köln 1963

RICHARDSON, H.W.: Regional Growth Theory; London 1973

RILEY, R.C.: Industrial Geography; London 1973

RITTER, G.: Landflucht und Städtewachstum in der Türkei; in: Erdkunde, Band 26; Bonn 1972, S. 177-196

ROBERTS, B.: Cities of Peasants. The Political Economy of Urbanization in the Third World; London 1978

ROBERTS, R.: The Classic Slum. Salford Life in the First Quarter of the Century; Manchester 1971

ROBINSON, H.: A Geography of Tourism; London 1976

RODINSON, M.: Islam et Capitalism; Paris 1966

ROSENBAUM, H. (Hrsg.): Familie und Gesellschaftsstruktur. Materialien zu den sozioökonomischen Bedingungen von Familienformen; Frankfurt am Main 1978

ROSTOW, W.W.: The Stages of Economic Growth; 2. Auflage Cambridge 1971

RUPPERT, H.: Beirut. Eine westlich geprägte Stadt des Orients; Erlanger Geographische Arbeiten, Heft 27; Erlangen 1969

RUPPERT, K., J. MAIER: Zur Geographie des Freizeitverhaltens; Münchener Studien zur Sozial- und Wirtschaftsgeographie, Band 6; Kallmünz, Regensburg 1970

SARAN, N.: Squatter Settlement (Gecekondu) Problems in Istanbul; in: P. BENEDICT, E. TÜMERTEKIN, F. MANSUR (Hrsg.): Social, Economic and Political Studies in the Middle East, Band IX: Turkey. Geographic and Social Perspectives; London 1974, S. 327-361

SAWITZKI, H.H.: Alte und neue Eliten in einem Entwicklungsland. Die Akademiker in der afghanischen Gesellschaft; in: R. KÖNIG (Hrsg.): Aspekte der Entwicklungssoziologie; Kölner Zeitschrift für Soziologie und Sozialpsychologie, Sonderheft 13; Köln und Opladen 1969, S. 237-256

SAYIGH, Y.A.: Toward a Theory of Entrepreneurship for the Arab East; in: Explorations in Entrepreneural History, Band 10; Cambridge/Mass. 1958, S. 123-127

SAYIGH, Y.A.: Entrepreneurs of Lebanon; Havard Middle Eastern Studies, Nr. 7; Cambridge/Mass. 1962

SCARGILL, D.I.: The Form of Cities; London 1979

SCHACHTSCHABEL, H.G. (Hrsg.): Wirtschaftsstufen und Wirtschaftsordnungen; Wege der Forschung, Band 176; Darmstadt 1971

SCHÄFER, H.: Probleme der Arbeiterfluktuation während der Industrialisierung. Das Beispiel der Maschinenfabrik André Koechlin & Cie, Mühlhausen/Elsaß (1827-1874); in: W. CONZE, U. ENGELHARDT (Hrsg.): Arbeiter im Industrialisierungsprozeß. Herkunft, Lage, Verhalten; Industrielle Welt, Band 28; Stuttgart 1979, S. 262-282

SCHÄFERS, B.: Sozialstruktur und Wandel der Bundesrepublik Deutschland; Stuttgart 1976 bzw. 4. Auflage 1985

SCHAFF, A.: Entfremdung als soziales Phänomen; Wien 1977

SCHEUCH, E.K.: Sozialprestige und soziale Schichtung; in: D.V. GLASS, R. KÖNIG (Hrsg.): Soziale Schichtung und soziale Mobilität; Kölner Zeitschrift für Soziologie und Sozialpsychologie; Sonderheft 5; 2. Auflage Köln, Opladen 1967, S. 65-103

SCHEUCH, E.K.: Auswahlverfahren in der Sozialforschung; in: R. KÖNIG (Hrsg.): Handbuch der empirischen Sozialforschung, Band 3a; 3. Auflage Stuttgart 1974, S. 1-96

SCHEUCH, E.K.: Soziologie der Freizeit; in: R. KÖNIG (Hrsg.): Handbuch der empirischen Sozialforschung, Band 11; 2. Auflage Stuttgart 1977, S. 1-192

SCHEUCH, E.K., R. MEYERSOHN (Hrsg.): Soziologie der Freizeit; Köln 1972

SCHEVSKY, E., M. WILLIAMS: The Social Areas of Los Angeles. Analysis and Typology; Berkeley 1949

SCHLENKE, U., R. STEWIG: Endogener Tourismus als Gradmesser des Industrialisierungsprozesses in Industrie- und Entwicklungsländern; in: Erdkunde, Band 37, Bonn 1983, S. 137-145

SCHMID, J.: Einführung in die Bevölkerungssoziologie; Reinbek 1976

SCHMIEDER, O.: Probleme der Länderkunde im Spiegel der Kritik; in: Geographische Zeitschrift, 57. Jahrgang; Wiesbaden 1969, S. 19-40

SCHNEIDER, E.V.: Industrial Sociology; 2. Auflage New York 1971

SCHNEIDER, H. (Hrsg.): Geschichte der Arbeit. Vom alten Ägypten bis zur Gegenwart; Köln 1980

SCHNORE, L.F.: On the Spatial Structure of Cities in the two Americas; in: P.M. HAUSER, L.F. SCHNORE (Hrsg.): The Study of Urbanization; New York 1965, S. 347-398

SCHÖLLER, P.: Einige Erfahrungen und Probleme aus der Sicht weltweiter Urbanisierungsforschung; in: H.J. TEUTEBERG (Hrsg.): Urbanisierung im 19. und 20. Jahrhundert. Historische und geographische Aspekte; Städteforschung. Veröffentlichungen des Instituts für vergleichende Stadtgeschichte in Münster, Reihe A: Darstellungen, Band 16; Köln, Wien 1983, S. 591-600

SCHREY, H.-H.: Entfremdung; Wege der Forschung, Band 437; Darmstadt 1975

SCHULTZE, J.H.: Zur Geographie der altgriechischen Kolonisation; in: Petermanns Geographische Mitteilungen, 87. Jahrgang; Gotha 1941, S. 7-12

SCHWARZ, G.: Allgemeine Siedlungsgeographie; 3. Auflage Berlin 1966

SCHWONKE, M., U. HERLYN: Wolfsburg. Soziologische Analyse einer jungen Industriestadt; Göttinger Abhandlungen zur Soziologie und ihrer Grenzgebiete, Band 12; Stuttgart 1967

ŞEN, E.: Die Entwicklung der Wohngebiete der Stadt Ankara seit 1923 unter besonderer Berücksichtigung des Gecekondu-Phänomens; Diss. Saarbrücken 1971

ŞEN, E.: Die Entwicklung der Wohngebiete der Stadt Ankara. Ein Beitrag zum Gecekondu-Problem; in: Geographische Zeitschrift, 60. Jahrgang; Wiesbaden 1972, S. 24-39

SEWELL, G.H.: Squatter Settlements in Turkey: Analysis of a Social, Political and Economic Problem; Diss. (Ph.D.) Massachusetts Institute of Technology; Cambridge/Mass. 1964/66

SHEVKY, E., W. BELL: Social Area Analysis. Theory, Illustrative Application and Computational Procedures; Stanford 1955

SHEVKY, E., W. BELL: Sozialraumanalyse; in: P. ATTESLANDER, B. HAMM (Hrsg.): Materialien zur Siedlungssoziologie; Köln 1974, S. 125-139

SIEBERT, H.: Zur Theorie des regionalen Wirtschaftswachstums; Tübingen 1967

SJOBERG, G.: The Preindustrial City. Past and Present; New York 1960

SJOBERG, G.: Cities in Developing and in Industrial Societies: A Cross-cultural Analysis; in: P.M. HAUSER, L.F. SCHNORE (Hrsg.): The Study of Urbanization; New York 1965, S. 213-263

SMITH, D.M.: Industrial Location. An Economic Geographical Analysis; New York 1971

SNAIBERG, A.: Rural-urban Residence and Modernism. A Study in Ankara Province, Turkey; in: Demography, Band 7; Washington D.C. 1970, S. 71-85

SÖLCH, J.: Historisch-geographische Studien über bithynische Siedlungen. Nikomedia, Nikäa, Prusa; in: Byzantinisch-Neugriechische Jahrbücher, Band 1; Berlin 1920, S. 263-337

SÖLCH, J.: Bithynische Städte im Altertum; in: Klio. Beiträge zur Alten Geschichte, Band 19; Leipzig 1925, S. 140-188

SÖNMEZ, F.: La Classe Ouvrière Turque. Situation Économique et Sociale; Caen 1965

SOMBART, W.: Der Begriff der Stadt und das Wesen der Städtebildung; in: Archiv für Sozialwissenschaft und Sozialpolitik, Bd. 25; Tübingen 1907, S.1-9

STEINBACH, U.: Türkei; in: B. NOHLEN, F. NUSCHELER (Hrsg.): Handbuch der Dritten Welt, Band 4, 2. Halbband; Hamburg 1978, S. 699-720

STEWIG, R.: Kartographische Beiträge zur Darstellung der Kulturlandschaftsentwicklung in Westanatolien/Batı Anadolu Bölgesinin Kültürel Gelişmesini Gösteren Kartografik Bilgiler; Istanbul 1968 bzw. 2. Auflage 1976

STEWIG, R.: Izmit, Nordwestanatolien; in: Geographische Zeitschrift, 57. Jahrgang; Wiesbaden 1969, S. 268-285

STEWIG, R.: Bursa, Nordwestanatolien. Strukturwandel einer orientalischen Stadt unter dem Einfluß der Industrialisierung; Schriften des Geographischen Instituts der Universität Kiel, Band 32; Kiel 1970

STEWIG, R.: Versuch einer Auswertung der Reisebeschreibung Ibn BATTUTAs zur Bedeutungsdifferenzierung westanatolischer Siedlungen; in: Der Islam, 47. Jahrgang; Berlin, New York 1971, S. 43-58

STEWIG, R.: Die Industrialisierung in der Türkei; in: Die Erde, 103. Jahrgang; Berlin 1972, S. 21-47

STEWIG, R.: Die räumliche Struktur des stationären Einzelhandels in der Stadt Bursa; in: R. STEWIG, H.G. WAGNER (Hrsg.): Kulturgeographische Untersuchungen im islamischen Orient; Schriften des Geographischen Instituts der Universität Kiel, Band 38; Kiel 1973, S. 143-175

STEWIG, R.: Industrialisierung; in: K. KREISER, W. DIEM, H.G. MAJER (Hrsg.): Lexikon der Islamischen Welt, Band 2; Stuttgart, Berlin, Köln, Mainz 1974, S. 47-52

STEWIG, R.: The Patterns of Centrality in the Province of Bursa (Turkey); in: Geoforum, Heft 18; Oxford 1974, S. 47-53

STEWIG, R.: Vergleichende Untersuchung der Einzelhandelsstrukturen der Städte Bursa, Kiel und London/Ontario; in: Erdkunde, Band 28; Bonn 1974, S. 18-30

STEWIG, R.: Industrialisierungsprozesse als Forschungs- und Lehrgegenstand der Hochschul- und Schulgeographie; in: Geographische Rundschau, Beiheft 3; Braunschweig 1974, S. 15-23

STEWIG, R.: Systemorientierte Forschung und Lehre zur Erfassung und Darstellung der Problematik von Industrie- und Entwicklungsländern; in: F.W. DWARS (Hrsg.): Probleme der Entwicklungsländer an Beispielen aus dem Orient; Studien und Seminarberichte aus dem IPTS, Beiheft 18; Kiel 1976, S. 1-21

STEWIG, R.: Der Orient als Geosystem; Schriften des Deutschen Orient-Instituts; Opladen 1977

STEWIG, R.: Entwicklung und Industrialisierung im Orient. Ein methodologisches Konzept; in: Deutsches Orient-Institut (Hrsg.): Entwicklungsprobleme der Arabischen Erdölstaaten; Mitteilungen Nr. 10; Hamburg 1977, S. 36-46

STEWIG, R.: Konzeption, Forschungsziele und erste Ergebnisse des Bursa-Projektes (Nordwestanatolien); in: Die Erde, 108. Jahrgang; Berlin 1977, S. 239-255

STEWIG, R.: Die Stadt in Industrie- und Entwicklungsländern; Paderborn, München, Wien, Zürich 1983

STEWIG, R.: Zur gesellschaftlichen Relevanz der Länderkunde (am Beispiel der Türkei); in: Zeitschrift für Wirtschaftsgeographie, 30. Jahrgang, Heft 2; Frankfurt am Main 1986, S. 1-9

STEWIG, R., E. TÜMERTEKIN, B. TOLUN, R. TURFAN, D. WIEBE und Mitarbeiter: Bursa, Nordwestanatolien. Auswirkungen der Industrialisierung auf die Bevölkerungs- und Sozialstruktur einer Industriegroßstadt im Orient. Teil 1; Kieler Geographische Schriften, Band 51; Kiel 1980

STEWIG, R. und studentische Mitarbeiter: Methoden und Ergebnisse eines stadtgeographischen Praktikums zur Untersuchung der Einzelhandelsstruktur in der Stadt Kiel; in: R. STEWIG (Hrsg.): Beiträge zur geographischen Landeskunde und Regionalforschung in Schleswig-Holstein; Schriften des Geographischen Instituts der Universität Kiel, Band 37; Kiel 1971, S. 313-338

STOKES, Ch.J.: A Theory of Slums; in: Land Economics, Band 38; Madison/Wis. 1962, S. 187-197

STOKES, Ch.J.: A Theory of Slums; in: A.R. DESAI, S. DEVADAS PILLAI (Hrsg.): Slums and Urbanization; Bombay 1970, S. 55-72

STOTZ, C.L.: The Bursa Region of Turkey; in: Geographical Review, Band 29; New York 1939, S. 81-100

STRUCK, E.: Landflucht in der Türkei. Die Auswirkungen im Herkunftsgebiet - dargestellt an einem Beispiel aus dem Übergangsraum von Inner- zu Ostanatolien (Provinz Sivas); Passauer Schriften zur Geographie; Heft 1; Passau 1984

SZÉLL, G. (Hrsg.): Regionale Mobilität; München 1972

TAESCHNER, F.: Das anatolische Wegenetz nach osmanischen Quellen; Türkische Bibliothek, Bände 22 und 23; Leipzig 1924 und 1926

TAESCHNER, F.: Die Verkehrslage und das Wegenetz Anatoliens im Wandel der Zeiten; in: Petermanns Geographische Mitteilungen, 72. Jahrgang; Gotha 1926, S. 202-206

TALAS, C.: La legislation des travail industriel en Turquie; Genf 1948

TANFER, K.: Internal Migration in Turkey: Socioeconomic Characteristics by Destination and Type of Move, 1965-70; in: Studies in Comparative International Development, Band 18; Atlanta/Ga. 1983, S. 76-111

TANOĞLU, A.: The Recent Emigration of Bulgarian Turks; in: Review of the Geographical Institute of the University of Istanbul, International Edition Nr. 5: Istanbul 1955, S. 94-106

TAŞLIYÜK, A.U.: La legislation ouvrière turque à la lumière de la psychologie; Paris 1949

TAYLOR, A.J.: Fortschritt und Armut in Großbritannien zwischen 1780 und 1850: Eine Neubesinnung; in: W. FISCHER, G. BAJOR (Hrsg.): Die soziale Frage. Neuere Studien zur Lage der Fabrikarbeiter in den Frühphasen der Industrialisierung; Stuttgart 1967, S. 136-156

TAYLOR, A.J. (Hrsg.): The Standard of Living in Britain in the Industrial Revolution; London 1975

TENFELDE, K.: Der bergmännische Arbeitsplatz während der Hochindustrialisierung (1890-1914); in: W. CONZE, U. ENGELHARDT (Hrsg.): Arbeiter im Industrialisierungsprozeß. Herkunft, Lage, Verhalten; Industrielle Welt, Band 28; Stuttgart 1979, S. 283-335

TEUTEBERG, H.J. (Hrsg.): Urbanisierung im 19. und 20. Jahrhundert. Historische und geographische Aspekte; Städteforschung. Veröffentlichungen des Instituts für vergleichende Stadtgeschichte in Münster, Reihe A: Darstellungen, Band 16; Köln, Wien 1983

THEODORSON, G.A. (Hrsg.): Urban Patterns: Studies in Human Ecology; Philadelphia, London 1982

THIENEL, I.: Städtewachstum im Industrialisierungsprozeß des 19. Jahrhunderts. Das Berliner Beispiel; Veröffentlichungen der Historischen Kommission zu Berlin, Band 39; Berlin, New York 1973

THIENEL-SAAGE, I.: Städtewachstum in der Gründerzeit: Beispiel Berlin; Reihe: Fragenkreise; Paderborn, München 1983

THOMIS, M.I.: The Town Labourer and the Industrial Revolution; London 1974

TIMMS, D.W.G.: The Urban Mosaic. Towards a Theory of Residential Differentiation; Cambridge, London, New York, Melbourne 1971

TOEPFER, H.: Mobilität und Investitionsverhalten türkischer Gastarbeiter nach der Remigration; in: Erdkunde, Band 34; Bonn 1980, S. 206-214

TOEPFER, H.: Regionale und sektorale Kapitalströme als Folgeerscheinung der Remigration türkischer Arbeitskräfte aus Westeuropa; in: Erdkunde, Band 35; Bonn 1981, S. 194-201

TOLUN(-DENKER), B.: Balıkesir Ovası'nda Yerleşme ve Iktisadi Faaliyetler; Istanbul Üniversitesi Edebiyat Yayınları Nr. 1530, Coğrafya Enstitüsü Yayınları Nr. 59; Istanbul 1968

TOLUN(-DENKER), B.: Die Bevölkerungsdichte und Verteilung der Stadt Balıkesir; in: Review of the Geographical Institute of the University of Istanbul, International Edition Nr. 13; Istanbul 1970-71, S. 85-95

TOLUN(-DENKER), B.: Beitrag zur Stadtbevölkerung von Tekirdağ; in: Review of the Geographical Institute of the University of Istanbul, International Edition Nr. 14; Istanbul 1972-73, S. 177-193

TOLUN(-DENKER), B.: Şehir Içi Arazi Kullanilişi. Gelibolu, Malkara ve Babaeski' de Örnek Araştırmalar; Istanbul Üniversitesi Yayın Nr. 2054, Coğrafya Enstitüsü Yayın Nr. 83; Istanbul 1976

TOLUN(-DENKER), B.: Ein Beitrag zur Stadtgeographie von Edirne; in: Review of the Geographical Institute of the University of Istanbul, International Edition, Nr. 16; Istanbul 1977-78, S. 31-66

TOMSU, L.: Bursa Evleri; Istanbul Teknik Universitesi. Mimarlık Fakültesi; Istanbul 1950

TÜMERTEKIN, E.: The Iron and Steel Industry of Turkey; in: Economic Geography, Band 31; Worchester/Mass. 1955, S. 179-184

TÜMERTEKIN, E.: Türkiye Sanayiinin Bünyesi ve Dağılısı/Structure and Distribution of Manufacturing Industry in Turkey; in: Türk Coğrafya Dergisi/Revue de Géographie Turque, Band 8; Istanbul 1957, S. 20-50

TÜMERTEKIN, E.: Türkiye Sanayiinin Coğrafi Temelleri/Les Conditions Géographiques de l'Industrie en Turquie; in: Türk Coğrafya Dergisi/Revue de Géographie Turque, Band 14-15; Istanbul 1959, S. 16-54

TÜMERTEKIN, E.: Turkey's Industrialization; in: Review of the Geographical Institute of the University of Istanbul, International Edition Nr. 6; Istanbul 1960, S. 22-31

TÜMERTEKIN, E.: Arbeits- und Antriebskraft der türkischen Industrie; in: Review of the Geographical Institute of the University of Istanbul, International Edition Nr. 6; Istanbul 1960, S. 61-64

TÜMERTEKIN, E.: L'Activité Industrielle à Istanbul; in: Review of the Geographical Institute of the University of Istanbul, International Edition Nr. 7; Istanbul 1961, S. 35-52

TÜMERTEKIN, E.: Izmir' de Sanayi Faaliyetlerinin Bünyesi ve Dağılısı/Manufacturing Industry in Izmir; in: Türk Coğrafya Dergisi/Revue de Géographie Turque, Band 17; Istanbul 1961, S. 45-62

TÜMERTEKIN, E.: Türyedeki Sehirlerin Fonksiyonel Siniflandırılması. A Functional Classification of Cities in Turkey; Istanbul Üniversitesi Coğrafya Enstitüsü Yayınları/Publications of the Geographical Institute of the University of Istanbul, Nr. 43; Istanbul 1965

TÜMERTEKIN, E.: Türkiye' de Iç Göçler/Internal Migrations in Turkey; Istanbul Üniversitesi Yayınları/Publications of Istanbul University Nr. 1371, Coğrafya Enstitüsü Yayınları/Publications of the Geographical Institute Nr. 54; Istanbul 1968

TÜMERTEKIN, E.: Manufacturing and Suburbanization in Istanbul; in: Review of the Geographical Institute of the University of Istanbul, International Edition Nr. 13; Istanbul 1970-71; S. 1-40

TÜMERTEKIN, E.: Gradual Internal Migration in Turkey. A Test of RAVENSTEIN's Hypothesis; in: Review of the Geographical Institute of the University of Istanbul, International Edition Nr. 13; Istanbul 1970-71, S. 157-169; auch in: Geographie et Perspective a Long Terme/Geography and Long Term Prospects; Rennes 1971, S. 415-424

TÜMERTEKIN, E.: Istanbul Sanayiinde Kuruluş Yeri/Analysis of the Location of Industry in Istanbul; Istanbul Üniversitesi Yayınları/Publications of Istanbul University Nr. 1808, Coğrafya Enstitüsi Yayınları/Publications of the Geographical Institute Nr. 71; Istanbul 1972

TÜMERTEKIN, E.: Türkiye' de Sehirleşme ve Şehirsel Fonksiyonlar/Urbanization and Urban Functions in Turkey; Istanbul Üniversitesi Yayınları/Publications of Istanbul University Nr. 1840, Coğrafya Enstitüsü Yayınları/Publications of Geographical Institute Nr. 72; Istanbul 1973

TÜMERTEKIN, E., O. ÖZGÜÇ: Distribution of out born population in Istanbul. A Case Study on Migration; Istanbul 1977

ÜLKEN, H.Z.: Einige Ergebnisse der Mittelstandsforschung in der Türkei; in: Probleme der Mittelschichten in Entwicklungsländern; Abhandlungen zur Mittelstandsforschung, Nr. 12; Köln, Opladen 1964, S. 41-54

ÜNSAL, A., I. ÇEVIK: Almanac. A Turkish Daily News Publication; Ankara 1977

UNITED NATIONS: Industrial Development in the Arab Countries; New York 1967

VETTERLI, R.: Arbeitssituation und Organisationsverhalten Schweizer Metallarbeiter; in: W. CONZE, U. ENGELHARDT (Hrsg.): Arbeiter im Industrialisierungsprozeß. Herkunft, Lage, Verhalten; Industrielle Welt, Band 28; Stuttgart 1979, S. 336-363

VOGEL, I.: Bottrop. Eine Bergbaustadt der Emscherzone des Ruhrgebietes; Forschungen zur deutschen Landeskunde, Band 114; Remagen 1959

VOGEL, I.: Steinkohlenbergmann - Braunkohlenarbeiter; in: Berichte zur deutschen Landeskunde, Band 23; Bad Godesberg 1959, S. 215-224

VOLLBRECHT, R.: Die Entstehung der modernen Familie. Umrisse einer Theorie der Privatheit; München 1983

WAGNER, H.-G.: Die Souks in der Medina von Tunis. Versuch einer Standortanalyse von Einzelhandel und Handwerk in einer nordafrikanischen Stadt; in: R. STEWIG, H.-G. WAGNER (Hrsg.): Kulturgeographische Untersuchungen im islamischen Orient; Schriften des Geographischen Instituts der Universität Kiel, Band 38; Kiel 1973, S. 91-142

WAGNER, W.: Verelendungstheorie - die hilflose Kapitalismuskritik; Frankfurt am Main 1976

WALLNER, E.M.: Soziologie. Einführung in Grundbegriffe und Probleme; 2. Auflage Heidelberg 1972

WALVIN, J.: Leisure and Society, 1830-1950; London, New York 1978

WARD, J.T. (Hrsg.): The Factory System; Band 1: Birth and Growth, Band 2: The Factory System and Society; Newton Abbot 1970

WEBER, A.: Über den Standort der Industrien. 1. Teil: Reine Theorie des Standorts; Tübingen 1909

WEBER, W.: Der Arbeitsplatz in einem expandierenden Wirtschaftszweig: Der Bergmann; in: J. REULECKE, W. WEBER (Hrsg.): Fabrik, Familie, Feierabend. Beiträge zur Sozialgeschichte des Alltags im Industrialisierungszeitalter; Wuppertal 1978, S. 89-113

WEHLER, H.U.: Geschichte als Historische Sozialwissenschaft; Frankfurt 1973

WEHLER, H.U. (Hrsg.): Geschichte und Soziologie; Köln 1972

WEHLER, H.U. (Hrsg.): Geschichte und Ökonomie; Köln 1973

WEHLER, H.U. (Hrsg.): Moderne deutsche Sozialgeschichte; 4. Auflage Köln 1973

WHITE, P., R. WOODS (Hrsg.): The Geographical Impact of Migration; London, New York 1980

WHITE, P.E., R.I. WOODS: Spatial Patterns of Migration Flows; in: P. WHITE, R. WOODS (Hrsg.): The Geographical Impact of Migration; London, New York 1980, S. 21-56

WIEBE, D.: Grundlagen und Entwicklungsmöglichkeiten der Industrie in Afghanistan; in: Orient, 14. Jahrgang; Opladen 1973, S. 52-63

WIEBE, D.: Zur Industriestruktur von Afghanistan; in: Geographisches Taschenbuch 1975-76; Wiesbaden 1976, S. 80-105

WIEBE, D.: Untersuchung der Sozialstruktur der Beschäftigten der Merinos-Werke der Stadt Bursa, 1974; in: R. STEWIG, E. TÜMERTEKIN, B. TOLUN, R. TURFAN, D. WIEBE und Mitarbeiter: Bursa, Nordwestanatolien. Auswirkungen der Industrialisierung auf die Bevölkerungs- und Sozialstruktur einer Industriegroßstadt im Orient. Teil 1; Kieler Geographische Schriften, Band 51; Kiel 1980, S. 317-336

WIEHN, E.R., K.U. MEYER: Soziale Schichtung und Mobilität. Eine kritische Einführung; München 1975

WIENER, N.: Cybernetics; New York 1948

WILDE, H.: Brussa. Eine Entwicklungsstätte türkischer Architektur in Kleinasien unter den ersten Osmanen; Berlin 1909

WILLMOTT, P., M. YOUNG: Social Class and Geography; in: D. DONNISON, D. EVERSLEY (Hrsg.): London: Urban Patterns, Problems and Policies; London 1973, S. 190-214

WINKEL, H. (Hrsg.): Wirtschaftliche Entwicklung und sozialer Wandel; Wege der Forschung, Bd. 493; Darmstadt 1981

WINKLER, E.: Stand und Aufgaben der Industriegeographie; in: Zeitschrift für Erdkunde, Band 9; Frankfurt am Main 1941, S. 585-600

WIRTH, E.: Die Lehmhüttensiedlungen der Stadt Bagdad; in: Erdkunde, Band 8; Bonn 1954, S. 309-316

WIRTH, E.: Der heutige Iran als Beispiel orientalischen Wirtschaftsgeistes; in: Die Erde, 8. Jahrgang; Berlin 1956, S. 30-50

WIRTH, E.: Die soziale Stellung und Gliederung der Stadt im Osmanischen Reich des 19. Jahrhunderts; in: T. MAYER (Hrsg.): Untersuchungen zur gesellschaftlichen Struktur der mittelalterlichen Städte in Europa; Konstanz 1966, S. 403-427

WIRTH, E.: Damaskus-Aleppo-Beirut. Ein geographischer Vergleich dreier nahöstlicher Städte im Spiegel ihrer sozial und wirtschaftlich tonangebenden Schichten. A: Damaskus und Aleppo, ein ungleiches Zwillingspaar. B: Beirut und der Wirtschaftsgeist der syrisch-libanesischen Oberschicht; in: Die Erde, 97. Jahrgang; Berlin 1966, S. 96-137, S. 166-202

WIRTH, E.: Zum Problem des Bazars (sûq, çarşi); in: Der Islam, Bände 51 und 52; Berlin 1974 und 1975, S. 203-260, S. 6-46

WIRTH, E.: Die orientalische Stadt. Ein Überblick aufgrund jüngerer Forschungen zur materiellen Kultur; in: Saeculum. Jahrbuch für Universalgeschichte, Band 26; Freiburg, München 1975, S. 45-94

WISCHERMANN, C.: Wohnungsnot und Städtewachstum. Standards und soziale Indikatoren städtischer Wohnungsversorgung im späten 19. Jahrhundert; in: W. CONZE, U. ENGELHARDT (Hrsg.): Arbeiter im Industrialisierungsprozeß. Herkunft, Lage und Verhalten; Industrielle Welt, Band 28; Stuttgart 1979, S. 201-226

WISCHERMANN, C.: Wohnen und soziale Lage in der Urbanisierung: Die Wohnverhältnisse hamburgischer Unter- und Mittelschichten um die Jahrhundertwende; in: H.J. TEUTEBERG (Hrsg.): Urbanisierung im 19. und 20. Jahrhundert. Historische und geographische Aspekte; Städteforschung, Reihe A, Band 16; Köln, Wien 1983, S. 309-387

WITTEK, P.: Das Fürstentum Mentesche. Studie zur Geschichte Westkleinasiens im 13.-15. Jahrhundert; Istanbuler Mitteilungen, Heft 2; Istanbul 1934

WOHL, A.S.: The Eternal Slum. Housing and Social Policy in Victorian London; London 1977

WOLF, K., P. JURCZEK: Geographie der Freizeit und des Tourismus; Stuttgart 1986

ZAPF, W. (Hrsg.): Theorien des sozialen Wandels; 2. Auflage Köln, Berlin 1970

ZELINSKY, W.: The Hypothesis of the Mobility Transition; in: Geographical Review, Band 61; New York 1971, S. 219-249

ZINKEISEN, J.W.: Geschichte des Osmanischen Reiches in Europa; Band 1: Hamburg 1840; Bände 2-7: Gotha 1854-63

ZINN, K.G.: Wohlstand und Wirtschaftsordnung. Zur Leistungsfähigkeit von marktwirtschaftlichen und planwirtschaftlichen Systemen; Erträge der Forschung, Band 14; Darmstadt 1972

Statistiken:

Bursa Ekonomi. Bursa Ticaret ve Sanayi Odası Aylık Yayın Organı, Yıl 1984, Sayı 1-7; Bursa 1984

Bursa Ticaret ve Sanayi Odası (Industrie- und Handelskammer der Stadt Bursa): Bursanın Ekonomik Yapısına Toplu Bir Bakış; Etüd ve Araştırma Uzmanlığı, Yayın No. 19; Bursa 1984

Başbakanlık Devlet Istatistik Enstitüsü/Republic of Turkey Prime Ministry State Institute of Statistics: 25 Ekim 1970 Genel Nüfus Sayımı. Örnekleme Sonuçları/Census of Population 25 October 1970. Sampling Results; Ankara 1972

Başbakanlık Devlet Istatistik Enstitüsü/Republic of Turkey Prime Ministry State Institute of Statistics: Genel Nüfus Sayımı. Idari Bölünüş. Il, Ilce, Bucak ve Köy (Muhtarlık) Nüfusları. 26.10.1975/Census of Population by Administrative Division. Province, District, Sub-district and Village (Muhtarlık) Population; Ankara 1977

Başbakanlık Devlet Istatistik Enstitüsü/Prime Ministry State Institute of Statistics: Genel Nüfus Sayımı. Nüfusun Sosyal ve Ekonomik Nitelikleri. 20.10.1980/Census of Population. Social and Economic Characteristics of Population; Ankara 1983

Başbakanlık Devlet Istatistik Enstitüsü/Prime Ministry State Institute of Statistics: Genel Nüfus Sayımı. 20.10.1985. Telgrafla Alınan Geçici Sonuçlar/Census of Population. Preliminary Cable Results; Ankara 1985

Başbakanlık Devlet Istatistik Enstitüsü/Prime Ministry State Institute of Statistics: Kentsel Yerler Hanehalkı Işgücü Anket Sonuçları. 1982. Bursa/Urban Places Household Labour Force Survey Results; Ankara 1984

Başbakanlık Devlet Istatistik Enstitüsü/Prime Ministry State Institute of Statistics: Population by the Place of the Permanent Residences in 1975 and 1980 Population Censusses. Bursa; in: Genel Nüfus Sayımı. 20.10.1980. Daimi Ikametgaha Göre Iç Göçler/Census of Population. Domestic Migration by Permanent Residence; Ankara 1985, S. 7-102

Başbakanlık Devlet Istatistik Enstitüsü/Prime Ministry State Institute of Statistics: Türkiye Istatistik Yilligi 1979/Statistical Yearbook of Turkey 1979; Ankara 1979

Türkiye Cumhuriyeti. Devlet Istatistik Enstitüsü/Republic of Turkey. State Institute of Statistics: 20 Şehirde 1960 Mesken Şartları Anketi Örnekleme Sonuçları/1960 Sample Survey of Housing Conditions in 20 Cities; Yayın/Publication Nr. 428; Ankara 1962

Statistisches Bundesamt: Statistisches Jahrbuch 1975 für die Bundesrepublik Deutschland; Stuttgart, Mainz 1975

Statistisches Bundesamt: Statistisches Jahrbuch 1977 für die Bundesrepublik Deutschland; Stuttgart, Mainz 1977

J. Abbildungen (Karten): Aspekte der sozialräumlichen Struktur
der Stadt Bursa

K. Photos: Die Wohnhaustypen der Stadt Bursa und ihre Varianten

Die Vielzahl der in der Stadt Bursa vorkommenden Wohnhäuser läßt sich auf fünf Typen reduzieren, deren Kurzkennzeichnung bereits im Teil 1, S. 94-95 (dort auch Literaturhinweise), vorgenommen wurde und hier wiederholt wird. Die Typenliste von der Villa mit Garten, dem vielstöckigen Apartmenthaus, dem relativ modernen Stadthaus (mit begrenzter Stockwerkzahl), dem alten osmanischen (Stadt-)Haus bis zum gecekondu ev (Einfachhaus) entspricht einer sozioökonomischen Rangfolge. Die für die Physiognomie und sozialräumliche Struktur der Stadt Bursa wichtigen Haustypen und einige ihrer Varianten, die einen bedeutsamen Teilaspekt bei der Untersuchung der Bevölkerung der Stadt Bursa und ihrer sozialen Verhältnisse darstellen, werden im folgenden mit Photos veranschaulicht.

Villa mit Garten: das freistehende große Wohnhaus mit einem umgebenden, meist großen Garten/Park, das in der Regel nur von einem Haushalt genutzt wird; Haus und Garten/Park befinden sich meist in einem repräsentativen Zustand.

Apartment(hoch)haus: vielstöckiges, meist großes Wohnhochhaus (mehr als drei Stockwerke) mit einer Vielzahl von Wohnungen, das in den unteren Stockwerken auch Geschäfte und/oder Büros aufweisen kann; nach seiner Erscheinungsform ist es nicht als "Mietskaserne" anzusehen, sondern wird von modern eingestellten Haushalten mit höheren Einkommen genutzt.

Modernes Stadthaus: mittelgroßes Wohnhaus mit mehreren Wohnungen und geringer Stockwerkzahl, meist zwei, nicht über drei hinausgehend; die Bauausführung ist deutlich einfacher und variantenreicher als beim Apartmentwohnhochhaus; ersetzt vielfach das alte osmanische (Stadt-)Haus.

Osmanisches (Stadt-)Haus: noch bestehendes, verbreitungsmäßig im Rückgang begriffenes, meist zweigeschossiges, altes Wohnhaus; von der Konstruktion her ein Fachwerkhaus, dessen Außenwände zum Teil mit Brettern verschalt, zum Teil verputzt und gestrichen sind; der Erhaltungszustand ist meist schlecht; wird durch das moderne Stadthaus ersetzt.

Einfachhaus (gecekondu ev - "über Nacht gebautes Haus"): Sammelbezeichnung für eine Vielzahl von meist eingeschossigen Wohnunterkünften, denen bisweilen ein weiteres Stockwerk aufgesetzt wurde; die Formenvielfalt geht auf den hohen, eigenen Arbeitsanteil ihrer Bewohner bei der Errichtung - unter Hinzuziehung von mehr oder weniger professionellen, städtischen Handwerkern -, auf die begrenzten Sachmittel und den geringen Zeitaufwand beim Bau zurück; doch handelt es sich in Bursa - verglichen mit den Notunterkünften in der Peripherie anderer großer Städte der Entwicklungsländer - um relativ solide gebaute Häuser mit festen Dächern.

Photo 1: Villa mit Garten/Park, moderner Typ, Çekirge Cadesi
Aufnahme: R. STEWIG, August 1976

Photo 2: Villa mit Garten/Park, älterer osmanischer Typ, Çekirge Cadesi
Aufnahme: R. STEWIG, August 1976

Photo 4: Apartmentwohnhochhäuser mit Geschäften und Büros in den Untergeschossen in der Innenstadt, Inönü Cadesi
Aufnahme: R. STEWIG, August 1976

Photo 3: Apartmentwohnhochhäuser mit Geschäften und Büros in den Untergeschossen in der Innenstadt, Atıparmak Cadesi
Aufnahme: R. STEWIG, August 1976

Photo 5: Apartmentwohnhochhäuser in der Innenstadt am Gökdere
Aufnahme: R. STEWIG, August 1976

Photo 6: Modernes Stadthaus in der Innenstadt
Aufnahme: R. STEWIG, August 1976

Photo 7: Modernes Stadthaus in der Innenstadt
Aufnahme: R. STEWIG, August 1976

Photo 8: Moderne Stadthäuser in der Innenstadt
Aufnahme: R. STEWIG, August 1976

Photo 9: Modernes Stadthaus in vielstöckiger Variante in der Innenstadt
Aufnahme: R. STEWIG, August 1976

Photo 10: Osmanische Stadthäuser an einer Straßenzeile mit offenem Abfluß, Stadtviertel Emir Sultan
Aufnahme: R. STEWIG, August 1976

Photo 11: Osmanisches Stadthaus, Stadtviertel Hisar
Aufnahme: R. STEWIG, August 1976

Photo 12: Osmanisches Stadthaus, Stadtviertel Hisar
Aufnahme: R. STEWIG, August 1976

Photo 13: Osmanisches Stadthaus, Stadtviertel Hisar
Aufnahme: R. STEWIG, August 1976

Photo 14: Osmanisches Stadthaus, Stadtviertel Hisar
Aufnahme: R. STEWIG, August 1976

Photo 15: Einfachhäuser (gecekondu evler) am südlichen, steilen Hang, oberhalb der Stadtmitte
Aufnahme: R. STEWIG, August 1976

Photo 16: Einfachhaus (gecekondu ev) am nördlichen, flachen Hang, unterhalb der Stadtmitte
Aufnahme: R. STEWIG, August 1976

Photo 17: Einfachhaus (gecekondu ev) am nördlichen Stadtrand
Aufnahme: R. STEWIG, August 1976

Photo 18: Zweigeschossige Variante eines Einfachhauses (gecekondu ev) am nordwestlichen Stadtrand, an der Straße zum industrial park (Organize Sanayi Bölgesi)
Aufnahme: R. STEWIG, August 1976

Photo 19: Einfachhaus (gecekondu ev) mit traditionellen Fachwerkbauelementen am nordwestlichen Stadtrand, an der Straße zum industrial park (Organize Sanayi Bölgesi)
Aufnahme: R. STEWIG, August 1976

Photo 20: Mietskasernenwohnhausblock am nordwestlichen Stadtrand im Bau
Aufnahme: R. STEWIG, August 1976

Band IX
*Heft 1 S c o f i e l d, Edna: Landschaften am Kurischen Haff. 1938.

*Heft 2 F r o m m e, Karl: Die nordgermanische Kolonisation im atlantisch-polaren Raum. Studien zur Frage der nördlichen Siedlungsgrenze in Norwegen und Island. 1938.

*Heft 3 S c h i l l i n g, Elisabeth: Die schwimmenden Gärten von Xochimilco. Ein einzigartiges Beispiel altindianischer Landgewinnung in Mexiko. 1939.

*Heft 4 W e n z e l, Hermann: Landschaftsentwicklung im Spiegel der Flurnamen. Arbeitsergebnisse aus der mittelschleswiger Geest. 1939.

*Heft 5 R i e g e r, Georg: Auswirkungen der Gründerzeit im Landschaftsbild der norderdithmarscher Geest. 1939.

Band X
*Heft 1 W o l f, Albert: Kolonisation der Finnen an der Nordgrenze ihres Lebensraumes. 1939.

*Heft 2 G o o ß, Irmgard: Die Moorkolonien im Eidergebiet. Kulturelle Angleichung eines Ödlandes an die umgebende Geest. 1940.

*Heft 3 M a u, Lotte: Stockholm. Planung und Gestaltung der schwedischen Hauptstadt. 1940.

*Heft 4 R i e s e, Gertrud: Märkte und Stadtentwiklung am nordfriesichen Geestrand. 1940.

Band XI
*Heft 1 W i l h e l m y, Herbert: Die deutschen Siedlungen in Mittelparaguay. 1941.

*Heft 2 K o e p p e n, Dorothea: Der Agro Pontino-Romano. Eine moderne Kulturlandschaft. 1941.

*Heft 3 P r ü g e l, Heinrich: Die Sturmflutschäden an der schleswig-holsteinischen Westküste in ihrer meteorologischen und morphologischen Abhängigkeit. 1942.

*Heft 4 I s e r n h a g e n, Catharina: Totternhoe. Das Flurbild eines angelsächsischen Dorfes in der Grafschaft Bedfordshire in Mittelengland. 1942.

*Heft 5 B u s e, Karla: Stadt und Gemarkung Debrezin. Siedlungsraum von Bürgern, Bauern und Hirten im ungarischen Tiefland. 1942.

Band XII
*B a r t z, Fritz: Fischgründe und Fischereiwirtschaft an der Westküste Nordamerikas. Werdegang, Lebens- und Siedlungsformen eines jungen Wirtschaftsraumes. 1942.

Band XIII
*Heft 1 T o a s p e r n, Paul Adolf: Die Einwirkungen des Nord-Ostsee-Kanals auf die Siedlungen und Gemarkungen seines Zerschneidungsbereichs. 1950.

*Heft 2 V o i g t, Hans: Die Veränderung der Großstadt Kiel durch den Luftkrieg. Eine siedlungs- und wirtschaftsgeographische Untersuchung. 1950. (Gleichzeitig erschienen in der Schriftenreihe der Stadt Kiel, herausgegeben von der Stadtverwaltung.)

*Heft 3 M a r q u a r d t, Günther: Die Schleswig-Holsteinische Knicklandschaft. 1950.

*Heft 4 S c h o t t, Carl: Die Westküste Schleswig-Holsteins. Probleme der Küstensenkung. 1950.

Band XIV
*Heft 1 K a n n e n b e r g, Ernst-Günter: Die Steilufer der Schleswig-Holsteinischen Ostseeküste. Probleme der marinen und klimatischen Abtragung. 1951.

*Heft 2 L e i s t e r, Ingeborg: Rittersitz und adliges Gut in Holstein und Schleswig. 1952. (Gleichzeitig erschienen als Band 64 der Forschungen zur deutschen Landeskunde.)

Heft 3 R e h d e r s, Lenchen: Probsteierhagen, Fiefbergen und Gut Salzau: 1945-1950. Wandlungen dreier ländlicher Siedlungen in Schleswig-Holstein durch den Flüchtlingszustrom. 1953. X, 96 S., 29 Fig. im Text, 4 Abb.   5.00 DM

*Heft 4 B r ü g g e m a n n, Günter. Die holsteinische Baumschulenlandschaft. 1953.

Sonderband

*S c h o t t, Carl (Hrsg.): Beiträge zur Landeskunde von Schleswig-Holstein. Oskar Schmieder zum 60.Geburtstag. 1953. (Erschienen im Verlag Ferdinand Hirt, Kiel.)

Band XV

*Heft 1 L a u e r, Wilhelm: Formen des Feldbaus im semiariden Spanien. Dargestellt am Beispiel der Mancha. 1954.

*Heft 2 S c h o t t, Carl: Die kanadischen Marschen. 1955.

*Heft 3 J o h a n n e s, Egon: Entwicklung, Funktionswandel und Bedeutung städtischer Kleingärten. Dargestellt am Beispiel der Städte Kiel, Hamburg und Bremen. 1955.

*Heft 4 R u s t, Gerhard: Die Teichwirtschaft Schleswig-Holsteins. 1956.

Band XVI

*Heft 1 L a u e r, Wilhelm: Vegetation, Landnutzung und Agrarpotential in El Salvador (Zentralamerika). 1956.

*Heft 2 S i d d i q i, Mohamed Ismail: The Fishermen's Settlements on the Coast of West Pakistan. 1956.

*Heft 3 B l u m e, Helmut: Die Entwicklung der Kulturlandschaft des Mississippideltas in kolonialer Zeit. 1956.

Band XVII

*Heft 1 W i n t e r b e r g, Arnold: Das Bourtanger Moor. Die Entwicklung des gegenwärtigen Landschaftsbildes und die Ursachen seiner Verschiedenheit beiderseits der deutsch-holländischen Grenze. 1957.

*Heft 2 N e r n h e i m, Klaus: Der Eckernförder Wirtschaftsraum. Wirtschaftsgeographische Strukturwandlungen einer Kleinstadt und ihres Umlandes unter besonderer Berücksichtigung der Gegenwart. 1958.

*Heft 3 H a n n e s e n, Hans: Die Agrarlandschaft der schleswig-holsteinischen Geest und ihre neuzeitliche Entwicklung. 1959.

Band XVIII

Heft 1 H i l b i g, Günter: Die Entwicklung der Wirtschafts- und Sozialstruktur der Insel Oléron und ihr Einfluß auf das Landschaftsbild. 1959. 178 S., 32 Fig. im Text und 15 S. Bildanhang. 9.20 DM

Heft 2 S t e w i g, Reinhard: Dublin. Funktionen und Entwicklung. 1959. 254 S. und 40 Abb. 10.50 DM

Heft 3 D w a r s, Friedrich W.: Beiträge zur Glazial- und Postglazialgeschichte Südostrügens. 1960. 106 S., 12 Fig. im Text und 6 S. Bildanhang. 4.80 DM

Band XIX

Heft 1 H a n e f e l d, Horst: Die glaziale Umgestaltung der Schichtstufenlandschaft am Nordrand der Alleghenies. 1960. 183 S., 31 Abb. und 6 Tab. 8.30 DM

*Heft 2 A l a l u f, David: Problemas de la propiedad agricola en Chile. 1961.

*Heft 3 S a n d n e r, Gerhard: Agrarkolonisation in Costa Rica. Siedlung, Wirtschaft und Sozialgefüge an der Pioniergrenze. 1961. (Erschienen bei Schmidt & Klaunig, Kiel, Buchdruckerei und Verlag.)

Band XX

*L a u e r, Wilhelm (Hrsg.): Beiträge zur Geographie der Neuen Welt. Oskar Schmieder zum 70.Geburtstag. 1961.

Band XXI

*Heft 1 S t e i n i g e r, Alfred: Die Stadt Rendsburg und ihr Einzugsbereich. 1962.

Heft 2 B r i l l, Dieter: Baton Rouge, La. Aufstieg, Funktionen und Gestalt einer jungen Großstadt des neuen Industriegebiets am unteren Mississippi. 1963. 288 S., 39 Karten, 40 Abb.im Anhang. 12.00 DM

*Heft 3 D i e k m a n n, Sibylle: Die Ferienhaussiedlungen Schleswig-Holsteins. Eine siedlungs- und sozialgeographische Studie. 1964.

Band XXII
*Heft 1 E r i k s e n, Wolfgang: Beiträge zum Stadtklima von Kiel. Witterungsklimatische Untersuchungen im Raume Kiel und Hinweise auf eine mögliche Anwendung der Erkenntnisse in der Stadtplanung. 1964.

*Heft 2 S t e w i g, Reinhard: Byzanz - Konstantinopel - Istanbul. Ein Beitrag zum Weltstadtproblem. 1964.

*Heft 3 B o n s e n, Uwe: Die Entwicklung des Siedlungsbildes und der Agrarstruktur der Landschaft Schwansen vom Mittelalter bis zur Gegenwart. 1966.

Band XXIII
*S a n d n e r, Gerhard (Hrsg.): Kulturraumprobleme aus Ostmitteleuropa und Asien. Herbert Schlenger zum 60.Geburtstag. 1964.

Band XXIV
Heft 1 W e n k, Hans-Günther: Die Geschichte der Geographie und der Geographischen Landesforschung an der Universität Kiel von 1665 bis 1879. 1966. 252 S., mit 7 ganzstg. Abb. 14.00 DM

Heft 2 B r o n g e r, Arnt: Lösse, ihre Verbraunungszonen und fossilen Böden, ein Beitrag zur Stratigraphie des oberen Pleistozäns in Südbaden. 1966. 98 S., 4 Abb. und 37 Tab. im Text, 8 S. Bildanhang und 3 Faltkarten. 9.00 DM

*Heft 3 K l u g, Heinz: Morphologische Studien auf den Kanarischen Inseln. Beiträge zur Küstenentwicklung und Talbildung auf einem vulkanischen Archipel. 1968. (Erschienen bei Schmidt & Klaunig, Kiel, Buchdruckerei und Verlag.)

Band XXV
*W e i g a n d, Karl: I. Stadt-Umlandverflechtungen und Einzugsbereiche der Grenzstadt Flensburg und anderer zentraler Orte im nördlichen Landesteil Schleswig. II. Flensburg als zentraler Ort im grenzüberschreitenden Reiseverkehr. 1966.

Band XXVI
*Heft 1 B e s c h, Hans-Werner: Geographische Aspekte bei der Einführung von Dörfergemeinschaftsschulen in Schleswig-Holstein. 1966.

*Heft 2 K a u f m a n n, Gerhard: Probleme des Strukturwandels in ländlichen Siedlungen Schleswig-Holsteins, dargestellt an ausgewählten Beispielen aus Ostholstein und dem Programm-Nord-Gebiet. 1967.

Heft 3 O l b r ü c k, Günter: Untersuchung der Schauertätigkeit im Raume Schleswig-Holstein in Abhängigkeit von der Orographie mit Hilfe des Radargeräts. 1967. 172 S., 5 Aufn., 65 Karten, 18 Fig. und 10 Tab. im Text, 10 Tab. im Anhang. 12.00 DM

Band XXVII
Heft 1 B u c h h o f e r, Ekkehard: Die Bevölkerungsentwicklung in den polnisch verwalteten deutschen Ostgebieten von 1956-1965. 1967. 282 S., 22 Abb., 63 Tab. im Text, 3 Tab., 12 Karten und 1 Klappkarte im Anhang. 16.00 DM

Heft 2 R e t z l a f f, Christine: Kulturgeographische Wandlungen in der Maremma. Unter besonderer Berücksichtigung der italienischen Bodenreform nach dem Zweiten Weltkrieg. 1967. 204 S., 35 Fig. und 25 Tab. 15.00 DM

Heft 3 B a c h m a n n, Henning: Der Fährverkehr in Nordeuropa - eine verkehrsgeographische Untersuchung. 1968. 276 S., 129 Abb. im Text, 67 Abb. im Anhang. 25.00 DM

Band XXVIII
*Heft 1 W o l c k e. Irmtraud-Dietlinde: Die Entwicklung der Bochumer Innenstadt. 1968.

*Heft 2 W e n k, Ursula: Die zentralen Orte an der Westküste Schleswig-Holsteins unter besonderer Berücksichtigung der zentralen Orte niederen Grades. Neues Material über ein wichtiges Teilgebiet des Programm Nord. 1968.

*Heft 3 W i e b e, Dietrich: Industrieansiedlungen in ländlichen Gebieten, dargestellt am Beispiel der Gemeinden Wahlstedt und Trappenkamp im Kreis Segeberg. 1968.

Band XXIX

Heft 1 V o r n d r a n, Gerhard: Untersuchungen zur Aktivität der Gletscher, dargestellt an Beispielen aus der Silvrettagruppe. 1968. 134 S., 29 Abb. im Text, 16 Tab. und 4 Bilder im Anhang.   12.00 DM

Heft 2 H o r m a n n, Klaus: Rechenprogramme zur morphometrischen Kartenauswertung. 1968. 154 S., 11 Fig. im Text und 22 Tab. im Anhang.   12.00 DM

Heft 3 V o r n d r a n, Edda: Untersuchungen über Schuttentstehung und Ablagerungsformen in der Hochregion der Silvretta (Ostalpen). 1969. 137 S., 15 Abb. und 32 Tab. im Text, 3 Tab. und 3 Klappkarten im Anhang.   12.00 DM

Band 30

*S c h l e n g e r, Herbert, Karlheinz P a f f e n, Reinhard S t e w i g (Hrsg.): Schleswig-Holstein, ein geographisch-landeskundlicher Exkursionsführer. 1969. Festschrift zum 33.Deutschen Geographentag Kiel 1969. (Erschienen im Verlag Ferdinand Hirt, Kiel; 2.Auflage, Kiel 1970.)

Band 31

M o m s e n, Ingwer Ernst: Die Bevölkerung der Stadt Husum von 1769 bis 1860. Versuch einer historischen Sozialgeographie. 1969. 420 S., 33 Abb. und 78 Tab. im Text, 15 Tab. im Anhang.   24.00 DM

Band 32

S t e w i g, Reinhard: Bursa, Nordwestanatolien. Strukturwandel einer orientalischen Stadt unter dem Einfluß der Industrialisierung. 1970. 177 S., 3 Tab., 39 Karten, 23 Diagramme und 30 Bilder im Anhang.   18.00 DM

Band 33

T r e t e r, Uwe: Untersuchungen zum Jahresgang der Bodenfeuchte in Abhängigkeit von Niederschlägen, topographischer Situation und Bodenbedeckung an ausgewählten Punkten in den Hüttener Bergen/Schleswig-Holstein. 1970. 144 S., 22 Abb., 3 Karten und 26 Tab.   15.00 DM

Band 34

*K i l l i s c h, Winfried F.: Die oldenburgisch-ostfriesischen Geestrandstädte. Entwicklung, Struktur, zentralörtliche Bereichsgliederung und innere Differenzierung. 1970.

Band 35

R i e d e l, Uwe: Der Fremdenverkehr auf den Kanarischen Inseln. Eine geographische Untersuchung. 1971. 314 S., 64 Tab., 58 Abb. im Text und 8 Bilder im Anhang.   24.00 DM

Band 36

H o r m a n n, Klaus: Morphometrie der Erdoberfläche. 1971. 189 S., 42 Fig., 14 Tab. im Text.   20.00 DM

Band 37

S t e w i g, Reinhard (Hrsg.): Beiträge zur geographischen Landeskunde und Regionalforschung in Schleswig-Holstein. 1971. Oskar Schmieder zum 80.Geburtstag. 338 S., 64 Abb., 48 Tab. und Tafeln.   28.00 DM

Band 38

S t e w i g, Reinhard und Horst-Günter W a g n e r (Hrsg.): Kulturgeographische Untersuchungen im islamischen Orient. 1973. 240 S., 45 Abb., 21 Tab. und 33 Photos.   29.50 DM

Band 39

K l u g, Heinz (Hrsg.): Beiträge zur Geographie der mittelatlantischen Inseln. 1973. 208 S., 26 Abb., 27 Tab. und 11 Karten.   32.00 DM

Band 40

S c h m i e d e r, Oskar: Lebenserinnerungen und Tagebuchblätter eines Geographen. 1972. 181 S., 24 Bilder, 3 Faksimiles und 3 Karten.   42.00 DM

Band 41

K i l l i s c h, Winfried F. und Harald T h o m s: Zum Gegenstand einer interdisziplinären Sozialraumbeziehungsforschung. 1973. 56 S., 1 Abb.   7.50 DM

Band 42
N e w i g, Jürgen: Die Entwicklung von Fremdenverkehr und Freizeitwohnwesen in ihren Auswirkungen auf Bad und Stadt Westerland auf Sylt. 1974. 222 S., 30 Tab., 14 Diagramme, 20 kartographische Darstellungen und 13 Photos. 31.00 DM

Band 43
*K i l l i s c h, Winfried F.: Stadtsanierung Kiel-Gaarden. Vorbereitende Untersuchung zur Durchführung von Erneuerungsmaßnahmen. 1975.

Kieler Geographische Schriften
Band 44, 1976 ff.

Band 44
K o r t u m, Gerhard: Die Marvdasht-Ebene in Fars. Grundlagen und Entwicklung einer alten iranischen Bewässerungslandschaft. 1976. XI, 297 S., 33 Tab., 20 Abb. 38.50 DM

Band 45
B r o n g e r, Arnt: Zur quartären Klima- und Landschaftsentwicklung des Karpatenbeckens auf (paläo-) pedologischer und bodengeographischer Grundlage. 1976. XIV, 268 S., 10 Tab., 13 Abb. und 24 Bilder. 45.00 DM

Band 46
B u c h h o f e r, Ekkehard: Strukturwandel des Oberschlesischen Industriereviers unter den Bedingungen einer sozialistischen Wirtschaftsordnung. 1976. X, 236 S., 21 Tab. und 6 Abb., 4 Tab und 2 Karten im Anhang. 32.50 DM

Band 47
W e i g a n d, Karl: Chicano - Wanderarbeiter in Südtexas. Die gegenwärtige Situation der Spanisch sprechenden Bevölkerung dieses Raumes. 1977. IX, 100 S., 24 Tab. und 9 Abb., 4 Abb. im Anhang. 15.70 DM

Band 48
W i e b e, Dietrich: Stadtstruktur und kulturgeographischer Wandel in Kandahar und Südafghanistan. 1978. XIV, 326 S., 33 Tab., 25 Abb. und 16 Photos im Anhang. 36.50 DM

Band 49
K i l l i s c h, Winfried F.: Räumliche Mobilität - Grundlegung einer allgemeinen Theorie der räumlichen Mobilität und Analyse des Mobilitätsverhaltens der Bevölkerung in den Kieler Sanierungsgebieten. 1979. XII, 208 S., 30 Tab. und 39. Abb., 30 Tab. im Anhang. 24.60 DM

Band 50
P a f f e n, Karlheinz und Reinhard S t e w i g (Hrsg.): Die Geographie an der Christian-Albrechts-Universität 1879-1979. Festschrift aus Anlaß der Einrichtung des ersten Lehrstuhles für Geographie am 12. Juli 1879 an der Universität Kiel. 1979. VI, 510 S., 19 Tab. und 58 Abb. 38.00 DM

Band 51
S t e w i g, Reinhard, Erol T ü m e r t e k i n, Bedriye T o l u n, Ruhi T u r f a n, Dietrich W i e b e und Mitarbeiter: Bursa, Nordwestanatolien. Auswirkungen der Industrialisierung auf die Bevölkerungs- und Sozialstruktur einer Industriegroßstadt im Orient. Teil 1. 1980. XXVI, 335 S., 253 Tab. und 19 Abb. 32.00 DM

Band 52
B ä h r, Jürgen und Reinhard S t e w i g (Hrsg.): Beiträge zur Theorie und Methode der Länderkunde. Oskar Schmieder (27. Januar 1891 - 12. Februar 1980) zum Gedenken. 1981. VIII, 64 S., 4 Tab. und 3 Abb. 11.00 DM

Band 53
M ü l l e r, Heidulf E.: Vergleichende Untersuchungen zur hydrochemischen Dynamik von Seen im Schleswig-Holsteinischen Jungmoränengebiet. 1981. XI, 208 S., 16 Tab., 61 Abb. und 14 Karten im Anhang. 25.00 DM

Band 54
A c h e n b a c h, Hermann: Nationale und regionale Entwicklungsmerkmale des Bevölkerungsprozesses in Italien. 1981. IX, 114 S., 36 Fig. 16.00 DM

Band 55
D e g e, Eckart: Entwicklungsdisparitäten der Agrarregionen Südkoreas. 1982. XXII, 332 S., 50 Tab., 44 Abb. und 8 Photos im Textband sowie 19 Kartenbeilagen in separater Mappe. 49.00 DM

Band 56
B o b r o w s k i, Ulrike: Pflanzengeographische Untersuchungen der Vegetation des Bornhöveder Seengebiets auf quantitativ-soziologischer Basis. 1982, XIV, 175 S., 65 Tab., 19 Abb. 23.00 DM

Band 57
S t e w i g, Reinhard (Hrsg.): Untersuchungen über die Großstadt in Schleswig-Holstein. 1983. X, 194 S., 46 Tab., 38 Diagr. und 10 Abb. 24.00 DM

Band 58
B ä h r, Jürgen (Hrsg.): Kiel 1879-1979. Entwicklung von Stadt und Umland im Bild der Topographischen Karte 1 : 25 000. Zum 32. Deutschen Kartographentag vom 11.-14. Mai 1983 in Kiel. 1983. III, 192 S., 21 Tab., 38 Abb. mit 2 Kartenblättern in Anlage. ISBN 3-923887-00-0. 28.00 DM

Band 59
G a n s, Paul: Raumzeitliche Eigenschaften und Verflechtungen innerstädtischer Wanderungen in Ludwigshafen/Rhein zwischen 1971 und 1978. Eine empirische Analyse mit Hilfe des Entropiekonzeptes und der Informationsstatistik. 1983. XII, 226 S., 45 Tab., 41 Abb. ISBN 3-923887-01-9. 30.00 DM

Band 60
P a f f e n †, Karlheinz und K o r t u m, Gerhard: Die Geographie des Meeres. Disziplingeschichtliche Entwicklung seit 1650 und heutiger methodischer Stand. 1984. XIV, 293 Seiten, 25 Abb. ISBN 3-923887-02-7. 36.00 DM

Band 61
B a r t e l s †, Dietrich u.a.: Lebensraum Norddeutschland. 1984. IX, 139 Seiten, 23 Tabellen und 21 Karten. ISBN 3-923887-03-5. 22.00 DM

Band 62
K l u g, Heinz (Hrsg.): Küste und Meeresboden. Neue Ergebnisse geomorphologischer Feldforschungen. 1985. V, 214 Seiten, 66 Abb., 45 Fotos, 10 Tabellen. ISBN 3-923887-04-3. 39.00 DM

Band 63
K o r t u m, Gerhard: Zuckerrübenanbau und Entwicklung ländlicher Wirtschaftsräume in der Türkei. Ausbreitung und Auswirkung einer Industriepflanze unter besonderer Berücksichtigung des Bezirks Beypazarı (Provinz Ankara). 1986. XVI, 392 Seiten, 36 Tab., 47 Abb. und 8 Fotos im Anhang. ISBN 3-923887-05-1. 45.00 DM

Band 64
F r ä n z l e, Otto (Hrsg.): Geoökologische Umweltbewertung. Wissenschaftstheoretische und methodische Beiträge zur Analyse und Planung. 1986. VI, 130 Seiten, 26 Tab., 30 Abb. ISBN 3-923887-06-X. 24.00 DM

Band 65
S t e w i g, Reinhard: Bursa, Nordwestanatolien. Auswirkungen der Industrialisierung auf die Bevölkerungs- und Sozialstruktur einer Industriegroßstadt im Orient. Teil 2. 1986. XVI, 222 Seiten, 71 Tab., 7 Abb. und 20 Fotos. ISBN 3-923887-07-8. 37.00 DM